上海出版资金项目
Shanghai Publishing Funds

“十三五”国家重点出版物出版规划项目
食品安全社会共治研究丛书
丛书主编　于杨曜

美国食品法

Food Law in the United States

［美］Michael T. Roberts　著
刘少伟　汤晨彬　［译］

華東理工大學出版社
EAST CHINA UNIVERSITY OF SCIENCE AND TECHNOLOGY PRESS
·上海·

上海高校服务国家重大战略出版工程资助项目

图书在版编目(CIP)数据

美国食品法／(美)迈克·罗伯茨(Michael T. Roberts)著；刘少伟，汤晨彬译．—上海：华东理工大学出版社，2017.12
(食品安全社会共治研究丛书)
书名原文：Food Law in the United States
ISBN 978-7-5628-5331-2

Ⅰ.①美… Ⅱ.①迈… ②刘… ③汤… Ⅲ.①食品卫生法—研究—美国 Ⅳ.①D971.221.6

中国版本图书馆CIP数据核字(2017)第324696号

Information relating to Original Work

Title：Food Law in the United States
ISBN-13：9781107545762
Author：Michael T. Roberts
Edition：1st
Copyright Year：2016
Page Count：470
著作权合同登记号：图字09-2016-830号

项目统筹／马夫娇　李芳冰
责任编辑／韩　婷　马夫娇
装帧设计／吴佳斐
出版发行／华东理工大学出版社有限公司
地址：上海市梅陇路130号，200237
电话：021-64250306
网址：www.ecustpress.cn
邮箱：zongbianban@ecustpress.cn
印　刷／上海中华商务联合印刷有限公司
开　本／710 mm×1000 mm　1/16
印　张／25.75
字　数／442千字
版　次／2017年12月第1版
印　次／2017年12月第1次
定　价／238.00元

译者序

preface

随着人们生活水平的不断提高，食品安全问题逐渐成为许多人最关心的问题。那食品安全究竟是什么？从专业角度来说，食品安全指的是食品无毒、无害，符合应当有的营养要求，对人体健康不造成任何急性、亚急性或者慢性危害。如果问大家对食品安全的看法，每个人给出的答案可能都不同，但大家都能达成一个共识：食品安全关系着人类自身的健康和生活，其重要性不言而喻，对我而言甚至可以说食品安全具有历史、政治、经济等层面的意义。

正因为如此，我认为食品安全问题以及如何保证食品安全是一个宏观层面的议题，不仅包括一个国家的食品政策和法制建设，并可以和国际协调相结合，还有多元利益主体的参与。我始终坚信，要保障食品的安全问题，国家必须建立一套完善的监管体系，其中最重要的就是食品相关法律法规的建设。在广泛提倡法治社会的当今，针对食品生产厂家的法律法规从源头上杜绝了问题食品及掺杂掺假行为；针对食品营销企业的法律法规，规范了整个食品市场，同时规范和制止虚假宣传，保障消费者的权益。经过长期的调研，我发现，一直以来，消费者及食品从业人员都没有接受充分的有关国家法律法规方面的培训或教育。然而，所有的食品从业人员乃至所有消费者都应该熟知相关的食品法规，做到知法懂法，遵守相关法律法规，只有这样才能最大限度地保障自己和他人的权益。

我还发现，大多数人了解的食品相关法律法规条例往往是针对应当的行为或是禁止的行为作出的规定。在这个方面，法律规范人们行为的方式是让人们明确自己的权利与义务。这类法规具有的一个显著特点是采用制裁的方式威慑和惩罚社会所不期望的行为，例如，危害食品安全和食品行业秩序的行为。相应的，当食品生产经营者的行为直接关联其所供给的食品的安全性时，法律通过资质审查、自我规范、行为规范等多方面的要求对其保障食品安全的义务和相应的违法责任进行了规定。

本书作者 Michael T. Roberts（迈克·罗伯茨）教授是加州大学洛杉矶分校法

学院食品法律和政策项目创始人及执行主任。他熟知从地方、国家到全球的食品供应链体系中法律与政策问题。拥有众多学术研究成果，已发表多篇有关食品监管、贸易及政策等领域的学术论文及著作。经常受邀在美国、欧洲、亚洲各地法学院开展讲座，讲授食品法课程，并经常以发言者身份参加国际会议。2000 年，他加入阿肯色大学法学院全美唯一一个农业法 LL.M 项目。随后受邀以法律研究教授身份加入阿肯色大学法学院，并担任国际农业法律中心主任，教授食品法与政策课程并成立法学院《食品法与政策》期刊。他曾担任 Lex Mundi 协会国家农业法律事务部前任主席，并担任总部位于洛杉矶的 RollGlobal 农业与食品公司特别顾问，负责全球食品监管、贸易及政策问题。也曾在罗马担任联合国粮食与农业组织访问学者及法律顾问。迈克·罗伯茨目前为洛杉矶食品政策委员会董事会成员，并担任洛杉矶花园学校基金会主席，同时，也就职于世界食品法律研究所顾问委员会 MDPI（多学科数字出版机构）法律编辑部。

我早于 2008 年就和迈克·罗伯茨教授相识，也经常在国际会议上与他见面并探讨食品安全方面的国际法规问题。为了让广大消费者更好地了解食品行业及美国的相关法律法规，迈克·罗伯茨教授编写的《美国食品法》中详细系统地介绍了美国联邦食品法律法规框架，并用一些诉讼案、地方法案及私有标准为该框架中的缺陷作补充，为从事食品和法律方面工作的研究人员和广大消费者提供了这方面的学习资料，我认为非常值得仔细研读。

我对本书的主要内容进行了一个概括，全书共分为六章，第一章是综合介绍食品法、食品法律的定义及其形式，使读者对相关法律有一个初步的了解。第二章食品贸易监管，介绍了监管经济利益驱动型掺假及食品贸易相关内容。第三章食品安全监管，详细叙述了联邦政府及地方政府对食品安全的监管工具、国际食品安全、“打假”计划等。第四章主要介绍食品营销法规，解释了对于食品标签的相关规定、对于食品广告的监管等，还详细介绍了《食品诽谤法案》。第五章为营养成分相关法规，讲述了膳食补充剂的相关法律法规、向儿童销售食品需要遵守的法律法规等。第六章是食品系统规范，告诉了读者什么是本地食品，如何保证可持续性，同时对城市农业、食品主权等都作了详细介绍。

在我看来，本书虽然是对美国的食品法律法规框架及实际案例进行介绍和解释，但对于我国学习食品和法律的学生及相关从业人员甚至是普通消费者都是一种借鉴，值得好好研读和学习。虽然两国的法律体系不尽相同，但相关的思路和完善食品行业监管体系的目的是相通的。

本书由华东理工大学刘少伟教授组织翻译和终稿校审。其中，汤晨彬先生负责第一章至第三章的翻译和审校工作；刘少伟教授负责第四章至第六章的翻译和终稿审校。潘灵翼参与了第一章至第三章的部分章节初译和录入等工作；张健、秦天、李苒、蔡婉静、刘静、周士琪、周定鹏等共同参与了第四章至第六章的部分章节初译和录入等工作。

译者在翻译的过程中，对原书存在的一些明显笔误进行了修正，以便进行正确的翻译。书中存在的疏忽与不足之处，恳请读者批评指正。

刘少伟

2017 年 7 月

前　言

foreword

岁月如白驹过隙，一晃我已在中国参与食品法执教十年有余。十年前的我，根本不会想到当时的一次偶然为之，会如此改变我对食品法的执教和实务生涯。十几年前，当我第一次来到华东理工大学演讲时，我坐在黄昏已末的长凳上，身边只有一瓶矿泉水，孤寂地面对着一个异常安静的大教室开讲，当时我的想法只有快点让我回国教书。然而十二年后的今天，我却欣喜地向大家宣布，我感恩自己能够享受不断来中国为学生授课的快乐，为食品法律构建提供建议的殊荣。三十五次的来华出差，丰富了我的学术经验，塑造了我的学术品格。

当我第一次来中国的时候，我盲目地认为自己是一个地道的专家，总是不遗余力地向关心食品法的人士传播我的观点。然而在多次来访之后，我才意识到在面对这样一个复杂的、多样的、迷人的古老国度和子民时，自己的认知是如此浅薄。我强烈地感受到中国朋友的一个优秀品质，那便是他们的无私慷慨与乐于分享。他们的暖人行为，让我备受关怀，我已然无法做到并早已放弃了礼尚往来、同等相报。

吾望尽绵薄之力，以食品法研究为纽带，回馈我慷慨的中国同仁，我真心感激他们能将我的这本专著翻译成中文，也希望它能为中国的学生、律师和监管机构提供或多或少的裨益。中国食品法在近十年的演进日新月异，我十分有信心，这样的势头必会百尺竿头、更进一步。我一直告诉我的朋友们，美国曾经面对的食品安全、食品诚信等问题，最后催生 1906 年和 1938 年法案以及数量众多的修正案和规定，都与中国近几年丛生的一些食品法问题如出一辙。我坚信中国有绝对的决心和能力来解决它们并取得长足进步，当然也希望这本专著能够为其助一臂之力。

在这里，我要感谢剑桥大学出版社同意翻译本书，同时要感谢华东理工大学食品科学与工程系的刘少伟教授和上海昌熠商务咨询有限公司的总裁汤晨彬先生为本书的翻译所付出的辛勤与艰苦。同样，我还要感谢鼓励我致力于研究中国食品法的同仁，他们是华东理工大学的于杨曜教授、刘源副教授；中国人民大学的韩大元教授、竺效教授。他们是中国食品法的先驱和专家，同时也帮助我捕捉了中国食品法发展的点点滴滴。

最后，我要致谢我的家人，是他们默默支持我从事食品法领域的国际法探索研究，并感谢我的太太 Nancy Walker 能够一直给予积极的鼓励和忠告。

由于美国食品法亦不断变迁，在此提醒各位读者本书的内容更新截至 2015 年 8 月 1 日。

Michael T. Roberts

Forward

It has been a decade from when I first taught a food law class in China. Little did I understand at that time how that experience would transform my life and my career in the teaching and practicing of food law. During this first time in China I recall sitting on a bench near the water late one evening at the East China University of Science and Technology (ECUST) reflecting on my impressions in such a novel environment and silently wishing to return. I am pleased to report that twelve years later I have been privileged to return to lecture and consult on food law thirty-five times in China and that these experiences have helped shape the person and scholar I am today.

When I returned from China the first time, I foolishly considered myself a bit of an expert on China and was all too willing to share my views to those who cared to listen. Now, after multiple trips, I realize how little I understand this complex, diverse, and endlessly fascinating nation and peoples. There is one trait, though, that I have recognized amongst my friends in China that has stayed constant: their remarkable generosity and willingness to share. I have long benefitted from many acts of kindness by my colleagues in China and have long given up any hope in balancing the scales by trying to reciprocate likewise.

Notwithstanding my feeble attempts to repay my generous colleagues involved in food law, I am very grateful that this treatise on has been translated into Chinese and hope that it can be of some value to the student, lawyer, or official in China. I have observed the evolution of the regulation of food law in China over the past decade and I am confident that great strides towards improvement will continue. I remind my friends that many of the same challenges over the safety and integrity of food that have presented themselves to China in recent years were experienced in the United States, leading to the passage of federal acts in 1906 and 1938 and hundreds of amendments and a large body of regulations. No doubt the determination and the intelligence of those in China will lead to constant improvement and hopefully this treatise can contribute in some small way to this end.

I wish to acknowledge and thank Cambridge University Press for permitting the translation of this treatise into Chinese. I also wish to thank Professor Liu Shaowei from the Food Science and Engineering Department of the School of Biological Engineering at ECUST and Attorney Tang Edison, President of the Food Consulting Company (FCC) in China for their diligent and painstaking work in translating the treatise into Chinese. I am also indebted to many other colleagues in China who have inspired my devotion to the development of food law in China, including Professors Yu Yangyou and Liu Yuan from ECUST and Dean Han Dayuan, and Professor Zhu Xiao from Renmin University School of Law, who have forged their own paths in expertise and leadership in food law and who have helped me grasp the global dynamic involved in this field.

Finally, I thank my family for their tireless support in my endeavors in food law internationally and my spouse Nancy Walker for her much welcomed encouragement and counsel.

Due to the flux in food law in the United States, the reader is advised that the coverage of food law in this treatise is current to August 1, 2015.

Michael T. Roberts

缩　写

abbreviation

AA	Agreement on Agriculture	农业协定
AB	WTO Appellate Body	世贸组织上诉机构
ABA	American Bakers Association	美国面包师协会
ABC	American Broadcasting Companies, Inc	美国广播公司
ACA	Affordable Care Act	平价医疗法
ACEP	Agricultural Conservation Easement Program	农业土地权属保护计划
ADAA	Animal Drug Availability Act of 1996	1996 年动物药品可用性法案
ADI	Acceptable Daily Intake	每日允许摄入量
ALDF	Animal Legal Defense Fund	动物法律保护基金
ADUFA	Animal Drug User Fee Amendments of 2008	兽药用户收费修正案（2008）
AFDO	Association of Food and Drug Officials	食品药物官员协会
AFO	Animal Feeding Operation	动物饲养操作
AFSIC	Alternative Farming Systems Information Center	替代农业系统信息中心
AHC	American Humane Certified	美国人道认证
AIB	American Institute of Baking	美国焙烤协会
ALJ	Administrative Law Judge	行政法法官
AMS	Agricultural Marketing Service	农业市场服务局
APA	Administrative Procedure Act	行政程序法
APHIS	Animal and Plant Health Inspection Service	动植物卫生检验局
ATTRA	Appropriate Technology Transfer for Rural Areas project	农村适用技术转让项目

续 表

AWA	Animal Welfare Act	动物福利法
AZPDES	Arizona Pollutant Discharge Elimination System	亚利桑那州污染物排放消除系统
BBC	British Broadcasting Corporation	英国广播公司
BFRDP	Beginning Farmer and Rancher Development Program	农民和牧场主发展计划
BFP	Beef Products, Inc.	牛肉产品公司
BRC	British Retail Consortium	英国零售业联盟
BSE	Bovine Spongiform Encephalopathy (mad cow disease)	牛海绵状脑病（疯牛病）
CACFP	Child and Adult Care Food Program	儿童和成人保健食品计划
CAFO	Concentrated Animal Feeding Operation	集中动物饲养操作
CARU	Children's Advertising Review Unit	儿童广告审查单位
CBP	Customs and Border Protection	海关和边境保护局
CCA	Commonsense Consumption Act	常识消费法
CCRVDF	Codex Committee on Residues of Veterinary Drugs in Food	食品中兽药残留法典委员会
CDC	Center for Disease Control and Prevention	疾病预防控制中心
CDFA	California Department of Food and Agriculture	加州①食品和农业部
CDSL	Commission on Dietary Supplemental Labels	膳食补充剂标签委员会
CERCLA	Comprehensive Environmental Response, Compensation, and Liability Act	环境保护、赔偿和责任法
CES	Cooperative Extension System	合作推广系统
CFBAI	Children's Food and Beverage Advertising Initiative	儿童食品和饮料广告倡议
CFR	Code of Federal Regulations	美国联邦法规
CFS	Committee on World Food Security	世界粮食安全委员会

① 译者注：本书中加州均指加利福尼亚州。

续 表

CFSAN	Center for Food Safety and Applied Nutrition	食品安全与应用营养中心
CFSC	Community Food Security Coalition	社区粮食安全联盟
CSFP	Commodity Supplement Food Program	商品补充食品计划
CIG	Conservation Innovation Grants	保护创新赠款
CISG	United Nations Convention on Contracts for the International Sale of Goods	联合国国际货物销售合同公约
CNPP	Center for Nutrition Policy and Promotion	营养政策和促进中心
COOL	Country of Origin labeling	原产地标签
CPSC	Consumer Product Safety Commission	消费品安全委员会
CRA	Corn Refiners Association	玉米深加工协会
CRC	Chicago Rabbinical Council	芝加哥拉比理事会
CRFC	California Retail Food Code	加利福尼亚零售食品法典
CRP	Conservation Reserve Program	美国土地休耕保护计划
CSP	Conservation Stewardship Program	美国环境保护和管理计划
CSPI	Center for Science and Public Interest	美国科学和公共利益中心
CSR	Corporate Social Responsibility	企业社会责任
CSREES	Cooperate State Research, Education, and Extension Service	美国州际研究、教育和推广合作局
CTA	Children's Television Act	儿童电视法
CTAP	Conservation Technical Assistance Program	保护技术援助计划
CUCL	California's Unfair Competition Law	加利福尼亚反不正当竞争法
CVM	Center for Veterinary Medicine	兽医中心
CWA	Clean Water Act	清洁水法
DDT	Dichloro-diphenyl-trichloroethane	双对氯苯基三氯乙烷
DHEW	Department of Health, Education and Welfare	卫生、教育和福利部
DHHS	Department of Health and Human Services	卫生及公共服务部
DOJ	Department of Justice	司法部

续　表

DOL	Department of Labor	劳工部
DPCIA	Dolphin Protection Consumer Information Act	海豚保护消费者信息法
DRV	Daily reference value	每日参考摄入值
DSB	Dispute Settlement Body	争端解决机构
DSHEA	Dietary Supplement Health and Education Act	膳食补充剂健康教育法
DSU	WTO Dispute Settlement Understanding	世贸组织争端解决机制
DV	Daily value	每日摄入值
EA	Environmental assessment	环境评估
EBT	Electronic benefit transfer	电子福利转账
EC	European Commission	欧盟委员会
EFSA	European Food Safety Authority	欧洲食品安全局
EIR	Establishment Inspection Report	机构检查报告
EIS	Environmental Impact Statement	环境影响报告书
EMA	Economically motivated adulteration	经济利益驱动型掺假
EPA	Environmental Protection Agency	环境保护署（“环保署”）
EPIA	Eggs Product Inspection Act	蛋类产品检查法
EQIP	Environmental Quality Incentives Program	环境质量奖励计划
ERS	Economic Research Service	经济研究服务
EU	European Union	欧洲联盟
FAAMA	Food Allergy And Anaphylaxis Management Act	食品过敏和过敏反应管理法
FALCPA	Food Allergen Labeling And Consumer Protection Act	食品过敏原标签和消费者保护法
FAO	Food and Agricultural Organization	联合国粮食及农业组织
FBDO	Foodborne-disease outbreak	食源性疾病暴发
FCN	Food Contact Notification	食品接触物质通告
FCS	Food contact substance	食品接触物质
FDA	Food and Drug Administration	食品药品监督管理局（“食药监局”）

续　表

FDAMA	Food and Drug Administration Modernization Act	食品药品管理局现代化法
FDCA	Food Drug & Cosmetic Act	食品、药品和化妆品法
FDLI	Food and Drug Law Institute	美国食品药品法律协会
FDPIR	Food Distribution Program on Indian Reservations	印地安人保留地粮食分配方案
FIFRA	Federal Insecticide, Fungicide, and Rodenticide Act	联邦杀虫剂、杀菌剂和杀鼠剂法
FMI	Food Marketing Institute	食品推广机构
FMIA	Federal Meat Inspection Act	联邦肉类检验法
FMNP	Farmers' Market Nutrition Program	农民市场营养计划
FMNV	Foods of Minimal Nutritional Value	营养价值极低食物
FNS	Food and Nutrition Service	食品与营养局
FOIA	Freedom of Information Act	信息自由法
FOP	Front of package labeling	包装正面标识
FQPA	Food Quality and Protection Act	食品质量保护法
FSA	Farm Services Agency	农场服务机构
FSIS	Food Safety and Inspection Service	食品安全监督服务局
FSMA	Food Safety Modernization Act	食品安全现代化法
FTC	Federal Trade Commission	联邦贸易委员会
GAO	General Accounting Office	美国政府问责署
GAP	Good Agricultural Practice	良好农业规范
GATT	General Agreement on Tariffs and Trade	关税及贸易总协定
GE	Genetically engineered	基因工程
GFPP	Good Food Purchasing Pledge	良好食品采购承诺
GCP	Good Guidance Practice	良好指导实践
GI	Geographical Indications	地理标志
GMA	Grocery Manufacturers' Association	杂货制造商协会

续 表

GMO	Genetically modified Organism	转基因生物
GMP	Good manufacturing practice	良好生产规范
GRAS	Generally recognized as safe	公认安全物质
GFSI	The Global Food Safety Initiative	全球食品安全倡议
HACCP	Hazard Analysis Critical Control Point	危害分析与关键控制点
HARPC	Hazard Analysis and Risk-preventive Controls	危害分析及基于风险的预防性控制措施
HFCS	High fructose corn syrup	果葡糖浆
ICCPR	International Covenant on Civil and Political Rights	《公民权利和政治权利国际公约》
ICESCR	International Covenant on Economic, Social, and Cultural Rights	《经济、社会、文化权利国际公约》
IDF	International Dairy Federation	国际乳品联合会
IFT	Institute of Food Technologists	食品科技协会
IOC	International Olive Council	国际橄榄油理事会
IOM	Institute of Medicine	医学研究所
ISO	International Organization for Standardization	国际标准化组织
ISSC	Interstate Shellfish Sanitation Conference	州际贝类卫生会议
IWG	Interagency Working Group on Food Marketed to Children	儿童食品市场机构间工作组
JEFCA	Joint FAO/WHO Expert Committee on Food Additives	粮农组织/世卫组织食品添加剂联合专家委员会
KORUS FTA	United States-Korea Free Trade Agreement	美韩自由贸易协定
LAFPC	Los Angeles Food Policy Council	洛杉矶食品政策委员会
LDL	Low-density lipoprotein	低密度脂蛋白
LFTB	Lean finely textured beef	瘦精细牛肉
LGMA	California Leafy Green Products Handler Marketing Agreement	加州绿叶菜种植商营销准则

续　表

MDEQ	Michigan Department of Environmental Quality	密歇根州环境质量署
MRL	Maximum Residue Limits	最大残留限量
MTA	Metropolitan Transit Authority	城市交通管理局
NAA	National Aquaculture Act	国家水产养殖法
NADA	New Animal Drug Application	新兽药申请
NAFTA	The North American Free Trade Agreement	北美自由贸易协定
NAIS	National Animal Identification System	国家动物识别系统
NAOOA	North American Olive Oil Association	北美橄榄油协会
NARC	National Advertising Review Council	美国广告审查委员会
NASA	National Aeronautics and Space Administration	美国航空航天局
NCA	National Canners Association	美国罐头协会
NEPA	National Environmental Policy Act	国家环境政策法
NFP	Nutrition Facts Panel	营养成分表
NGO	Non-governmental Organization	非政府组织
NHTSA	National Highway Traffic Safety Administration	美国公路安全管理局
NIAA	National Institute for Animal Agriculture	国家动物农业研究所
NJCFA	New Jersey Fraud Act	新泽西州欺诈法
NLEA	Nutrition, Labeling and Education Act	营养标签和教育法
NLRB	National Labor Relations Board	美国劳资关系委员会
NMFS	National Marine Fisheries Service	美国海洋渔业局
NMP	Nutrient Management Plan	营养管理计划
NOAA	National Oceanic and Atmospheric Administration	美国国家海洋与大气管理局
NOAEL	No-observed-adverse-effect-level	无明显损害作用水平
NOP	National Organic Program	国家有机计划
NOSB	National Organic Standards Board	美国有机标准委员会
NPDES	National Pollutant Discharge Elimination System	美国污染物排放消除系统

续 表

NPR	Notice of Proposed Rulemaking	制定建议规则公告
NRCS	Natural Resources Conservation Service	自然资源保护署
NRDC	Natural Resources Defense Council	美国自然资源保护委员会
NSIL	National Seafood Inspection Laboratory	美国海产品检验实验室
NSLP	National School Lunch Program	美国学校午餐计划
NSSP	National Shellfish Sanitation Program	国家贝类卫生计划
NYSRA	New York State Restaurant Association	纽约州餐厅协会
OCC	Office of Chief Counsel	首席法律顾问办公室
OECD	Organization of Economic Cooperation and Development	经济合作与发展组织
OEM	Office of Environmental Markets	环境市场办公室
OFPA	Organic Food Production Act	有机食品生产法
OIE	World Organization for Animal Health	世界动物卫生组织
OIG	Office of Inspector General	监察长办公室
OMB	Office of Management and Budget	美国管理和预算局
ORA	Office of Regulatory Affairs	监管事务办公室
OSHA	Occupational Safety and Health Administration	职业安全与健康管理局
OSTP	Office of Science and Technology Policy	科学技术政策办公室
OTC	Over the counter	非处方
PCA	Peanut Corporation of America	美国花生公司
PCA	Pesticides Control Amendment	农药防治修正案
PDFA	Partnership for a Drug& Free America	美国无毒品伙伴组织
PDO	Protected Designation of Origin	原产地名称保护制度
PDP	Principal display panel	主显示区
PFDA	Pure Food and Drug Act	纯净食品和药品法
PGI	Protected Geographical Indication	地理标志保护
PHC	Public Health Council	公共卫生委员会

续 表

PHSA	Public Health Service Act	公共卫生服务法
PMO	Pasteurized Milk Ordinance	巴氏杀菌奶管理条例
POP	Point of purchase	购买点
PPIA	Poultry Products Inspection Act	联邦家禽制品检查法
PPNP	Preliminary Proposed Nutrition Principles	初步拟议营养原则
QPRAM	Quantitative Predictive Risk Assessment Model	定量预测风险评估模型
QRA	Quantitative Risk Assessment	定量风险评估
QSVP	Quality Systems Verification Programs	质量体系审核程序
RACC	Reference amount customarily consumed	每餐习惯消费参考量
RASFF	Rapid Alert System for Food and Feed	食品和饲料快速预警系统(欧盟)
RAC	Raw Agricultural Commodity	原始农业大宗商品
RCED	Resources, Community and Economic Development	资源、社区和经济发展
RCPP	Regional Conservation Partnership Program	区域保护合作项目
RCRA	Resource Conservation and Recovery Act	资源保护和回收法
RCT	Randomized controlled trial	随机对照试验
RDI	Recommended Daily intake	建议每日摄取量
RFR	Reportable food registry	应通报食品登记制度
RFRA	Religious Freedom Restoration Act	宗教自由恢复法案
RNR	Recall Notification Report	召回通知报告
SARE	Sustainable Agriculture Research and Education	可持续农业研究和教育
SCNT	Somatic cell nuclear transfer	体细胞核移植
SHU	Solitary Housing Units	独立住房单元
SKU	Stock keeping unit	库存单位
SNAP	Supplemental Nutrition Assistance Program	营养补充援助计划
SBP	School Breakfast Program	学校早餐计划
SPS	Sanitary and Phytosanitary	实施卫生与动植物检疫措施协定

续 表

TBT	Technical Barriers to Trade	技术性贸易壁垒协定
TEFAP	The Emergency Food Assistance Program	紧急食物援助计划
TMRC	Theoretical maximum residue contribution	理论最大残留量
TRIPS	Agreement on Trade-Related Aspects of Intellectual Property Rights	与贸易有关的知识产权协定
TSCA	Toxic Substances Control Act	毒品管理条例
TTIP	Transatlantic Trade and Investment Partnership	跨大西洋贸易与投资伙伴协定
UCC	Uniform Commercial Code	美国统一商法典
UDAP	Uniform and Deceptive Acts and Practices	反欺诈法及实践
UDHR	Universal Declaration of Human Rights	世界人权宣言
UK	United Kingdom	英国
UL	Upper intake levels	可耐受最高摄入量
UNCLOS	United Nations Conference on the Law of the Sea	联合国海洋法公约
UPC	Universal Product Code	通用产品代码
USAIP	United States Animal Identification Plan	美国动物识别计划
USCG	United States Coast Guard	美国海岸警卫队
USDA	United States Department of Agriculture	美国农业部
USP	United States Pharmacopeia	美国药典
USPHS	United States Public Health Service	美国公共卫生服务署
USPQ	United States Patents Quarterly	美国专利季刊
USPTO	United States Patent and Trademark Office	美国专利及商标局
USTR	United States Trade Representative	美国贸易代表署
VFD	Veterinary Feed Directive	兽医饲料指令
VQIP	Voluntary Qualified Importer Program	自愿合格进口商计划
WEMA	Working Group on Economically Motivated Adulteration	经济利益驱动型掺假工作小组

续　表

WHO	World Health Organization	世界卫生组织
WIC	Special Supplemental Nutrition Program for Women, Infants and Children	妇女、婴儿和儿童特殊营养计划
WTO	World Trade Organization	世界贸易组织

目　录

contents

第一章　引　　言 2 [1]

第一节　食品法定义

一、食品法的与时俱进

古往今来，食品法的历史发展规律总是出奇的一致。自有历史记载以来，人类社会就开始尝试规范食品的生产、买卖与消费。由于食品在人类生活中扮演的重要角色，这似乎变得如此合情合理：食物可以维系生命、改善生活质量、促进人类社会的形成，并体现一定的文化价值观念。现代食品的生产和流通体系，也改变着食物本身，包括食物的成分、风味、获得方式、价值以及外观，从而引发了一系列影响消费者生活的新问题。相应的，食品法始终与时俱进、不断发展，成为独具特色的法律部门。如果以影响人们日常生活的程度来考量某一法律的重要性，那么食品法的沿革则在社会发展中显得尤为重要。

食品法的与时俱进深刻反映了法律历史学家劳伦斯·弗里德曼（Lawrence M. Friedman）在其著作《美国法律史》中阐述的观点，即“现代法律会映射社会现状，并随着时代的变迁而改变，从而法律始终如新”。弗里德曼解释道：“在传统社会中，法律基本是静态的，它是神圣而悠久的规章制度。它定义了人们在社会秩序中的地位。而在现代社会中，法律是一种工具、一种手段；当权者借助法律来达到或规避某种目的。”与此同时，法律也会影响社会，促进它的发展。食品法依托现代食品体系和消费者权益进行不断调整，而这也正是食品法能够保持现代化和前瞻性的深刻原因。与时俱进需要新规则和新思想，而现代食品体系和消费者权益两者之间并不是始终统一的。换句话说，食品法的发展目标也不是一成不变的。其中的一些内在的、必然的矛盾，会引发一定分歧（例如，转

---

[1] 本书的边栏数字为原著页码，书中的索引页码与此对应。

基因是否需要强制标识、如何为散养鸡的养殖划区以及如何限制加糖饮料等）。这些分歧使得食品法备受关注，与现代社会生活息息相关。

二、食品法的发展阶段

（一）顺时展开与层层递进

3 现代食品法以多样、不拘的方式创建。本书将食品法分为五个阶段进行阐释，其中包括食品贸易、食品安全、食品营销、食品营养以及食品体系。每一方面的内容都会分章细述。分章叙述的好处是能为读者平铺食品法的历史框架，而这一框架也切合了弗里德曼所提出的“现代法律会顺应社会变化”的观点。每一章节都针对食品系统中所碰到的问题与挑战展开。除了指出存在的问题，本章也将阐述每个阶段所体现的不同的价值观念、公众对食品的认知状况，同时强调食品法是一个动态的、不断更新的领域。每个阶段基本按时间顺序展开，且层层递进：各个阶段相辅相成，产生交叠与溢出。每一阶段特点鲜明，因而需要分别阐述。下列几节是针对每个阶段内容的简单概括。

（二）食品贸易

自古以来，食品都处于贸易活动的核心地位。据记载，最古老的食品法是通过严防食品欺诈来维护食品贸易的开展，保证供应商之间的公平竞争，同时促进食品贸易以供养不断增长的城市人口。不仅在城市如此，殖民地也纷纷效仿学习，制定有关食品掺假的法规，禁止经济利益驱动型掺假（抑或称为“经济利益驱动型食品掺假”或“经济性掺假”）这种最常见的食品欺诈手段的发生。随着社会经济的发展，食品贸易也随之成熟。时至今日，美国的食品体系已经成为全球食品生产与商业贸易网络中不可分割的一部分。它通过全球贸易，确保国内消费者能够获得来自世界各地的、丰富的食品与食品原料。现代食品贸易与古代社会一样，都面临食品欺诈与市场准入等难题。美国通过国内立法来应对经济利益驱动型掺假，并通过签订国际条约等法律文书来协调全球贸易规则、建立国际组织、推动成员国之间的自由贸易，实现食品质量与安全的标准化。如何解决体系内的贸易冲突，业已成为国际食品贸易所面临的最大挑战之一。

（三）食品安全

在殖民主义时期和美国社会早期，食品法已经开始关注食品掺假与公众健康之间的联系，然而科学家们直到19世纪晚期才开始厘清细菌与疾病之间的关联。人们知道食品会变质，但是并不清楚其发生的真正原因，也不知晓食品变质可能会导致疾病的这一潜在危险。食品安全治理的发展历程，就是一段探索与发现的历史，政府通过制定和出台新的法律规定来应对层出不穷的食品安全风险，包括复杂多样的食品污染、品种繁多的食品添加剂、层出不穷的新型农药以及科技进步带来的新兴食品。在当今社会，食品制作和处理技术的复杂性无形中增加了供应链环节中的安全风险，包括生产、制造、加工、包装、营销、分配以及消费等。公众的生命健康，依赖于联邦政府、州政府以及地方政府运用多种法律手段，从农田到餐桌，为供应链上的每一个关键点保驾护航。这些法律的实施，将 4
强有力地优化政府在食品安全检查和约束违法行为方面的效果，并继续扩大食品企业的安全责任，要求其勤做记录、遵守安全规则并制定预防控制措施。进口食品的监管越来越受到监管当局的重视。除了政府出台新的法律规定之外，其他形式的法律工具也越来越多地被运用（例如法庭诉讼和第三方审查），从而保障食品的安全。

（四）食品营销

到了19世纪，科学技术和消费需求的变化带来了食品体系的根本性变革，方便快捷的新液态食品深深吸引着消费者。随着食品保存与物流技术的不断进步，大工业化生产模式和大众营销经济蓬勃发展，渐渐衍生出“品牌”这一概念，进而挑战着传统食品法的适用。最初，名牌产品传递给消费者的观念是“纯净、便捷、优质、商誉”，因此顾客购买的既是产品也是公司的承诺。随着食品配方与特性的不断创新以及产品营销的激烈竞争，催生着市场需要通过法律手段来规范食品所传递的内容（包括标签、广告），保障消费者获得准确的信息，同时要求食品企业诚信经营、在必要时警示和引导消费者。规范市场交易的法律法规通常会有限制商业言论的规定，这与美国宪法第一修正案产生激烈冲突，同时延伸出一个新问题——究竟哪些信息消费者必须知晓？近期的一些针对交易索赔的集体诉讼，填补了成文法中没有明确规定的空白，同时也弥补了政府监管中的短板。

（五）食品营养

尽管人们早已意识到食物与营养之间相互关联，然而真正进行食品营养的监管，始于20世纪60年代。法律法规有多种形式去应对食品营养的监管，但其大体可以分为以下三类：（1）膳食补充剂的监管；（2）营养成分标签的监管；（3）针对营养不良和过度肥胖的对策。虽然许多具体的法规标准已经涉及膳食补充剂和营养成分标签，但结果是现代食品系统中同时存在食物摄入过多和食品短缺的问题，导致多级政府出台大量的营养政策方案来处理肥胖和饥饿这两大困扰美国甚至全球数百万消费者的难题。公共卫生部门建议将针对烟草的诉讼运用到针对食品工业的诉讼中来。由此，法律理论已经延伸到规制健康危害信息的不透明、误导儿童的广告和防止欺诈行为等。食品法中针对盛行的肥胖问题所采取的措施因个人责任论的观点而日趋复杂化。就立法和规约措施而言，许多拟议的方
5 式（例如，在校园中限制垃圾食品、控制苏打饮料分量、强制餐馆菜单标示营养成分、改变行业营销方式、征收垃圾食品税等）都遭到了批评和质疑，他们呼吁公众保留个人自身责任意识，并且对“保姆式”国家的过度监管表示担忧。

（六）食品体系

尽管食品已经实现产业化，但饮食行为从来都不只是满足基本生理需要的简单行为。当地文化的影响，始终深刻而重要。食品该如何监管，深受消费者、文化、政治和社会规范的影响。随着公众对当下食品体系的日益关注，政府也必须不断加强其监管力度。人们渐渐开始关注食品的可持续发展及食品的本土化，希望获得健康的食品，保障其对食品信息的知情权、食用动物的权益、单一作物栽培问题以及食品的平等性与食品安全战略问题。很多新的法律问题也随之产生，与此同时法律在食品制作与消费过程中所扮演的角色也再次陷入争议。

食品体系的建立反映出消费者越发认识到本地化、区域化、国内化甚至全球化的食品体系在日常生活中的重要性。人们重点关注的问题包括食品安全、食品销售与食品营养，尤其重视它们在食品体系中的相互联系。例如，近年来不少转基因食品声称其工艺是“天然的”，这引起了大量的集体诉讼。诉讼往往针对食品系统中的产品生产加工方法、过程与结果是否“天然”，而较少讨论转基因食品的安全问题。食品法规往往建立在科学结论的基础之上，而现代的食品体系涵盖多种因素，实际上给食品法规体系带来了挑战。因此，一些类似“私营标准”的非强制性法律、标准以及诉讼，开始成为满足消费者期望与要求的法律工具。不仅如此，文化、宗教以及社会禁止的礼教，都可以影响政府的政策与规定。例

如，食品安全战略政策，其可以为区域食品体系保护和美国贸易保护政策提供法益基础。

三、食品法的延伸

（一）立足点在传统食品法

传统食品法反映社会关心的热点问题，逐渐演变成现代的食品法律法规。长期以来，传统食品法和药品法由联邦政府机构——美国食品药品监督管理局（FDA）负责执行，它发挥着监管美国消费食品的核心作用。而美国食品药品监督管理局对于食品的监管重点在公共卫生安全领域。因此，它的管理条例以及规定标准总体上都重在防止不安全食品或者假冒食品的流入、保护公共健康。尽管食品安全问题已被视为食品药品监督管理局的重中之重，然而营养不良及过度肥 6
胖问题的出现，也使得食药监局的管理权限不断扩大。它将营养问题的管理也囊括在其职权之内，主要是为消费者进行食品属性与成分信息的监管。由联邦贸易委员会（FTC）颁布的食品广告规范，由隶属美国农业部（USDA）的食品安全监督服务局（FSIS）颁布的肉类、禽类和蛋类食品安全规范，由环境保护署（EPA）颁布的食品农药残留规定都是政府机关制定的食品法规，它们都侧重于关注食品安全与销售。

食品法隶属于美国食品药品监督管理局职权下的食品药品法律范畴之下，它是律师事务所和律师们辛勤实践的成果，这些法律工作者代表着食品生产、包装、贴标、推广和分销的食品企业。其中，很多律师都在律师事务所的食品药品法部门中，他们的事务所分布在华盛顿、芝加哥以及其他大城市。他们也通常加入美国食品药品法律协会（FDLI），代表着不同规模的食品药品公司。律师们参与的食品法业务大多为行政法范畴，内容复杂。参照的法律文献，都以食品药品监督管理局发布的为主。由食品药品法律协会发布的季刊——《食品与药品法律杂志》，六十多年来坚持发表学术文章，深入探讨食品药品监督管理局、联邦贸易委员会以及美国农业部的一些重大举措。由美国基础出版社出版的案例教科书《食品与药品法》也备受赞誉，它已经被参与法律实践的客座教授视为美国法学院食品与药品法律教育的核心课程。

（二）与农业法的区别

传统食品法不同于农业法。农业法根植于“平均地权论”或“农业例外论”。托马斯·杰斐逊秉持这样的信条——“如果上帝曾有过特选子民的话，在土地上劳作的人们就是上帝的选民”，这已经将“保护农场”逐渐上升为一个社会目标。以法律作为工具，排除、保护和实施特定的计划，用于保护和维持农业的发展，业已成为农业法的主要目标。在劳动、破产和国际贸易领域中为农民提
7 供特殊的保护，在环境及反垄断条例中出现例外条款，在许多政府计划中为农业提供补贴、贷款和教育辅助，这些均是农业例外主义所体现的具体实例。

农业法根植于农村地区的实践，他们往往代表着农场主和农业企业的利益，包括种子公司和化学企业。农业法的学术研究始于20世纪40年代，哈佛、耶鲁、得克萨斯州和爱荷华州的法学院均作了短暂的研究。但直到20世纪70年代，正当农业和农村社会经济萧条的时候，农业法才开始真正生根发芽。1979年，《农业法期刊》首次发行。1980年，美国农业法律协会正式成立，这是一个为农业法执业律师提供发表观点、增进联络的平台。一年后，阿肯色大学法学院首次推出了农业法法律硕士项目。1981年，15卷农业法学术专著在美国出版。1985年，案例分析类著作《农业法：案例与材料》由美国西部出版社出版。该书的作者认为农业法内容涉及广泛，并评论道：“在我看来，农业法不只是某些合同、侵权法条例、零星的土地使用规定与些许产业监管规则的简单堆砌，农业法的内容深远而复杂。它是一个将许多主题有机整合在一起的法律部门，内容繁杂且具有很高的综合性。”它甚至包括土地使用的规则、经济运行的调控以及家庭农场的推广。该案例类著作的作者认为，农业法就是研究那些已经发展成为反映农业特点、维持农业发展需求的法律条例和监管制度的集合体。这本案例分析书正是切合这一要求，其内容涵盖农业土地的融资、农田租赁、农用仓库、农业运营融资、家禽家畜及大宗商品期货合约、农业合作社、农业人口就业、土壤和水治理以及农田保护等。

传统食品法与农业法的区别有以下三点。首先，农业法注重对农产品的监管，而食品法从传统意义上仍然注重产品生产后期的监管，包括食品生产、加工、贴标、广告、分销和消费。其次，农业法要求保护生产者以及关注生产某食品的原料投入的监管，而食品法的一个明确目标就是要维护消费者的利益。最后，食品法的法律工作者大多来自大城市中的执业律师，他们研究食品和药品的监管，也更具客户服务的意识。而农业法的法律工作者则多来自农村，他们往往只代表农业企业的利益。

（三）重新构建食品法

到了21世纪，美国出现了一种旨在改变全球食品体系的新兴社会运动。虽然食品运动已经成为人们谈论的前沿话题，却难以对其定义。该运动关注对社会规范的改变且内容广泛，除了基本的食品安全和广告营销之外，还包括转基因食 8
品的标识、食品营养成分、食物浪费、可持续发展、新型农民、农场保护、粮食主权、学校午餐改革、食品本土化、食品获取途径、城市农业、农业法案改革、园艺和烹饪课程、农民权益、营养成分标签、肥胖与饥饿、动物福利以及环境问题等。

人们对食品的兴趣日益增长，对食品体系的愿景也早已超出了传统食品法的范畴。因此，美国社会也对食品法进行了重新定义。迈克尔·波伦（Michael Pollan）指出，“那些认为食品运动可以被简化成一系列法律条例、政策或规定，且重要性与其相当的想法，必然是错误的”。波伦认为，“食品运动与社区发展、身份品位以及个人快乐息息相关，更重要的是它营造了一种不受大公司与政府影响的新型社会与经济空间”。实际上，食品运动已经潜移默化地为社会建立了某些新的规范。值得注意的是，食品运动关注食品的公平性，而一些少数群体（包括农村集市和社区农业项目的支持者）的意见，往往被漠视。

尽管食品运动具有超前性，但现行的法律仍然主要依靠以下方式来应对人们对现行食品体系有关健康、环境和经济的忧虑。第一，在美国食品药品监督管理局、美国农业部、联邦贸易委员会和美国环境保护署颁布的这些传统的法规和标准基础之上，增补新的法律条例。第二，吸收非传统食品法的思路，通过附件的方式对传统法律规章制度进行更新和增补。

增补法律条例——近年来，传统食品法律制度产生了许多重要的改变。例如，2011年颁布的《食品安全现代化法》（FSMA）被视为自1938年《食品、药品和化妆品法》（FDCA）以来最重要的食品法律法规，它试图解决全球食品供应链中的食品进口问题与系统性的食品安全问题。通过《食品安全现代化法》，传统食品法律制度也首次增补了有关农产品加工后引发的食品安全风险的内容。

原法律条例的附件——区别于传统的食品法律法规，它包括通过诉讼、非强制标准、合同义务所兴起的自由标准以及管理城市农业、本地食品的市级法规发展起来的规则。一些新的政府计划试图完善食品生产、推广上市以及对外分销方式的，也为利益相关者构建和创造了新的法律关系。所有这些新的法律法规都对传统法规制度难以解决的诸多问题起到了一定的弥补作用。同时，它也包括推动食品运动发展所形成的新思路，包括将营养补充援助计划推广到农村集市，将分区域的不同法律制度分别运用，以促进环境脆弱区域的水产养殖。这些新的法律
9 法规具有改革的精神，进一步勾勒了现代食品体系。运用体系化的思维来思考食品问题，鲜明地表现出消费者愈发关注到当地食品系统、区域食品系统、联邦食品系统和全球食品系统都与其日常生活息息相关。食品体系承载着食品从生产到消费的多元文化价值。除了商业贸易、食品安全、市场营销以及食品营养所承载的文化价值以外，它还包含着一些新的价值，包括社区建设、食品来源以及可持续发展等。这些价值激励消费者去了解食品从农田到餐桌的所有信息。因此，有关动物福利、农业环境保护的法规，都将消费者的利益与农民的利益关联起来。其实，鼓励新农业从业者的法律法规也是食品政策的一部分，它们都会影响消费者权益。从某种意义上说，食品体系就是农业法和食品法的大融合。

（四）日益扩大的群体——食品法研究者

食品法的外延不断伸展，也吸引了越来越多的“粉丝”。第一类“粉丝”是律师群体，其中包括专门研究食品与药品监管领域的执业律师。对他们来说，自己的客户——食品企业要面对越来越多来自消费者、诉讼和层出不穷的法律法规的挑战，而最终这些压力都会转移到法律工作者身上。在他们之中，也包括从事食品领域集体诉讼或其他诉讼的出庭律师，他们所面对的法律纠纷往往在实体法中并没有明确的规定。公益律师也愈发积极地参与到有关公共健康的法律问题之中，包括城市规划、食品与甜点、社区园艺及农贸市场分区、流动餐车的食品来源问题等。不仅如此，一些有关营养计划、肥胖问题以及旨在敦促改变公众消费习惯的食品饮料税等问题也被纳入进来。代表游说团体、联邦或地方食品政策委员会、公益组织以及基金会的律师们，也表现出对制定食品法规和政策的浓厚兴趣。

第二类是高等院校法学院。法学院越来越重视食品法律与政策，认为这些法律政策可以全面检验当前的食品体系，评估法律工具是否能够解决现代食品体系存在的问题。法学院开始通过开设新的课程，建立新的法律服务所与法律服务中心来解决食品体系中存在的问题。传统法律课程包括健康卫生法、环境法、国际法、公共政策法及知识产权法等，其中都涵盖了与食品法律政策相关的内容。运

用情景案例的分析方法，传统的食品药品监管法律课程也变得更加丰富多彩、引人入胜。

此外，食品法的发展也吸引了其他的有心人。越来越多的法学学者开始关 10
注、旁听食品法律案件，这种广泛的、情境的方式有助于案件的妥善处理。政策制定者也强烈地意识到，食品法的重要性不仅体现在其适应食品价值观念在社会生活中的转变，其张力也体现在如何发挥法律的力量帮助构建新的食品消费倾向与习惯。最后，各行各业的非法律专家，其中包括健康主义的倡导者、城市规划者、社区建设者以及消费者保护团体，均对自身的研究领域与食品法的交叉点产生了浓厚的兴趣。

（五）独立学科

“食品法”的延展性和广泛性，让人不禁要思考食品法是一个独立部门还是它只是其他部门法（行政法、环境法、消费者权益保护法、国际法、侵权法、分区法、动物福利法、宪法及知识产权法）的一部分。其实，已有充分、翔实的材料能够支持食品法（即使是多理论的）应是一门独立的学科领域。它的价值在于如何通过法律这种工具，管理从“农田到餐桌”的食物。现代食品系统所带来的挑战与当今世界面临的其他挑战不同，食品领域的风吹草动总能引起人们对于食品监管的关注，并希望通过建立食品法律体系，给问题和挑战制定一些规则。此外，通过让社会认同只有由法律来管理食品，食品体系才能不断完善，人们才能更好地理解该领域的变化和丰富。

最后，食品法拥有自己的理论框架，这一事实往往被刚接触食品法律政策的执业者和学者所忽略。正是这种框架的存在，使得食品法不会像其他新出现的法律问题一样，仅被当作是现存法律所产生问题的又一新例而被摒弃。本书解释了当传统和新兴法律条例相互作用并响应社会生活而为食品和消费者带来变化时，食品法框架是如何不断运作和拓展的。至于扩展中的食品法是否能够保持条理分明、特色鲜明；是否能够完善从而成为一种长期存在的法律学科领域，都只能交给时间去解答，本书并不愿仓促地给出这一问题的最终答案。相反，本书注重食品法律法规的介绍和阐释，以便帮助法律从业者和学者拓宽对食品法律体系的理解，以应对现代食品体系的复杂性与挑战性。

框架中的第一部分对“食品法”这一核心概念进行分析，并引出一个问题——法律应该如何定义食品。

第二节 食品的法律定义

一、成文法定义

1938 年出台的《食品、药品和化妆品法》（FDCA）第 321（f）条根据食品的固有属性，将食品定义为：（1）用于人类和动物食用和饮用的物品；（2）口香糖；（3）为制造上述两项产品而提供成分的物质。现实中，人们对食品的认知的
11 变化也对食品的法定定义产生巨大影响。随着食品的口味成为越来越重要的特性，调味品、糖也被正式纳入食品概念中来。不仅如此，为了避免任何不必要的质疑和讨论，美国国会明确将口香糖列入食品。

《食品、药品和化妆品法》赋予美国食品药品监督管理局对所有食品进行监管［除了美国农业部专属管理的食品（肉类、禽类和蛋类）之外］，因此第 321（f）条事实上涵盖了绝大多数被人类或动物消费所消费的食品。授予美国农业部对特定食品监管权且不将“食品”的概念进行一般泛化定义，其原因是美国农业部只对特定食品进行监管。《联邦肉类检验法》（FMIA）将“肉制品”定义为“任何能够用作人类食用的、完全或部分由肉类制成的食品”。《联邦家禽制品检查法》（PPIA）将“禽类”定义为“泛指所有家养禽类，不论是活禽还是死禽”。《蛋类产品检查法》将“蛋类”定义为“家养的鸡，火鸡，鸭，鹅或山鸡的壳蛋”。

二、二元分类：食品和药品

《食品、药品和化妆品法》不仅赋予美国食品药品监督管理局对食品进行监管的责任，也同时赋予其监管非食品类产品的权力，包括药品、化妆品、医疗器械和生物制品。根据第 321（f）条的定义，一旦将某物品视为“食品”，它便完全不同于其他产品（如药品），这种定义将约束食品药品监督管理局只能适用食品的管理办法。尽管食品与药品并非天差地别、毫无交叉，但现实中食品药品监督管理局对药品有更大的管理权限，因此食品与药品的分类显得尤为关键。

《食品、药品和化妆品法》第 321（g）条侧重于根据产品的预期用途来定义“药品”，这与第 321（f）条根据某物的实际使用来定义“食品”形成了鲜明的反差。根据该法第 321（g）条第（1）款 B 目，“药品”被定义为“用于人类或

其他动物疾病的诊断、治疗、治愈、缓解或预防的物品”。由于第321（f）条和第321（g）条中对食品和药品的定义并不明确，因此某种单一物质有可能既是食品，也是药品。例如，蜂蜜通常被用于食品中，根据第321（f）条第(1)款，蜂蜜应属于食品。但是，如果生产者试图将蜂蜜用作治疗疾病的药品原料，则该产品也可能符合第321（g）条第（1）款（B）目中对药品的定义。因此，《食品、药品和化妆品法》中的“食品”和“药品”两个术语，并不是完全排斥的。法院普遍接受两个术语存在部分重叠的事实，认为“预期用途”是判断某产品 12
根据第321（g)条第（1）款是否为药品的标准。即使某产品符合食品的定义，但如果制造商希望消费者将其用于治疗目的，那么《食品、药品和化妆品法》也将这一物品认为是药品。

尽管《食品、药品和化妆品法》似乎在试图采用二元分类，并通过“预期使用”这一标准来定性某一产品是否为药品，但该法第321（g）条第（1）款（C）目却明确将食品排除在药品定义范围之外。该法第321（g）条第（1）款（C）目对第321（g）条第（1）款（B)目进行了补充说明，将“药品”定义为“（除食品之外）旨在影响人类或动物身体结构或功能的物品”。因此，根据《食品、药品和化妆品法》的这一规定，如果一个产品旨在影响身体结构或功能，但同时符合食品特征，那么即使制造商极力推介其对身体的积极影响，食品药品监督管理局似乎也不能将其直接认定为药品。假设一个食品制造商（例如茶品制造商）将某茶产品作为功能性兴奋剂来推广，那么该产品仍然不符合本法中“二元分类”下的药品定义。

美国联邦第七巡回上诉法院在受理某案件时，曾引用了《食品、药品和化妆品法》第321（g）条第（1）款（C）目中对食品的排除规定。案件中，原告为Nutrilab公司，被告方为美国前卫生部部长理查·史威科（Nutrilab Inc. v. Schweiker)。该案讨论的一个核心问题是“淀粉阻滞剂”——一种从生芸豆中提取的蛋白质所制成的片剂或胶囊，应被定义为“未经批准的新药”还是“食品”。为了让人们对食品的普遍认识与法律相统一，法院援引“食品除外条款”来对食品作出司法定义。食品应符合绝大多数人的正常食用方式使用，主要用于获取口味、气味或营养价值的产品。法院认为，淀粉阻滞剂应属于药品，原因在于它是通过改善消化功能的方式来影响人体结构或功能的，并不主要提供口味、气味或营养价值。

三、新兴食品

食品概念的不断扩大，限制了 Nutrilab 公司。例如，1990 年颁布的《营养标签和教育法》（NLEA）第四章提到，“在一定条件下，可以允许食品声称其可以预防疾病，且仍不受药品法规所约束”。这一表述与迈克尔·波伦（Michael Pollan）所提出的变化中的食品概念不谋而合。迈克尔·波伦的表述如下：“20
13 世纪 80 年代以来，食品开始在美国大型超市中渐渐消失，且逐渐被‘营养品’所取代，新兴的食品时代已经到来。那些我们耳熟能详的名字——鸡蛋、麦片或饼干，在色彩鲜艳的外包装包裹下，曾经挤满了货架。如今，‘纤维’‘胆固醇’以及‘饱和脂肪’等新名词却越发跳入公众的视线。不同于看待单纯的食品，社会大众开始普遍相信这些‘营养物质’的出现或消失会影响食用者的健康。相比之下，曾经的食品似乎显得粗糙、过时且不具科学素养。但我们不禁要问，谁又真正清楚这些新兴食品究竟由什么而制成呢?”

食品概念不断扩展、消费者期望不断提高，这在客观上要求 FDA 和美国农业部不断完善食品的分类。有些可以按照法律明确划分；没有法定时，需依据科技创新与消费者认知来划分。所有食品的分类，对每个消费者个体都含有特殊的意义；这也反映出一个事实，消费者越来越多地关注含有健康成分的食品以及符合其文化期待的食品。下文将列举几个典型的新兴食品。

1. 膳食补充剂

根据 1994 年《膳食补充剂健康教育法》（DSHEA），以片剂、胶囊、液体或粉状形式出售的含有维生素、矿物质、草药、植物产品和氨基酸等元素的产品构成所谓的膳食补充剂，属于食品类别（即使不算作是 Nutrilab 生产的普通食品）。正如本书第五章所述，该法案对不同于常规食品的膳食补充剂提出了一些特别要求。

2. 医用食品

1983 年《罕见病药品法》将医用食品定义为“用于特殊疾病或特殊情况下的膳食管理，为满足特定营养需求，且基于公认的科学原则并建立在医学评估基础之上，作用于肠内的配方食物”。它的使用需要在医生的监护指导下进行。

3. 特殊膳食食品

特殊身体状况，如脂泻、乳糖不耐受或肥胖会对饮食提出特殊要求。满足特
14 殊饮食需求的食品被称为“特殊膳食食品”。尽管《食品、药品和化妆品法》并

没有对这一术语做准确定义，但该法承认这一概念，即有部分食品经过配比后，可以用于特殊的膳食用途，同时该法也对这类产品制定了标识规则。

4. 功能性食品

为了满足健康饮食的消费需求，食品行业创造了一系列称之为“功能性食品”的产品。但功能性食品至今没有法定定义。实际上，功能性食品所提供的健康功效已经超出基础营养素的范围。如本书第四章所述，随着 FDA 对功能性食品的关注不断提高，今后可能会发布专门的法律法规，并为功能性食品定义。

5. 食品添加剂

《食品、药品和化妆品法》将食品添加剂宽泛地定义为“有目的地添加到食品中，用于直接或间接形成或预期形成食品的某种成分或能够影响食品特性的任何物质”。它也包括在生产、制造、包装、加工、制备、处理、运输或存储过程中所使用的任何物质。食品添加剂不包括农药化学品、着色剂和膳食补充剂。

6. 有机食品

《有机食品生产法》（OFPA）规定，在国家有机计划（NOP）中明确规定的生产流程下，生产、处理且获得认证的食品方为有机食品。如本书第四章所述，各类有机食品应附有“有机”标签。

7. 天然食品

尽管形容词“天然的”（抑或“纯天然”“100%天然”）经常出现在食品标签上，但不论是 FDA 还是美国农业部的成文规定中，均没有对该声称进行定义（尽管食品行业、消费者群体甚至法院多次提出这个要求）。与有机食品的认证不同，美国目前没有任何一项全国统一的计划对天然食品进行认证。监管机构发
布过对“天然”的一些非官方、非强制性的定义，但这些定义模糊不清，使得 15
消费者疑惑不解、半信半疑，客观上也导致了相关诉讼的大量增加。

8. 转基因食品

在现代食品系统中，转基因或基因改造食品所引发的争议之多，远远超出了其他食品。事实上，全美大约 70%的加工食品都含有一定量的转基因食材。转基因食品（GMO 食品）没有专门的法定定义。从字面上看，转基因食品这一术语是不准确的，因为大部分食品并不含有有机体。从法律政策来看，FDA 将转基因食品等同于普通食品，同时将转基因技术定义为“通过传统作物育种技术或新型生物技术进行的基因改造”。根据 FDA 的这一定义，几乎所有粮食作物都可以被视为是转基因的。然而，世界卫生组织（WHO）和人们的普遍常识认为，在

植入其他生物有机体后基因构成发生转变的食品才能成为转基因食品。如本书第六章所述，国家有机计划的有机食品标准严禁将转基因食品或基因改造食品视为有机食品。

转基因食品、天然食品和有机食品，对其进行法定定义的复杂程度，可以通过以下关系来表现。有机食品永远都是天然的；天然食品生产处理过程如果不符合国家有机计划，则不能视为有机食品；转基因食品根据定义并非有机食品，但可能是天然食品。本书第四章涉及的集体诉讼案例，对这一观点提出了异议。

第三节　食品法的表现形式

美国食品法的表现形式多种多样，它包含了管理食品贸易、食品质量安全、食品市场推广、食品营养及食品体系的一系列法律工具。

一、政府出台的法规条例

（一）法规条例的碎片化

政府出台的规定与公共卫生、食品安全与消费者保护相关，它们是对联邦法
16 律和州法律的补充。这种模式源自两种历史要素：第一是美国的联邦体制，该体制将监管权力同时授予联邦政府和州政府；第二是联邦政府和州政府各自立法，造成法规分散零碎的事实。两种要素互相作用造成了一系列分散的却又相互关联且内容有所重叠的联邦法律和州法律。联邦的食品法律和州的食品法律向来共存不易。当联邦法律与州法律发生冲突时，根据宪法的“优先原则”要求，联邦法律可以优先于州法律，因此美国联邦宪法是否可以干预州的食品立法，也常常受到质疑。

联邦食品法源于美国国会规范国内商业的宪法权力。与联邦消费者保护法一样，联邦食品法相对较新。20 世纪之前，联邦政府很少制定食品法律法规；相反，食品法规常常由州甚至县市级立法机构制定。19 世纪末至 20 世纪初，诸多因素促使国会开始介入食品监管领域。工业化的快速发展为食品和非食品产品的制造、加工创造了不断扩张的国内市场。由于各州没有权限管理本州域外的食品生产经营行为，因此对于经由外州公司分销全国各地的食品，州法律的监管显得越发无力。此外，美国也出现了几次令人瞠目的食品污染事件，包括对肉类加工

厂恶劣环境的披露，具体可参见厄普顿·辛克莱（Upton Sinclair）1905 年发表的畅销小说《屠宰场》。

由于公众对食品污染的关注提升，美国国会通过了两部最早的联邦食品法：1906 年颁布的《纯净食品和药品法》（PFDA）以及 1907 年颁布的《联邦肉类检验法》（FMIA）。这两部法律具有深远的意义，它们彻底地改变了一条宪法惯例，即公共卫生与安全是各州而非联邦的职责。从法律施行的效果来看，这些法律要求联邦监管机构首次监督美国食品工业生产的运作。例如，《联邦肉类检验法》要求任何加工跨州销售肉类产品的企业，应当接受联邦机构的持续性检查。

根据《纯净食品和药品法》《联邦肉类检验法》以及之后的其他联邦食品法律条例，美国食品直接监管的大部分责任在 FDA 和美国农业部。然而，一批其他联邦机构也开始加入食品监管，例如环境保护署负责制定农药残留限量；疾病预防控制中心（隶属美国卫生与公共服务部）负责调查食源性疾病；隶属于国 17
家商务部的美国海洋渔业局负责监管海产品；酒精及烟草税务贸易局监管酒精浓度高于 7%的酒精类饮品；国土安全局协助政府机构负责监管食品污染中的故意行为；联邦贸易委员会监管食品虚假广告。根据美国政府问责署（GAO）统计，每三十部主要成文法规出台，就会多出现十五个承担食品监管责任的政府机构。除了这些联邦监管机构以外，超过 3 000 个州和地方机构监管着食品供应链，且对超市和餐馆等食品零售区域拥有管辖权。

FDA 和美国农业部这两个主要监管机构依据食品分类的不同进行职权划分。FDA 曾隶属于诸多不同政府部门下，且多次更名。目前，它隶属于美国卫生及公共服务部（DHHS），是美国联邦政府执法部门之一。美国农业部于 1862 年，在亚伯拉罕·林肯总统任职时期设立，是总统内阁内的执行部门，其下设的机构和组织多达十七个。

美国农业部负责肉类与禽类的监管，而 FDA 负责管理其他所有类别的食品、兽药与饲料。职权的划分虽然是由成文法规定且经过政府机构认可的，但其不免主观武断，也会造成一些不恰当的安排。以常见的比萨饼为例，如果一个比萨饼覆有 2%或以上的畜禽肉，那么该比萨饼受美国农业部监管；不然则由 FDA 监管。仅仅是肉类的管理就已经表现出杂乱无章：美国农业部基于《联邦肉类检验法》和《联邦家禽制品检查法》进行监管，而 FDA 则可能适用其他法规；牛肉和鸡肉受美国农业部监管，而鹿肉、鹌鹑肉和山鸡则在 FDA 的职权范围之内。

隶属于联邦政府行政机关的包括美国食品药品监督管理局、美国农业部、联邦贸易委员会（FTC）以及环境保护署均受美国宪法、联邦法律条例以及诸多程序性条例的约束，其中包括《联邦咨询委员会法》《信息自由法》等，尤其是
18 《行政程序法》（APA）的约束。《行政程序法》为联邦监管体系提供基本的程序保障，并明确联邦监管机构的行政行为可以进行司法审查。

（二）食品药品监督管理局（FDA）：《行政程序法》

虽然食品的监管较为分散，但 FDA 确实起着最重要的、为消费者保驾护航的作用。FDA 长期以科学为基础，履行保障公共卫生的监管职责。人们认为，有原则地依据科学行政，FDA 才能避免其决策被政治力量所影响，最后导致机构俘虏现象。FDA 以科学为基础的形象已经渗透到内部机制的各个方面。以科学为首要原则的理念，不仅体现在其颁布的规章和条例中，还体现在其建立的计划、设置的办公室、实验室等方面。FDA 以科学为准则履行保护公共卫生的职责，使用多种法律工具来管理食品，包括规章制度、公开和私人会议、指导性文件、请愿书及其强制执法的政府行为。

FDA 的监管手段，反映了当代美国政府行政的发展，同时彰显出 FDA 监管制度的独特性。在 20 世纪上半叶和罗斯福新政时期，美国行政监管方式从自由放任型走向规范化。随着时间的推移，现代美国政府行政方式也在不断完善，国会赋予行政机关针对法规的一定的解释权和裁量权，同时期望可以通过这种方式相对填补法律条例中的空白。与其他政府机关一样，FDA 使用多种政策制定方式填补法律上的空白，包括行政裁决、制定新规以及非正式文件的引导。这些法律工具的运用，旨在帮助 FDA 提高管理效率，适应食品行业与社会的变化。

1. 行政裁决

根据 1906 年颁布的《纯净食品和药品法》的要求，FDA 通过行使其调查权监管食品体系，搜集食品掺假或仿冒的证据。如果发现了违法行为，无论是民事诉讼还是刑事诉讼，食药监部门都会将此案转交给律师。虽然 1938 年颁布的
19 《食品、药品和化妆品法》第 701 条明确规定 FDA 有权颁布正式或非正式法规，但当时授予权力时的初衷及希望使 FDA 执行这一权力仍应非常受限。然而，从 1938 年到 20 世纪 70 年代，FDA 依靠行政裁决，针对违反《食品、药品和化妆品法》的行为，采取强制执行。行政裁决间接影响了司法判决，法院可以依据这些行政裁决来界定哪些行为符合《食品、药品和化妆品法》及其他法规的要求。到了 20 世纪 70 年代，FDA 为了应对错综复杂的新问题，将其主要的监管模式从

逐案裁决改为规则制定。

FDA 已经摈弃依靠行政裁决来制定政策，但值得注意的是《行政程序法》仍然允许政府通过逐案裁决的方式制定政策，任何政府机构都可以针对违反者进行类似司法审判的程序。这类裁决构成政府的具体行政行为，因此依据《行政程序法》第 706 条规定，可以接受司法审查。美国联邦贸易委员会（FTC）等机构可以仅仅依靠行政裁决作为制定政策的工具，但 FDA 没有单独进行行政裁决的分支机构，因此渐渐摈弃这种类型的决策方式。

2. 正式法规制定

《食品、药品和化妆品法》第 701（e）条规定，FDA 有权制定正式法规。根据第 701（e）条，该局制定的正式法规是具有一定约束力的实体法规则，产生法律效力。在《食品、药品和化妆品法》基础上制定的法规，国会为其规定了详细的程序保障，并要求这些法规的制定要以“行政中的实质证据和案例”为参考。在《食品、药品和化妆品法》第 701（e）条的要求下，FDA 的职权包括制定食品认证标准以及不可避免的、有毒有害物质在食品中的限量规定。第 701（e）条中若涉及正式法规制定，必须符合《食品、药品和化妆品法》中的程序性要求。此外，第 701（e）条所授权的规则制定，也须遵守《行政程序法》的听证要求。因此，FDA 的正式法规制定（以及行政裁决）需要根据《行政程序法》第 556 条和第 557 条的要求，采取实证检验标准的准则。这一检验标准之后也被纳入《行政程序法》，要求任何行政机关需要承担更多的举证责任，用以 20
证明自身行政行为的合理性。一旦发现存在政府非法行政、不合法且没有足够证据的调查结果及鉴定结论，法院应当通过司法审查暂停其非法行为，并取消记录。实证检验并不等于定量检验，但要求相关证据充分翔实，可以完全支撑行政机关的结论。实际上，在初审法院接手陪审团案件或审查不依陪审团决定而作出的判决时，这一检验标准也同样适用。

3. 非正式法规制定

1946 年，也就在《行政程序法》颁布的两年内，正式法规制定和行政裁决的方式，主导着联邦机构的行政模式，包括 FDA。20 世纪 60 年代末至 70 年代初，联邦政府通过了一大批新法案，力求解决公共卫生、食品安全以及环境问题，那些旧的监管机制已经难以适应新法的实施。在实施这些意义深远的政府新政时，非正式法规的制定很快成为政府青睐的方式。相比于逐案的行政裁决，非正式法规的制定并也不需要冗长的程序，且显得更加民主，更具有发展意义。因此，FDA 也遵循了这一模式。自 20 世纪 60 年代以来，FDA 一直着力摆脱正式法规制定的程序限制，它的程序性要求是附加在《食品、药品与化妆品法》第 701（e）条之上。同时，FDA 开始潜移默化地对外宣称，该法第 701（a）条允许食药监局仅使用“通告与评论”程序来解决部分立法。

根据《食品、药品与化妆品法》第 701（a）条，美国国会已经授权 FDA 制定部分法律规则的权力，以保证法律的有效实施，但国会并没有明确采用怎样的司法审查程序。《行政程序法》规定了对政府行政行为进行司法审查的六大原则。其中，“恣意且擅断”标准是最为普遍的审查标准，适用于所有现行的非正式法规的审查，包括《食品、药品与化妆品法》第 701（a）条。根据此项标准，司法审查应当支持政府机关的合法行为，除非该行为构成“恣意且擅断，属滥用
21 职权或有悖法律”。“恣意且擅断”标准，比第 701（3）条中所要求的实证检验标准宽松许多。如果没有法律适用错误或基本判断错误，法院只会在政府机关行为缺乏合理依据的情况下予以撤销。因此，第 701（a）条成为行政机关自行制定法规的主要依据。法院已经允许 FDA 根据该条授权，颁布具有约束力的实体法规则。

FDA 出台的法律文件必须遵守《行政程序法》最低程序保障措施。任何法规提案的通告，都应由提案机构在《联邦公报》上公示，且其后必须留有评议期。对于一些特殊的法规文件，必须按照正式规则，召开公共听证会，并备有官方记录。任何新规在正式实施之前，必须经过审阅且收纳公众意见。最终版本的草案必须在其生效前至少 30 天公布，以便有时间接受合法性审查，并根据法律的要求，做出必要的调整。

尽管第 701（a）条授权的非正式法律文件可以通过“通知和评论”程序已经成为食药监局立法的主流，但从法律整体上看，该程序仍然存在不少问题。其一是“通告与评论”程序制定法规的体制已经僵化。虽然，近期的研究报告认为该程序的僵化问题并没有人们想象的那么严重或普遍，但诸多行政机关包括 FDA 都通过吸纳其他政策制定方式来应对这一僵化问题。另一个问题是，食品技术正在进步，迫切需要短时间内解决问题，而非通过冗长的规则制定来实现。即使有些监管问题并不需要短期内立即得到重视，但在 FDA 意识到并完成规则制定时，这一新规可能已经不具时效性。最后，法规制定的成本越来越高，因此在政府预算紧张时，法规制定就显得劳民伤财。

FDA 采取多种措施缩短法规从提议、通告到颁布的时间。其中一项措施是直接进入最终法规制定阶段，如果 FDA 未收到重大反对意见，该机构直接发布

“没有争议”的法规，且在数月内生效。只有该机构确实收到否定意见时，才会进行常规的“通知和评论”程序。第二种措施是采用“临时最终法规”出台的方式，即机构发布一条立即生效的法规，之后再征求公众和行业的意见。如果公众意见对该规则存在各种质疑，那么可以撤回或修改该法规。另一种政府机构在 22 使用的方法是通过协商制定法规，FDA 在一定范围内也接受和采纳这种方式。通过协商制定的法规基于共识之上，由中立调解人以及利益相关者组成的平衡谈判委员会来制定拟议法规。该措施的好处是在政府机关形成最终意见之前，已经与利益相关者对规定中的主要内容达成一致。由于这种方式仍然存在效率问题，因此 FDA 至今仍对协商制定法规这一方式持保留态度。

4. 非正式指导性文件

为了应对机构僵化，政府需要采用一种正式程度低于行政裁决和法规制定的立法方式，且能灵活应对不断出现的公共或社会问题。因此，非正式指导性文件应运而生，取代法规制定，成为 FDA 制定政策的主要方式。“非正式指导性文件”是一种非正式的政策制定方式，由 FDA 以指导文件、非正式意见、操作手册、解释信或媒体新闻等方式对外公布。这种政策制定方式缺乏程序保障，不像行政裁决或正式法规那样能较多地保护企业和相关方的利益。

非正式指导性文件不能约束受监管企业或 FDA；相反，它只代表 FDA 对当前某些问题的看法。因此，非正式指导性文件可以用于庭审和行政诉讼，以解释某些标准，但不能用于制定法律。虽然 FDA 不能仅依据某企业违反指导文件便采取行政行为，但食药监局对法律的理解通常反映在指导文件或请愿书中，这类请愿书不包括产品的上市许可。显然，尽管非正式指导性文件没有约束力，但仍可以发挥类似法规的一些作用，因为这些文件可以预示 FDA 将如何实施某一计划或执行某一规定。

《食品、药品与化妆品法》第 701（h）条要求 FDA 建立统一的非正式指导 23
文件的管理流程。FDA 颁布一项法规，建立“示范引导规范”（GGP），在制定和发布非正式指导性文件时，提高其统一性和正规性。“示范引导规范”创立了两个引导层次：一级引导和二级引导。一级引导文件阐述监管要求、解释政策中的主要变化以及重大变化，包括复杂的科学问题或高度争议的问题。发布一级指导文件的程序与《行政程序法》中对非正式法规制定的程序相似，但相对宽松。FDA 在起草后，必须在联邦公报中通告，草案内容应上传互联网或电脑备份，拟议指导文件应征求并供公众评论。与“通告与评论”程序不同，一级引导不要求政府机关对收到的评论予以答复。二级引导文件是指那些不符合一级引导文件范畴的内容，它解释的是既存规范，包括现行的解释或政策文件中的微小调整。二级引导文件严格程度低于一级，它无须在联邦公报上发布通告，只需将文件上传至互联网并在电脑备份即可。对于一级引导文件，FDA 应给予利益相关方提出意见和建议的机会，方可实施；而对于二级引导文件，FDA 可以在发布时就立即实施，只要本局能够接受可能会受到的任何批评。公民可随时提出意见，要求修改或撤回具体的指导文件或者提出新的指导文件议题。“示范引导规范”明确规定，该类引导文件“对公众或 FDA 没有法律约束力”。

有一类文件常常与引导文件相混淆，这就是咨询建议书。它是“FDA 在发布法规时认为的最佳方案”，可用于晓谕某些广泛适用的政策。FDA 曾起草并发布一条拟议修正提案，计划让咨询建议书不再具有法定约束力，但是这提案最终没有编进《联邦法规汇编》中。有人认为，这种提案自相矛盾，毕竟 FDA 曾经表示，“指导性文件具有与咨询意见书相同的法律地位”。因此，目前存在的两种非正式指导性文件：一是咨询建议书，对 FDA 具有约束力；另一种是指导性文件，通常认为没有法律约束力。

非正式指导性文件未来的发展情况尚不明朗。值得注意的是，非正式指导文件被 FDA 用于制定政策时，实际上被视作一种法规。曾有人举报 FDA 强制施行
24 其发布的指导性文件，将其视为具有法律约束力。FDA 在监管现代食品体系中滥用自由裁量权，将非正式指导性文件作为监管工具的行为经常遭到质疑。当然，尽管上述问题依然存在，非正式指导性文件已经被证明是一种较为灵活的工具，它使得食品药品监督管理局能够适应不断变化的情况。

5. 非正式公开与非公开会议

除了 FDA 的听证制度之外，该机构也举办许多非正式的、公开与或非公开会议。有关科学问题的公开会议，FDA 通常以研讨会的形式展开，邀请专家与其他人员交换信息和观点。FDA 还会为行业或公众举办教育性会议，讨论监管要求或公共健康问题。FDA 可针对尚未处理的问题广纳良谏，公众也可参与其中。公众可以向 FDA 申请举办非公开会议。尽管要求非公开会议的公众并没有法定权利会见政府官员，但 FDA 依然会做出一切合理努力满足此类要求，申请及参加非公开会议的公众人员，都会载入记录。

6. 公民请愿书

FDA 有关公民请愿书的相关规定，源于宪法第一修正案中承认“公民有权

向政府请愿要求矫正冤情”，目前已编入《联邦法规汇编》第 21 编第 10 部分。该规定允许任何利害相关人向 FDA 发出请愿，要求修订或撤销某项规定或命令、采取或避免某种形式的行政行为。除非另有规定，请愿书的形式必须满足《联邦法规汇编》第 21 编第 10. 30（b）条的具体要求。这不仅包括格式要求，也包括向 FDA 提交请愿书的内容要求。一旦提交，请愿书和佐证材料应可供公众查阅和评论。请愿书审核过程中，FDA 可以通过联邦公报、公开会议、听证会或其他程序进行公开，并进一步征求意见。FDA 按规定必须在接受请愿书的 180 日内对其做出回应，包括批准、拒绝、提供暂时性答复或说明本局尚未作出决定的其他原因。由于行政资源有限，FDA 难以在短时间内对公民请愿及时做出一一回应。因此管理局明确表示，对请愿做出的反馈，会考虑某局的行政资源、事务的轻重缓急以及处理的法定期限。FDA 一旦做出决定，可完全、部分批准或拒绝 25 请愿，抑或根据请愿书内容给予其他救济或采取其他行政行为。任何利益相关人（包括请愿人），可以请求 FDA 重新考虑对公民请愿做出的决定。根据一般规定，FDA 对公民请愿的接受、复议还是继续执行原决定，都可以接受司法审查。

7. 其他请愿方式和工具

任何利益相关人都可要求将任何行政行为的生效日期推迟至某一个特定时间或无限期推迟其生效日期。同时，FDA 对于法律条例的解释均反映在其具体行政行为及政策制定上。该局可通过检查期间的面对面沟通、发警告函及其他监管方式，比如通过发起民事、行政或刑事司法行为以及启动对进口产品的扣留行为等方式来行使权力或发表观点；也可与其他联邦机构一样借助多种信息沟通工具，例如报纸、媒体、公开演说以及书面回信等方式，以告知并引导行业与公众。随着科技不断进步，FDA 今后将越发借助社交媒体来发布信息。

（三）建立独立食品安全机构的呼声

由于食品的监管体系结构分散，大家开始思考是否需要建立独立的食品监管机构，尤其是针对食品安全的监管机构的争议已持续数年。支持建立独立食品安全监管机构的一方认为，现在的分散监管体系已难以应对当前面对的食品安全问题。他们坚定地认为，一个独立机构将更专业、高效地发布信息、鼓励发展及惩治违法行为。近年来，美国政府问责署（GAO）一直建议，必须巩固发展政府食品安全计划。政府问责署审核并发布了大量的文件，强调目前多个政府机构监管食品安全导致监管分散且尺度不一。同时，政府问责署也曾多次建议建立单

一、独立的食品安全监管机构形成一个结构统一的、基于风险的食品安全监管体系。1994 年 5 月，在美国国会举行的听证会上，政府问责署表示，其倡议的食品安全体系建设是基于过去二十年美国政府问责署及总检查机构发表的六十余篇研究报告之上。2004 年 3 月，政府问责署在美国国会听证时再次呼吁建立单一、独立的食品安全监管机构："建立一个单一的食品安全机构，负责执行一套统一的
26 法律，提供最合乎逻辑的方法来解决现行制度中长期存在的问题，解决新兴的食品安全风险，并确保更安全的食品供应。" 2015 年 2 月，时任美国总统奥巴马提议将食品安全事务形成一个独立机构且隶属于美国卫生及公共服务部（DHHS），这一提议被纳入美国 2016 年的预算计划中。此机构将独立于 FDA 负责食品安全检查、执法、应用科学研究，同时应对大规模食物中毒事件的紧急处理。

不仅只有当前复杂分散的食品监管体系出现了漏洞和交叉，事实上每一个参与食品监管的机构都行使着不同的监管方式（通常由法律授权），根据自身的管辖权限解决非常类似的问题。消费者眼中相同的产品，可能由不同的监管机构使用不同的方式进行监督管理，这是由于政府机构间的管辖权往往是互相独立的。以本章上文提到的比萨饼为例，只有配料中禽肉含量少于 2% 时，才属于 FDA 的管辖范围，因此只生产芝士比萨饼的工厂可能只受 FDA 监管，而生产腊香肠比萨饼的工厂则会接受美国农业部的日常检查，即使农业部已经对制作腊香肠的动物及原料进行过检验。为了把复杂的事情"搞得更复杂"，美国农业部和 FDA 会采用两种截然不同的方式去同时监管一家综合性的比萨饼加工工厂。有时，批准权和监管权甚至会在一个案子中途移交。比如，"从农田到餐桌"，鸡蛋的管辖权会多次移交转变。FDA 负责保障鸡蛋在农场的食品安全；美国农业部负责保障鸡蛋在运输中的食品安全；而之后鸡蛋在市场销售时，又由 FDA 负责。此外，FDA 负责监管壳类鸡蛋而美国农业部负责保障加工后的或液态蛋类的安全。

反对建立一个独立食品监管机构的一方认为，多个系统历来合作良好。同时，从一个惯常的、固定的系统转变为全新的系统，将会引起一些混乱，造成一些食品安全隐患。而这些隐患可能会远超过一个独立机构可能带来的益处。反对者强调，整合可能会增加该机构的责任，食品安全的监管从长期而言，需要具有一定的灵活性。而整合的大部分好处并不会来自机构责任的归一。相反，只有当整个体系具备全新的监管理念，并且立法机构愿意提供额外资金来承担额外的监

管职责时，一个独立机构的益处才会体现出来。反对者认为整合的效益只有在立法者也有一腔热情去解决监管体系中的不足时，才能真正体现出来。否则，没有任何改进的机构简单合并，只是一种对系统资源的短期消耗，而这种消耗可能让该独立机构难以承受。 27

二、政府计划

（一）美国农业部（USDA）计划

在第五章和第六章中有所述及，政府计划规定了粮食的援助分配，消费者的营养教育以及覆盖食品体系的各个方面。考虑到食品生产和消费可能引发的重大社会影响，政府毋庸置疑应介入到食品监管中来，且不局限于食品安全与质量。粮食短缺可能引发政治动荡，因此政府自然而然资助，以促进食品生产与分配。肥胖现象的愈发普遍，促使政府推动公民营养计划的完善。

食品药品监督管理局（FDA）对大部分食品的生产具有监管权，而美国农业部则负责大部分与食品相关的政府项目。美国农业部的工作目标中指出，该部门应“依据健全的公共政策，最可靠的科学依据以及有效的管理方式，实现对食品、农业、自然资源、农业发展、营养以及其他相关事务的管理”。农业部愿景远大且雄心勃勃，并提出了 4 条重要任务：（1）通过创新，提供更多经济机会；（2）帮助美国农村繁荣富强；（3）增加粮食产量，供给美国乃至全球人民；（4）保护自然资源。这些重要任务已成为一项战略计划，该计划中列举了一系列重要的行动。这些行动由农业部建立项目而推动，不同程度地影响食品体系链中的所有利益相关者（包括消费者）。

（二）美国农业法案

美国农业部的许多项目与计划都与法律在多方面存在内容交叉。不少项目都由立法机构创建，例如美国农业法案每五年由国会更新一次。农业法案对食品管理的重要性不可小觑。在美国，农业法案是最接近国家粮食政策的一项法律。该法案是一项高度综合、为期数年、由国会授权的法律，管理着各种农业和粮食计划。尽管农业政策有时由单行立法创建或变更，或成为其他大法中的一部分，但农业法案为政策制定者全面地、周期性地解决农业和粮食问题提供依据和参考。自 20 世纪 30 年代以来，农业法案一直关注大宗商品的价格及补贴，包括玉米、 28

大豆、小麦、棉花、大米以及乳制品。近几十年来，农业法案的涉及领域越来越广。其中，最为重要的补充内容包括营养援助、资源保护、园地栽培以及生物能源项目。正如国会研究所评论的那样：

“对于难以进入立法阶段的政策，综合性的农业法案可以为利益冲突各方提供支持。这种做法可能会引发激烈的资金竞争。近年来，越来越多的团体加入农业法案的角逐之中，包括国内农业团体、政府机构、营养及公共卫生官员，也包括支持资源保护及循环、支持农业发展、宗教利益团体，维护地方食品体系及认证有机食品的相关组织。2014 年颁布的《农业法》（现被称为‘2014 新农业法案’），它是最新的一项综合法案。该法案于 2014 年 1 月生效，延续了 2008 年《粮食、环境保育与能源法》（‘2008 农业法案’）的主要精神。2014 年新农业法案共包括 12 个主题，涵盖农产品价格、农业补贴、农场信贷、农业贸易、农业保护、农业研究、农村发展、能源问题以及国内外粮食计划。”

三、国际食品治理

（一）多系统的动态体系

如今，美国食品体系已经在全球确立了自己的地位。全球食品体系是一种复杂的、动态的体系，而这种体系自身又包含了各个国家的独立体系。从国际层面来看，明确食品监管的总体框架并制定国际标准，可以管理国际食品贸易，协调不同国家的食品法规，解决贸易冲突。

（二）法律文书

在第二章中有所述及，国际食品法规受一系列美国参与签署的国际法律文书的约束。世界贸易组织（WTO）《实施卫生与动植物检疫措定协定》（SPS 协定）要求食品法典委员会（CAC）“尽可能广泛地协调卫生及植物检疫措施”，包括建立“国际标准、准则或建议”。食品法典委员会由联合国粮食及农业组织
29 （FAO）及世界卫生组织共同创立，其总部设在意大利罗马，已有包括美国在内的 186 个成员国。该委员会制定并发布了两类食品标准：安全标准（SPS 标准）和技术标准。这两类标准构成了其他非 SPS 标准的基础，例如标签的标示规则。这两类标准也是各成员国建立本国食品标准的基础。世贸组织依靠这些标准，推动《实施卫生与动植物检疫措定协定》及《技术性贸易壁垒协定》（TBT 协定）

在协调和解决食品安全问题及贸易争端。如成员国制定的食品标准符合食品法典委员会标准，即视为符合《实施卫生与动植物检疫措定协定》且不违背《关税及贸易总协定》（GATT）。

尽管食品法典委员会标准属于国际条约的范畴，且提出了积极有利的设想，但它并不要求所有成员国的国内法规都要实施委员会制定的标准，各国的食品药品监督管理局可以审查食品法典委员会的标准。美国食品药品监督管理局有权决定是否要接受某一食品法典委员会的标准，抑或是在接受后有所修改及完全拒绝某项标准。由于食品法典委员会的标准并不是强制性，各利益相关者可向食品药品监督管理局申请适用（或不适用）某些标准。例如，美国养蜂联合会与其他团体向 FDA 申请将食品法典委员会标准应用到蜂蜜养殖中，但该标准事实上与现行的美国农药残留和重金属污染的标准内容存在一定差异。

人们对于食品法典委员会最为诟病的是该委员会总是推迟制定或修订标准。在某些情况下，食品法典委员会在立标方面的拖沓曾引发持久的争议。例如，食品法典委员会制定牛肉激素标准时举步维艰，这一情况也导致欧盟与美国在牛肉激素问题上一直产生分歧，具体细节可参见本书第三章。标准制定进程的缓慢，存在多种原因。其中之一就是有太多成员国参与其中，且涉及的关系复杂，因此要达成一致意见实属不易。这 186 个成员国的目标与需求不尽相同，社会经济发展水平也不一致。另一个原因是进行科学评估和风险评估都需要时间。除了复杂的科学问题，审查过程也可能因为其他原因而造成拖延。由联合国粮食及农业组织（FAO，简称联合国粮农组织）和世界卫生组织（WHO，简称世卫组织）联合管理的一个独立的专家科学委员会——联合国粮农组织/世卫组织食品添加剂联合专家委员会（JECFA），来执行风险评估，并向联合国粮农组织和世卫组织及其这些组织的成员国提供专业意见。但不定期会议甚至一些组织后勤上的问题，就曾多次导致食品添加剂联合专家委员会的工作延误。

非政府组织（NGO）可在收到联合国粮农组织或世卫组织总干事邀请后，作为观察员参加食品法典委员会会议。委员会也已经意识到消费者权益以及消费者组织参与的重要性，尤其对于发展中国家。非政府组织及消费者群体的参与，对于传播委员会需要传播的信息具有重要意义。

在审查标准的过程中，食品法典委员会希望通过协商一致达成协议；但如果 30
协商一致失败，可以通过投票方式通过某标准。食品法典委员会的标准由科学家、国际风险评估机构以及联合国粮农组织和世卫组织合作的磋商会议创建和修订。标准建立在科学基础之上，并且也将本书第二章提到的“保护消费者卫生健康、保护及促进自由贸易”纳入考量范围。食品法典委员会的标准涵盖各种主题，包括食品卫生、添加剂、农药和兽药残留、污染物、标签和进出口检验检疫。

四、新型治理

（一）理论基础

本书中提到的各种食品法的形式，包括企业内部政策、非强制标准、私营标准、企业社会责任标准、行为准则和第三方核查都可以宽泛地纳入“新型治理”的范畴。新的治理措施为食品标准的发展建立了法律机制，并明确了利益相关者在标准实施过程中的责任。新型治理的理论基础是在近年有关政府监管的法学研究中提出的。在现代食品监管中，新型治理是后新政时期的法治国家政府行政的一部分，它较为依赖“指挥与控制”模式。而这一模式几十年来因法规制定效率低、适应性差而屡遭批判。

关于新型治理的手段，一个根本问题就是其是否能构成法律渊源。这一问题引发了一系列有趣激烈的讨论：一是关于法律的概念问题；二是新型治理与“明确官员行为责任，保障公民安全、享有自身权利的法律”之间的关系。之所以将企业自律的政策视为法律，是因为其基于“法律多元主义”的理论之上。这种理论认为，在一个法律范畴内，可以包含一种以上的法律体系或规范。新自由主义一直认为私人团体也应该有权在其权利范围内行使一定权利，就像一国政府能够在其权力范围内行使权力一样，这才能被视为一个主权国家。这种观念在全球
31 市场背景下，会产生一种不受法律控制的自律模式。除了从理论角度考虑新型治理措施之外，在实际生活中也能发现，食品法的新型治理方式在日益影响着现代食品体系中的利益相关者，其中也包括消费者。

（二）新型治理的具体方式

本书将在下文中陆续介绍新型治理的实现方法，简述其在食品体系中的运用。需要注意的是，这些方法在很大程度上是概念性的，并且在不同程度上相互重叠。因此，这些形式只能是新型治理模式的一些特殊形式或特定要素。本书会

逐一介绍这些方式，从不同侧面来观察新型治理模式。

1. 自我调控

自我调控可以广义地定义为食品企业制定并实施某些规定或标准，管理自身在食品领域的行为。自我调控通常涉及食品企业的营养监管。如本书第四章所述，包装正面标签的规则，就是由一批食品公司共同建立的，如今已经成为向消费者阅读信息的通用标签方法。

2. 非强制性标准

非强制性标准由食品企业制定，旨在建立一项标准或重申企业对某一特定行为的承诺。它往往要求企业的供应商必须符合这些非强制性标准。例如，华特·迪士尼公司因通过电视、广播节目向儿童消费者推销垃圾食品，而被媒体曝光。公司制定营养指南，要求所有在迪士尼渠道销售的食品必须达到该手册的营养要求。该指南据称符合《美国饮食指南》（2010 年）的标准。

3. 私营标准

“私营标准”这一术语通常可以和非强制性标准互换，它与食品供应链中非强制性标准紧密相关。这些标准通常涉及食品安全、环境影响以及动物福利。非 32
政府组织多次敦促食品企业采用并实施私营标准，以实现食品供应链的安全。私营标准以合同的形式施加到食品供应链的各个环节，强制要求供应链上的供应商遵守相关规定。私营标准在国际食品市场应用非常广泛，已经成为规范供应商的强制性要求。如本书第三章所述，全球食品安全倡议是私营标准的主要建立方和传播方，对规范食品行业行为产生巨大影响。此外，本书第二章也有所提及，私营标准在发展中国家遭到严厉指责，他们担心这些标准会额外增加小农的负担，同时也可能违反《实施卫生与动植物检疫措定协定》（SPS 协定）及《技术性贸易壁垒协定》（TBT 协定）的规定，形成贸易壁垒。

4. 行为规范

由食品企业制定的自身义务，要求企业自愿履行实现环境或社会目标的一些行为。例如，佛罗里达州番茄产业践行“以人为本”的行为准则。这一行为准则依靠零售商溢价购买佛罗里达州的番茄，为农民增加工资收入。

5. 企业社会责任（CSR）

食品企业发布的企业社会责任声明将社会和环境问题纳入企业义务及与利益相关者的互动中。企业社会责任通常被看作是企业实现效益、环境和社会需求相平衡的做法，也能满足股东和利益相关者的要求。在国际食品体系中，大型食品企业的社会地位近年来大幅上升。这些企业在应对公私伙伴关系时面临着越来越大的压力。不仅要对股东负责，同时还要对员工、消费者、当地社区及整个社会等其他利益相关者负责。

6. 第三方认证

第三方认证，是指外部审查或咨询顾问检查食品是否符合非强制性标准的要求，其服务费由委托的食品企业支付。食品企业可以使用第三方认证，来佐证所描述的食品安全、环境声称是否真实。第三方认证，也包括接受政府机关委托，检验食品是否符合强制性规定的要求。这一方式已经被纳入《食品安全现代化法》（FSMA），该法要求第三方审计员检验确认外国生产的食品同样符合美国 FDA 的标准。

33 (三) 对新型治理方式的夸奖与忧虑

有人称赞这些新型治理方式对现代食品体系做出了一定的贡献。第一，新型治理形式中强制性的要求较少，更加强调通过监督而有所提高，而不是通过遵守政府法规或规则。第二，新型治理方式让政府机关和行业代表共同制定和修改各项标准。公共机构和个体以“越发复杂、越发协作的方式共同合作，解决公共政策问题”。如第六章所述，美国农业部制定的有机认证，援用公共治理方式，将管理权力基本下放给了第三方机构。根据这一模式，个体生产商可以有偿委托私营认证机构，进行相关检验。第三，新型治理方式允许企业在可能受到政府监管或公众监督的领域，首先进行自我管理。比如在本书第五章提到的例子。一家食品公司自 2006 年以来开展自我管理，对外高调传播公司承诺与倡议，为儿童解决校园内的饮料、食品以及菜单标签等问题。第四，企业自律管理有助于改善食品行业的监管分散问题。新型治理方式是探索一种法律法规体制外的冲突解决方式，克服管理分散化的弱点，例如对转基因食品实行自愿标签公示制度。第五，私营标准可以填补制度漏洞，尤其在国际贸易层面。比如跨国食品公司如果对食品法典委员会迟滞立标感到不满或仅仅希望获得一些竞争优势，那么它们就会自愿地、主动地制定和实施食品安全规范。

尽管这些新型治理方式在某种程度上受到一定欢迎，但依然有人有所顾虑。他们担心这些治理方式会在不同程度上导致国家权力下放，职能部门责任缺失，与传统法规相比透明度降低，且大型企业将获得对食品供应链更多不受约束的控制力。基于对新型治理方式的评估，企业需要尽可能提高自我管理的透明度，并建立更有意义的目标与基准，进行责任与结果评估，并加强监督。

五、联邦与地方规定

（一）安全、健康、福利权

正如前文所述，联邦和地方政府分权监管食品体系。各州、各市的食品监管职能由联邦确定，其中包括公民的“安全、健康、福利权”。尽管联邦宪法是全国的最高法律，但安全、健康、福利权与联邦宪法至高无上原则是共存的。法院 34
在解释联邦宪法时认为，这项宪法的最基本原则是任何与联邦宪法存在冲突的规定都不具备法律效力。换句话说，联邦法律高于州法律和地方法律；州法律也可引用相同的类比方法，以获得对于地方法律的优先适用权。

与州政府不同，县市政府没有广泛的、固定的行政权。县市政府可根据宪法第十修正案，享有一定的制定和实施法律的权力。传统上，地方政府只具备为维护政府团结所必需的权力或所在州明确授予的权力。州与其县市的这种关系通常被称为“狄龙规则”，这是一种法律解释的规则，要求对县市政府的权力范围尽量缩小解释。

但是，大部分州政府已经从“狄龙规则”转为“地方自治”形式，使得县市政府有了更大的自治权力，而州立法机构也不用解决本属于当地政府的事务。采用地方自治法律的各州，授权地方当局就社区健康、安全和福利等众多议题制定地方法规。但地方政府的立法权力不能超出授权的范围，制定的法律也不可与州法律相冲突。

本书简要地补充说明了安全、健康、福利权的独特性，由于它们与食品安全监管及城市农业监管相关。

（二）协助联邦政府监管

州政府机构可根据食品法中授权的多种法律工具来协助联邦政府监管食品。例如本书第三章中提到的，州政府根据联邦食品安全法律条例，协助食品药品监督管理局及农业部履行相关职责，检查食品工厂，监管法律的执行情况。第五章又提到州和地方政府负责落实联邦政府的营养补充援助计划（SNAP），包括确认和分配援助与福利。第六章解释了州政府如何与环境保护署协同合作，实施《清洁水法》（CWA）。

（三）新型法律工具

州、地方政府通常会对与食品有关的监管方式（尤其涉及营养和粮食领域的创新监管方式）提供指导。本书第四章和第五章将介绍普遍运用于市场销售及营养话题的创新监管方式，具体内容如下：（1）禁止某些厂商出售容量大于16盎
35 司[1]的苏打水或其他含糖饮料；（2）禁止在某些特定区域设置快餐店；（3）禁止使用补充营养援助计划的资金购买含糖饮料；（4）禁止餐厅向就餐儿童提供免费玩具，同时销售违反营养计划的食品；（5）对于不健康食品，尤其是含糖饮料拟议征税；（6）所有罐装或瓶装的含糖苏打或果汁饮品需在包装正面贴有警示标签；（7）通过建立食物银行或其他多种饮食服务计划解决饥饿问题；（8）要求餐厅的菜单附加标签；（9）禁止某些食品企业使用反式脂肪。第六章介绍了州、县市政府解决食品系统问题的多种创新性方法，其中包括：（1）规范动物待遇标准；（2）审核通过《务农权法》，限制城市扩张；（3）监管新兴养殖业，保护地方生态环境；（4）符合条件的当地小生产商可免除食品许可和食品检验，这就是被大家熟知的小农食品法；（5）通过各类采购，重塑地方食品政策；（6）建立并动员地方食品委员会。

州、地方政府通过设立法规，避免新设的禁止性法律法规或突发事件，对食品行业造成影响。例如第五章介绍了州政府如何通过俗称的“芝士汉堡法”让餐馆免受影响，以保护食品企业免于肥胖问题的诉讼。第六章提到一些州通过了“禁止反言”的法规，保护畜业免受动物虐待视频被曝光的影响。

（四）优先权问题

本书介绍了联邦食品法律体系中的优先权问题，其内容直接或间接地体现在每一部法案中，且占有一定的篇幅。联邦食品法规的优先权规定，散见于各种法规中，且很大程度上取决于国会在处理某一特定食品事件的态度。有关优先权如何影响各州食品法的制定，以下几点拙见供大家分享。首先，联邦食品法律明确允许各州针对特定监管领域，自行制定相关法规，例如州政府可以在具备某些特定条件下（如收到美国农业部批准后），制定地方有机认证计划；其次，联邦法允许州和地方政府在执法上表现出一定的灵活性，例如根据营养补充援助计划，

① 盎司：容量计量单位，1盎司=0.029 27升。

州和地方政府在实施政府计划时应尽可能发挥其主导力。

六、诉讼

(一) 法律工具

通过诉讼监督法治，成为现代监管的新趋势，并在不同经济领域发展起来。法规通常会对造成的后果做出预判，具有一定的预防作用，而诉讼是一种可追溯的法律工具，对已经发生的损失进行责任分配。自 20 世纪 60 年代以来，消费者集体诉讼成为美国消费者保护的突出特点，其普遍性、规模性和经济赔偿的杀伤 36
力都是独一无二的。

随着食品体系中社会因素的变化，诉讼在食品安全、食品推广、食品营养及食品体系中的作用愈发突出，似乎也不足为奇了。例如，近年来愈发频繁的消费者集体诉讼食品企业。不少诉由都是控诉产品进行了误导的标签声明，起诉者希望禁止企业欺骗性的贸易行为。这种案件在集体诉讼中非常普遍，其原因在于 FDA 的监管和执法缺失，导致食品标签的许多主要信息存在监管漏洞，例如“天然”应该如何定义。集体诉讼创造了各种食品标签违反消费者保护法的案例，填补了 FDA 的监管漏洞。也就是说，食品监管中由于存在漏洞，所以才促进了诉讼手段的频繁使用，以此弥补体系的不足。从这一角度而言，诉讼既是一种政府监管的有效补充，也是推动监管深入的一种有效方式。

(二) 联邦法：无个人诉权

诉讼手段在应对食品诉讼时，存在一个重要限制，那便是无论在《联邦肉类检验法》（FMIA）、《联邦家禽制品检查法》（PPIA）还是《食品、药品和化妆品法》（FDCA）中，均没有授权公民的个人诉权。食品监管体制中诉讼途径的缺失，与环境监管中却将个人诉讼纳入其中的规定，形成了鲜明的对比。1970—1980 年颁布的主要联邦环境法规条例中，都允许公民个人对涉嫌违法的行为提起控告。公民诉讼和政府问责被纳入监管，公民可以监督执法，对污染者和政府提起诉讼。尽管联邦环境法规中已经纳入了私人起诉权，但似乎这一法律工具并未被人们提议纳入食品监管中。

《食品、药品和化妆品法》并没有为自身过失如何进行监督和负责提供法律依据。如果《食品、药品和化妆品法》在法规中规定了政府的自身过失如何提起诉讼，那么个人就可对抗美国国会希望将违反《食品、药品和化妆品法》的行为不视为违反州法律的愿望。

在 Merrel Dow v. Thompson 的案件中，它很遗憾地被视为一个有关联邦管辖权的案例，而非讨论违反《食品、药品和化妆品法》是否构成违反州的侵权法，这也迎合了美国国会不愿鼓励有关《食品、药品和化妆品法》的私人诉讼的发展。法院在继续观察此案后发现，如果把违反《食品、药品和化妆品法》的行为视为对州法的诉讼，那么这种判决必然是对国会意图的违背。自 1986 年以来，
37 Merrel Dow 一案中对《食品、药品和化妆品法》的判决，已将美国国会的意图作为既定的法律而固定下来。

(三)《行政程序法》

如果不能根据州的侵权法提起诉由，那么一个适格的原告可以选择适用《行政程序法》提起诉讼。该法第 702 条规定，“由行政机关的行为引起个人法律适用错误的，或在法律意义上因行政机关的原因而遭受不利影响或侵害时，公民有权申请司法审查”。根据《行政程序法》的规定，此类诉讼不适用于“金钱索赔”，只能用于宣告性和禁止性救济，且必须对“可供法院审查的诉讼以及法院没有做出适当补救的最终行政行为”提出控告。该法第 701 条规定了“司法可审查性”的两条例外：(1) 当“法规排除司法审查”时；(2) 当“行政机关行为依法具有自由裁量权”时。根据《行政程序法》第 702 条的规定，提起诉讼的诉讼人必须符合宪法和谨慎性原则，包括陈述实际损失、证明其利益相关性等。

1998 年，生物整体性联盟起诉美国前卫生部部长莎拉拉的案件（Alliance for Bio-Integrity v. Shalala）就是通过《行政程序法》对涉及食品利益而提起诉讼的一个实例。在该案中，私人机构对 FDA 1992 年的转基因食品政策提起诉讼。除了经济索赔外，原告声称在被告起草政策时，没有遵守《行政程序法》中的“通知及评价”程序。哥伦比亚特区地方法院不赞同原告的诉由，认为 FDA 1992 年颁布的政策并无不当。同时指出，其中的一项政策并不属于正式的政府行为，不受“通告与评价”约束。虽然法院在最终判决中指出，原告的批评并没有法律依据，但该案仍提高了公众对转基因食品的认识，并在 1999 年引发了一系列公众听证会，引起了社会的高度关注。另一个例子发生在 1987 年，多家组织与公民个人联合提起诉讼，对 FDA 针对玉米黄曲霉毒素的限量标准提起指控。联合组织质疑称，该限量标准违背了《行政程序法》，原因在于未根据必需的“通

告和评价”程序制定。美国哥伦比亚特区联邦巡回上诉法院在社区营养学会诉Young的案件（Community Nutrition Institute v. Young）中认为，FDA没有遵循《行政程序法》的要求，该限量指标的立法无效。

参考文献

[1] Michael P. Vote for the Dinner Party [N]. N. Y. Times, 2012-10-10.

[2] Government Printing Office. United States Code (USC) [M]. 2006.

[3] Peter B H, Richard A M, Lewis A G. Food and Drug Law Cases and Materials [M]. Foundation Press. 2007.

[4] Neal D F. Food Regulation: Law, Science, Policy, and Practice [M]. 2009.

[5] Susan A S. A Reconsideration of Agricultural Law: A Call for the Law of Food, Farming, and Sustainability [J]. William. & Mary Environmental Law & Policy Review, 2010 (34): 935, 946.

[6] Michael P. The Food Movement, Rising. [N]. N. Y. Times Review of Books, 2010-06-10.

[7] Julie G. "If They Only Knew": Color Blindness and Universalism in California Alternative Food Institutions [J]. Professional Geographer, 2008, 60 (3): 387-392.

[8] Broad L E M, Linnekin B J. Food Law & Policy: The Fertile Field's Origins and First Decade [M]//Wisconsin Law Review. 2014.

[9] Grossman L A. Food, drugs, and droods: a historical consideration of definitions and categories in American food and drug law. [J]. Social Science Electronic Publishing, 2008, 93 (5): 1091.

[10] Surhone L M, Tennoe M T, Henssonow S F. National Organic Program [M]. Beta script Publishing, 2011.

[11] USDA. Statement of Policy: Foods Derived from New Plant Varieties [Z]. 1992.

[12] WHO. 20 Questions on Genetically Modified Foods [M]. 2013.

[13] Sinclair U. Pure Food and Drug Act [M]. 1906.

[14] Johnson R. The Federal Food Safety System: A Primer [M]. Washington D. C.: Library of Congress. Congressional Research Service. 2016.

[15] Miller F P, Vandome A F, Mcbrewster J. Administrative procedure act [M]. Alpha script Publishing, 2010.

[16] Hutt P B. The State of Science at The Food and Drug Administration [J]. Administrative Law Review, 2008, 60 (2): 431-486.

[17] Forbath, William E. Politics, State Building, and the Courts, 1870-1920 [J]. Social Science Electronic Publishing, 2007, 21 (2): 52-59.

[18] Merrill T W, Watts K T. Agency Rules with the Force of Law: The Original Convention [J]. Harvard Law Review, 2002, 116 (2): 467.

[19] Jason W Y, Susan W Y. Testing the Ossification Thesis: An Empirical Examination of Federal Regulatory Volume and Speed, 1950-1990 [J]. Social Science Electronic Publishing, 2011:

1414, 1420.
[20] Kobick J. Negotiated rulemaking: the next step in regulatory innovation at the Food and Drug Administration? [J]. Food & Drug Law Journal, 2010, 65 (2): 425.
[21] USDA, Agriculture Marketing Serv. What Is Negotiated Rulemaking [M]. 2014.
[22] Magill M E. Agency Choice of Policymaking Form [J]. Social Science Electronic Publishing, 2004, 71 (4): 1383 - 1447.
[23] Food & Drug Admin. FDA Report on Good Guidance Practices: Improving Efficiency and Transparency [Z]. 2011.
[24] The U. S. federal government enforcement agencies and departments. Code of Federal Regulations (CFR) [Z]. 2014.
[25] Michelle S. Behind Closed Doors: Who's Taking Meetings with FDA on Food Safety?, Center for Food Safety [N]. Food Safety News, 2013 - 12 - 04.
[26] Hammonds T M. It is time to designate a single food safety agency [J]. Food & Drug Law Journal, 2004, 59 (3): 427 - 432.
[27] Ron N. Obama Proposes Single Overseer for Food Safety [N]. N. Y. Times, 2015 - 02 - 21.
[28] Pape S M, Rubin P D, Kim H. Food security would be compromised by combining the Food and Drug Administration and the U. S. Department of Agriculture into a single food agency [J]. Food & Drug Law Journal, 2004, 59 (3): 405 - 416.
[29] Listed N. Reforming the Food Safety System: What If Consolidation Isn't Enough? [J]. Harvard Law Review, 2007, 120 (5): 1345.
[30] US Dep't of Agric. Mission Statement [Z]. 2014.
[31] US Dep't of Agric. Strategic Plan FY 2014 - 2018 [Z]. 2014.
[32] Programme JFFS. Codex Alimentarius Commission. Procedural manual [M]. FAO / WHO, 2009.
[33] Solomon J M. Law and Governance in the 21st Century Regulatory State [J]. Social Science Electronic Publishing, 2008, 86 (4): 819 - 856.
[34] De Búrca G, Scott J. Law and new governance in the EU and the US [J]. Journal of the Air Pollution Control Association, 2006, 24 (5): 479 - 483.
[35] Lobel O. The Paradox of Extralegal Activism: Critical Legal Consciousness and Transformative Politics [J]. Social Science Electronic Publishing, 2007, 120 (4): 937 - 988.
[36] Gretchen G. Disney Bans Junk Food Marketing from Its Network Kingdom [N]. Food Safety News, 2012 - 06 - 06.
[37] Michael T R. The Compatibility of Private Standards with Multilateral Trade Rules: Legal Issues at Stake, in the Evolving Structure of World Agricultural Trade: Implications for Trade Policy and Trade Agreements 253 [M]. FAO, 2009.
[38] Fair Food Standards Council. Fair Food Code of Conduct & Selected Guidance [M]. 2014.
[39] Hass T K. New governance: can user-promulgated certification schemes provide safer, higher quality food? [J]. Food & Drug Law Journal, 2013, 68 (1): 77 - 95.
[40] Sharma L L, Teret S P, Brownell K D. The Food Industry and Self-Regulation: Standards to Promote Success and to Avoid Public Health Failures [J]. American Journal of Public Health,

2011, 100 (2): 240-246.
[41] Lawrence O G. Public Health Law: Power, Duty, Restraint, 79 (2d ed. 2008).
[42] Dillon J F. The Law of Municipal Corporations [Z]. 1873.
[43] Heinzerling L. The Varieties and Limits of Transparency in U. S. Food Law [J]. Food & Drug Law Journal, 2015, 70 (1): 11-24.

第二章　食品贸易监管

第一节　简　　介

食品的贸易和分销会产生大量问题，这些问题都会在本书分章中详述。本章只关注食品行业和商业监管。监管食品贸易的法律可分为两类：一类是确保分配给消费者的食品是货真价实且完整的；另一类是规范国际食品贸易的法律、标准和规则。食品问题复杂且层出不穷，这要求法律在规范商业贸易时做出适时的调整，同时也显示了现代国际食品体系挑战重重。

第二节　监管经济利益驱动型掺假

一、背景

（一）食品体系中的历史顽疾

为了确保食品的货真价实，法律需要应对特定的食品欺诈问题进行解决，即经济性掺假抑或称为经济利益驱动型掺假（EMA）。经济利益驱动型掺假包括以获得经济利益为目的，对食品进行填充、稀释或替代，可能对食品安全造成影响的行为。经济利益驱动型掺假的食品欺诈，一直都在困扰着食品贸易。从食品历史发展的长轴来看，我们便可理解法律在保障食品真实完整及食品体系中食物来源安全的重要作用。

关于经济利益驱动型掺假的记载最早可以追溯到古希腊罗马时代。希腊植物学家泰奥弗拉斯托斯（公元前 370—公元前 295）记载了食品工业中人工香料的使用及出于经济利益的掺假行为。医生盖伦（公元 131—201）罗列了在罗马常被掺假的食物名单，包括谷物、香料、酒及防腐剂。

到了中世纪，一些主食（如肉、面包和酒）成为掺假的重灾区。在中世纪受刑割鼻的犯人对于腐烂气味极为敏感，因此可以帮助政府抓捕向市场提供腐肉的供应商。面包的掺假则更加普遍，政府想尽办法搜寻对面包掺假的、诡计多端的面包师傅。对于称重出售的面包，造假的面包师可能会贩卖重量不实的面包。这种欺诈行为催生了法规的制定，例如《面包和麦芽酒法令》，它对生活中的常见食品做了成分规定，并由麦芽酒商、香料商及调味品商公会负责监督实施这些
有关产品成分的法律。到了 14 世纪早期，伦敦采用了一种新方法来应对产生的 40
新问题，从而抵制面包商销售重量不实的面包。如果被发现在面包中掺假，违法的面包商将被众人谴责，被迫将它贩售的“不合格”面包套在脖子上，并被绑在一个可移动的柱子上，拉到城镇中最肮脏的街道上，任由市民耻笑或扔掷杂物。食品的工业化，使得经济利益驱动型掺假的范围愈发扩展，掺假的方式也更加复杂。中世纪创设的用以控制食品掺假的监管体系，到了 18、19 世纪已经逐渐崩溃。随着公会权力的衰退，城市企业家获得了更大的市场控制权，食品买卖逐渐受制于购买者的自慎。

对于食品掺假的监督，工业时代则更具挑战，但不少有正义感的科学家仍坚持向公众揭露了大批食品欺诈事件。1820 年，德裔化学家弗雷德里克·阿昆（Friedrich Accum）发表《论食品掺假和厨房毒物》一文，它揭露了英国食品体系中令人震惊的食品掺假现象，包括混有硫酸的醋、用铜染色的腌菜、用铅染红的糖果以及掺有废料的辣椒。1850 年，化学家阿瑟·希尔·哈索尔（Arthur Hill Hassall）与营养学家亨利·莱瑟比（Henry Lethaby）在英国发表了一系列文章，报道他们在伦敦商店随机购买的食品中发现的异物。借助显微镜，他们发现了不少令人担忧的食品掺假现象，包括面包中掺杂了明矾、矿物盐中含有增白剂还发现了用菊苣、橡果或甜菜酒制成的咖啡。哈索尔与《柳叶刀》杂志的创刊人编辑托马斯·瓦格里（Thomas Wakely）公布了售卖掺假食品的商店名称和地址。一些精明的制造商很快就意识到，将产品的亮点放在纯度上可能会有利可图。英国罐头食品公司 Crosse & Blackwell 受到哈瑟尔表扬其不再在其腌菜中添加铜以后，开始以“纯天然”为卖点推广公司产品。1860 年，政府不再仅依赖于这些科学家和市场调研处理经济利益驱动型掺假，英国政府在当年颁布了第一个综合性的食品安全法规《食品饮料掺假法》。

（二）美国的监管对策：1906 年和 1938 年食品法

美国食品监管的发展轨迹与英国有许多相似之处。在 1906 年《纯净食品和

药品法》（PFDA）通过之前，联邦政府从未真正监管食品的生产加工，更不用说确保食品的真实性和完整性了。早期的殖民法律主要服务于贸易利益，只制定
41 了称重的标准和对出口食品（如咸肉、鱼肉和面粉）进行检验。

自19世纪后半叶，随着食品生产从家庭转为工厂，美国食品掺假问题开始呈现愈演愈烈的态势。化学技术的发展，促进了食品生产方式的转变，其推动食品科学发展的同时，也增加了使用食品添加剂、着色剂进行食品掺假。政府监管的缺失导致食品制假现象萌生，有些不法商家开始使用廉价原料替代标签上标明的成分。这种制假行为甚至导致了严重的食品污染问题，例如1858年纽约发生的重大牛奶污染事件。据报道，一年内就有8 000名儿童因此而死亡。

食品质量与安全丑闻频发，加上厄普顿·辛克莱（Upton Sinclair）的小说《屠宰场》的发表，促使罗斯福总统于1906年6月签署了《纯净食品与药品法》及《联邦肉类检验法》，美国从此开启了食品监管的新时代。《纯净食品与药品法》的首要目的是防止潜在有害原料的使用，其次是防止有价值成分被稀释或基础食品成分被替换成便宜的原料。根据1906年的食品法，食品认证标准成为FDA打击食品掺假的一种法律工具。而在1938年《食品、药品和化妆品法》颁布后，这一标准则淡出了人们的视线，原因在于实施中困难重重且资金不足。此外，FDA在当时已经开始采用食品标签的信息披露，防止消费者上当受骗，同时致力于解决更迫切的包括食品安全和营养在内的其他问题。

（三）应对经济利益驱动型掺假的法律发展

在整个20世纪，经济利益驱动型掺假始终是困扰食品安全及营养的首要问题。在全球各地食品及原料的贸易流通为标志的现代全球食品体系中，新形态的经济利益驱动型掺假变本加厉，尤其发生在高端的进口产品中。因此，新型的经济利益驱动型掺假再次成为监管的首要问题，它是法律体系面临的新挑战。

42 在现代食品体系中，经济利益驱动型掺假和公共卫生之间的联系增加了人们对其关注的程度。中国的三聚氰胺事件直观地解释了两者间的关联，它动摇了全球消费者的信心，也促使美国FDA在2009年4月召开公开会议，应对经济利益驱动型掺假。会议旨在集思广益，就相关行业如何更好地预防经济利益驱动型掺假展开讨论。在会议上，FDA主要关注进口食品的掺假问题。FDA曾在其政府联邦公告上公布四起食品掺假案件，其中有两例都涉及中国的三聚氰胺事件（三聚氰胺是在硬塑料盘和食品容器衬里中广泛使用的化学品）。第一例是2007年的

宠物食品污染事件，标签中标识的小麦面筋和大米浓缩蛋白中含有三聚氰胺和三聚氰胺相关的化合物。据称，三聚氰胺加入宠物食品，可以提高其蛋白质含量。第二例是2007年在中国所做的调查，奶粉被发现存在食品掺假。据调查，中国奶粉经销商和供应商在婴儿配方奶粉中添加三聚氰胺，以提高蛋白质含量，增加利润。这一事件导致中国50 000名婴幼儿生病入院，6名死亡。

三聚氰胺丑闻引发了对经济利益驱动型掺假和食品欺诈的进一步关注。例如，食品生产商协会2010年发布了一则报告，预测全球食品和消费品欺诈每年会造成食品行业的经济损失高达100亿~150亿美元。美国药典（USP）委员会作为一个非营利科学组织，从事制定标准以保证食品成分的真实、可靠和纯度。该委员会建立了数据库，整理汇编与经济利益驱动型掺假相关的报道与信息。常见的掺假发生在鱼、橄榄油、牛奶、蜂蜜、藏红花、橙汁、咖啡和苹果汁中。经济利益驱动型掺假频频登上报纸的头条，引起人们对这一问题的广泛关注。2013年3月，在多家英国连锁超市出售的加工牛肉产品中发现了马肉，该事件导致一系列产品的召回，也使得食品行业供应链的保障重新成为人们关注的焦点。Oceana是一个致力于海洋保护的国际非营利组织。该组织在一次海鲜产品欺诈案调查后，于2013年发布一项报告，宣称在美国调查时发现三分之一的鱼类存在标签标示错误。此外，中国也在三聚氰胺事件之后，继续与食品欺诈做斗争，包括打击用树脂、颜料和淀粉仿制的假鸡蛋以及被当作驴肉贩卖的狐狸肉。 43

尽管人们已经认识到经济利益驱动型掺假不容忽视，但落实到监管层面依然困难重重，令人担忧：进口食品的增加、尖端技术的发展、供应链的错综复杂、资源和信息稀缺以及监管整体滞后，都成为阻碍是食品检验和法规实施的障碍。

虽然这些障碍依然存在，但随着人们对经济利益驱动型掺假的认识不断提高，各级政府机构会面对越来越多的来自社会、媒体和消费者保护团体，包括诚信经营的食品公司，他们迫切需求政府加强执法。政府机构可能要开始以创造性的思维思考如何执行权力，而不只是采用更多技术手段，与行业和其他机构合作是一种趋势。从某种程度而言，应对经济利益驱动型掺假的方式，需要根本性的改变。经济利益驱动型掺假并不是一种低风险的掺假行为，而应被视为一种犯罪行为，对应的执法力度也应更加强硬。此外，食品公司自身也应当清楚，如果采购掺假的原料（包括进口）来生产食品，也应当承担食品欺诈的责任。

膳食补充剂的掺假近年来愈发严重，这在本书第五章将逐一讨论。

二、法律基础

(一) 经济利益驱动型掺假的行为特征

在分析如何应对经济利益驱动型食品掺假之前，我们首先需要了解什么样的行为才构成经济利益驱动型掺假。经济利益驱动型掺假这一定义由两部分组成：首先，它是一种掺假行为和方式；其次，经济利益是掺假的动机或动因。1938年颁布的《食品、药品和化妆品法》并未明确定义“经济利益驱动型掺假”，也没有对哪些行为构成经济利益驱动型掺假进行列举。但是，在该法第402（b）条中，却对“掺假”这一大概念进行了定义，其中包含了经济利益驱动型掺假的一些关键要素。

根据第402（b）条对“掺假”的定义，我们可以推演构成经济利益驱动型食品掺假的行为范围。下面列举了若干行为以及实例。

1. 完全或部分去除有价值的成分。此类行为包括稀释，即减少有价值成分的含量，其中一个例子是在牛奶中兑水。

2. 完全或部分替代其成分。此类行为通常是用廉价的成分替代原有成分，其中一个例子是使用甜菜替代蜂蜜。

44 3. 掩盖产品的缺陷和瑕疵。构成此类食品掺假的例子是花生已被沙门氏菌污染。

4. 未经批准加入某种物质来增强食品的某种属性，增加食品的体积或重量，降低了食品质量或强度，或使食品显得比原来更好或更有价值。未经批准增强食品属性的典型例子是在牛奶中加入三聚氰胺，以增加蛋白质含量。

与《食品、药品和化妆品法》一样，《联邦肉类检验法》也没有对“经济利益驱动型掺假”进行定义，但是除了采取和《食品、药品和化妆品法》第402（b）条类似的方式描述掺假行为之外，《联邦肉类检验法》中明确禁止符合经济利益驱动型掺假描述的一切掺假行为：

“掺假”可适用于任何屠体（包括其中一部分）、肉类和肉制品等，如果这些产品中任何有价值的成分被完全或部分去除；或者任何成分被完全或部分替代；或以任何方式掩盖产品已非完好及低劣质量；或者添加成分以增加食品体积或重量，或减低了食品质量或强度，或是产品外观比实际情况更好或更有价值。

《联邦肉类检验法》中的这一定义与《联邦家禽制品检查法》中对掺假行为

的定义完全一致。

虽然经济利益驱动型掺假可能成为引发诸多食品安全问题的根源，但它与第402(a）条中定义的其他食品掺假行为并不相同。其他几类的掺假食品，通常存在有毒有害的物质、被污秽腐烂或已经受污染的。经济性掺假的食品不一定具有这些危险性特征，可能仍保留其营养价值。当然，经济利益驱动型掺假也可能会对人体造成健康危害。

（二）诱因：经济动因

除了《食品、药品和化妆品法》第402（b）条中列举的一系列掺假行为之外，经济利益驱动型掺假还需要考虑掺假者的意图或目的。2009年，在关于经济利益驱动型掺假的公开听证会上，FDA将经济利益驱动型掺假定义为“为提高产品表现价值或为降低生产成本（即为了增加经济效益），食品生产经营者在产品中欺骗性地、故意地替换或添加某种物质”。2011年，美国政府问责局（GAO）发布的一份报告中认为，FDA应明确对经济利益驱动型掺假进行定义。 45
FDA在一年后成立了专项工作小组，明确采纳了经济利益驱动型掺假的这一定义。尽管FDA发布的这一定义并没有涵盖第402（b）条中所列举的所有行为，但我们一般认为，一旦出于经济利益故意实施这些行为，即构成经济利益驱动型食品掺假。

如果一个行为构成经济利益驱动型掺假，其通常是为了获得金钱利益。对于食品生产商而言，最首要、最明显的动机即是增加效益或利润。食品生产商可能使用便于掺假的廉价填充料来增加产量、降低成本，以最终提高利润。另一个动机则是市场竞争。如果一个生产商不能满足客户的质量要求，就会通过掺假以满足客户对质量的要求，或以更低的价格提供劣质产品，与同类产品相竞争，而客户也误以为自己买到了价廉物美的食品。经济利益驱动型掺假由市场驱动，源于生产商希望降低成本的“愿望”。市场的买家要求供应商降价，使得供应商可能会掺假以降低成本，以保证一定的利润维持生意。国际食品和饮料市场的经济利益驱动型掺假，往往出于追求更高附加值的食品。

（三）经济利益驱动型掺假与其他食品掺假方式的区别

虽然经济利益驱动型掺假是以逐利为目的，但需要注意的是《食品、药品和化妆品法》在判断某产品是否构成掺假时，并不区分动机。事实上，食品药品监督管理局通常会将经济利益驱动的食品掺假与其他形式的掺假进行区分，以便针对性地处理这一类型的掺假问题。比如，经济利益驱动的食品掺假不同于生物恐怖主义或蓄意破坏，后者掺假的主要目的是造成群体性伤害。经济利益驱动的食品掺假也不同于食品仿冒，后者是另一种食品欺诈行为，将未经授权注册商标的类似产品假借已注册商标的产品，以欺骗购买者认为自己购买的是正品的行为。

三、应对经济利益驱动型食品掺假的法律工具

(一)《食品、药品和化妆品》第 402（b）条：执法

在《食品、药品和化妆品法》第 402（b）条实施之前，美国国会在 1906 年通过了《纯净食品与药品法》，政府已经在刑事领域对经济利益驱动型食品掺假
46 进行了打击，很多刑事案件都将其定性为犯罪行为。虽然《纯净食品与药品法》似乎已经可以解决那些明显构成经济利益驱动型掺假的案件，但随着仿冒品的增多，该法仍然显得力不从心。随着食品技术的进步，生产商可以生产与传统食品类似但又不尽相同的新产品，这类产品成为该法的关注重点。然而，由于标准的缺失，法院只能认定许多合成食品不属于掺假，而是一种纯净的、新式的食品。政府在处理这些仿制食品时屡屡遭挫。在美国联邦第八巡回上诉法院对美国政府诉 Ten Cases 公司的案件中，政府在为“Bred Spred”定性时遇到了巨大的阻力。案件中，尽管该产品与果酱非常相似，但其水果含量比一般果酱少 50%。由于没有标准来区分果酱与 Bred Spred，而 Bred Spred 的产品标签中也并不存在误导性表述，因此只能认为 Bred Spred 并不是对果酱的掺假，而是一种独立的产品。

到 20 世纪 30 年代，市场上出现了向消费者出售不合格食品的现象，仅靠标签或外观无法保证这些加工食品的成分和质量，因此在 1938 年颁布的《食品、药品和化妆品法》中加入了第 402（b）条。该条款明确规定，FDA 有权对涉及经济利益驱动型食品掺假的案例采取行政手段。即便此类掺假对公众健康没有已知风险，FDA 依然有权制止。

尽管第 402（b）条授权 FDA 可以根据具体情况，有一定裁量权地执法。但该条款很少在被实际使用，原因是食品外观和口感的改善需求促使食品技术不断发展，而第 402（b）条的实际授权范围又很狭窄。这个问题在第三版的《食品药品法》丛书中，已经得到解释：

“从文义解读的方式来看，《食品、药品和化妆品法》中有关经济利益驱动型食品掺假的规定，将会让大多数现代食品生产技术备受质疑。很多用于改善食品外观的功能性食品成分，包括着色剂、防腐剂和乳化剂，可能会因为让食品看起来比原本更好而涉嫌掺假。食品生产商可能会强调，这些成分实际只是改善食品，让它看起来确实很优质。为了避免这类争议，食品药品监督管理局最终决定，除非是非常罕见的、明目张胆的掺假行为，否则便会选择放弃执行第402（b）条。因此，FDA 其实默认了一个观点，与其选择适用第 402（b）条，还不如关注标签信息是否真实，来应对和解决经济性掺假，当然这一观点并没有对外公开表达。”

当然，FDA 也有少数应对直接性欺诈行为的先例，履行其法律职责对抗违法分子。FDA 曾裁决一家橙汁公司的前总裁和首席执行官罚款 10 万美元，判处有期徒刑五年。这家公司曾经在美国市场投放超过四百加仑①的掺假橙汁，违法期间超过十一年。由于扇贝称重出售，一家海鲜公司及其两个主要部门在扇贝中注水，增加扇贝重量以获得利润，这家公司被罚款 12 万美元。密西西比州一对兄弟将掺假蜂蜜、掺假高粱糖浆装在老式罐子中，在农贸市场及全国生产站出售，两人因此被各处罚金 2 万美元，且分别判处监禁 19 个月和 30 个月。著名的儿童食品生产商比纳营养食品公司出售的一款产品，标签声称其为“百分百”苹果汁，实际只含糖、水和调味剂，比纳公司因此被处罚金 218 万美元。20 世纪 90 年代早期，也就在比纳公司被罚时，全美销售的果汁中大约有 10% 的均不是百分百纯果汁。尽管当时 FDA 的专员戴维·凯斯勒（David A. Kessler）决定要依法起诉这些掺假行为，但 FDA 的努力一直受两个问题的阻碍：一个是缺乏人力物力的支持；另一个是传统惯性思维中，将经济性掺假案件放在较低的优先级别。 47

（二）《食品、药品和化妆品法》第 401 条：认定标准

在处理经济性食品掺假问题时，认定标准的实施情况一直曲折坎坷。认定标准是用于判定经济性掺假的准绳。虽然 FDA 已经对认定标准失去了兴趣，但近年来这些标准逐渐获得了若干州的支持。

《食品、药品和化妆品法》第 401 条授予 FDA 制定食品认定标准的权力：

---

① 加仑：容量计量单位，1 加仑 = 3.785 4 升。

“为了消费者的权益，为了促进诚信和公平贸易，在任何时候部长都可以做出决定，以常用或惯常的名义，订立和确认食品的合理定义和认定标准。”

FDA 的认定标准规定了食品的成分构成，同时也可能对其生产或配料方法做出规定。最终的成文标准，阅读起来与菜谱非常相似。作为标准的一部分，FDA 会对具体食品进行命名，所有符合要求的食品必须根据这一命名出售。《食品、药品和化妆品法》第 401 条旨在避免 Bred Spred 案件的再次发生，通过标签规定来打击食品掺假。《联邦肉类检验法》也发布了认定标准，通常涉及肉类含量、成分及命名要求。

《食品、药品和化妆品法》第 403（g）条对违反认定标准的法律制裁也做了规定。一种食品必须符合：（1）产品符合政府发布的认定标准的定义和要求；
48 （2）其标签中标有符合定义和标准规定的食品名称，否则该产品声称或表现成类似某产品时，应被认为是“冒牌食品”。因此，一种近似于已经有定义的食品只有两种选择，要么跟标准完全一模一样地出售，要么就不上市销售。从 1938 年到 20 世纪 60 年代，FDA 颁布了非常详细的“食谱型”食品认定标准。

到了 20 世纪 70 年代，FDA 逐渐对认定标准失去兴趣，随着市场上可以购买到的食品种类迅速增多，人们认为认定标准明显难以招架，且制定标准耗时较长。一场始于 1959 年的花生酱认定标准听证会持续了十年之久，使得这一观点被进一步强化。FDA 曾为出售的罐装青豆的形状，设定了非常精确的规定，美国前副总统戈尔在了解到这一消息时大为震怒，这一事件促使 FDA 在 1995 年提前公告，对外征求针对认定标准可实施性的意见。各方达成了一个共识：认定标准作用有限，对消费者并无实质益处。虽然认定标准在 20 世纪 70 年就已经非常衰落，但近年来对于某些产品，州和联邦政府却运用这一工具，阻止了经济型掺假食品通过进口流入美国。蜂蜜就是一个典型案例，它成为经济性掺假的重灾区，且随着海外进口的增多而越发激化。蜂蜜的掺假方法通常是在（拉伸流程中）产品中加入其他物质，例如蔗糖或玉米糖浆。为了防止假蜂蜜的进口，美国蜂蜜行业在 2006 年（美国养蜂业联合会和其他几个蜂蜜协会）要求 FDA 建立蜂蜜食品认定标准，标准将基本上沿用食品法典委员会已经建立发布的标准。食品法典委员会的蜂蜜标准规定，出售的蜂蜜不能添加任何其他非食品成分，包括食品添加剂。两年后，FDA 回应称，由于许多问题比蜂蜜掺假更具迫切性，该局暂时无法审查这一请愿。之后，佛罗里达州在本州制定了食品认定标准，禁止在佛罗里达州生产、加工及出售的蜂蜜中添加任何添加剂、化学成分或掺杂物。

2009年，美国国会开始介入。据2009年6月23日记载的《国家农业委员会报告》以及2010版的《农业拨款法案》，农业委员会陈述了进入美国市场的掺假蜂蜜问题，并对FDA做出以下指示：

蜂蜜——委员会认识到，蜂蜜在美国生产并在全球交易，既可以作为预包装 49
食品，也可以作为食品配料。但是，始终有制造商非法出售含有其他成分的“蜂蜜”或“蜜”。委员会认为有必要根据《食品、药品和化妆品法》有关假冒品牌及掺假法规条例，监管引导蜂蜜的成分及标签的标示，防止消费者和国内蜂蜜行业受到冒牌蜂蜜的侵害。根据委员会的想法，他们认为FDA应该回应公民的请愿，制定蜂蜜的认定标准。委员会也希望管理局可以这样做。

同样，参议院农业委员会做出相似的报告，并提供了参议院配套法案。它在2009年7月7号做出如下指示：

认定标准——委员会认为，蜂蜜在美国生产、在全球交易，既可以作为包装食品，也可以作为食品配料。委员会相信，FDA会采取措施，防止冒牌蜂蜜或冒牌蜂蜜衍生产品进入美国市场。其实，FDA 2006年就已经接受了一个关于蜂蜜认定标准的提案，因此委员会要求其对这一提案做出回应；如果提案合理，FDA开始着手制定美国蜂蜜认定标准。

虽然美国国会做出指示，要求FDA采取行动应对经济利益驱动型掺假，包括不存在食品安全危险的掺假食品的进口，但FDA却显示出一些抵触情绪，毕竟它更希望依靠《食品、药品和化妆品法》中有关假冒品牌的规定，要求食品企业使用合规的标签标识，而不是通过采用食品认定标准的方法。2011年10月，FDA拒绝了2006年公民请愿书的要求，认为蜂蜜的认定标准暂不需要。FDA明确指出：“消费者在一定程度上，对什么是蜂蜜，蜂蜜含有哪些成分感到疑惑，而食品标签已经可以提供相关信息以解除消费者的困惑。”对于消费者不看标签可能对其造成的侵害，FDA解释称：

“在一定程度上，消费者并不了解蜂蜜，也不能真正理解标签。管理局认为制定蜂蜜认定标准，也不能消除消费者对蜂蜜的疑惑，因为消费者可能并不会意识到认定标准的存在，也不会将其视作解答内心疑惑的方式。”

为了应对进口蜂蜜掺假的各种曝光，FDA在2014年4月发布了蜂蜜标签的指南草案。该指南草案规定，加入甜味剂的蜂蜜，需要在其标签上注明为“混合型”。纯蜂蜜标签只能用于不添加糖、玉米糖浆或其他甜味剂的蜂蜜产品之中。
该指南并没有说明经过超滤、去除花粉的蜂蜜是否仍然可以定义为蜂蜜。该指南 50

关注的是添加甜味剂和其他成分的蜂蜜产品的标签问题以及不合理农药施用所导致的污染问题。FDA 指出，在指南中设置了长期进口预警，监管掺有蔗糖或玉米糖的蜂蜜进口。

另一个使用认定标准进行执法的案例发生在橄榄油上。近年来，橄榄油的需求量暴增，已成为美食必备。而高级的橄榄油，因据称其具有保护心脏的功能以及优质的口味，而备受追捧。较为高档的特级初榨橄榄油，是最常出现经济性掺假的产品之一。因此，也有人提交公民请愿书，请求食品药品监督管理局在国际橄榄油理事会（IOC）的标准基础上，制定橄榄油的认定标准。国际橄榄油理事会的标准包含两个方面：第一，使用客观的化学手段，测试检验橄榄油中脂肪和油的含量；第二，主观的感官测试（即味道、气味和外观），检验橄榄油产品的纯度。FDA 未对这一请愿书做出回应，但康涅狄格州和加利福尼亚州已经制定了自己的、基于国际橄榄油理事会标准的橄榄油认定标准，其包括了特级初榨橄榄油。

（三）进口警示：边境执法

进口警示是美国 FDA 近年来用于抵制进口食品经济性掺假的法律工具之一。FDA 监管进口食品的权力，源于《食品、药品和化妆品法》第 801（a）条：如果食品在不卫生的条件下生产、加工或包装、掺假或仿冒，则该产品不允许进入美国市场。进口警示是一种行政补救措施，允许扣留未经实物检验的特定食品。进口警示属于指导性文件，要求 FDA 现场执法人员在认为某食品不适格进口时，需对产品、生产商、运输商及进口商信息等做实质性审查，并保证证据充分。通过进口警示防止掺假食品的进口，也有不少实例。20 世纪 90 年代，FDA 颁布了一项至今依然有效的进口警示，主要针对含有未经申报的甜味剂的苹果汁或苹果汁浓缩物，其产品都涉及经济性掺假和仿冒。2007 年 8 月颁布了一条新的进口警示，在发现未经批准的药物残留和食品添加剂后，扣留了来自中国的养殖鲶鱼、
51 鲈鱼、虾、鲦鱼和鳗鱼。2008 年，该局对来自中国的含有三聚氰胺的植物蛋白和奶制品发出进口警示。2009 年，该局颁布了针对羊肚菌的一条警示，原因是在进口产品中发现了微生物污染，同时在产品中发现使用廉价蘑菇替代部分羊肚菌的掺假。2013 年，FDA 对来自印度、马来西亚、新西兰、沙特阿拉伯、土耳其和越南公司的掺假蜂蜜颁布进口警示（在 20 世纪 90 年代中期对巴西、墨西哥和俄罗斯的进口蜂蜜也做过同样的警示）。2014 年，该局对一家土耳其公司和一

家伊朗公司做出进口警示，原因是这两家公司出售掺假的石榴汁及其浓缩产品，且产品中使用未经申报的成分，包括“黑加仑、苹果、梨及樱桃汁”等用以替代石榴汁原料。

（四）生物反恐法：可追溯性

食品药品监督管理局进行食品进口管控的另一有效工具是《公众健康安全与生物恐怖主义预防应对法》（即《生物反恐法》），美国国会在2002年颁布该法案。根据2008年11月颁布（自2009年5月生效）的《生物反恐法》及最终稿，进口商应按规定向FDA提交进口或批准进口美国的食品，包括动物饲料的提前告知。虽然《生物反恐法》并不用来限制经济性掺假食品的进口，但提前告知的程序性要求，可以让FDA与海关和边境保卫局紧密合作，对进口掺假食品进行识别与追踪。

（五）《食品安全现代化法》：预防控制

《食品安全现代化法》第106条的标题为“防止进口食品的掺假”。FDA已发布了一项非强制性规定，便于《食品安全现代化法》第106条的执行。目前，拟定的该项规定只限于具有高风险的故意掺假行为，即“旨在故意造成大规模公共伤害的行为，包括恐怖主义行为”，但该规定暂不涉及经济利益驱动型食品掺假。FDA在其拟议的规定中宣称，经济性掺假可以通过危害分析及基于风险的预防性控制措施（HARBPC）解决；毕竟，FDA拟定针对《食品安全现代化法》第106条的规定并不解决故意掺假，例如经济性掺假。因此，FDA计划使用新方法及做好成本分析，增加有关任何形式的故意掺假的相关规定，并公开征求意见。若将经济性掺假规定纳入防控之中，FDA需要有关方面对可能发生的、潜在的隐患进行鉴别，例如中国的三聚氰胺，即使没有具体供应商的历史记录。对于不受预防控制措施制约的产品，例如海产品、果汁和膳食补充剂等经济性掺假问题，可能需要通过修订与这些特定产品相关的危害分析与关键控制点（HACCP）及良好生产规范（GMP）进行解决。从这个层面上讲，我们难以评估经济性掺假是否应该完全纳入《食品安全现代化法》。例如，英国的马肉事件中，马肉被用来替代牛肉，但马肉的食用并不会对人类健康造成安全威胁。我们不妨思考一下，一旦《食品安全现代化法》纳入所有的经济性掺假并得以最终确定，那么这一马肉事件是否违反《食品安全现代化法》？要回答这一问题，关

52

键是要把握最终规定中所定义的“隐患”与“可能发生的公共危害”之间的关系。

另一方面，《食品安全现代化法》使得FDA对于进口食品的执法力度整体加强，这也能有助于抵制经济利益驱动型食品掺假。《食品安全现代化法》从多个方面巩固FDA的执法权。《食品安全现代化法》授权FDA可以与外国政府签订协议，以促进对进口产品和国外设施的检查。虽然《食品安全现代化法》对经济型掺假的制约尚不明确，但人们已经提高了对进口产品整体规范性的关注度。《食品安全现代化法》首次明确规定，进口商需要承担一定的责任，核实其进口产品是否符合美国有关预审及防范食品安全的要求，并且需确认它们运输至美国时是安全的。FDA也可以建立第三方认证项目，核实外国食品企业是否符合美国食品安全标准，并有权将这一认证作为高风险食品的准入标准。如果外国企业或其所属国家拒绝接受FDA或其代理方的核实，FDA有权拒绝该企业的食品进入美国。值得注意的是，《食品安全现代化法》还明确鼓励与外国政府一同利用现有资源来强化其监管能力，例如相互承认检验结果、共享电子数据、为外国政府机关提供培训等。

（六）技术发展与标准

2013年，美国药典委员会发布了三类食品的质量标准——石榴汁、螺旋藻（蓝细菌的干态物质，钝顶节螺藻，富含蛋白质，人类和动物都可以安全食用，是一种全世界都在种植且食用的食物）及亮黑（在果酱、巧克力糖浆和糖果中使用的人工合成食用色素）。对于石榴汁，新标准不仅罗列了其食品成分，同时也将其成分如何检验进行规定，以帮助生产商及复配厂商确保他们使用的成分是
53 不掺假的。这一标准会被编入新的联邦通信委员会认定标准库，该系统对食品成分以及一系列认定监测及验收标准都做了一些描述。FDA甚至可以颁布指导性文件，建议食品行业将美国药典委员会建立的标准作为抵御经济性掺假执法行动的基准。有人提出了一个有意思的问题，即预防与控制规则的法定化，是否会迫使食品公司将跟踪美国药典委员会的数据视为其法定义务的一部分？

（七）加强监管协调性

2011年，美国政府问责署（GAO）公开了一篇报告，分析了FDA对食品药品经济利益驱动型掺假的监控和预防方法，以及该局在监控和预防此类掺假问题

时所面临的挑战。为了加强食品药品监督管理局打击经济利益驱动型掺假的执法力度，政府问责署建议 FDA 采取以下三个措施：(1) 正式采用 FDA 已经形成的、对“经济利益驱动型食品掺假”的非法定定义（政府问责署注意到，FDA 在打击掺假行为时，如果缺乏定义的支撑，很难将经济利益驱动型食品掺假与其他形式的掺假区分开来，因此这种定义有助于该局更加主动地应对经济性掺假）；(2) 为机构分中心和办公室撰写有关“经济利益驱动型食品掺假问题的解决方法”的书面指导；(3) 加强机构内在经济性掺假工作上的沟通协调。

对于政府问责署起草的报告，FDA 解释称，该局将经济性掺假视为所有掺假概念中的一个子集，政府运用综合分析的思维，是理解和解决掺假问题的最优发展方向。此外，FDA 还指出，《食品安全现代化法》授权其制定更广泛的法规，基于风险大小来决定资源的优先性来抵制掺假。最后，FDA 成立了经济利益驱动型掺假工作小组（WEMA），并于 2011 年 9 月 23 日召开了第一次会议。工作小组采纳了政府问责署的建议，决定使用 FDA 给出的经济利益驱动型食品掺假的定义，并相继召开各类会议，鼓励协作沟通来解决公共卫生问题。

（八）美国联邦贸易委员会：反不正当竞争

美国联邦贸易委员会有权阻止“商业中的不公平竞争方式”以及“商业中的不公正或欺骗性的行为”。可以说，经济利益驱动型食品掺假是一种不公平的竞争方式，也是一种不公平或欺骗性的行为。本书第四章有所提及，联邦贸易委 54
员会和 FDA 对这种行为具有并行的管辖权。实际上，联邦贸易委员会已经采取措施防止劣质食品的出售。这些劣质食品欺骗了消费者，也影响了诚信竞争者的正常经营。但是联邦贸易委员会的历史价值似乎已经慢慢淡出了视线，目前它更愿意把解决经济利益驱动型食品掺假的重担推给 FDA。1954 年，FDA 和联邦贸易委员会制定了工作协定，确认联邦贸易委员会只对食品广告的违法行使管辖权，FDA 只对该食品的标签问题行使管辖权，除非双方另有约定。联邦贸易委员会可能最初认为经济利益驱动型食品掺假基本只是标签虚假问题，因此认为应归 FDA。

（九）诉讼

诉讼也是解决食品掺假的工具，尤其是那些诚信经营的食品企业因掺假食品受到损害和那些已经向政府提出诉求但未得到解决的食品企业。通过诉讼抵御经济性掺假的一个典型案例发生在石榴汁上。POM Wonderful 是一家美国的石榴汁生产和制造商。Purely Juice 是另一家制造石榴汁的竞争公司，这家公司出售的石榴汁产品贴有“百分百石榴汁”的标签，但使用的是来自伊朗和其他中东供应商的石榴浓缩物。POM Wonderful 向 FDA 举报，但 FDA 告知其行政资源应对食品掺假的检测和分析方法实在力不从心，于是 POM Wonderful 直接起诉了 Purely Juice，指控该公司出售掺假的石榴汁，欺骗消费者。法院批准通过了来自七个不同实验室的测试结果，认为 Purely Juice 的果汁绝不可能是百分百的纯石榴汁，其中含有外加的糖、着色剂和填充果汁。法院发现，石榴汁是果汁行业中掺杂境外浓缩物最严重的，这也是一个行业不能说的秘密。法院判定，Purely Juice 涉嫌虚假广告、误导市场，要求该公司赔偿损失约 1 500 万美元。

橄榄油是一个有趣的研究案例，其涉及经济性掺假的诉讼或欺诈诉讼，它也可以帮助我们探究诉讼是否是一个应对经济性欺诈的最好手段。北美橄榄油协会（NAOOA）是代表橄榄油行业利益的贸易协会，它在 2013 年提起了虚假广告起
55 诉和其他诉讼索赔，并依据纽约南部《兰哈姆法》请求对 Kangadis 食品公司执行预先禁令。北美橄榄油协会声称，Kangadis 虚假出售“百分百纯橄榄油”，产品中实际含有橄榄果渣油。这种橄榄油是由橄榄核、橄榄皮及橄榄果浆工业加工制成的。法院起初禁止 Kangadis 将任何含有橄榄果渣油的产品作为纯橄榄油对外销售，同时禁止销售其含有橄榄果渣油但未在标签上明示的橄榄油产品。然而，法院却对几个法律问题保留了意见，并决定后期补充说明。随后，法院在 2013 年 4 月签署了一项裁定，暂停了之前颁布的禁令，认为协会并没有提供此问题导致消费者困惑的证据。尽管 Kangadis 明显地违背了联邦和州的标准，将混有再装油的产品作为百分百纯橄榄油出售，但北美橄榄油协会所提出的标准不能通过个人诉讼使之具有强制力或直接适用，且无法表明普通消费者对橄榄油标签的理解与标准的陈述一定一致。当一个消费者看到“百分百橄榄油”的标示时，他有可能认为该产品“未经加工”或“已精炼加工”。法院的判决强调，单单以违反行业标准作为依据，不足以对与经济性掺假相关的虚假广告施以预先禁令：申请禁令者需要有证据证明普通消费者会如何理解某一广告声称。

在库玛诉萨洛夫北美集团（Kumar v. Salov North America Corp.）一案中，加利福尼亚州的联邦地区法院支持了针对 Filippo Berio 橄榄油品牌制造商涉嫌虚假标签的集体诉讼的索赔。原告称萨洛夫集团违反了加利福尼亚州的消费者保护法以及普通法有关欺诈造假的规定，违反合同义务和诚信公平交易的誓约，欺骗

性地在其橄榄油产品上贴标“意大利进口”，且该橄榄油并不是在意大利生产或压榨的。同时，该公司声称该油为“特级初榨”，但该油的装瓶、运输和存储可能导致品质下降，因此到售卖之时或最佳食用日之前已经不能符合特级初榨油的品质要求了。

（十）国际法

根据世贸组织框架，美国可以禁止已经被认定为“经济性掺假”的食品（即使该食品不会造成健康危害）进入美国，由于国家基于合法的利益阻止欺骗 56
行为的发生。如果掺假食品构成健康风险，美国可以依据《实施卫生与动植物检疫措定协定》禁止该食品进口。

因此，对于经济利益驱动型掺假，我们应该具有国际视野。例如，在中国婴儿配方奶粉事件中，掺假问题已经造成了国际影响。首先，掺假问题引发了中国提出的贸易壁垒纠纷。在2008年10月的世贸组织会议上，中国反对那些禁止中国奶制品进入其国内的国家，认为这是一种不必要的贸易壁垒。在该案曝光不久后，美国食品药品监督管理局召回了很多可能受污染的食品，并检验了许多来自中国的奶制品。其次，食品掺假引发了人身伤害赔偿。恒天然是一家在香港设有办事处的新西兰公司，拥有三鹿43%的股份，它作为生产商需要对这一事件负责。为了偿还中国政府的股权权益因赔偿消费者而受到的损害，三鹿公司在2008年宣布破产。

（十一）私营标准

全球食品安全倡议（GFSI）是一家私营标准的制定机构，它发布了一篇有关食品造假的文章，将食品造假定义为“为了经济利益，利用食品成品、食品原料和包装，从而欺骗消费者的行为”。文章表示，这种欺诈对消费者十分危险，因为其污染物可能是非常规的，而且造假者也并不知道添加物可能造成的公共危害有多严重，正如中国的三聚氰胺事件一样。文章指出，全球食品安全倡议会建议食品行业制定私营标准时，加入两项工作：（1）食品企业应开展食品欺诈漏洞评估；（2）食品企业需要制定风险控制计划。全球食品安全倡议建议，在食品安全认证审核过程中，审核员将审核风险漏洞评估的材料，并确认已经制定并实施了应对计划。该文件还指出，食品公司需要一定时间来完成这些工作，因此全球食品安全倡议会在文稿定稿后才发布，并配套具体的行动指南。

（十二）刑事执法

国际上将经济性掺假视为犯罪活动，这种定罪趋势可能会对美国的执法产生一定的影响。2014 年 2 月，在跨美洲、亚洲和欧洲的 33 个国家（包括美国）的国际刑警和欧洲刑警的协调行动中，检察人员共查获了超过 1 200 吨假冒或不合
57 格食品以及近 43 万升假冒伪劣的饮料。在行动中，96 人被逮捕或拘留。该行动涉及公安、海关、国家食品监管机构和私营企业，执法地点包括商店、市场、机场、海港和私人住宅。这一行动也与欧盟抵制国际走私和有组织犯罪的努力息息相关。

第三节　食 品 贸 易

一、背景

（一）自由贸易和贸易保护主义的紧张关系

食品贸易法律监管的重要性日益彰显在当今全球食品体系中。美国法律以两种贸易观点为导向，反映了食品贸易政策既存的一种紧张态势。第一种观点支持食品的自由贸易，认为食品贸易的扩张对消费者、农民乃至整个美国经济都是有利的。一方面，全球食品体系为消费者提供了广泛的产品选择，使得消费者已经对整个体系抱有很高的期望；另一方面，消费者偏好的不断改变，也刺激了全球市场的形成，使食品贸易的全球化更有意义。这种观点还认为，贸易能使农民将过剩食品推向市场，并帮助美国维持一个有竞争力的国内食品市场。此种观点的支持者赞成基于市场模式的自由贸易政策。在这种政策下，美国和其他国家之间的食品贸易没有受到政府施加的流动限制。与之相反，第二种观点以贸易保护主义为立足点，认为食品贸易的扩张对食品安全、粮食安全、农场、食品企业以及环境和文化都形成了威胁。它担心食品贸易会加剧工业化国家和较贫穷国家（尤其是农业型国家）之间的不平等。这些对贸易自由化持反对意见的人，支持对贸易进行限制措施。

这两种对立观点（自由贸易与贸易保护主义）之间的紧张关系，对管理食品贸易来说也是一项挑战。实际上，美国的监管体系正面临着双重挑战，即通过

保证国内食品高质量来保护公共健康和其他利益；同时美国还要履行在不违反国际贸易协定下，消除贸易限制和贸易壁垒。

（二）国际协议

国际协议可以为各方创建法律范本。国际上与食品有关的协议不胜枚举，这些协议试图对政府行为做出规范，引导政府在解决相关问题时该如何操作，而这些协议最终会影响全球食品供应的利益相关者与消费者消费的食品之间的法律关 58
系。在这些国际协议中，贸易协议是最常见的，它有助于推动国际食品法的实现，并健全食品贸易制度。

根据美国宪法的商业条款，美国国会拥有管制国际贸易的专有权力。为此，美国国会批准贸易条约并通过贸易立法，其中包括制定进口壁垒和出口鼓励方案。行政机关负责执行这些法案，维护对外关系，并与其他国家协调。一些高级别的政府机构对国际食品贸易的某些方面拥有管辖权，这些机构包括美国贸易代表署、美国商务部、美国海关和边境保护局、美国食品药品监督管理局和美国农业部。

国际协议中最基础的是食品贸易协定，其源自 1947 年制定的《关税及贸易总协定》（GATT1947）。关贸总协定建立了一个多边贸易体系，并在参与国之间确立规则，确保包括食品在内的货物形成有效的流通。关贸总协定的序言，明确其设立目的为“在互惠互利的基础上，大幅度减少关税和其他贸易壁垒、消除特权”。它通过对贸易保护主义进行限制，推动政策来促进贸易自由化；它对农业和农产品的一些豁免，着实对该协定的效力产生了一定的质疑。关贸总协定的成员国通过一系列贸易谈判，建立了一个国际贸易体系，这些贸易谈判通常以会议地点来命名，其后加“回合”。乌拉圭回合（1986 年 9 月在乌拉圭埃斯特角启动）是在关贸总协定框架内进行的第八轮多边贸易谈判，从 1986 年持续到 1994 年，缔约方包括 123 个国家和地区。1994 年建立世界贸易组织（WTO，简称世贸组织）的决定，是从 1986 年到 1994 年乌拉圭回合最后决议的一部分，即上一轮关贸总协定回合。世贸组织成为关贸总协定的继承者，并于 1995 年承担起整个多边贸易体系的责任。然而，关贸总协定仍然被世贸组织用作这一贸易系统的规则和协定的主要基础。除了关贸总协定外，在乌拉圭回合期间各成员国还制定了世贸组织的其他规则和协定，这些规则和协定现在仍是国际食品贸易的法律渊源，包括《实施卫生与动植物检疫措施协定》（SPS 协定）、《技术性贸易壁垒协定》（TBT 协定)、《农业协定》(AA)和《与贸易有关的知识产权协定》(TRIPS)。

59 二、《关税及贸易总协定》和世贸组织制度

(一)食品贸易规则

目前的《关税及贸易总协定》(GATT)版本是1994年世界贸易组织乌拉圭回合谈判的结果,即GATT1994。GATT1994制定了四个主要贸易规则,这些规则适用于货物类贸易,但不适用于服务类贸易。第一,GATT1994设立了“减让表”,即国家不能制定超过特定产品数量最大值的关税。第二,GATT1994对非关税贸易壁垒设立了一般禁止性规则,例如对数量限制的禁止。但GATT第二十条同时也做了“一般例外原则”的设定,对符合条件的设定例外规则。例如,一个国家可以基于国家安全、人类、动物或植物安全、自然资源保护或公共道德等原因,设定非关税贸易壁垒。为解决技术性问题而采取的措施(如防止消费者被误导),必须遵守《技术性贸易壁垒协定》。第三,GATT1994禁止成员国在同一产品上给予某一成员国比另一成员国更优惠政策,这也被称为“最惠国待遇原则(MFN)”。颁布这项禁令的目的是防止国家之间的贸易转移和政治摩擦。第四,GATT1994禁止对进口货物采取区别于国内货物的歧视性措施,各国不得对进口货物采用不同于国内货物的收费及税收标准。

(二)世贸组织争端解决

当贸易国之间出现不可避免的分歧时,世贸组织为解决分歧设立了一个专门机构,以鼓励和允许成员国在正式的争端解决程序中解决国与国之间的贸易争端。只有世贸组织的成员国政府,才可以作为缔约方或第三方参与解决争端。争端的解决需要通过以下几个阶段,包括争议国家之间的协商和调解,专家审查以及听证、报告和裁决。在此过程中,上诉程序也可以被纳入。在争端解决中败诉的国家或地区,应当调整其现行的相关法律和政策,以适应WTO协定和争端解决规则;如若在合理期限内败诉方不做出调整性措施,申诉方可要求进行赔偿和整改,赔偿和整改方案通常包括败诉方解除贸易壁垒(例如关税减少,增加进口配额)等。如果双方在合理期限内没有商定出合适的赔偿结果,申诉方可以要求
60 采取反措施,其中可能包括报复性措施。美国就曾与欧盟在有关香蕉和肉类产品激素摄入的经典食品争端案件[Meat and Meat Products (Hormones), WT/DS26/

21］中，采取过报复性措施。

（三）SPS协定：贸易壁垒例外

1. 保护人类、动物或植物健康

在食品贸易争端第二十条中最常见的例外是第二十条（b）中保护人类、动物和植物健康的例外。SPS协定于1995年1月1日生效，详细解释了第二十条（b）的适用范围，更具体地说明了评估健康风险的必要条件。因此，对保护人类、动物或植物健康而形成的贸易壁垒的保护措施，必须符合SPS协定的规定，以遵守GATT第二十条（b）。

SPS协定明确允许WTO成员以保护人类、动物和植物的生命或健康为前提所采取的任何措施。这些措施称为“卫生措施”或SPS措施。协议将符合以下任意一种用途的措施可定义为“SPS措施”：

（1）保护该成员国领土内的动植物的生命健康免受虫害、疾病、携带病菌的生物体或致病微生物的侵入、产生或扩散带来的危害；

（2）保护该成员国领土内的人和动物的生命健康免受食品、饮料或饲料中的添加剂、污染物、毒素或致病生物体所带来的危害；

（3）保护该成员国领土内的人类的生命健康免受由动物、植物或动植物食品所携带的疾病或害虫的侵入、滋生或扩散带来的危害；

（4）防止或限制成员国领土内由有害生物的进入、滋生或扩散带来的其他损害。

SPS措施可以采用与食品安全相关的法律、法令、法规、要求或程序的形式。常见的SPS措施包括：为了减少病原体而对源自生物技术、肉类和家禽类产品的加工标准的监管；对食品中农药残留的限量；对食品和动物饲料添加剂、食品或饮料中的有毒物质的限制；与食品安全直接相关的标签要求；用于运输动物的进口托盘的卫生要求等。某一措施的实施目的是否为了保护人类、动物或植物的生命健康，是界定其是否为SPS措施的决定性因素。但这一标准也存在一个问题，即当某项措施同时具有多个目的而保护健康仅是其中的目的之一时，该措施是否可以被界定为SPS措施。 61

SPS协定允许成员国在歧视性的基础上采取“SPS措施”，条件是各成员国“在同等条件下不得任意或不合理地歧视其他成员”。SPS措施只在保护健康所“必要”的范围内适用，而不是以“变相限制国际贸易”的方式发挥作用。这里的“必要”可以被认为是“几近不可或缺”。SPS 所谓适当程度的保护，取决于该成员国对人类、动物或植物生命所做的相应的风险评估。这种评估需要合乎标准的科学依据。换句话说，所采取的措施必须得到科学证据的理性支持。这些科学证据须基于数据和事实研究，而不是社会价值判断。在适当情况下，此风险评估也必须结合相关国际组织制定的风险评估技术进行考量。在没有相关科学证据的情况下，一个国家可依据现有信息，暂时采取 SPS 措施。

确保相关措施不变相限制贸易的一个办法是统一 SPS 措施实施的标准。为此，SPS 协定鼓励成员国在国际标准（主要由食品法典委员会、世界动物卫生组织和国际植物保护公约）以及既存的相关准则和建议基础之上，协调制定国内的 SPS 措施。倘若一个国家的 SPS 措施符合这些国际标准，同时也不与 SPS 协定和 GATT 协定相冲突，这样的国内 SPS 措施即符合 SPS 协定的初衷。由此，虽然食
62 品法典委员会采用的这些标准对其成员国并不具有约束力，但将其纳入国际贸易体系以此作为合规的科学依据，这使得食品法典委员会标准的存在更具意义。然而，尽管食品法典委员会制定的标准是有科学依据的，但贸易利益和 Codex 标准之间的联系出现了一个问题，那就是该机构是否能避开非科学影响、政治干预和食品工业所施加的压力。这种矛盾在 2012 年 7 月 5 日的食品法典委员会关于采用盐酸莱克多巴胺（俗称“瘦肉精”）最大残留量的公投中表现得尤为明显。“瘦肉精”是一种有争议的兽药，将其添加在动物饲料中可促进猪和牛的迅速生长并促使它们长出“瘦肉”。本书第三章主要讨论备受争议的莱克多巴胺，而在本章中提及，是为了让人们关注小范围投票反映出的某一物质在政治可接受度与基础科学政治化之间的紧张关系。但这种情况也可能会削弱食品法典委员会在管理食品安全和质量方面的合法性和总体有效性。

虽然 SPS 协定规定成员国以国际标准为基础采取措施，但他们可能为了达到比国际标准更高的保护水平而引入新措施或维护旧措施，或者在国际标准范围外引入新措施。如果一个国家采取新措施，他们一定要有这样做的科学依据，或者它必须是国家认定其为适当 SPS 保护水平的结果。

SPS 协定的附加要求包括平等性和透明度。在某些条件下，成员国必须认可其他成员国的同等 SPS 措施。成员国应在 SPS 措施公布和其他成员国提出合理意见后，上报其 SPS 措施的变更。

如果一个国家实施一项可能不符合 SPS 协定的食品安全措施，另一个国家可以向世贸组织投诉。SPS 措施的两个典型投诉案例的其中之一就是美国和加拿大

投诉欧盟拒绝进口注射生长激素的肉类。这个案例在第三章中有更详细的分析。欧盟颁布了一系列销售禁令，禁止添加过 FDA 所列的任意六种之一的生长激素的牛肉进入欧洲市场销售，即使这些生长激素已被证明是安全的。美国认为这一指令是贸易保护主义者制定的歧视政策，因为牛肉的激素处理通常在欧盟以外使用。上诉机构认为，欧盟拒绝进口用生长激素处理的牛肉不符合 SPS 协定第 3.1 条和第 5.5 条。第二个例子是 1998 年的日本水果案。日本设有一项防止“检疫性有害生物”（苍蝇、飞蛾等）进入本国的政策。该政策要求所有进口的植物产 63
品必须附有植物检疫证书，外国农场必须接受种植地的检查，并且进口植物产品须在进入日本后进行检查。美国声称这项政策限制了美国水果出口，且违反 SPS 协定。世贸组织支持美国，认为日本这一措施与风险不相称，因为该政策并无足够的科学依据。

欧盟和美国之间在 SPS 措施方面一直存在分歧，特别是关于生长激素（rBST）和转基因生物（GMO）两方面。这些分歧不仅使美国和欧盟陷入 WTO 级别的冲突（详见第三章），而且威胁到美国和欧盟进行的农产品条约谈判。这些分歧的根源就是对法规的思维方式不同。欧洲在采用 SPS 措施、解释 SPS 协议时遵循“预防原则”；而美国对食品安全采取“无害的合理性”的思维方式。“预防原则”是指在没有科学依据证明某食品没有风险，政府就应采取保护行动。这在“牛肉激素争议”中可以看出，欧盟认为他们依据“预防原则”限制美国牛肉。在转基因生物的案件中，欧共体认为“预防原则”已成为国际法中的一个完全成熟的普遍原则。而美国“只有在有科学证据表明存在风险时，政府才应采取保护行动”，这种做法很难与“预防原则”相协调。因此，在 SPS 措施实施中，“牛肉激素”和“转基因生物”一直存在争议。

世界动物卫生组织（OIE）通过采用动物健康的国际标准、动物疾病控制的方案来促进食品法的发展。这些标准被 SPS 协定和 SPS 委员会收纳为“与世界动物卫生组织共同致力于设定 SPS 标准中动物健康和人畜共患疾病”的参考资料。世贸组织认定世界动物卫生组织的卫生标准为国际卫生规则，都应成为各国 64
立法和立规的重要指南。

2. 反欺诈措施

根据《关税及贸易总协定》第二十条（d），如果有必要防止欺诈，一个国家可以对贸易实施非关税壁垒。这种例外是继第二十条（b）中保护人类、动物或植物生命或健康的例外之后用于食品的下一个最常见的例外。第二十条（d）

条允许一国对标签、营销和食品质量施加限制。与第二十条（b）款一样，第二十条（d）款不得有歧视地或随意施加贸易壁垒。“反欺诈措施”的采用还需要满足第二十条（d）款规定的其他条件且证明其具有“必要性”。例如，美国向世贸组织投诉韩国，称其通过限制销售的方式和地点来歧视从美国进口的牛肉。上诉机构认为韩国的限制不符合第二十条（d）中的例外，因为这些限制并不是“必要的”或“不可或缺的”。在任何情况下，判断采取某一措施是否具有必要性，都需要考量公共利益的平衡；这种价值受法律保护，来对抗各国进出口法律的影响。

（四）技术性贸易壁垒协定（TBT 协定）：法规和标准

1. 目的

TBT 协定确保技术法规、非强制性标准和合格评定程序不会为国际贸易带来不必要的障碍（除非这些是 SPS 协定中定义的 SPS 措施，即保护人类、动物或植物健康的措施除外）。TBT 协定是自我独立的，但与关贸总协定密切相关。TBT 协定与同年签署、目标相似的 SPS 协定息息相关。TBT 协定在全球食品市场变得越来越重要，因为包括美国在内的许多政府都颁布了越来越多的法规和标准，以应对消费者日益增长的对具有特定质量属性（即非安全属性）的产品的需求，以及希望更多了解这些属性的信息。

2. 技术规则

TBT 协定使用术语“技术法规”来描述适用于产品、生产过程、生产方法或生产标准所必须遵守的法规。TBT 附件 1 规定如下：

技术法规——规定产品特性或其生产过程和生产方法的文件，包括适用的行
65 政规定，且强制遵守。它也包括适用于产品、工艺或生产方法的专业术语、符号、包装、标记或标签要求。

TBT 技术法规适用于食品和饮料产品的标签或质量，生鲜食品的质量要求以及食品包装的体积、形状和外观。例如，牛肉质量规定要根据每个等级的具体特性，例如大理石花纹（肉质肥瘦分布）、颜色、硬度、质地和牛的年龄等。每一个食品的质量规定文件，可以涵盖该产品的各个部分的质量要求，且分成几个等级因商品而异。

TBT 协定禁止为了限制贸易而不是为了合法目的（如消费者保护），而制定的技术法规。为此，TBT 协定在世贸组织成员协定的第 2 条中规定了如下关键原

则:（1）成员国之间不得歧视来自其他成员国的进口产品；（2）成员国不得采取比实现合法目的更激进的贸易限制措施；（3）成员国必须根据实际情况的变化，调整其措施；（4）成员国必须在可行情况下，酌情根据国际标准采取措施；（5）成员国必须积极认可其他成员国采取措施的同等地位，即使有所不同，也要尊重他国的措施是为了实现其自身规章的目标；（6）成员国采取措施时，必须根据产品本身的质量，而不是认为设计或描述性特征的不达标。此外，技术法规的起草、采纳和实施应尽可能以透明的方式进行。

在 TBT 协定实施过程中，运用食品标签来彰显某产品的质量属性，已经引起了很大争议。例如，TBT 协定的一个备受争议的案件涉及美国 2012 年提出的“强制性国家或原产地标签措施”（COOL），即要求某种肉类动物制品标明其具体的饲养地和屠宰地。加拿大认为这种标签要求不符合 TBT 协定第 2 条。上诉机构指出，美国 COOL 措施中对肉类的要求违反了 WTO 规则，因为美国的 COOL 措施对进口牲畜严重歧视（详见第四章）。

3. 技术标准

与技术法规不同，技术标准被 TBT 协议定义为适用于产品生产过程或生产方法的规定，自愿遵守。因此，技术规则与标准之间的根本区别在于其强制性，即必须遵守技术法规，自愿遵守技术标准。

TBT 协定第 4 条规定，各国政府标准化机构，接受并遵守良好生产规范。成 66
员国还必须确保地方政府和非政府机构接受并遵守此规则。为此，他们必须采取自身可行的合理措施。“良好生产规范”纳入了 TBT 协定的基本要求，如非歧视、透明度和避免不必要的贸易障碍。

与 SPS 协定不同，TBT 协定不参考具体的国际标准。相反，它参考的是“相关国际标准”，而这一术语没有明确定义。世贸组织倾向于国际标准能够遵守 TBT 委员会在“国际标准、指南和建议的发展原则”中确立的基本原则，包括透明度、公开性、公正性、共识性、有效性、相关性、一致性和对发展中国家需求的关注。一些公共和私营组织也颁布了国际食品标准，包括经济合作与发展组织（OECD，该组织执行“国际水果和蔬菜标准应用计划”）、国际乳品联合会（IDF，一个制定奶制品标准的私营组织）以及国际标准化组织（ISO）。这些公共和私营机构合作互通。例如，IDF 帮助起草了国际食品法典委员会中的乳制品标准。虽然这些国际标准并不是强制的，但当它们被纳入一国法律或写入企业之间的合同时，就很有可能对贸易造成显著影响。

4. 合格评定程序

TBT协定中的另一项重要规定就是合格评定程序。为了确定某一产品是否符合某一技术规则或标准，必须有一致的评估程序。TBT协定附件1将“合格评定程序”定义为“任何用以直接或间接确定是否满足技术法规或标准有关要求的程序”。此类程序包括抽样、检测和检验程序；符合性的评价、验证和保证程序以及注册、认可和批准程序。尽管这些程序只是一种形式，且基本对所有国家的生产者开放，但顺利走完这些程序任重道远，尤其是对发展中国家的生产商而言尤其不易。

TBT协定还包含一些其他规定，这些规定确保了合格评定程序不会对国际贸
67 易产生阻碍。TBT协定第5条通过准备、采纳和应用合格评定程序，将最惠国待遇和国民待遇义务纳入成员国之中。世贸组织成员国，必须确保尽快进行和完成合格评定程序。成员国必须公布标准的进度，或根据申请人的要求报告预计的进度。信息发布应限于评估合规性的必要信息，此类信息应以保护合法商业利益的方式进行保密处理。

合格评定机构必须使用国际标准化机构的相关指南和建议作为其合格评定程序的基础，除非这些指南由于国家安全问题、反欺诈措施、保护人体健康或安全等对某些国家不适合。如果没有国际标准化机构的相关准则、建议或拟议的合格评定程序不符合相关指南和建议，则应通知世贸组织其他成员国拟议合格评定程序。

三、其他国际协定

（一）农业协定

农业协定是由关贸总协定成员国在乌拉圭回合期间设立的，旨在减少食品领域的贸易畸形发展。贸易畸形发展是生产、购买或出售的产品比市场现有产品价格或高或低、数量或多或少的现象。农业协定有三个主要特点：第一是限制或终止出口补贴。禁止新的出口补贴，并在商定的时间内逐步淘汰现有补贴。发达国家（如美国）必须在最短的时间内最大幅度降低其出口补贴，其次是发展中国家，较弱发展中国家不需要削减。允许向贫穷国家以粮食援助形式的提供出口高补贴。

农业协议的第二个特点是限制或减少国内的支持政策，以避免贸易的畸形发

展。成员国承诺对除“绿箱”和“蓝箱”外的农产品减少国内政策扶持。“绿箱”政策是指不需要作出减让承诺的国内支持政策。该政策必须由政府通过服务 68
计划提供资金，不得向生产者提供价格支持。“绿箱”政策的案例包括支持农业科研或培训、虫害控制、市场促销服务和基础设施服务集资。如果目标是为增进国民营养，且政府以市场价格购买食物，那么一些国内的粮食援助计划也能成为“绿箱”政策的一部分。“绿箱”还包括向生产者直接支付，如收入支持、保险、安全网计划、自然灾害救济、退休计划、投资援助和政府环境计划援助。世贸组织的要求并未对政府可提供的“绿箱”补贴金额设定上限。“蓝箱”政策是指一些与生产限制计划相联系的直接支付的，即使在一定程度上扭曲贸易，仍可得到免除减让。第三种——“黄箱”，是指直接影响生产、导致贸易扭曲的国内支持政策，必须削减。削减程度是基于每个国家在必须以1986—1988年的平均水平为基础计算出的总削减幅度。“黄箱”政策确定，当综合支持总量不超过该产品生产总值的10%（最高限度为10%），就无须削减其国内支持，被人们认为太宽松而不足以保证其实施效果。

农业协议的第三个特点是降低市场准入。成员国同意降低和取消关税，但不包括以下两种情况。第一，“农业协定”第5条规定如果某种产品的进口量很大或者某种产品以非常低的价格进口，成员国可以采取特别的保护措施。成员国必须在采取行动的十日内通知农业委员会，这些措施只在一年内有效。第二，该条对于在国内消费总量占比不足3%的“特定产品”，关税限额并不适用。成员国可以申请延长“特定产品”的特殊待遇期。

《农业协定》第5条的一个例外条款是“特殊保障措施”。如果从某个国家
大量进口某种农产品或在“触发价格”下大量进口，第5条允许进口国家对进口 69
产品征收临时税。各国可以对低于平均价格进口的农产品征税。“进口价格”被定为不包括进口关税的到岸价（成本+保险+运费）。

（二）与贸易有关的知识产权协定（TRIPS协定）

在1994年关贸总协定乌拉圭回合谈判结束时，WTO制定了TRIPS这一国际协定。TRIPS协定首次将知识产权保护引入国际贸易体系。TRIPS协定旨在保护与贸易相关的想法和知识，并向社会提供从鼓励发明、创新和研究获得的收益。TRIPS协定要求成员国通过专利制度或其他知识产权保护的制度，来保护知识产权。知识产权对生物技术、常规物种繁殖和农业投入产品、农药和机械设备等领

域尤为重要。在多哈回合开始时，大家也提到了知识产权问题。具体来说，一些国家要求世贸组织明确其规则如何适用于食品领域的新技术。

（三）反倾销协议

根据《关税及贸易总协定》第6条，如果一个国家可以证明另一个国家出口的产品价格低于成本价格，他们可以使用反倾销措施征收关税以抵消差额。这些都是GATT（前WTO时代）的一个巨大争议领域。“东京回合”（或“反倾销协定”）提供了更多关于倾销所致的具体损失以及更严格的倾销调查程序。根据《美国关税法》的规定，一个行业可以要求实行反倾销救济，若其可以证明：(1) 进口品以低于其公允价值出售；(2) 行业内存在真实的或潜在的“实质性损害”；(3) 该“实质性损害”是由倾销造成的。

70 （四）多哈回合

目前的世贸组织贸易谈判（多哈回合）于2001年11月开始。迄今为止，成员国未能达成任何协议。农业和食品贸易的分歧是多哈回合失败的原因之一。美国农业补贴是多哈回合的激烈争议点，也是世贸组织诉讼的根源。欧盟希望美国能够减少贸易的农业补贴。美国拒绝放弃其对农业补贴的立场，希望欧盟和发展中国家也能降低关税。

停滞的多哈回合，却能够影响美国国内的农业政策，减轻美国政府来自农场的压力。但这反而会促使世贸组织更强烈地控诉美国农场补贴政策损害了其他WTO成员国的利益。多哈回合失败的另一个后果是美国（以及其他国家）倾向于寻求更多双边和区域自由贸易协定来代替世贸组织贸易协定。

（五）区域和双边贸易协定

美国与一个地区内的个别国家或多个国家签订的贸易协定，一般是自由贸易协定，旨在消除影响具体问题或产品（如家禽或稻米）的各方之间的关税和非关税壁垒。

《北美自由贸易协定》（NAFTA）于1994年1月1日开始生效，是一个众所周知的区域自由贸易协定。这项协议消除了美国、加拿大和墨西哥之间贸易的大多数障碍。在美国和墨西哥之间，所有非农产品贸易壁垒被消除，许多关税被即刻消除，其他关税也将在后续逐步降低，一些特殊的类别也必须在15年内完成。

在美国和加拿大之间，美国—加拿大自由贸易协定的农业规定被纳入 NAFTA。除了少数例外，影响农业贸易的所有关税都被取消。在墨西哥和加拿大之间，大多数与农业有关的关税被即刻或几年内取消，只有奶制品、家禽、鸡蛋和糖的关税依然存在。

其他美国区域自由贸易协定包括美洲自由贸易区、中美洲—多米尼加共和国自由贸易协定、美国—南部非洲关税同盟、中东自由贸易区倡议和亚太经济合作组织。美国已经与澳大利亚、巴拿马、智利、哥伦比亚、秘鲁、以色列、韩国、 71
新加坡、泰国和其他国家签订了双边自由贸易协定或正在进行谈判中。

双边和区域自由贸易协定有明显的好处。各方达成协议比多边贸易协定更快，特别是在多哈回合失败后。双边贸易协定，即使在有其他世贸组织成员的反对下使多边贸易协定不能达成的情况下，它也能达成。双边贸易协定可以解决世贸组织未解决或悬而未决的贸易争端。例如，美、韩两国在进口美国牛肉问题上存在 WTO 框架下的争议，但《美韩自由贸易协定》（KORUS FTA）详细规定了牛肉的最大关税和保护触发水平，从而解决了这一争议。最后，双边贸易协定也可以促生国与国之间在多边农业贸易问题上，建立联盟。然而，双边贸易协定不能消除倾销和农业补贴，因为这些是影响所有世贸组织成员国的贸易问题。食品法典标准在 NAFTA 和双边贸易协定中被引用，并在预防和解决贸易争端方面发挥重要作用。

美国在 2009 年宣布，计划参加《跨太平洋伙伴关系协定》（TPP），这是一个重要的、未来的区域贸易协定。TPP 涉及澳大利亚、智利、新西兰、马来西亚、秘鲁、新加坡、越南、文莱和日本（不包括中国）。由于美国没有与文莱、马来西亚、新西兰或越南签订自由贸易协定，因此需要与这些国家协商农业的市场准入问题。

另一个可能对未来美国食品监管产生深远影响的贸易协定是《跨大西洋贸易和投资伙伴关系协定》（TTIP），这是欧盟和美国之间提出的自由贸易协定。TTIP 谈判始于 2013 年 6 月，按照进度来看，2016 年之前不会达成协议。由于欧盟和美国在“预防原则”上存在分歧，TTIP 在食品行业尤其是与卫生和植物检疫措施相关的问题上，极具争议。据报道，美国 FDA 甚至试图从 TTIP 中删除跨大西洋 SPS 监管合作和协调条款。

本书其他部分提到的许多食品监管问题也可能受到 TTIP 的影响，包括国内 72
补贴、转基因食品（生产和销售）、有机食品、动物福利、牛肉激素及以增加动物产量为目的的抗生素以及地理标识。

参考文献

[1] Mihm S. Swindled: The Dark History of Food Fraud, From Poisoned Candy to Counterfeit Coffee by Bee Wilson [J]. Journal of American Culture, 2009, 32 (3): 283-284.

[2] Fortin N D. Food regulation: law, science, policy and practice [M]. Social Science Electronic Publishing, 2008.

[3] Ozihel H. Federal Meat Inspection Act [M]. Frac Press, 2012: 601-695.

[4] Shames L R. Better Coordination Could Enhance Efforts to Address Economic Adulteration and Protect the Public Health [J]. Gao Reports, 2011: 12-46.

[5] Moore J C, Spink J, Lipp M. Development and application of a database of food ingredient fraud and economically motivated adulteration from 1980 to 2010 [J]. Journal of Food Science, 2012, 77 (4): 118.

[6] Patrick B. Bad Eggs: Another Fake-Food Scandal Rocks China [N]. Times, June 13, 2012.

[7] Government Printing Office. United States Code (USC) [Z]. 2006.

[8] Peter B H, Merrill R A. Food and Drug Law: Cases and Materials [R]. 2007.

[9] The U. S. federal government enforcement agencies and departments. Code of Federal Regulations (CFR) [Z]. 2014.

[10] Andrew S, Asian H. Banned in Europe, Is Flooding U. S. Grocery Shelves [N]. Food Safety News, August 15, 2011.

[11] Tom M. Slippery Business: The Trade in Adulterate Olive Oil [N]. New Yorker, August 13, 2007.

[12] FDA Import Alert. Detention without Physical Examination of Apple Juice and Apple Juice Concentration Containing an Undeclared Sweetener [Z]. 2011.

[13] FDA Import Alert. Detention without Physical Examination of Aquacultured Catfish, Basa, Shrimp, Dace, and Eel from China—Presence of New Animal Drugs and/or Unsafe Food Additives [Z]. 2010.

[14] FDA Import Alert. Detention without Physical Examination of All Vegetable Protein Products from China for Animal or Human Food Use due to the Presence of Melamine and/or Melamine Analogs [Z]. 2014

[15] FDA Import Alert. Detention without Physical Examination of All Milk Products, Milk Derived Ingredients and Finished Food Products Containing Milk from China due to the Presence of Melamine and/or Melamine Analog [Z]. 2014.

[16] Food and Drug Administration, FDA Import Alert. Detention without Physical Examination of Morel Mushrooms due to Adulteration and Substitution [Z]. 2011.

[17] FDA Import Alert. Adulteration of Honey [Z]. 2014.

[18] Detention without Physical Examination of Juices and Juice Concentrates that are Adulterated or Misbranded due to Substitution [Z]. 2014.

[19] Edward W. Company at Core of China's Milk Scandal Is Declared Bankrupt [N]. N. Y. Times. December 24, 2008.

[20] Desmond B. New US-EU talks Threatened by Agriculture Spats [N]. Huffington Post, March 23, 2013.

[21] Cui X G. Free Trade Agreement between the Republic of Korea and the United States of America [J]. Acta Crystallographica, 2007, 56 (5): 766 - 772.

[22] Debbie B. Trade Matters: Transatlantic Trade and Investment Partnership (TTIP) Impacts on Food and Farming [J]. Center for food safety, 2014: 1 - 12.

[23] Steve S. Analysis of the draft Transatlantic Trade and Investment Partnership (TTIP) chapter on food safety, and animal and plant health issues [J]. Institute for Agriculture and Trade Policy. 2014: 2.

[24] Tim J, Stefan T. Agriculture, Food and the TTIP: Possibilities and Pitfalls [J]. Centre for European Policy Studies, 2014: 19 - 23.

第三章　食品安全监管

第一节　简　　介

一、食品安全面临的挑战

美国食品安全的治理十分复杂。虽然科技水平的发展有助于生产更安全的食物，但全球食品系统在许多方面仍存在安全隐患，这也引发了疾病预防控制中心（CDC）所称的“食源性疾病”或“食源性传染”。根据美国疾病预防控制中心的估计，美国每年约有 4 800 万人生病、128 000 人住院、3 000 人死于食源性疾病。这些疾病从胃肠道症状如腹泻、呕吐和偶尔痢疾，到由沙门氏菌和大肠杆菌引起的更严重的症状，例如自身免疫性甲状腺疾病、炎症性肠病、神经肌肉疾病和心脏损伤。食源性风险的来源众多，大致可分为三类：（1）未被检测、移除或补救的污染、病源或其他有害物质；（2）因储存、处理或加工不当，无法检测和排除有害食品材料或食品材料污染物；（3）故意将潜在有害物质（包括添加剂、毒素、化学品和农药、动物药物残留物和包装材料）引入食品供应链。

二、法律与科学：应对安全风险

第一章中提到的食品监管碎片化在美国食品安全风险的监管中尤为明显：这是多层次、多方面共同努力的结果，涉及国际、联邦、州和地方政府机构不同层级的监管职责（有时重叠）和资源分配（不总是与责任级别相对应）。虽然这种分散的监管制度已适应新出现的安全风险，但其进程烦琐而缓慢。国家监管、诉讼和新的治理工具，更多地弥补了分散监管所造成的一些空白，形成了一个细微、复杂、互不相交的治理体系。

尽管食品安全监管分散，但各级政府机构对食品安全管理的一贯期望是“基于科学和风险分析的管理”。例如，1958 年《食品添加剂修订法案》的通过，就是一项技术驱动的立法，旨在提高添加物质和天然物质的安全性，降低使用食品添加剂的风险。随着食品安全科学知识的普及，政府采用更多合理的、基于科学的监管理念［即危害分析与关键控制点（HACCP）］，其中一些依赖于定量风险评估（例如，QPRAM 和 FDA-iRISK ®）。客观地说，法律、科学和食品安全是密不可分的。 78

基于科学的食品安全监管，对食品安全的变化或风险做出了回应，那就是由一系列积累了一个世纪的联邦法案最终形成的重大立法，演变成近几年最著名的法律——2011 年颁布的《食品安全现代化法》。这些法律一直是联邦政府颁布法规、规则和指导的基础，并帮助开启了独一无二的联邦食品安全法规新时代。

本章将简要总结这些监管阶段，并强调食品安全亘古不变的监管难题：掺假。重点关注掺假的两个类别，即对食品成分的监管，以及旨在减少或防止安全风险的众多联邦法律工具和方法。本章还将讨论影响美国食品安全监管的国际标准，以及如何通过自治和诉讼来弥补监管空缺。

第二节　联邦监管时代

一、1906 年联邦法案时代

虽然美国早期已有保护买家免受欺诈的食品法律，但 19 世纪末期，随着公众对食品工业健康危害的认识增加，公众对监管力度的需求也越来越大。在这期间，受污染的食物、牛奶和水引起了许多食源性传染病，包括伤寒、肺结核和猩红热。食品安全法规的发展过程中出现了三位重要人物：一位科学家——哈维尔·维莱（Harvey Wiley）博士；一位记者——厄普顿·辛克莱（Upton Sinclair）；一位伟大的政治家——总统西奥多·罗斯福（Theodore Roosevelt）。

1883 年，维莱博士成为美国化学局的首席化学家，后来美国化学局被并入美国农业部（USDA）。维莱博士通过他的著作和国家食品和药物法活动，成功吸引了公众对食品安全和质量的关注。维莱博士致力于研究利用化学防腐剂进行“掺假”的案例，为此他成立了一个备受关注的“试毒小组”。该小组在 1902 年召集了一群年轻男子，用自己的身体测试化学品和掺假食品对人体的影响。试毒小组的行为，在今天看来可能是一种鲁莽的做法，却揭示了许多用于食品生产的化学品对人体健康有害的事实。

79 1906 年，一位犀利的记者——厄普顿·辛克莱出版了他的小说《屠宰场》。这本书通过描述芝加哥肉类行业可怕的生产环境和常见的掺假现象，突出了工人恶劣的工作条件。虽然辛克莱的本意是揭露美国行业工人被“地狱般剥削”，但相比工人待遇，公众却对香肠中各种不堪入目的添加物和工厂中的老鼠更为震惊。政府对这本书的宣传，为进一步的监管行动赢得了支持。辛克莱后来写道：“我本来想瞄准公众的心脏，却不小心撞到了胃。”

不久之后，为了响应《屠宰场》的出版和维莱博士的工作，罗斯福命令成立了一个委员会，负责对肉类加工公司进行彻底调查。委员会提交了一份报告，其中写道：“我们看到从肮脏的木地板铲起的肉，被堆放在几乎从未清洗的桌子上，再放进一个腐烂的箱子里，然后从一个房间推到另一个房间。这里到处都是泥垢、碎屑、肺结核病人或其他染病工人吐出的痰，所有流程都是在这样的环境中完成的。”

随后，舆论力量促使美国国会通过了《纯净食品和药品法》（PFDA）和《联邦肉类检验法》（FMIA），两者于 1906 年 6 月 30 日由罗斯福签署，从而开始了现代美国食品安全法规时代。这两个法案均禁止食物掺假（包括错贴标签）。

FMIA 通过“保证肉类和肉类食品有益健康、不掺假、正确包装”来保护消费者。该法案制定了卫生标准，并强制在牛、羊、山羊和马屠宰前中后期的整个过程执行。PFDA 禁止在州际贸易中进行食品掺假（FMIA 所涵盖的肉类产品该法不规制）。PFDA 没有要求对食品进行全程检查，且对掺假的执法做了进一步的限制，其中一项就是（如第二章所述）“既然法律并未对食品中该有什么成分设定具体的标准，也很难判定哪些成分的添加属于掺假”。

二、1938 年《食品、药品和化妆品法》时代

到了 20 世纪 30 年代，《纯净食品和药品法》的弱点促使美国食品药品监督管理局（FDA）向国会建议颁布新的立法。而真正促进新法颁布的是公众对食品安全、质量、环境的揭露所引起的愤怒。美国 FDA 将这一消息直接公之于众，当时“恐怖屋”正准备展览，其客观上还催生了 1936 年美国 FDA 首席教育官卢
80 斯·迪弗里斯特·兰姆（Ruth deforest Lamb）《美国恐怖屋》一书的出版。兰姆讲述了食品行业的一些幕后的细节。她指出，由于新的生活方式、新的产品种类、新的制造和销售方法、新的技术和新的科学技术的发展，《纯净食品和药品法》已经过时，所有这些新事物都要求更现代的监管方法。兰姆和其他人的努力

不容忽视，但真正促成新食物（和药物立法）出现的却是 107 个人误食未经测试的药物——磺胺酏剂，从而致死的惨剧。不久之后，美国国会在 1938 年通过了《食品、药品和化妆品法》（FDCA），后来这便一直被当作食品安全法律体系的基础。

《食品、药品和化妆品法》延续了 1906 年法案的大部分规定，但扩大了管辖的范围。法律第一次规定掺假包括可能有害的细菌或化学品并允许检查食品制造和加工的设施、禁止出售在不卫生条件下制备的食品、授权美国 FDA 监督养殖动物使用的药物、批准食品的强制性标准。法案自 1938 年最初通过以来经过多次修订，最值得关注的是，修正案扩大了美国 FDA 对食品安全问题的实质性权力。例如，1954 年的《米勒杀虫剂修正案》授权 FDA 确定食品上农药残留限量，以减少公众对使用农药的长久关注。

三、2011 年《食品安全现代化法》时代

作为自 1938 年《食品、药品和化妆品法》以来美国最重要的食品立法，2011 年《食品安全现代化法》（FSMA）提出了一个新的联邦食品安全监管体系。《食品安全现代化法》是为了应对进口和国内食品所引发的食品安全问题而通过的。美国对食品进口的日益依赖，引发了公众要求法律应该加大对进口食品的监管。在《食品安全现代化法》通过时，进口食品占美国食品供应的 15%，其中包括 75%的海鲜和 60%的新鲜食品。这些数字正在飙升，未来也有继续上升的趋势。除了进口食品，国内食品也面临着较大的食品安全挑战。在《食品安全现代化法》出台之前，新兴食品被认为与美国食源性疾病的暴发有关，包括袋装
菠菜、锅馅、胡萝卜汁、罐装辣椒酱、花生酱、辣椒、西兰花粉、白胡椒、狗粮 81
和生曲奇饼。这些食品安全的压力，使《食品安全现代化法》获得了来自广泛的行动团体的支持，包括食品安全倡导者、消费者团体、食品生产商和杂货店工业贸易团体以及美国商会。他们同时还强调，采取预防性控制的方式来管理食品安全，对公共健康和食品行业的经济繁荣而言，都不失为一个稳健的方法。

《食品安全现代化法》强调对食品安全采取预防性的方法。根据 FDA 高级官员的说法，《食品安全现代化法》认为 FDA 的目标应是帮助食品公司潜移默化地遵守该法案。例如，政府检查以风险高低为基准，从收集数据服务执法行动转变为注重预防风险。在特定层面，《食品安全现代化法》要求 FDA 介入以下领域：

① 危害分析和基于风险的预防控制；

② 要求农场对其设备进行注册的细则；

③ 以科学为基础，安全生产和收获新鲜水果和蔬菜的最低标准；

④ 防止故意掺假；

⑤ 食品运输的卫生要求；

⑥ 国外供应商验证；

⑦ 第三方审核标准。

由于法案对 FDA 的广泛授权且其自身资源的稀缺，再加上政治和法律上的挑战，FDA 无法在《食品安全现代化法》规定时间内完成细则的制定，已不足为奇。2012 年 8 月，食品安全中心和环境卫生中心在加利福尼亚北部地区提起诉讼，要求 FDA 以及行政管理和预算局（OMB）实施《食品安全现代化法》的条款。诉讼表明，行政管理和预算局在行政命令规定时间内，一直未执行法律强制必须执行的若干条款，这要求行政管理和预算局在规定的时间范围内审查这些规定。法院所做的一系列裁决，表明了《食品安全现代化法》在实施时面临的挑战。

尽管有《食品安全现代化法》的存在，美国政府问责署（GAO）于 2013 年
82 2 月仍发布报告，认为负责食品安全的各联邦政府机构之间缺乏配合协调，这让人一直很失望。报告同样表示，尽管《食品安全现代化法》将重点从食品安全监管转向预防工作，增强了食品安全体系的主体力量，其中还有几项规定需要机构间进行合作，共同监管食品安全。但该法案与 FDA 的某些规章不同，它并不在整个联邦食品监管体系中都适用，同样它也不适用于美国农业部。报告还指出，由于《食品安全现代化法》尚未全面实施，法律规定的一些实施条例仍在制定或审查之中，因此，目前对《食品安全现代化法》对联邦食品安全监管的影响程度进行评估，尚为时过早。该报告还批评了各监管机构至今未能制定出一套“业绩能力”的考核指标，可以以结果为导向衡量目标是否达到，也包括绩效指标、资源信息等多个政府部门可以适用的计划。美国政府问责署的报告认为，在资源有限的时期，这样的计划显得尤为重要。

《食品安全现代化法》监管时代的另一个趋势就是社会媒体与食品安全监管相互影响。随着消费者越发意识到食品供应的重要性，博客和社交媒体参与者也逐渐为食品的安全性和监管的有效性发声。一个典型的例子就是被人嗤之以鼻的“粉红肉泥”，它被用于本章末尾提到的瘦肉、细纹牛肉和无骨瘦肉牛肉肉片中。

2001年，美国农业部食品安全监督服务局（FSIS）批准该产品仅能在有限范围内被人类消费，因此它被用作牛肉和牛肉加工肉类的食品添加剂。2012年3月，在反对“粉红肉泥”的消费者博客运动之后，美国新闻广播公司（ABC）发布了一系列关于此事的新闻报道。报道引起了普遍关注，迫使餐馆和杂货零售商承诺停止供应该产品，导致美国农业部政策的改变以及学校停止供应填充牛肉（第四章分析了牛肉产品公司就有关“粉红肉泥”的报道，对美国广播公司及其他公司提出的歧视性诉讼）。社交媒体在食品安全监管中，将扮演越来越重要的角色。

第三节　“掺假”的阴谋

一、掺假：法规的基准

美国对什么是安全食品的监管基准，就是判断某些标准列明的食品是否已被掺假。“掺假”是一个宽泛的法律术语，其包括安全、质量、美学和真实性问题。掺假的食品进入商业范围用于人类食用是违法的。美国国会授权的三个食品法案（FDCA、FMIA和PPIA）都将掺假纳入食品安全风险的定义中［FDCA第402节、FMIA第601（m）节和PPIA第453（g）节］。

一般来说，如果发生以下任意一种情况（有时会相互关联），便认定为食品 83
掺假：（1）含有可能造成安全风险的有害物质；（2）在生产过程中产生的或不能合理避免，且超过可接受限量的有害添加物；（3）包含一种有意添加到食品中，但未经批准，或以其他方式由监管机构或食品安全法规批准使用的物质；（4）在不卫生的条件下处理，造成有安全威胁的污染风险。

三部食品法案（FDCA、FMIA和PPIA）、食品安全法规、规则和指南汇总包含的标准可以分为两大类：第一，食品成分造成的安全问题；第二，旨在杜绝食品安全风险的法律工具和方法。

二、食品成分

第一类通过区分食品固有物质/天然成分和外部添加物，并对这两种情况采用不同的标准。这种区分为应对现代食品中生产和开发所应用的新兴技术，奠定了基础。添加的物质，通过食品添加剂标准或添加限量进行规制。食品成分问题的解决方法，也适用于农药残留、兽药残留和致癌物质的安全问题。有争议的、复杂的食品，包括通过遗传工程、克隆动物和纳米技术开发的食品和粮食产品，与新兴食品技术有关的其他问题，也引起了社会的广泛关注。但本章的重点将仅限于食品安全问题。

三、工具和方法

第二类食品安全问题，主要发生在食品的生产和加工中。法规、非强制性指导文件都明确了法律调节的工具和方法，并将它们应用于注册、检测、报告、风险分析、预防控制和执法行动中。食品企业只要遵守监管当局制定的规定和准则，就能确保其食品在法律上被认为是安全的。一些臭名昭著的食品污染和相关疾病的暴发，使公众和美国国会意识到说明这些食品安全规定和执法本身仍然有些脱节，因此需要给监管当局更多监管工具来应对新出现的食品安全问题。例如，《食品安全现代化法》是对《食品、药品和化妆品法》最新和最全面的修订，旨在通过向政府和企业提供新的办法，为食品药品监督管理局的食品安全计划创造一个新的公共卫生范例（将食品安全重点从反应转向预防）。虽然这种说法有些夸张，毕竟食品安全监管一直以预防为重点，但《食品安全现代化法》
84 仍然要尽快在整个食品体系中，系统地建立预防控制风险的相关措施。在食品领域，食品药品监督管理局特别关注进口食品不断增加的现象，并因此设立了以科学为基础、以预防为导向的标准和计划，以确保行业合规。

第四节　关于食品成分的规定

一、食品成分的区分

确定食品是否掺假（或不安全）的前提，是区分食品中的物质为添加还是本身固有的。“物质”一词在食品法规中特指食品所包含的原料和成分。因为现代食品体系中多数食品经过加工，该术语的重要性就更为突出。《食品、药品和化妆品法》（FDCA）第 402（a）条第（1）款中对食品中天然存在的物质与添加物质的区分以及哪些添加物质构成掺假，有如下规定：

“如果食物中携带或含有任何有毒、有害物质且可能损害人体健康的，则应被视为掺假；但若该物质并非添加，且在该食物中的含量通常不会对人体健康造成损害，则不应被视为掺假。”

虽然理解第 402（a）条第（1）款中的三重否定有一定挑战，但它可以解读为“含有任何有毒或有害物质”的食物不一定是掺假的；是否掺假首先取决于该物质是添加的还是天然存在于食物中的。若为添加的，含有有毒或有害物质的食品将受到“可能有害”标准的管辖，该标准通过证明对人体健康产生损害的可能性，而确定是否构成掺假。添加的物质是否能满足“可能有害”的标准是陪审团需要判断的事实。法院在解读“可能有害”的标准时，会考虑到弱势群体，例如青少年、老年人或对各种蛋白质来源（如花生）过敏的人。如果该物质并非外来添加，而是天然存在于食物中，则应用“通常有害”标准。该标准不考量可能性，只考量该食品成分在日常使用中造成危害的概率。此外，“通常有害”标准考虑的不是易受害群体，而是消费该食物的普通人群。

无论是在“可能有害”还是“通常有害”标准中，决定物质是否有害的往往都是其数量而非质量。例如，美国最高法院在审理 Lexington Mill v. Elevator
公司一案时，认为当食品中含有少量有毒或有害物质（该案中用过氧化氮气体处 85
理面粉）时，在合理地考虑事实下，不能认为此类食品有损害消费者健康的可能性，根据《食品、药品和化妆品法》（FDCA），不应判定该食物掺假。

二、添加物质

《食品、药品和化妆品法》（FDCA）没有对“添加物”做出定义。由于美国食品药品监督管理局（FDA）在“通常有害”标准下的举证责任大于“可能有害”标准，因此它对“添加物”的定义较为宽泛：一种放入食物中的、非食物的固有成分（例如，咖啡中的咖啡因）的物质，即为添加物。这样宽泛的定义，造成的实际效果是任何环境或意外污染物都有可能被认为是添加物。

尽管美国 FDA 对“添加物”的定义较为宽泛，一些法院却倾向于狭义判定且认为，某物质属于添加物质的前提是它必须全部或部分源于人的行为。例如，美国联邦第五巡回法院在公诉安德森海鲜有限公司（United States v. Anderson Seafoods）的案件中裁定，在裁定箭鱼中发现的所有汞均被视为添加物质之前，必须承认至少其中一部分汞来自工业污染。同样，哥伦比亚特区巡回上诉法院在大陆海鲜有限公司起诉施韦克（Continental Seafoods Inc. v. Schweiker）一案中判定，虾中含的沙门氏菌是由于不当的卫生和加工条件造成的，可归因于人的行为，因此该物质属于添加物。

美国 FDA 并未认可这种归因于人类行为的法律判断，不少法院的裁决也还是与该机构对于“添加物”的宽泛定义保持一致。例如，在美国政府起诉波士顿农场中心公司一案（United States v. Boston Farm Center Inc.）中，美国联邦第五巡回法院根据美国 FDA 的定义认定玉米中的黄曲霉毒素（黄曲霉毒素非通过人为干预而添加，也不是食物固有的自然状态，它是由霉菌生长引起的）为人工添加。一些法院明确支持“非固有天然成分”的法律判断，例如，判定海产品中的李斯特菌是一种添加物质，仅仅因为它不是固有的天然成分。即使是庄稼收获时混入的田间昆虫或食品储藏设施中的昆虫，也可能被认为是添加的污染物。

《联邦肉类检验法》（FMIA）和《联邦家禽制品检查法》（PPIA）对肉类和家禽类产品都有类似规定；然而，美国农业部（USDA）对“什么构成有毒或有
86 害添加物质”并没有明确的定义或文件。一个有趣的例子可以将美国农业部和美国食品药品监督管理局区分开来：美国食品药品监督管理局不区分病原体是否属于掺杂物，美国农业部却做出明确规定，至少对于 0157：H7 大肠杆菌是如此。0157：H7 大肠杆菌是一种通过产生志贺毒素引起疾病的大肠埃希氏菌，它被认定为添加物。

三、容许范围、干预水平和监管限制

尽管从食品安全的角度来看，在法律上对添加物质和固有物质做出区别是有意义的，但是多年来人们已经明白，在现代食品加工系统中，环境和意外污染物的存在是不可避免的。为了容许一些污染物的存在，同时确保食品安全，美国国会为 FDA 提供了一个监管工具，即《食品、药品和化妆品法》（FDCA）第 406 条的“容许范围”。第 406 条中的容许范围是监管机构已经确定的食品中可能存在的物质，在消费安全范围内的含量。确定限量指标需要考虑以下因素的平衡：污染物是否能通过良好的生产规范（有助于确保优质产品的生产和测试规范）避免；物质是否为生产食品所必需；消费者可能受到该物质或相关物质的影响，以及生产过程中可预见的技术变化是否会影响容许范围的合理性。虽然“容许范围”显示了监管的宽松，但一旦违反容许范围，就可直接认定为食品掺假，同时美国 FDA 不需要证明该物质对健康是否有害。然而，FDA 必须通过耗时耗力的正式规则制定程序来设定某种有毒和有害添加物质的容许范围，而任何反对某项容许范围的人必须提议召开正式听证会，这其实已经偏离了设置这项条例的初衷（对于正式行政流程的烦冗，在本书第二章中已有充分阐述）。

为了简化行政程序，FDA 采用“干预水平”来替代“容许范围”。干预水平和容许范围的不同之处在于，FDA 不需要通过正式的规则制定程序来制定干预水平，仅需要在联邦公报上通告即可。FDA 使用“干预水平”代替“容许范围”的意图，在 FDA 起诉社区营养研究所一案（Young v. Community Nutrition Institute）中有所体现。该案中，美国最高法院裁定，FDA 不需要通过正式的规则制定程序，而是可以简单地通过采取干预水平，来建立对某污染物的容许范围。

然而，最高法院同样也愿意参考下级法院针对 FDA 是否有权不通过正式程 87
序（“通告和评论”）来实施干预水平。美国哥伦比亚特区上诉法院认为，干预水平也是立法规则之一，因此必须使用“通告和评论”程序来颁布。因此，FDA 修改了规章，宣布干预水平只是一种行政检查，而不是实体法规则，因此不需通过“通告和评论”程序，同样也导致了干预水平对监管机构和食品行业没有法定约束力。

为了寻找容许范围和干预水平的中间点，FDA 随后实行了所谓的“监管限制”。与干预水平不同，监管限制遵循了“非正式通告和评论”程序制定，因此它对食品行业、FDA 和法院具有约束力。干预水平和监管限制，都必须遵守容许范围的标准。

第五节　食品化学品的规定

一、对食品化学品的日益重视

美国在食品加工、保存和包装方面的进步，特别是在第二次世界大战期间取得的发展，引起了人们对食品构成中所使用的新型食品化学品（包括食品原料和助剂）的广泛兴趣。在第二次世界大战期间，这些食品化学技术在使用前不需要得到美国食品药品监督管理局和美国农业部批准。战后，美国国会在 1952 年成立了一个专门的委员会，由纽约州众议员詹姆斯·德拉尼（James Delaney）主持，对食品中逐渐增加的化学品加以审查。在经过一系列听证会后，国会通过了《食品、药品和化妆品法》（FDCA）的几项修正案：《食品农药修正案》（1954 年）、《食品添加剂修正案》（1958 年）、《食品着色剂修正案》（1960 年）等。这些修正案增强了 FDA 对越来越多进入食品供应链条的化学品的管控，敦促生产商负起责任，保障化学品的安全性。与此同时，对食品中致癌物的担忧，促使国会在1958年颁布德莱尼条款（Delaney Clause）作为《食品、药品和化妆品法》的一个新修正案。

德莱尼条款见于《食品、药品和化妆品法》第409（c）条第（3）款（a）目，规定“任何在人类或动物食用后会导致癌症，或在适合评估食品添加剂的安全性试验中发现可能在人或动物中诱发癌症的添加剂，都不应被视为是安全的”。该条款以纽约州议员德莱尼命名，适用于三类食品成分：食品添加剂、着色剂和
88 兽药残留物，列见于三个平行规定中。然而，由于该条款仅是评估食品添加剂一般标准的附带条件，所以它仅适用于作为食品添加剂的物质。例如，它并不禁止《食品、药品和化妆品法》批准不属于食品添加剂范围的致癌物质，即使它们可能存在于或被添加到食物中。我们不清楚1938年的国会议员们是否完全理解这一限制的重要性或甚至意识到这一限制的存在。

将来，美国食品药品监督管理局将更加关注消费者可能接触食品中化学品的方式。PEW健康集团于2013年1月发布的报告指出，FDA可以采取四个办法来改善对这类可能性接触的评估：（1）食物消费数据中应加入针对人们饮食模式的长期跟踪；（2）应在安全评估中更严格地评估对儿童和孕妇的影响；（3）应该用一以贯之的方式考虑所有膳食来源的累积效应；（4）FDA应与其他负责公共卫生和化学品监管的机构，包括美国农业部和环境保护署进行更有力的合作。

二、食品添加剂

（一）添加剂的广义定义和例外

添加剂是一种食品化学品，通常被添加到食品中以使其更加可口，更易保存，或（据称）更健康。20世纪40年代和50年代诞生的一些成分更复杂的食品添加剂，引起了人们对其安全性的担忧，因此美国国会在1958年出台了《食品添加剂修正案》。现在，《食品、药品和化妆品法》第409条规定，新的食品添加剂只有通过FDA的批准，才能用于食品。

《食品、药品和化妆品法》中对“食品添加剂”的广义定义为：“任何旨在或在合理预期中，成为食物组成部分或可能会直接或间接导致该食物性质产生改变的物质（包括任何旨在用于食品的生产、制造、包装、加工、准备、处理、装箱、运输或保存的物质；以及用于任何此类用途的辐射源）。”

这种宽泛的定义，包括旨在或合理地预期成为食物组成部分或影响食品的特性的任何物质，还包括不可食用的物品，例如黏合剂、包装和食品的接触表面。

尽管此定义比较广泛，仍有两组物质被排除在该食品添加剂法规之外。第一组是在《食品、药品和化妆品法》中另有规定的物质，包括杀虫剂、着色剂、兽药以及一些新技术带来的食品成分；第二组是“公认安全物质（GRAS）”。

（二）事先审批 89

如果某种物质不属于任何例外情况，且符合“食品添加剂”的定义，则必须先获得 FDA 的批准，确认其安全性后才能使用。为此，FDA 设立程序，使得个体可以向 FDA 申请新食品添加剂的使用。同时，未经批准使用添加剂本身就是掺假。食品添加剂的批准程序，位于《食品、药品和化妆品法》（FDCA）第 409 条，被食品工业视为是烦琐、昂贵且耗时的。第 409 条提供了正式的申请程序，使用基于科学的安全标准来审查食品添加剂的申请。食品添加剂的申请必须包括该物质的名称，化学特性和组成，拟使用的条件，拟用标签，物理效应数据，技术效果（和水平）数据，有关制造过程、设施和管控的信息，检测和确定成品中添加剂量的方法以及安全调查结果和环境评估。在做出最终决定前，该机构还会考虑添加剂的预计消费量，以及添加剂和相关物质在饮食中的累积效应。在相关科学家确定一种物质在其预期使用条件下无害后，才会批准添加剂的使用。规定食品添加剂的毒理学测试要求的指导性文件，被称为“红皮书”。如果 FDA 发现某个添加剂是安全的，会发布一个该添加剂可安全使用条件的通告。

三、公认安全物质

（一）重要的例外

通过将公认安全物质（GRAS）排除在第 201（s）条中定义的食品添加剂之外，1958 年的《食品添加剂修正案》避免了某些添加剂的严格预先批准程序。有两组物质符合公认安全物质标准。第一组：基于长时间在食品中使用，且可以为食品安全使用提供合理依据的、在《食品添加剂修正案》颁布的 1958 年 1 月 1 日之前已经在食品中使用的物质，被称为公认安全物质，从而不受新法规的限制。FDA 后来补充了规定，认为 1958 年以前在他国使用的物质也可以被认为是公认安全物质。第二组是通过科学检测确定其为公认安全物质的物质。通过科学

90 测试，确定公认安全物质的途径有两种。第一，一方可以要求 FDA 审查相关科学信息，并批准一种物质是公认安全物质；第二，一方可以自行确定一种物质是公认安全物质，通常做法是召集公认安全物质专家小组审查有关物质的现有信息，并在适当情况下编写一份书面报告，表明他们认为该物质是公认安全物质的专业意见。

公认安全物质和食品添加剂审批所需的科学证明，在数量和质量上应是等同的。虽然企业自己认定的公认安全物质，冒着被 FDA 推翻的风险，但该做法可以将某种物质即可投入生产销售，避免了食品添加剂的昂贵和持久的预先批准过程。即使有公认安全物质的认证，该物质仍然可能受到 FDA 其“可能有害”标准的监管。

（二）对公认安全物质的疏忽

出于对公认安全物质的认证过程缺乏监管的担忧，1997 年 FDA 发布了一条与公认安全物质的认证相关的拟议规则。拟议规则将取代原有的公认安全物质认证流程，使得任何个人可通过请愿书和告知程序，通知 FDA 认为某种用于特定用途的物质拥有公认安全物质地位。虽然该拟议规则还没有最终确定，但 FDA 已经开始接受自愿告知。应当注意的是，FDA 不会根据某物质的预期用途来确定它是否为公认安全物质，而是考察告知者的认定方法是否具有足够的科学支持。

公认安全物质地位不是永久的，亦不是一种既有权利。如果新出现的科学证据质疑某物质的安全性，它就有可能被撤销公认安全物质的地位。例如，20 世纪 60 年代和 70 年代，广泛使用的甜蜜素环己基氨基磺酸盐被质疑可能致癌，因此 FDA 撤销了它的公认安全物质地位。一旦某物质不再被归类为公认安全物质，它就失去了豁免状态，将被视为食品添加剂受到监管。与公认安全物质的监管不同，食品添加剂只有在遵循某些正式程序步骤后才能撤销批准，FDA 可以仅用“通告和评论”规则来撤销一项公认安全物质的认定。

虽然公认安全物质体系因其效率而受到好评，但它也受到了一些批评，因此该规则也可能被修改。为了应对公众对公认安全物质安全性的担忧，政府审计总署（GAO）在审查 11 个公民提出的请愿后，建议 FDA 向食品企业发布关于如何记录其公认安全物质的指导，以及随机审核监测公认安全物质的认定。FDA 是否会采纳政府问责署的建议仍有待观察；在此之前，作为批准新食品添加剂的
91 快车道，公认安全物质体系必将继续面对人们对这些物质是否足够安全或该体系

是否具有足够监管的质疑。

四、食品接触物质

（一）属于食品添加剂

有一类在《食品、药品和化妆品法》（FDCA）中受到特殊监管的食品添加剂以前被称为间接添加剂，现在被称为食品接触物质（FCS）。《食品、药品和化妆品法》第 409 条对其定义为，旨在用于在制造、包装、装箱、运输或保存食物的任何一种物质，而该物质的使用不旨在对食品产生任何技术效果。虽然食品接触物质通常用于食品包装中，但添加剂包括食品加工设备的组成和用于加工食品的其他物质。常见的食品接触物质类型包括涂料、塑料、纸张、黏合剂以及在包装中发现的着色剂、抗微生物剂和抗氧化剂。

（二）通告程序

历史上，所有作为添加剂的食品接触物质在使用前都要经过 FDA 的上市前批准。1997 年，《食品药品管理局现代化法》（FDAMA）修订了第 409 条，建立一个通告程序，加快食品接触物质的审查和批准。第 409 条要求具有充分的科学信息，来证明某食品接触物质对于其预期用途是安全的。为了确保这些物质的安全使用，FDA 在食品安全与应用营养中心（CFSAN）内的食品添加剂安全办公室设立了一个食品接触物质通告（FCN）计划。第 409 条下的通告过程具有独特的功能。例如，与适用于所有食品企业的一般食品添加剂的批准不同，食品接触物质通告（FCN）流程下的批准是专有的。《食品、药品和化妆品法》第 409（h）条第（1）款（C）目规定，食品接触物质通知仅对通告中确定的制造商和物质有效。如果食品接触物质是一种公认安全物质（GRAS）或在其他与食品接触的预期用途已得到批准，则不需要通告。

五、着色剂

（一）无公认安全物质豁免

食品添加剂的监管中的一个有趣的例外是，着色剂无法受到公认安全物质（GRAS）的豁免：相反，它必须接受上市前批准。着色剂是添加在食品中赋予食

品颜色的染料或颜料等物质，除非该物质还有其他用途（如调味等）。着色剂的
92 使用历史悠久。《食品、药品和化妆品法》也明确规定诸如农药和植物营养剂等添加到商品或土壤以增强生理性质（例如生长、抗昆虫等）的农业化学品不属于着色剂，尽管它们可能在收获前后影响农产品的颜色。

（二）1960 年《食品着色剂修正案》的早期规定和发展

在 1906 年《纯净食品和药品法》（PFDA）通过的时候，许多食物是人为着色的，常常含有明显有毒的物质，如铅、砷和汞。当时的食品执法机构美国农业部（USDA）发布了一份清单，批准用于食品的七种纯色，并建立了自愿认证计划。当新成立的美国食品药品监督管理局开始承担执行 1906 年法案时，批准列表上的颜色已经扩展到十五种。1938 年，FDA 强制要求对以上所列颜色的批次进行自愿认证，其结果是注册了无害且适用于食品（以及药品和化妆品）的煤焦油颜色。

1950 年，一些儿童由于吃了一种含有 1%~2%的 FD&C 橙色 1 号（一种批准用于食品中的着色添加剂）的万圣节糖果而暴发疾病，公众的注意力聚焦到了食品着色剂上。该儿童疾病事件以及詹姆斯·德莱尼（James Delaney）议员关于食品添加剂可能致癌的听证会，促使 FDA 重新评估所有已注册着色剂，并终止了几个被发现导致严重的不良反应的添加剂的使用。

这些经过都提高了人们对着色剂安全性的关注，最终催生了 1960 年的《食品着色剂修正案》。它重新定义了“着色剂”，并且要求食物中的着色剂必须仅被用于某种安全且适用的用途。该修正案并没有为当时已经上市的着色剂做出保留条款。为了解决突然禁止使用所有着色剂的冲突，FDA 对着色剂安全性实施了临时注册机制，据此市场上的所有着色剂被临时批准，接下来将被继续永久地
93 批准或从市场上移除。

（三）正在实施的批准程序

《食品、药品和化妆品法》中对着色剂的监管方法类似于食品添加剂的上市前批准程序。美国食品药品监督管理局注册批准新的着色剂，或规定已被批准的着色剂使用其新用途，对需要在销售前认证的着色剂进行批量认证，并监测市场中着色剂的规范使用，包括产品标签等。产品中使用未经批准的着色剂是非法的。在评估新着色剂的安全性或对注册的着色剂的新用途的批准时，FDA 考虑

的因素包括如可能使用的消耗量、对饮食的累积效应、专家的评估、确定着色剂的纯度和可接受的杂质水平。一旦一个新的着色剂被批准之后，FDA 会通过新数据和安全信息来监控其安全使用。

六、德莱尼条款

（一）绝对禁令

《食品、药品和化妆品法》的第 409（c）条第（3）款，即德莱尼条款规定，“任何一种添加剂被人或动物摄入时会诱发癌症，或在用于评估食品添加剂的安全性实验中表明会在人或动物中诱发癌症，都不能被认为是安全的”。1958 年的食品添加剂修正案仅要求食品添加剂在批准之前被证明是安全的，但德莱尼条款的字面意思是禁止《食品、药品和化妆品法》批准任何致癌的食品添加剂。

德莱尼条款的禁止条款出现在《食品、药品和化妆品法》的三个独立部分中：关于食品添加剂的第 409 条、关于肉类和家禽中的兽药管理的第 512 条和关于着色剂的第 721 条。虽然三个文本在措辞上有所不同，但它们都试图禁止任何被证明在人类或实验动物中可以诱发癌症的食品添加物质。

德莱尼条款在 1958 年通过，反映不仅对一般食品添加剂的关注，更是对日益增长的食品化学品和癌症之间的联系。在德莱尼条款发布时，致癌物质还难以检测，而且这些物质都是极其危险的类型。出于对食品化学品和癌症间联系的日益关注，人们开始讨论是否应当为食品中所含致癌物设立安全阈值。卫生、教育和福利部（DHEW，卫生和人类服务部的前身机构）最初反对这个针对致癌物的 94
特定禁令，但随后撤回，是因为美国食品药品监督管理局出于对动物实验结果解读的科学考量而相应修改了德莱尼议员提出的修正案。

（二）行政的挑战

事实证明，德莱尼条款是有争议并且难以执行的。在实施的头二十年内，德莱尼条款对美国 FDA 的执法影响很小，因为在动物实验中，只有极少数的添加剂被证明致癌。实际上，如果食品添加剂的范围边界清晰且技术进展缓慢，德莱尼条款的实施不会引起较大争议。然而，时代已经改变：第一，食品添加剂不断扩大；第二，新技术可以检测过去认为安全的添加剂中的微量致癌物。检测方法的改进使得可以以万亿分之一的单位来测量物质，而且随着科学技术的进步，毒理学家也能进一步提高识别致癌物质的能力。现在，不是添加剂的其他食品也可能致癌：例如，苹果含有乙醛，这是一种可能的致癌物质。在某些情况下，致癌物质的致癌性被发现之前，产品已经被市场所接受。美国 FDA 不会将任何已知致癌物认定为公认安全物质（GRAS）；但对于许多天然食物（比如苹果）来说，即使某种程度上来说它们是致癌的（其中包含对实验动物致癌的物质），但该局仍然认定它们属于公认安全物质。

• 糖精案例

糖精是一种非营养甜味剂。有关德莱尼条款的争论，以及科学、政治和消费者利益之间的博弈，却能在它身上体现得淋漓尽致。当哈维·威利在 1908 年提出禁止使用糖精时，时任总统泰迪·罗斯福根据他的个人经验回答说，“任何说糖精对健康有害的人都是无知的。瑞克西博士建议我每天食用糖精”。

在接下来的六十多年里，糖精仍然活跃在市场上，并且享有公认安全物质的地位。1969 年，环磷酸盐，一种通常与糖精混合的非营养甜味剂被禁止使用，
95 促使美国 FDA 调查糖精的可致癌性。同时，FDA 启动了一项计划，使用最新科学技术审查所有公认安全物质。1972 年，毒理学研究表明，糖精可能引发膀胱癌。作为回应，FDA 从公认安全物质类别中删除糖精，并发布了一个临时食品添加剂规定，允许但限制糖精在食品中的使用，且等待更多的研究结果。随后的科学研究证明，糖精的摄入与老鼠的膀胱癌存在联系，因此 1977 年通过的德莱尼条款禁止糖精作为食品添加剂使用。这一提议在公众中引起了巨大的争议。健康组织声称，糖精对于维持某些人群，比如糖尿病患者的健康是非常有益的，因为他们需要控制糖的摄入。美国国会暂停了两年禁令，允许对糖精继续补充研究。接着，FDA 用标签要求替代禁令，以提示消费者有关实验动物研究中发现的糖精与癌症风险之间的联系。当时，并没有其他非营养甜味剂被批准使用。在进一步研究后，美国 FDA 正式撤回了 1977 年禁止使用糖精的提案。2000 年，美国卫生及公共服务部（DHHS）国家毒理学计划将其从致癌物清单中删除，通过立法废除了含有糖精产品必须进行标签警告提示的要求。2001 年，FDA 正式宣布糖精可以安全食用。在近十年后的 2010 年，美国环保署（EPA）正式从有害成分和商业化学产品列表中删除糖精及其衍生物，并宣布糖精不再被视为对人类健康存在潜在危害。作为新闻稿，美国环保署指出，当该机构提议在 2010 年 4 月 22 日从列表中删除糖精及其衍生物，没有收到任何反对该建议的意见。

（三）应用限制

糖精的案例体现了德莱尼条款在适用范围和应用上存在的问题，迫使美国FDA必须对其加以限制。在应用德莱尼条款时，FDA采取类似于微量允许的方法，从而将大量含有微量的已知致癌物质（天然或添加的）的常见食物排除在外。由于哥伦比亚特区巡回上诉法院裁定《食品、药品和化妆品法》对于微量 96
情况拥有行政自主权，美国FDA表示，如果科学实验可以确认某种非致癌添加剂无害，则可以忽略其中的微量致癌化学物质。

然而，根据德莱尼条款的明确条文和立法历史，在公民组织诉美国FDA（Public Citizen v. Young）一案中，哥伦比亚特区法院裁决，FDA没有权限使用微量允许原则来批准致癌风险微小的着色剂。法院裁定，FDA需要向国会而不是法院请求批准。当FDA开始使用所谓的“成分分析法”来区分实际添加剂及其成分，以确认是否触发德莱尼条款的应用时，使得该条款的适用范围进一步缩小。法院支持美国FDA针对添加剂本身（而不是添加剂的成分，例如准备材料）应用德莱尼条款。因此，对于着色剂，如果添加剂作为一个整体不会导致癌症，那么其中微量物质存在致癌成分仍然可以被认为不是致癌物，即使这些微量物质在动物实验单独测试中被证明可能导致癌症。

七、农药残留

（一）分散和不断演化的监管

国会于1947年颁布的《联邦杀虫剂、杀菌剂和杀鼠剂法》（FIFRA）中对农药的广义定义为：“用于预防、破坏、驱逐或减轻任何害虫的任何物质或混合物。”美国对农药的监管是分散的，由三个联邦监管机构负责监管，即美国食品药品监督管理局（FDA）、美国环保署（EPA）和美国农业部（USDA）具有管理和执行主要的联邦农药法律的责任。美国环保署通过《联邦杀虫剂、杀菌剂和杀鼠剂法》（FIFRA）以及《食品、药品和化妆品法》（FDCA）对农药进行监管。《联邦杀虫剂、杀菌剂和杀鼠剂法》规定了农药的销售、供应和使用；一种农药必须先在美国环保署注册，否则不得出售或供应，而美国环保署只有在确定这种农药不会对环境造成“不合理的不良影响”时，才会允许注册。美国农业部和美国食品药品监督管理局监管农药的使用，以确保符合美国环保署制定的容许标准。一旦在农产品原料或加工食品中发现农药物质，美国食品药品监督管理局会根据《食品、药品和化妆品法》第 408 条的一般监督责任，强制确保农药残
97 留的安全。各州还颁布了规范农药销售、制造、登记和供应的法规。联邦政府通常允许各州制定相对于联邦农药法律更加严格的法规。

关于农药的食品安全问题，主要在于食品中的农药残留。农药残留可由多种方式引起：直接施加在目标作物或其种子原料上的农药；在食品加工中使用抗菌农药；在作物轮作时，前一作物上的农药；流入水体的农药；“喷雾漂移”，即农药喷雾意外地沉积在其他作物上；用于生产肉、牛奶、家禽或鸡蛋的禽畜食用的饲料中含有的农药残留；以及当产品在收获后被储存用于运输或加工时使用的农药。对农药残留的安全性的监管与添加剂类似，均使用容许水平、注册和风险评估等监管工具。农药监管的发展，是对科学的进步和公众对风险认知的不断提高的表现。

《联邦杀虫剂、杀菌剂和杀鼠剂法》于 1947 年通过，最初侧重于规范有关产品性能的欺诈性宣传以及将新农药快速投放市场。然而，随着时间的推移，农药管制的重点从商业利益转移到保护人类健康和环境上。1950 年 1 月，德莱尼议员主持的众议院委员会听证会是第一次处理农药安全的政府听证会。听证会通过了 1954 年的《农药防治修正案》（PCA），其中引入了关于食品中农药残留物安全限量的规定。由于人们对农药、对人类健康和环境的潜在影响的关注和认识日益增加，使得其法律和监管也更加严格，最终催生了 1996 年的《食品质量保护法》（FQPA）。该法修订了《食品、药品和化妆品法》和《联邦杀虫剂、杀菌剂和杀鼠剂法》。FQPA 规定了各类型食品中的农药残留的单一标准，并特别关注儿童对农药的易感性。

（二）《食品质量保护法》：容许限量

《食品质量保护法》规定了“低风险农药”的快速登记流程，比起传统农药，这种农药对人类健康、非目标生物体或地下水影响较小。要符合低风险农药的标准，该农药必须内含某种低风险因素，如较低的污染地下水风险或较低的害
98 虫耐药性等。

若某农药的预期用途会导致或可能（直接或间接）导致特定作物上的农药残留，且不属于豁免类别，它就必须遵守美国环保署为它设定的容许限量。就是说，对于每一种使用特定农药的粮食或饲料作物，美国环保署必须设定该农药的

耐受性或最大法定允许残留量，使其可以在市场上出售。若特定的杀虫剂还没有限量标准，农药申请人必须向美国环保署申请建立适当的农药限量水平或要求豁免。除非某种农药对特定的作物已经有限量水平或者从容许规定中豁免，否则它的使用就被认为是不安全的。

美国环保署应当每 15 年对容许限量规定作出修改或更新，并评估注册人提高农药剂量率或应用频率，因为这些做法会导致食品中的残留水平升高。若要修改容许规定，注册人必须向美国环保署申请修改。美国环保署根据《联邦法规汇编》（CFR）第 40 章第 180 条对容许规定进行修改和更新。申请修正某一容许水平的过程和必要材料在《联邦法规汇编》第 40 章第 180 条第 7 款均有规定。申请人可以提出从容许规定中豁免的请求，并提供关于预期残留水平的数据。给予豁免的条件是拟议申请的残留总量对人体健康没有危害。

美国环保署根据《食品质量保护法》制定的安全标准，来设定容许限量。其中对容许限量的定义为“合理的农药化学残留物含量，使得与其接触（包括预期的食品接触与其他具有实质的接触），不会造成任何伤害”。加工食品的农药容许水平通常与原料商品相同，除非加工中会稀释农药残留水平。如果加工食品中的农药残留允许超过原料商品的残留限量，美国环保署需 99
要将加工食品的容许限量单独列出。美国环保署规定的农药容许限量也适用于进口到美国的所有新鲜和加工食品。然而，由于进口食品经常未经过充分检验，所以进口食品的农药残留也可能未被检测。经检测的进口食品，经常超过国内食品的农药残留水平（进口食品中农药残留的规定将在本章后面的国际规定部分讨论）。

上面介绍的合理无害标准，使美国环保署在设定农药的容许限量时不再考虑农药的潜在效益。从前，美国环保署会在农药的经济和健康效益与潜在健康风险之间权衡，以确定是否可以批准该农药的使用。现在，在《食品质量保护法》的指导之下，美国环保署仅在确定符合条件农药的容许限量水平时，才考虑其对社会效益——略高于最小年度致癌风险的百万分之一，并且终身积累的致癌风险不超过两百万分之一。若符合该条件且使用该农药能够保护消费者的益处远大于该农药残留的本身危害时，抑或是如果使用该农药对安全、经济的食品供应是必需的，那么就可以允许其容许水平。美国环保署必须每五年根据其实施效果对容许限量进行重新评估。

现在，美国环保署设定的容许限量的安全系数需要超过“无可见有害作用水平”（NOAEL）的100倍。在为了得出容许水平而计算“无可见有害作用水平”时，美国环保署采用定量评估（QRA）接触农药的危害，然后设定更高的可接受风险水平。定量评估计算过程包括四个步骤：(1) 危险识别——因为农药的作用就是造成伤害，因此农药总是被默认为危险的；（2）化学品的剂量反应评估——该评估的结果就是“无可见有害作用水平”：美国环保署将每种农药的“无可见有害作用水平”除以安全系数100，以确定可接受每日允许摄入量(ADI)，即根据《食品、药品和化妆品法》确定每人每日最大农药残留摄取量的安全水平；(3) 接触途径评估，确定并测量人们接触农药残留物的方式以及这些接触的持续时间，得出理论最大残留量（TMRC）；（4）风险表征，它计算理论
100 最大残留量（TMRC）是否超过可接受每日允许摄入量（ADI）；若不超过，则该农药的使用被认为是安全的。

《食品质量保护法》也考虑了那些面临更大的农药接触风险的人群。具体而言，该法案在计算农药的容许限量水平时，为怀孕妇女和儿童增加了十倍的安全系数。然而，如果美国环保署管理者通过数据来确定婴儿和儿童对特定农药的耐受性，会发现其水平不会总是比成人低十倍。该法案进一步要求容许水平考虑来自各种途径接触农药的总体风险，包括通过饮用水等。美国环保署还必须考虑农药残留和具有共同毒性机制的其他物质对儿童的累积效应。

在某些方面，《食品质量保护法》削弱了监管的力度。通过将化学农药残留物从食品添加剂的定义中排除，限制了德莱尼条款的实施范围。因此，现在的监管制度允许一些具有癌症风险的农药残留存在于食物中。《食品质量保护法》也扩大了各州法的优先性。具体来说，它要求各州对食品中农药残留设置更严格的规定。《联邦杀虫剂、杀菌剂和杀鼠剂法》明确授权各州自行规定农药使用，但也禁止各州制定超过美国环保署有关标签规定之外的其他要求。对于违反《联邦杀虫剂、杀菌剂和杀鼠剂法》的行为，联邦法并没有赋予私人诉权，这是因为美国环保署是该法案的执行机构。所以，如果一州仅实施联邦法律已经规定的内容而没有附加义务，那么《联邦杀虫剂、杀菌剂和杀鼠剂法》并不禁止原告本身的诉权。

（三）监测

尽管美国环保署规定了食品中最大允许农药残留容许水平，但是该机构没有强制执行权，美国食品药品监督管理局和美国农业部有权强制执行容许限量水

平。这两个机构都监测其管理的食品：美国农业部管辖下的食品安全监督服务局（FSIS）通过国家农药残留计划（National Residue Program）监测肉类、家禽和蛋类产品的农药残留，并在超过限量时强制执法；美国食品药品监督管理局监测其管辖的食品，其中包括水果、蔬菜和因使用农药受到重点关注的食品。美国农业部的农业营销服务部（AMS）与其他国家机构合作实施农药数据计划（Pesticide Data Program），研究农药对水果、蔬菜和其他食品的影响。最近公布的 2012 年农药数据计划中来自农业营销服务部（AMS）的数据表明，食品中发现的总农药残留量低于美国环保署规定的允许容许水平。尽管报告很积极，美国 101
政府问责署（GAO）在 2014 年发布的报告建议美国食品药品监督管理局和美国农业部加强各自的农药残留监测计划，并披露不足之处。美国政府问责署的报告显示，美国食品药品监督管理局仅针对极少数高风险食品进行了农药残留测试，而且 2012 年的农药数据计划收集的数据中有未披露的部分，这可能导致用户误解信息并得出错误的结论。

八、兽药

（一）核心定义和公共卫生问题

公共卫生官员日益关注的另一类添加剂是在食用动物中残留的兽药。他们担心，摄入兽药残留可能增加微生物的耐药性。

为了理解对兽药的监管，首先要理解几个重要的定义。《食品、药品和化妆品法》（FDCA）将“药物”定义为“旨在用于诊断、治愈、缓解、治疗或预防人和其他动物疾病的物品和旨在影响人或动物身体构造或任何功能的（除食物意外的）物质”。“抗微生物药物”是一个广义的术语，指的是包括抗生素、消毒液、消毒剂、食品防腐剂和其他物质在内的化合物，其作用是抑制微生物生长或杀死微生物。“抗菌药物”通常被称为“抗生素”，是抗菌药物中的一类，用于治疗人类、动物或植物的传染病，它们通过抑制引起疾病的微生物的生长或杀死微生物。抗生素用于动物时目的与用于人类时相同：治疗和控制疾病。

在美国农业体系中，许多作为食物来饲养的动物被施用抗生素以治疗和预防疾病。当用药物治疗动物时，该动物中和动物上的所有细菌也暴露于药物。一些暴露的细菌可能变得有耐药性，这意味着该药物和可能的其他类似药物将不再对这些细菌起作用。

102 公共卫生官员越来越担心食用动物中的抗生素使用、人类的抗生素抗性与公共卫生目标之间的联系。2003 年，美国 FDA 发布了第 152 号指南，承认了农业中抗生素使用的问题："美国 FDA 认为，通过摄入来自动物源性食品的耐药性细菌，是人类接触新出现细菌的重要途径……这是在动物中使用抗微生物药物的结果。"美国疾病预防控制中心（CDC）报告了食用动物中抗生素的使用与人类中的细菌对抗生素耐药性之间的直接关系。根据它们的估计，每年约有 23 000 人死于抗生素耐药性感染。

微生物抗性增加的部分原因是人们对食用动物过多地依赖抗生素，因此强调抗生素的合理使用对于保护它在兽医学和人类医学中的地位是十分必要的。出于对人类健康的担忧，越来越多的人呼吁禁止在食用动物中使用抗生素。同时，畜牧业的产业整合让疾病传播更加容易，而其支持者认为，高效率、工业化地生产大量食物是不可避免的趋势。

（二）新兽药的批准机构

《食品、药品和化妆品法》（FDCA）赋予美国食品药品监督管理局（FDA）批准和监管兽药的权力。新的兽药由美国食品药品监督管理局的兽医中心（CVM）批准和监管。兽医中心由六个办公室组成，共同批准新的动物药物，并在药物上市后进行监管。新兽药评价办公室负责预先审批，它是在批准之前审查新兽药信息的牵头者。

美国 FDA 规定，批准的抗生素必须通过人类和动物安全标准，但没有明确是否禁止或允许进行效益分析。过去，美国 FDA 会考虑某兽药对动物健康、环境和经济的效益以及禁止该药物造成的潜在危害。然而，FDA 委员会现在规定，
103 在该机构审查用于食用动物的新兽药申请（NADA）时，若该药物可能通过食物使人类存在安全风险，将不应考虑其社会效益。

对于每一个新兽药申请，药物制造商向兽医中心提交大量的科学研究报告，评估药物在动物体内的功效和安全性，以及其施用在被治疗动物后对消费者的安全性。新药申请人可以是任何组织，包括科学研究组织或学术组织，甚至单独的个人，但通常仍是制药公司。

作为提交申请的一部分，新药申请人通常进行所谓的人类食品安全研究。人类食品安全研究的目标是确保加工后的动物食品中的化学残留物剂量不会损害人

类健康。第二个目标是最大限度地减少加工后的动物食品进入食品供应链的耐药性细菌的数量。在2013年的指导文件中，美国FDA建议新药申请人根据三个标准来评估他们提交的新兽药申请：（1）释放（由药物使用产生耐药细菌的概率）；（2）暴露（人类从动物食品来源摄入耐药细菌的概率）；（3）后果（人类暴露于耐药细菌将导致不利健康状况的可能性）。

美国FDA通过评估以上材料和相关研究报告，评估某药物是否能有效预防或治疗疾病，以及它对动物产品的消费者是否构成安全风险。FDA还可以限制药物的使用，以确保人和动物的安全。对于每种获批药物，FDA将审查并批准其施用途径（在水中、在饲料中或通过注射），允许施用的具体物种以及用于治疗的具体疾病。在一些情况下，批准的抗生素可能用于其他动物或疾病，这被称为“核准外使用”或“超核准使用”。FDA对于可能发生的“核准外使用”的情况有具体的指导方针，但在某些情况下，FDA会禁止“核准外使用”以保护人类、动物或两者的健康。

作为药物批准的一部分，FDA还会确定容许限量水平：每种兽药的残留物在食用组织中的可接受含量。容许限量水平被设置为低于“无效果”水平残留数值的1 000或100倍。如果没有确定某兽药的安全阈值，则容许限量水平为零。对任何已知致癌物质的限量在法律上为零。

肉类、家禽和蛋类产品的容许限量水平由FDA设定，并由食品安全监督服务局（FSIS）根据其监管计划实施。兽药容许水平的官方规定见于《联邦法规汇编》（CFR）第21主题556条（21 CFR 556）。食品安全监督服务局不允许肉类和家禽中的残留物浓度超过公布的容许限量水平或干预水平。

（三）撤回事先批准的权力机构 104

《食品、药品和化妆品法》除了授予美国FDA批准新兽药的权力外，还授权该机构撤回事先批准的权力。在撤回程序中，FDA负有由《食品、药品和化妆品法》第512（e）条第（1）款强制的初始举证责任，因此该条款也称为“安全条款”，它使得FDA有权在“申请被批准后……有新证据……与可用证据一起进行评估……证明这种药物的使用不安全”的情况下撤回对某兽药的批准。法院认为，这意味着美国FDA有责任提供适当的证据，表明某药物有严重的安全问题。为了举证有关药物安全性的问题，FDA必须提供“可以推断出药物安全性存在严重问题的合理证据”。一旦FDA满足举证责任，新药申请人就有证明该药物安全性的举证责任。该药物在人类和动物健康方面的安全性依据的是《食品、药品和化妆品法》中规定的初始审批标准："（该兽药应）通过所有适当的方法进行适格的测试。"

2005 年 7 月 28 日，美国食品药品监督管理局撤销了对 Baytril ® 的批准，Baytril ® 是一种用于治疗家禽疾病而不是促进生长的药物。FDA 做出的撤销决定主要基于其对人类抗生素耐药性疾病的影响。它标志着 FDA 首次基于对人类抗生素疾病的担忧，撤销对家畜抗生素的批准。

美国自然资源保护委员会（NRDC）和一些非营利组织于 2011 年 5 月提交了一份寻求法院强制令的公民请愿书，要求美国 FDA 遵守该机构在 1977 年提出的撤销程序，撤回在动物饲料中添加用于预防性疾病的青霉素和三环素的批准。原告指控 FDA 违反《行政程序法》（APA）第 706（2）条，未能遵守该机构根据"安全条款"，即《食品、药品和化妆品法》（FDCA）第 512（e)条［21 USC § 360b（e)(1)］，撤销这些药物的批准以及履行该机构在 1977 年提出的撤销程序。纽约南区美国地方法院同意并做出简易判决认为，根据《美国法典》
105 21 卷 360b（e)(1)，一旦 FDA 发现青霉素和四环素在动物饲料中的预防性使用对人体不安全，该机构有法定义务撤销对特定用途的批准，除非新药申请人能够证明这些药物的安全性。

美国自然资源保护委员会曾再次起诉美国食品药品监督管理局，指控其违反程序义务，未认真对待公民申诉。具体来说，美国自然资源保护委员会指控其拒绝两个公民请愿，要求撤销批准在动物中预防性使用某些类别的抗生素，违反了《行政程序法》第 706（2）条（任意且反复无常）以及《食品、药品和化妆品法》第 512（e)条［《美国法典》360b（e)(1)］的规定。美国 FDA 对这两个请愿做出了相同的答复：(1) 解释说明问题的复杂性，认为 FDA 有限的资源难以应对，并提出认为可以解决问题的替代方法；(2) 陈述对药品的撤销必须逐一审查的规定；(3) 基于未举行听证会、撤回的时间及经费和其使用的替代方案，拒绝申请人的要求。在第二次诉讼中，法官的简易判决维持原判——FDA 拒绝执行撤销程序的做法，违反了《行政程序法》和《食品、药品和化妆品法》第 512（e) 条。

2014 年 7 月，联邦第二巡回法院驳回了下级法院的裁决，认为该法院不能迫使美国 FDA 重新启动撤销程序，因为该机构对是否撤销兽药批准有自由裁量权。第二巡回法院阅读了《食品、药品和化妆品法》第 512（e）条［《美国法典》

360b（e)(1）]，它要求 FDA 在“适当通知和听证会”且“在局长发现”药物不安全后，才能撤销兽药批准。第二巡回法院认为，法案中的“发现”应当解读为听证会的结果，而不是基于机构对科学证据的内部调查。原告声称，在得出药物不安全的初步结论后，该机构必须通过听证会来启动撤回程序，若听证会提供的证据能佐证其调查结果，则局长必须发出撤回的命令。第二巡回法院还驳回了原告的另一个论点，即 FDA 拒绝公民请愿是否构成任意和反复无常的滥用自由裁量权而违反《行政程序法》的规定。法院认为，“美国食品药品监督管理局可以自行审慎决定是否召开或终止可能导致撤回或批准兽药决定的听证会”。反
对者对该裁决进行了长期的抗议，认为它允许 FDA 公开声明一种特定兽药不安 106
全，但拒绝撤回该药物的批准；这也赋予了该机构自由裁量权，可以无视要求撤回对不安全药物的公民请愿。

（四）逐步淘汰策略

在管理食用动物的抗生素使用时，美国 FDA 从以下两方面着手：(1）要求制药公司自愿地、逐步停止在动物饲料和水中使用某些抗生素；(2）其他的抗生素在兽医的监督下使用。美国 FDA 在 2009 年发布的指南中提及“重要抗菌药物的妥善使用”时，首次提到了这一方法。2013 年 12 月，FDA 发布了两个重要文件:《213 号最终指导》文件和《兽医饲料指令》(VFD)(拟议)。

2013 年的《213 号最终指导》要求制药公司自愿从产品标签中删除“促生长功效”声称。鉴于任何已批准的药物标签的更改必须经过该局审批，《213 号最终指导》要求制药公司自愿决定逐步淘汰某药品的生产使用，同时通知 FDA。指南中说明，制药公司可以自行变更使用声明和销售模式，而不需提交额外的安全或有效性数据，除非增加了新的治疗用途或药物组成有所改变。该指南还规定，新药必须针对特定疾病给出具体用药时间和剂量，并且限定仅用于某些动物而不是整个畜群。《213 号最终指导》预计，逐步取消这些将需要三年时间。美国 FDA 在指导中重申，它不要求制药公司撤销其用于预防疾病的用途。它要求兽医在将重要抗生素用于“预防目的”时，仅用于“预防基于特定、已知风险的疾病”。该机构希望通过建立标准来规范用于预防疾病的抗生素的使用；然而，兽医在给予食用动物抗生素来预防疾病时，拥有很大的自由裁量权。

《兽医饲料指令》(拟议）要求兽医在开具某些目前是非处方药但有重要医

疗作用的抗生素时，须出具兽医饲料指令。该法规帮助各州来建立有效的“兽医—客户—患者”之间的关系，使兽医在无须实地考察患病动物的情况下就可以出具兽医饲料指令。除非另有说明，该拟议法规将兽医用药指令的默认有效期间设置为六个月。

美国食品药品监督管理局双管齐下的目标是保护公众健康，抑制抗生素耐药
107 性的演变，从而让人类更少感染现有抗生素难以治疗的疾病。虽然官员希望新规能显著减少抗生素在农业中的使用，但批评者依旧认为该方法有固有缺陷，即它主要依靠行业的自觉行为。

（五）进口食品的容许水平

作为实施《1996 年兽药管理法》（ADAA）的一部分，美国食品药品监督管理局在 2012 年 1 月提出了一项拟议法规，使得个人可以请求设定、修改或撤销进口到美国的动物食用部分中的未注册药物的容许限量水平。《1996 年兽药管理法》的出台，旨在加速新兽药和药物饲料批准程序，以增加该行业中可用兽药的数量。其中关于进口食品容许水平的部分，旨在使食用动物的兽药使用标准与国际标准相协调。美国 FDA 的拟议法规中规定，一旦建立进口容许限量水平，企业就可以进口已施用未在美国批准的药物的动物食品，其必须满足该药物已在他国合法使用且产品中所含的药物低于确定的限量要求。根据拟议法规，如果食品法典中已经规定申请产品的最大残留限量（Codex MRL），则 FDA 在审查时会先考量食品法典中的信息是否足够以及是否需要更多信息来确定该产品对人类是否安全。

（六）强制通报

2008 年，《兽药用户收费修正案》（ADUFA）第 105 条修订了《兽药用户收费法》的第 512 条，要求包含抗微生物活性成分的新兽药的申请人在内，须向美国 FDA 提交年度报告，详细说明售出或分销的、用于食用动物的药物中的成分含量，包括任何分销商贴标的产品。该立法可以帮助 FDA 继续分析被批准用于人类和食用动物的抗生素的相互作用（包括耐药性）、功效和安全性。该修正案
108 （ADUFA）第 105 条规定，FDA 需要每年公开披露汇总后的报告信息。此报告并没有公布，而且其中只有数字，没有可以实质帮助公众理解的信息。2011 年的报告发布了 2010 年的数据（自 2008 年修订以来）。报告显示，用于动物用途

的青霉素和四环素用量连续两年上升，并且抗生素在动物中的使用总体也呈上升趋势。

（七）各州立法

各州也出台了法规，以控制动物养殖中的抗生素耐药性，然而州法可能受到联邦法律优先适用原则的制约。《食品、药品和化妆品法》规定，任何新兽药和任何含有新兽药的动物饲料的使用，必须经美国食品药品监督管理局批准。在动物法律权益保护基金起诉普罗维米牛肉公司一案（In Animal Legal Defense Fund Boston, Inc. v. Provimi Veal Corp.）中，原告动物法律权益保护基金（ALDF）是一家非营利慈善机构，其起诉了马萨诸塞州的小牛肉生产者，声称其出售注射了未达到剂量抗生素的小牛肉，违反了马萨诸塞州消费者保护法，并构成不正当和欺骗性的贸易。法院驳回了原告的诉求，认为原告引用的州法被联邦法优先取代，因为在动物中使用抗生素受《食品、药品和化妆品法》和《联邦肉类检验法》的规制，并且禁止各州法律对联邦法做出补充。目前尚不清楚本案件的判例会在未来有何价值。正如第 209 号和第 213 号指南那样，联邦政府关于农场动物养殖中使用抗菌药物的政策已经改变了许多：现在的目标是逐步停止将重要的抗生素用于促进生产的目的，并且让药物的治疗功效由持照的兽医来监督。由于现在的目标不是从市场上完全消灭这些药物的使用，因此政府政策的变化有可能使得普罗维米案件具有重要意义。

（八）采购政策的变化 109

人们现在正在努力借助政府采购的力量，来限制抗生素药物在农场的使用。例如，洛杉矶食品政策委员会（LAFPC）在洛杉矶地区创建了良好食品采购承诺（GFPP）计划，要求成员不购买使用了预防性抗生素的肉类产品。2012 年，洛杉矶联合学区签署了良好食品采购承诺。2014 年 12 月，城市学校食品联盟（美国最大学区的联盟，包括纽约市、洛杉矶、芝加哥、迈阿密-达德、达拉斯和奥兰多）宣布了一项旨在公司向学校供应鸡肉产品时应遵循的无抗生素标准。一些餐厅和食品服务提供商还列出菜单，说明其提供的肉产品无抗生素注射；超市在推广自有品牌的“无抗微生物药物”牲畜产品；一些大型机构，如学校、医院和机场正在偏向于购买没有抗生素的牲畜产品。

九、转基因食品

（一）对安全的担忧

改变食物组成的生物技术，引起了监管机关的关注。这种改良的食品通常被称为转基因食品（GM 食品或 GMO 食品）或基因工程食品（GE 食品）。如第一章所述，基因工程食品是一种通过插入来自不同生物体的基因，而改变其基因组成的食品。尽管转基因或基因工程食品明显有其特殊性，但美国食品药品监督管理局通常认为它们仍属于普通食品。

即使先不深究其定义，转基因食品的组成还是引出了食品安全、标识、环境、知识产权、伦理、宗教和贸易问题。科学和文化之间的紧张关系，使得生物技术在食品中的应用变得复杂。除了改变食品的成分外，食品中的生物技术还通过影响农场的规模、种子和产品的所有权以及食用动物的特性，从根本上改变了食品系统本身。因此，在此之后对生物技术所扮演的角色的辩论，成为更广泛的、对食物系统构成的争议，其充满了文化表达、政治对立、道德考量和消费者的困惑。继续将生物技术引入食品生产，很可能引发进一步的争议。虽然在很大程度上，生物技术在食品中的作用是一个有关人们对粮食和农业整体的系统性问题，但本章将讨论仅限于食品安全领域（本章提供的背景事实也适用于其他问题）。

110 转基因食品在美国普遍存在。第一种商业化的转基因食品是 Flavr Savr 番茄（一种成熟缓慢的番茄），它于 1994 年推出。虽然这种番茄被证明没有商业价值，但转基因食品自那时开始便广泛传播。1996 年，转基因大豆、玉米和棉花变得商业化，如今在这些类别中已经占据主导地位。从谷物、饼干到果汁、苏打，再到沙拉酱、调味汁，杂货店货架上大约 70%的食品都含有转基因作物的成分。转基因作物很可能会变得越来越多样和普遍。第一代转基因作物主要用于增进农业生产效益，例如抗虫性和除草剂耐受性。人们希望下一代转基因作物可以产生更有营养的食物，或可以生产非食品产品，例如药物、疫苗、维生素和工业化合物。

食品生物技术的潜在优势是转基因食品可能有助于改善美国和其他国家目前面临的一些严重危机，包括饥饿和营养不良、环境退化和广泛传播的疾病。食品生物技术的缺点包括新过敏原或毒素带来的健康问题、物种入侵或生物多样性丧失导致的环境和生态破坏、药物或工业化合物的意外释放导致的食物中毒等。生物技术以及其他食品应用技术的批评者认为，应敦促采取预防和监管措施，理由是“不能因为转基因产品目前不能被证据证明有害，就推定其安全”。

转基因食品的倡导者和捍卫者指出，“没有可靠的证据表明目前的转基因作物成分，构成任何健康风险”。然而，世界卫生组织（WHO）确定了消费转基因食品的四个安全问题：过敏原、毒性、抗生素抗性和异型杂交。因为过敏原蛋白可以通过修改遗传物质从一个生物体转移到另一个生物体，所以引入新的遗传物质产生了将过敏原引入以前非过敏性产品的可能性。此外，当遗传工程从传统意
义上非人类食物的来源获取插入基因时，转基因产品的潜在致敏性可能是不可预 111
见的。基因改造还可能引入新毒素或增加天然存在的毒素含量。抗生素抗性的转移，是指用于创造转基因食品的抗生素抗性基因被转移给消费者。虽然转移的概率很低，但世界卫生组织和世界粮农组织联合专家小组，鼓励在食物中运用生物技术时，仍应避免抗生素抗性基因。最后，异交或作物污染的间接风险是当转基因植物的基因被无意地转移到常规作物中，可能使得未被批准用于人类消费的新基因进入食物供应中，进一步引来变应原性和毒性风险。

除了转基因食品安全性的科学问题之外，消费者对转基因食品安全性是否信任也是一个问题。尽管美国消费者比其他国家的消费者更容易接受转基因食品，然而调查显示，一般公众对转基因食品的信任水平仍然很低。由于当前的监管并不足以打消公众的忧虑，无法使大家相信转基因食品是安全、健康和环保的，这必然也会限制生物技术释放其全部潜力（与转基因食品相关的环境影响，包括农药和除草剂耐受性以及生物多样性的丧失，将在本书第六章中讨论）。

（二）协调的安全监管

目前转基因食品的安全性不是由单一法规和单一联邦机构进行规范和监管的。相反，转基因食品的安全性依赖于一个协调的、基于风险的监管系统，包括三个联邦机构：美国食品药品监督管理局（FDA）、美国环保署（EPA）和美国农业部（USDA）。美国 FDA 负责转基因动植物有关的食品安全问题；环保署负责转基因抗虫植物对人类健康和环境的影响；农业部则负责转基因植物对其他植物和动物的影响。

出于对各机构的责任重叠且监管方式不一致性，里根政府明确创建了国内政策委员会工作组，通过起草一个框架协议来监管生物技术。它的成果是科学技术

政策办公室（OSTP）在 1986 年发布的《生物技术调节协调框架》，其目标是提供一项“全面的联邦监管政策，以确保生物技术研究和产品的安全”。该协调框架是一种政府行为，不具有法律约束力。

112 “协调框架”出台于 1986 年，当时人们就是否需要新法律和专门的监管机构来规范生物技术有相当多的讨论。“协调框架”则避免了这一做法，它反映的理念是通过现有的联邦基础设施以及促使现有法律适应新技术，来实现对生物技术的监管。它的理论前提是生物技术本身并不是有害的，因此只有通过生物技术生产的产品需要监督，而非过程。在此基础上，“协调框架”认为，现有法律和条例可以满足管理生物技术的产品。做出该决定的部分原因是试图避免出台新法规，扼杀这个新兴产业的发展。这个三机构共同协调的监管框架，自采用以来几乎没有变化。

我们有理由质疑“协调框架”是否过度简化了生物技术的监管。它使用了在基因工程技术还不成熟的年代所出台的法律，来指导现在美国食品药品监督管理局、美国环保署和美国农业部的执法。所以，各机构必须通过解释旧的法律和扩展旧的法律，来容纳新的生物技术食品。

(三) 美国食品药品监督管理局 1992 年的“公认安全物质”

根据《食品、药品和化妆品法》（FDCA）第 402 条,美国食品药品监督管理局在政府协作监管中的作用是确保引入市场的转基因食品的安全性。为实现这一目标，该机构采用的方法多以与食品供应商进行沟通协商。该方法始于 1992 年的 5 月 29 日，当时美国 FDA 发布了一份《来自新植物品种食品的政策声明》（“新植物政策”），宣布将所有通过现代 rDNA 技术生产的转基因食品视为受其管辖的“公认安全物质（GRAS）”，因此不作为食品添加剂监管。该政策不要求公司在销售前将其产品提交给美国食品药品监督管理局审查。不过，FDA 仍将考虑它或它的成分的客观特性和预期用途。具体来说，美国 FDA 声明，“迄今为止通过生物技术，有意添加到食品中的物质，均是具有良好特征的蛋白质和脂肪，在功能上非常类似于通常安全地添加到饮食中的其他蛋白质和脂肪，推定为其为公认安全物质”，因此不作为食品添加剂进行上市前审查。这种推定基于一个假设，即“基因修改技术的确有可能以与食品安全相关的方式改变食品的组成，但根据经验，产生安全危害的可能性非常低”。

113 政府间的协调监管，形成了一个以监管转基因产品的安全和标识为目标，即区分产品和过程的有机体系。这种区分使得监管侧重于转基因产品的性状和特点，而非其生产手段。这一标准被称为“实质等同”，它只关注最终产品，不关注生产过程中的来源或涉及的风险。换句话说，根据实质等同理论，只要基因工程产品基本上与其常规等同物相同，就不需要单独立法。法律上没有给出“实质等同”的定义和实施标准。

实质等同原则贯穿了 1992 年的政策文件，其允许转基因食品制造商，不做除实质等同所必须测试之外的其他安全测试。这一立场的法律依据是无论基因工程还是传统的植物育种技术，如果最终产品基本上是等同的，那么就无须考虑他们是用什么工艺流程制造的。

尽管有了实质等同原则，美国食品药品监督管理局还是建议食品企业在销售转基因食品之前，进行与政府的自愿协商。FDA 在 1996 年和 2006 年发布了指导文件，来说明协商的流程。在这个流程中，它要求公司提供其食品（或饲料）安全性和营养评估的简要报告，并在开始销售前与 FDA 的科学家进行讨论。科学家将审查材料，以评估是否存在安全问题。具体来说，美国食品药品监督管理局试图评估转基因食品是否含有新过敏原，是否增加了天然有毒物质含量或减少了重要营养素。2006 年发布的指导文件，鼓励新转基因食品产品的开发商在与美国食品药品监督管理局会面时提交“初步食品安全评价”。该协商过程仅考虑人类食用的安全风险，而不考虑环境和生态风险。此外，美国食品药品监督管理局不评估转基因植物农药，如 Bt 毒素或生产这种毒素的遗传物质的安全性，因为它们是美国环保署在《联邦杀虫剂、杀菌剂和杀鼠剂法》（FIFRA）法律下的责任。FDA 不会正式批准一项申请或者确定某种转基因食品是否安全。相反，该机构发布了一份备忘录，总结了转基因食品的特点，以及它们可能如何影响食品安全。根据实质等同原则，备忘录解释说明了新食品成分与同一食品的未改良 114
版本是否在本质上相同。尽管与 FDA 的磋商完全是自愿的，但是由于新转基因食品开发商面临很大的商业压力，因此与政府磋商的前置程序至少可以帮助它们提高市场接受度并规避未来可能的法律责任。

2001 年 1 月 18 日，美国食品药品监督管理局公布了一项拟议法规，以强制性上市前咨询取代自愿咨询。该新规要求转基因食品开发商在产品投放市场至少 120 天前向美国食品药品监督管理局提供“上市前生物技术通告”。通告中要求的信息与现有磋商流程中需提供的信息类似。然而，除了指定为商业秘密的信息之外，其他提交的信息均会被公开。在提交上市前生物技术通告的 120 天内，该机构将回复对该转基因食品的认定结论。迄今为止，该规则尚未正式实施。然而，截至2013年5月，它公布已完成了96次关于转基因作物的磋商。所有已完成的磋商以及政府答复的完整记录，均存放在FDA的数据库中。

（四）法院对美国食品药品监督管理局（FDA）1992年政策的态度

2000年9月，在生物整体性联盟起诉卫生及公共服务部（Alliance for Bio-Integrity v. Shalala）一案中，联邦法院驳回了对1992年转基因食品政策的控诉。该诉讼是由一些公共利益和环境团体共同发起的，其中包括关注转基因食品的安全和反对其销售的科学家，他们反对美国食品药品监督管理局的此类政策。原告对“新植物政策”提出了几个反对的理由，包括不应将转基因食品视为公认安全物质（GRAS）。法院判定，考虑到现有的评估框架是基于美国国会于1958年通过《食品添加剂修正案》时确立的，显然无法包括转基因食品技术，因此美国食品药品监督管理局的解释仍是被允许的。法院肯定了FDA解释的合法性，并表示，为了认定某种物质是公认安全物质，必须满足两个标准：它必须有证明其安全的技术性证据，通常是公开的科学研究；且此技术性证据必须被科学界普遍了解和接受。法院认为原告未能提供足够的证据证明将转基因食品推定为公认
115 安全物质违反法定标准。换句话说，法院支持了美国食品药品监督管理局的立场，即转基因食品不需要上市前审查、食品添加剂审批或制定特定的标识提示。

虽然此案件引起了人们的极大关注，因为它支持对于转基因食品的公认安全物质地位的推定，但我们也不应过分渲染此案的影响。法院并没有裁定转基因食品实际上已被证明是安全的，或者美国食品药品监督管理局（FDA）可以合理地继续假定转基因食品是安全的。法院的裁定，仅限于确认食药监局在其1992年声明中的酌情处理具有合法性。

（五）星联玉米污染的判例

美国食品药品监督管理局（FDA）的转基因食品监管体系在星联玉米（Starlink Corn）污染案件中受到了考验。该案例揭示了政府对转基因食品的协调监管、转基因食品的潜在市场以及发现污染物后的法律后果。

安万特粮食科学公司①出售的基因工程玉米种子（命名为“星联”）产生

① 译者注：Aventis CropScience，现已被拜耳集团收购。

Cry9C 蛋白，对某些昆虫具有毒性。根据对生物科技食品的政府间监管，安万特向美国环保署首先申请注册星联玉米，后者依据《联邦杀虫剂、杀菌剂和杀鼠剂法》（FIFRA）针对抗虫植物进行监管。由于美国环保署认为 Cry9C 蛋白的特性与已知的人类过敏原相似，因此在 1998 年 5 月安特万公司仅获得对该产品的有限制注册（称为“分离”注册），不允许公司将星联玉米用于人类消费；它只能用于“动物饲料、乙醇生产和育种等目的”。星联玉米不被批准用于人类消费的原因是其转基因产生的蛋白质含有过敏原的一些属性；因此美国食品药品监督管理局认为其安全阈值为零，拒绝为其设定容许限量水平。此前，这类蛋白质从未出现在人类饮食中，因此无法判断它们是否会在一些人中引起严重甚至危及生命的过敏反应。

因此将星联玉米与其他适合人类消费的非星联玉米进行隔离，变得极为重要。鉴于在食品体系中，玉米混杂种植，来自上千个农场，不同地方、区域及终端机械化圆筒粮仓的玉米会被集中收集、存储和运输，所以美国环保署为了防止星联玉米进入人类食物链而规定了特殊的流程。例如，美国环保署规定了（星联和非星联玉米之间的）种植距离，以防交叉传粉。它还规定了一些渠道要求，防 116
止星联玉米进入人类食物链。尽管设置了这些程序，但从 1998 年 5 月到 2000 年 10 月，星联玉米的种植已经遍及全国，在各种食品中都检测到了它的存在，最著名的是卡夫食品公司生产的 Taco Bell 牌玉米饼皮，它被广泛出售于各大杂货店。许多食品和粮食被召回，许多处理、加工、销售玉米谷物或食品公司被诉或被要求索赔。在诸多人类消费食品中，Cry9C 被检测呈阳性的新闻见报之后，卡夫食品和许多制造商对玉米制品进行了召回。在非星联玉米生产商提出的后续诉讼中，法院认为原告有权获得损害赔偿，只要证明“自己的财产受到直接损害”的，原告有权要求“赔偿某些经济损失”。

星联玉米案的裁决之所以重要，不仅由于它展现了政府间如何协调监管，还在于以下两点：首先，法院的裁决并不基于转基因玉米对人类健康的潜在危害，法院的裁决依据经济损失，而非人身伤害；其次，星联玉米案在整个国际社会引起了涟漪效应，唤起了人们对转基因食品与常规食品无意掺杂的广泛关注。

（六）转基因动物

美国对于动物育种，进入食品供应的转基因动物及其衍生产品并没有具体法律。因此，正如转基因食品一样，美国食品药品监督管理局（FDA）也根据协调监管框架和《食品、药品和化妆品法》(FDCA) 管理转基因动物。2009 年，该机构发布了指南，借助其新兽药审批部门和《食品、药品和化妆品法》(FDCA) 对转基因动物进行监管。法律允许美国食品药品监督管理局 (FDA) 通过"健康参考"评估新兽药对人或动物的安全性，包括对服药目标之外的人或动物的健康和环境影响。因此，转基因动物的开发，需遵守新兽药申请 (NADA) 规则。
117 在该规则下，申请人必须通过充分的测试和展示，证明个人在正确使用产品时，不会受到伤害。若美国食品药品监督管理局 (FDA) 对测试满意，就会颁发许可证，允许开发商将产品商业化。

鉴于协调监管框架已经假设食品供应中已有食品是安全的 (或等同于安全)，因此认为对转基因食品进行预先批准是不必要的，相较之下的《食品、药品和化妆品法》则不对新兽药的安全性作出预先假设。在美国食品药品监督管理局确定添加剂的安全性或新兽药的安全性和有效性之前，这些产品不能销售。美国食品药品监督管理局的评估建立在一个广受争议的背景之下：现代动物生物技术发展，是伴随着人们对现代植物技术的公共认识的增进。这样的争议会一直伴随动物生物技术的发展，不仅因为人类与动物比植物有更紧密的联系，而且人们相信动物研发技术离应用在人类本身仅一步之遥。

与转基因作物不同，目前还没有转基因动物被美国 FDA 批准用于人类消费。然而，有一种转基因动物似乎离批准已经不远，它就是用来自帝王鲑和大洋鳕鱼的遗传物质改造的大西洋鲑鱼。这种转基因鲑鱼被命名为 AquAdvantage 鲑鱼，其生长速度是普通非转基因鲑鱼的两倍。AquAdvantage 鲑鱼是通过将大洋鳕鱼 (长得像鳗鱼，与鲑鱼是远亲) 的基因插入鲑鱼的生长激素基因，然后将生长激素基因插入到大西洋鲑鱼中得到的。若获得批准，AquaBounty 公司计划将鲑鱼卵销售给水产养殖公司，繁殖鲑鱼用于人类消费。

审批过程是漫长的。1995 年，AquaBounty 向美国 FDA 提交了其转基因鲑鱼的初步数据。多年来，公司继续收集和提交关于十代转基因鲑鱼的信息，最终于 2009 年完整地向美国 FDA 提交了申请。兽医中心 (CVM) 于 2010 年 9 月设立兽医咨询委员会，听取专家意见，并举行公开听证会以收集关于该鲑鱼的详细信息。

随着离转基因鲑鱼被批准上市的日子越来越近，它也难逃关于转基因食品的非议。正如其他食品生物技术一样，人们除了在转基因鲑鱼的潜在收益 (经济、社会和可持续性效益) 和潜在风险 (食品安全、动物健康和环境危害) 各持己见之外，还讨论 FDA 对潜在风险的评估是否充分，以及延迟批准是否削弱了该机构的可信度和美国企业的竞争力。同时，立法者也提出了要求转基因鲑鱼强制标签标示，甚至提出禁止销售转基因鲑鱼的法案。 118

十、动物克隆

（一）美国食品药品监督管理局对安全性的推定

美国食品药品监督管理局将动物克隆定义为“精确地复制动物的遗传物质或遗传性状的完整过程”。动物基因工程通过插入另一种动物的 DNA 形成新的生物，本质上改变了动物的 DNA，克隆动物则是它们的模型动物的精确基因拷贝，没有显著的形状变化或 DNA 链的改变。为了产生克隆，供体卵的细胞核被去除，并替换为牛、猪或其他动物的 DNA。克隆是辅助生殖技术的最新和最复杂的形式。

从成年细胞克隆的第一个哺乳动物是绵羊多莉，它出生于 1996 年。创建多莉的过程称为体细胞核移植（SCNT）。从那时起，许多其他物种也被用于克隆，包括牛、猪、山羊、马、骡、狗、猫、兔、小鼠、大鼠、鹿、水牛、骆驼和雪貂。今天，全世界估计存在几千只克隆的动物。

不同于对转基因动物的监管，美国食品药品监督管理局于 2008 年 1 月将克隆动物纳入了其风险评估和指导文件中（作为单纯的克隆），它们被认为是常规动物的拷贝，因为它们不含任何 rDNA 构建体。通过遗传工程改造的动物克隆容易引起混淆（即具有引入其中的 rDNA 构建体），而且转基因动物也可以通过克隆复制。2009 年，美国食品药品监督管理局发布的指南涵盖了转基因动物，其中包括通过克隆繁殖的转基因动物，但不包括不含 rDNA 构建体的克隆。

动物克隆引起了人们对食品安全、生态环境、动物健康、道德和伦理问题的强烈反响。美国食品药品监督管理局并不考虑动物克隆的伦理问题，FDA 明确表示它的关注仅限于食品安全。然而，FDA 似乎并不信任克隆食品的安全性。

2003 年 10 月，美国食品药品监督管理局公布了对动物克隆安全性评估的摘要。该机构认为，体内细胞克隆对动物的风险“与现代农业实践中涉及动物的风险没有性质上的差异……尽管在克隆动物生命周期的早期，一些物种的风险似乎有所增加”。在人类食用风险方面，该报告强调掌握的有关克隆肉或牛奶的组成的资料极为有限，根据目前的风险分析，其食用风险可以忽略不计。报告指出， 119

目前的证据大致表明，无论是从基本科学假设或实证研究来看，都没有生物学证据表明消费克隆牛、猪、绵羊或山羊产品的风险高于非克隆动物。报告还指出，一项对来自克隆牛的牛奶组成的研究表明，它并不构成任何食品安全问题。

2006 年 12 月，美国食品药品监督管理局发布了一份指南草案以及风险评估和风险管理计划，并征询公众意见。2006 年指南草案基本阐述了此前的立场，即美国食品药品监督管理局将不采取额外预防监管措施来管理含有克隆动物的食品，理由是克隆的动物与其种群的非克隆成员在分子层面上相同，因此它们可以被认为是相同的，不需要额外的监管。公众对指南草案的反应非常剧烈。消费者保护组织和传统农业利益相关者，对新技术的安全性和可行性表达了担忧。尤其是消费者，大家仍然对食用克隆动物表示怀疑。许多人对克隆动物有天然的负面情绪，研究人员称之为“反胃因素”。在最近的一些研究中，消费者强烈反对所有类型的克隆食物。例如，国际食品信息委员会 2005 年的一项研究表明，63% 的美国人不太可能购买来自克降动物的肉类、牛奶和鸡蛋，即使 FDA 宣布它们是安全的。

两年后的 2008 年 1 月，美国 FDA 发布了对克隆动物及其后代食品安全的结论报告。这份长达 968 页的风险评估报告，到处都是关于克隆动物及其后代的科
120 学数据，报告得出的结论是：（1）与其他繁殖方法（包括自然交配）相比，克隆不会对动物健康产生特殊的风险；（2）来自牛、猪和山羊克隆或任何动物克隆后代的食品的组成与常规繁殖动物相同；（3）人们食用牛、猪和山羊或其他传统上作为食物消费的动物的克隆体及其后代，没有额外风险。然而该机构也指出，由于缺乏除牛、山羊和猪（或绵羊）以外其他物种的信息，其他克隆物种不应用作人类食用。

所以，美国 FDA 的监管侧重于克隆方法，而不是通过检测食品本身来监管食品安全。协调监管也用于动物克隆上：FDA 已经发现，跟转基因产品一样，克隆也被认为是安全的，因为“克隆不会将任何新物质放入动物，因此没有‘新’物质可以测试”。

欧洲食品安全局（EFSA）在 2012 年 7 月发布的一份报告中，进一步支持了美国 FDA 的结论。这份报告根据欧盟委员会的要求发布，它参考了关于动物克隆及其后代用于食品生产的最新研究。在食品安全方面，报告没有发现来自健康的克隆或其后代的食品（特别是牛奶和肉），与来自健康的常规繁殖的动物的食品之间存在差异。尽管如此，欧洲食品安全局也表示，这项技术仍然带来了对动

物健康和福利的担忧。

虽然美国FDA继续将克隆动物与常规食品等同对待，但有人认为，由于克隆体是一种全新的生物实体，因此应当对其进行测试，而不仅仅是与其常规对应物进行比较。因此，问题不在于克隆是否能与其常规对应物区别开来，而是食用克隆动物产品对人体有什么风险。尽管美国FDA已经批准，但一些美国人仍然关注动物克隆的安全性，他们主张对这种产品的商业化应采取谨慎的态度。

（二）自愿暂停

尽管2008年美国FDA的报告确认克隆牛、猪和山羊是安全的，FDA在2001年6月发布的自愿暂停令仍未被废除。当时兽医中心（CVM）要求家畜克隆的生产者自愿保证，不引进克隆或其后代进入食物中，直到机构确定体细胞核移植（SCNT）与传统繁殖方式相比，对参与该过程的牛、猪、绵羊或山羊，以 121
及食用其产品的人或其他动物不构成特定的风险。

美国农业部支持该暂停请求，并发表以下声明：

“美国农业部将与技术提供商、生产商、加工商、零售商和国内外客户一起，促进克隆的肉和牛奶的销售。我们将与利益相关者密切合作，确保这些产品顺利无缝地过渡到市场……我们鼓励技术提供者在此过渡期内维持自愿暂停，不将克隆动物的牛奶和肉类进入食物供应链中。”

十一、辐照

（一）食品安全功能

食物辐照将食物暴露于电离辐射下。辐照被认为是一种食品添加剂，因为它是一种“可以影响食物特性”的过程。目前辐照处理被批准用于多种食物，包括家禽、牛肉、香料、水果、蔬菜、猪肉、带壳蛋、软体贝类（牡蛎、蛤、贻贝和扇贝）、莴苣、菠菜和用于食用的种芽（如苜蓿芽）。虽然辐照有更广泛应用的前途，但消费者在传统上并不愿意接受食物辐照。

美国食品药品监督管理局列举了辐照的五个用途：预防食源性疾病、延长食品的保质期、杀死进口到美国的热带水果上的昆虫、延迟水果的腐败和成熟以及对食物灭菌用于非冷冻储藏。事实上，辐射可以减少许多造成严重的食源性疾病的病原体。许多专家认为，照射可以有效地减少曾经存在于食物供应中的病原体。另一些人担心辐射对健康的影响，一个主要的问题就是，尽管辐照可能减少食物中的病原体，却没有解决潜在的问题，即引入这些病原体的不卫生的食品生产。事实上，也有人认为辐照会使生产商更少关注污染预防，因为它掩盖了工厂化农场的不卫生做法。

122 美国的食品辐照始于1921年，当时美国农业部建议用X射线来杀灭活猪肉中的旋毛虫。20世纪50年代，在艾森豪威尔总统的“和平利用原子能”计划下，辐照所需的同位素供应量增加，食品辐照大规模国际合作才得以开始。从那时起，辐照已引起全球的注意。在各国对辐照展开调查以及辐照潜力被开发后，食品法典委员会通过了一项食品辐照使用的实践守则。1994年，世界卫生组织（WHO）指出，“根据良好生产规范生产的辐照食品，可被视为安全和富有营养的”。

根据国际原子能机构的统计，全世界目前有56个国家允许食品辐照。辐照食品的安全性的研究已经普遍，并已获得世界卫生组织、美国疾病预防控制中心（CDC）、美国农业部和美国食品药品监督管理局的认可。美国政府问责署还敦促使用辐照来减少食源性疾病。自2000年以来，尽管有法律的认可，但辐照食品的数量并未大规模增加，甚至有所放缓，原因可能是辐照食品的接受度低，这也引起了美国政府问责署的关注。

（二）剂量限制：肉类和家禽

2012年11月，根据美国农业部食品安全监督服务局（FSIS）在1999年12月提交的申请，美国食品药品监督管理局修订了食品添加剂法规，增加了肉类和家禽产品的最大辐照剂量。新规则撤销了在辐照时使用的任何包装中不得排除氧气的限制。

十二、纳米技术

（一）监管挑战

在未来，纳米技术可能为食品监管带来最大的挑战。纳米技术会通过创造新的功能性材料和食品配方，来改变食品包装和储存材料，实现微米级和纳米级别的食品加工，从而改变食品工业。具体来说，纳米技术具有改善食物口味和质量、减少脂肪含量、保存营养物质、延长保质期的功用，甚至可以创造新兴食品。纳米技术可以让食品包装内的食物持久保鲜。嵌入纳米传感器的智能食品包装，甚至可以向消费者提供关于食品内在的信息，并且当产品不能食用时可以提示消费者。传感器还可以告知消费者食品的确切营养成分。若其应用在食品组成中，纳米技术可以针对不同的生活方式和情况（例如肥胖），提供适宜的营养成分。纳米技术的支持者担心，如果美国食品药品监督管理局像对克隆技术一样暂停纳米技术产品进入市场以等待科技进步再评估，这将在公众中灌输不必要的恐惧，并且为将来有益纳米技术的发展，无形中制造一个巨大障碍。 123

即使对纳米技术的担忧没有现实根据，但美国食品药品监督管理局仍然需要克服公众对风险的固有谨慎。经验表明，对公众保持透明开放的做法，可以为消费者接受新兴的纳米产品扫除障碍。

（二）评估和安全审查

2006 年 8 月，美国食品药品监督管理局成立了一个机构内的纳米技术工作组，进行纳米技术调研，并提出行动路线。2007 年，工作组发布了一份报告，认为现有的监管体系足以管理使用纳米技术的产品（包括食品），美国食品药品监督管理局可以继续根据具体情况，来应对这些纳米产品。2011 年 6 月，该机构发布的指南用以解决如何确定产品中包含纳米材料或使用纳米技术。该机构的食品安全与应用营养中心（CFSAN）发布了另一份指导草案，重点关注纳米技术在食品（以及化妆品）上的应用。虽然纳米技术一词未出现在该草案的大标题中，但它却是该草案的要点。

这两个指导性文件都没有定义什么是“纳米技术”。2011 年 6 月发布的《纳米技术考量指南》，正文带有免责声明，即该文件并不官方定义什么是“纳米材料”或“纳米技术”。相反，《纳米技术考量指南》旨在帮助行业及其他人士明确，在将纳米技术用于受 FDA 监管的食物时，应该何时考量其对政府监管、安全性、有效性或公共健康产生的潜在影响。该指南未定义纳米技术，但提出了这两个参考指标，可选取其一：（1）工程材料或最终产品是否至少有一个尺寸在纳米级范围内（1~100 nm）；（2）工程材料或最终产品的功效表现，是否由于其尺寸的属性或状态，包括物理化学性质或生物效应，即使它的尺寸落在纳米级范围之外（最大约 1 μm）。这两个参数不仅适用于新创造的产品，且也适用于开始使用纳米技术制造的现有食品。该指南的措辞比较精细。“工程材料或最终产品”是指专门使用了纳米级材料而应用的产品，而并非偶然使用纳米材料、现存的纳 124

米颗粒或其本身天然存在纳米级上的材料（例如微生物或蛋白质）的产品。对于“赋予新的或独特的性质”，指南将其定义为由于尺寸的属性或表现而增强产品功效的，包括改善药物的功效、病原体检测、食品包装和食品营养素输送等。

美国食品药品监督管理局之所以重点关注 1 000 nm 以内的材料，是因为目前普遍对“纳米级”的技术定义是 100 nm 以内，但该机构认为这不应该是硬性规定。即使其最小成分尺寸大于 100 nm，相关产品仍可能会由于使用了纳米技术，而表现出新的或独特的性状。因此，在没有明确适用标准的情况下，美国食品药品监督管理局认为出于审慎的考虑，只要产品包含小于 1 000 nm 的组成部分并显示出由于尺寸所具有新的性状，就应逐一审查。

《纳米技术安全指南》适用于食品成分、色素添加剂和食品接触物质。该指南没有明确把含有纳米材料或涉及纳米技术的食品归类为有害的。该指南规定，纳米技术衍生食品的安全评估，需遵循与常规食品相同的流程。因此，使用纳米技术的产品会被逐个评估，审核其成品的预期用途。该指南建议，当生产发生重大变化或对某一变化存在不确定性时，生产商应在尽早咨询食品安全与应用营养中心（CFSAN）。

FDA 可能认为，在产品制造过程改变之后，食品的预期用途仍应被认为是安全和合法的。然而，如果某物质的性质、使用条件或安全性评价发生了重大变化，那么则可能需要付诸新的监管。该指南特别指出，纳米工程食品可能不会被纳入现有的公认安全物质体系中。

（三）农药分类

2014 年 12 月，食品安全中心、环境卫生中心和其他几个消费者、环保组织共同对美国环保署提起诉讼，认为其未能响应该这些组织在 2008 年要求监管含
125 有纳米级银的消费产品的请愿。原告诉称，2008 年的请愿要求美国环保署将纳米级银产品归类为农药，虽然美国环境保护局在 2008 年就这一事项公开征询意见，但并没有采取进一步行动。请愿书提供了纳米级银的产品索引，包括食品储存容器、食品、农产品清洁剂、餐具、砧板和健康饮料补充剂。原告认为，纳米材料已经构成了特定的人类健康和环境风险，需要新的健康和安全测试。

十三、合成肉

未来的食品技术，必定会带来新的挑战和法律问题。合成肉就是其中一个例

子，它是在实验室里生产的，而不是动物本身生长的。目前，要制造出完全成形的、具有复杂肌肉结构的，如牛排那样的人工肉还存在技术困难，但该技术仍在发展中。它被大家普遍认为可以应对环境压力、伦理道德和人类健康等问题。

当合成肉在科学和商业上都变得可行时，它也会导致几个食品安全监管问题。时间会告诉我们，食品安全监管机构将如何应对这项新技术的管理。首先是管辖权问题。合成肉是否属于《联邦肉类检验法》（FMIA）中定义的“肉”？如果美国农业部对其加工具有管辖权，农业部将不得不评估如何让合成肉与普通肉类的监管取得一致。

合成肉是通过把来自某种动物的细胞接种到支架或组织培养物上构建，因此它似乎满足肉的“全部或部分由任何肉制成”的法定定义。然而，假设合成肉直接从动物的骨骼肌获取几个原始动物细胞开始培养，最后原始动物细胞只占合成肉的2%不到，增殖的细胞是否也符合肉的定义就成了问题。由于合成肉的生产仅在最前端涉及动物且没有屠宰过程，因此涉及合成肉生产的企业更应直接受到美国食品药品监督管理局的管辖，毕竟美国农业部的隶属部门通常负责管理屠宰活的动物和屠体加工肉类产品，但合成肉似乎并不涉及此类。

其他问题包括合成肉是否会被用作食品添加剂（即在使用其他活性成分如香料或面包糠包裹加工的时候），这时就需要考虑产品是否对健康有害或者被看作公认安全物质。生产商是否可以走普通流程，还是必须走添加剂的申请流程。

第六节　联邦监管工具 126

一、食品设施注册

（一）《生物反恐法》（Bioterrorism Act）和《食品安全现代化法》（FSMA）

近年来，有关美国食品企业披露信息的要求越来越多，这使得一些旨在增加食品安全的注册要求应运而生。这些信息对于风险评估、问题识别、协调监管以及在复杂的全球食品供应和销售链中增加可追溯性，具有重要意义。

食品企业的注册要求最初被引入是为了应对“9・11”式的恐怖主义行为。该恐怖事件的发生，警醒了美国加强基础设施安全的紧迫性，包括加强食品供应的安全。由于在美国实施恐怖袭击似乎相对容易，政府开始思考应制定怎样的流程以减少食品恐怖主义的威胁。美国国会认为，防止粮食系统中的恐怖主义的一个重要工作就是要求食品企业注册，以便追踪注册者的信息。

因此，美国国会于 2002 年 6 月颁布并签署了《生物反恐法》。该法包括了食品设备登记要求，即在美国制造、加工、包装或保存供人食用的食品的国内外设施，必须在美国食品药品监督管理局注册。对于食品安全，特别是食品进口的持续关注使得《食品安全现代化法》（FSMA）中的注册规定变得更加严格。《食品安全现代化法》修改了《食品、药品和化妆品法》的第 415 条（21 USC §350d），并对食品设施注册要求做出重大修改，增加了注册的频率和注册中披露的信息范围。注册是为了提供信息，以便发生在食品安全问题时开展检查和调查。

（二）设施范围

在制定注册要求时，首先需要明确注册主体是谁。在美国生产、加工、包装
127 或保存供人类或动物食用的食品的国内外设施的所有者、操作者或代理人必须向美国食品药品监督管理局注册其设施。国内设施必须注册，即使其产品不参与州际贸易。产品出口到美国的外国设施也必须注册，除非该设施产生的食品在出口到美国之前需经过另一个国外设施的进一步加工（包括包装，但不包括标签等不影响食品安全的变化）。符合注册要求的外国设施，必须指定一个美国代理机构（例如设施的进口商或经纪人），他们必须在美国有住所或经营场所，并在注册时为一个在美国注册的实体机构。

食品设施的定义为“任何一个生产、加工、包装或保存食品的工厂、仓库或企业（包括工厂、仓库或进口商）”。农场、餐馆、零售食品店、直接向消费者提供食物的非营利性食品机构以及渔船（除了从事加工的船舶）被排除在定义和注册要求之外。

这些免于注册的机构在《食品、药品和化妆品法》（FDCA）第 415 条均做出了定义。

豁免注册的“农场”被定义为：在一个物理位置上，专门用于种植和收获作物，饲养动物（包括海产品）或两者兼有的设施。清洗、修剪外部叶片和农作物的冷却被看作是收获的一部分。哪些活动可能使一个农场必须注册，是《食品安全现代化法》（FSMA）最令人困惑的部分之一。美国食品药品监督管理局发布了关于食品设施注册问题的指导文件，其中列举了一些豁免注册的农场活动。

《食品安全现代化法》实施中的修订改变了最初的拟议规则，即如果某农场包装或保存另一个不同所有者农场生产的农产品原料，则必须注册为食品设施。然而，适格的农场仍须遵守本章其他部分提到的《生产安全规则》。

豁免注册的“餐馆”是准备并直接向消费者提供即食食物的设施，包括直接向动物提供食物的宠物收容所、犬舍和兽医院。为商业航班等州际运输提供食 128
物的设施或不直接向消费者供应食品的中央厨房，则不在豁免范围内。

豁免注册的“零售食品店”是指以直接向消费者出售食品作为其主要功能的商铺，它直接向消费者的年销售额比对其他买家的年销售额（以美元计量）高，包括杂货店、便利店、自动售货机、熟食店和路边摊位。《食品安全现代化法》要求美国食品药品监督管理局修改“零售食品企业”的定义，明确何为直接向消费者销售食品。它应该包括路边摊或农村集市，通过社区支持的农业计划销售食品，以及通过美国食品药品监督管理局明确的其他销售平台销售食品。

豁免注册的“非营利性食品机构”符合《美国税法》第501（c)(3）条规定，直接为消费者准备或提供即食食品或以其他方式提供食物或膳食供人类或动物食用的慈善团体。而需要注册的非营利性食品企业包括食物银行、流动厨房和非营利性食品快递服务。

除了明确豁免特定食品企业之外，更重要的是2001年《生物反恐法》和《食品安全现代化法》以及《食品、药品和化妆品法》的第415条，只适用于美国食品药品监督管理局而不适用于美国农业部。这意味着由美国农业部管理的设施，即仅处理肉类、家禽或蛋类产品，也能从《食品、药品和化妆品法》第415条注册要求中豁免。因为《食品、药品和化妆品法》对“食品”的定义中不包括食品接触物质、农药，因此生产食品接触物质和农药的设施也免于注册。然而，若食品接触物质用作食品添加剂（通常是这种情况），则处理该食品接触物质的设施必须注册。

(三) 注册频率

《生物反恐法》规定每个设施只需注册一次。《食品安全现代化法》则增加了注册频率：要求在美国食品药品监督管理局注册的食品设施必须在每个偶数年的10月1日至12月31日之间更新其注册一次。强制要求登记的信息若有改变，必须上报更新。自最近一次以来没有注册信息需要更新的设施，可以走简易 129
程序。

（四）注册信息

根据2001年的《生物反恐法》，注册设施必须提供以下信息：设施的名称、完整地址和电话号码；母公司的名称、地址和电话号码；以及所有者、运营商和代理商的地址和电话号码。对于外国设施，需要其美国代理人的姓名/名称、地址、电话号码和紧急联系电话号码。该法案还要求披露在工厂生产、加工、包装或储藏的食品的一般类别。

《食品安全现代化法》要求以电子邮件和保证书的形式提供以下注册信息：设施联系人的电子邮件地址（如果是外国设施，则为该设施在美国代理人的电子邮件地址），以及允许美国食品药品监督管理局根据法案规定抽查注册设施的保证书。《食品安全现代化法》的最终指导文件扩大了2001年《生物反恐法》规定的一般食品类别。

（五）强制注册

《食品、药品和化妆品法》第301（dd）条规定设施必须登记、更新注册信息或重新注册，未履行注册的食品设施可能面临刑事指控。虽然法律并没有明确规定未有效注册的国外设施生产的食品是否会被视作掺假产品而被禁止进口，但美国食品药品监督管理局倾向于这么做。

如果美国食品药品监督管理局能够有根据认定来自某设施的食品可能对人或动物造成严重不良后果甚至导致其死亡，可以暂停注册：（1）任何生产、加工这
130 种食品或以其他方式的设施；（2）任何包装、接收或存储该食品，以及知晓或有理由被认定为知晓该食品存在安全风险可能性的设施。美国食品药品监督管理局需按照《美国法典》第21卷350d（b）条，即关于暂停注册的条款制定实施条例，但可以是过渡性的。第350d（b）条将在美国食品药品监督管理局发布实施条例之日起生效，或在《食品安全现代化法》颁布之日后180天生效，以较早者为准。

根据《食品安全现代化法》，美国食品药品监督管理局需要为注册人提供召开“恢复设施注册”的非正式听证会。听证会需要尽快安排，且不迟于暂停注册令发出后的两个工作日或由美国食品药品监督管理局和注册人商定一个时间。如果该局在听证后认为暂停注册仍有必要，则注册者必须提交整改计划书，该局必须在提交后十四天内或其确定的其他时间内审查计划。如果确定没有足够的理

由继续暂停，则该局应立即撤销暂停并恢复设施的注册或要求修改申请。

任何人不得从被暂停的设施进口、提供进口或将其生产的食物用于州际或州内贸易。如果进口的食品来自注册被暂停的设施，它将会被禁止入关。

如果 FDA 认定某设施已停止业务或已更改所有者且该设施的所有者、操作者或代理人未能在法定期限内取消注册，或者确认某注册设施已不存在，则有权取消注册。如果 FDA 决定取消某设施的注册，它将向该设施登记的地址发送注册取消确认函。

二、企业检查

（一）突击检查

食品企业的检查长期以来一直是食品安全监管的核心。对食品企业的监管检查涉及其设施、财产、产品和文件。检查权力主要由联邦法赋予，旨在检验食品安全法律的遵守情况，并收集违规行为的证据。美国法院认为，密切监管行业的无证检查并不违背宪法第四修正案中的免于无理搜查和没收财产的自由。在 1968 年《枪支管制法》出台后，美国最高法院在审理“美国诉比思韦尔”（US v. 131
Biswell）一案中认为，宪法第四修正案中规定当一项法规对检查权力作出了严格的限定时，政府有权进行突击检查。十五年后，最高法院在“纽约诉伯格”（New York v. Burger）一案中判决，对一个受到密切监管的行业进行行政调查，经营业主的隐私预期应降低，从而肯定了比思韦尔一案中所阐述的原则，即根据第四修正案，政府对商业场所采取突击检查是合法的。最高法院提出了合理的政府未经授权检查的三个标准（法院称其为“柯罗纳德-比思韦尔”标准）：（1）政府的实质性利益必须与监管检查相一致；（2）未经授权的检查对于监管的推进是必要的；（3）法规必须限制检查官员的自由裁量权，并通知商业企业的所有者，政府可以在法律已有定义的职权内开展检查。下级法院在应用这些标准时，一致判决食品安全关乎联邦利益，并且美国食品药品监督管理局的突击检查是合法的。例如，在“美国诉新英格兰杂货供应公司”（US v. New England Grocers Supply Co.）一案中，马萨诸塞州地区法院判决美国 FDA 通过突击检查保证公共安全的行为本身，以及该机构对行政相对人的食品仓库的搜查时间、方式和范围均是合理的。法院认为，FDA 并不一定需要任何手令或预先批准来检查行政相对人的仓库。

美国食品药品监督管理局和美国农业部在联邦层面承担检查监管的主要责任。这两个机构在食品安全方面的管辖权和资源差异而造成的分歧，在其各自的检查权力中变得尤为明显。

（二）美国食品药品监督管理局的检查权：合理性

根据《食品、药品和化妆品法》第 704 条，美国食品药品监督管理局有权检查任何生产受其管辖的食品或饮料产品的食品企业。第 704 条授权指定的官员或雇员，在提交适当的凭证和书面通知后可以进入和检查食品企业，包括工厂、仓库、机构或车辆。检查必须在合理的时间、合理的限度、以合理的方式执行。

第 704 条的“合理性”涉及了时间、地点和管理，也已被细化为各种规则。合理的时间通常指企业的正常运营或营业时间。在工作时间以外开展检查可能出于特殊情况，例如由于食品造成的食物中毒。检查通常不提前通知。“合理限
132 度”通常是指被检查的区域或货物，应与检查的目标对象具有相关性。一般来说，政府可以检查工厂、仓库和车辆。更具体地来说，第 373 和第 374 条列举了美国食品药品监督管理局检查权限范围内的对象。它们分为以下几类：（1）所有相关设备，包括制造厂和储存设施；（2）成品和未完成材料；（3）容器；（4）标签和标签产品（包括发送给客户的览表、宣传册、传单、广告和其他宣传材料）。对于“以合理方式开展”的要求，第 704（a）条第（1）款要求美国 FDA 的检查员在进入受监管的设施之前，提交其身份证明。此外，检查员必须在检查开始时向企业出示正式的检查通知单。然而，该法案不要求 FDA 在通知中写明检查的原因。

在检查结束时，检查员通常会提供一份 483 号表格或机构检查报告（EIR），其中列出美国 FDA 在检查过程中的意见。食品公司没有法定义务回答上述意见。机构检查报告是由《信息自由法》（FOIA）授权可供访问的公共文件，许多类似的文件可以在 FDA 网站上公开浏览。拒绝检查人员进入和检查注册设施，会违反《食品、药品和化妆品法》，并可能导致 FDA 寻求司法强制执行，如要求地方法院颁布搜查证等。

（三）访问公司记录

根据《食品、药品和化妆品法》第 414 条和第 704 条，FDA 的法定检查机构可以查阅企业的州际食品运输记录。2002 年颁布的《生物反恐法》第 306 条

和《食品安全现代化法》修订了这两个条款。《食品、药品和化妆品法》授权美国 FDA 检查某些产品的具体记录，包括婴儿配方奶粉、低酸罐头食品、酸化食品、符合危害分析临界控制点要求的海产品和水果和蔬菜汁产品。

美国 FDA 对于《食品、药品和化妆品法》未特别列明授权的食品的权力有限，因此该机构无法访问某些记录，例如食谱、财务数据（除了有关销售的运输数据以外）、定价数据、人员数据、研究数据或销售数据。“食谱”的定义为
“配方，包括制造食品所需的成分、数量和说明”。美国 FDA 声明，根据第 414 133
条而获得的文件记录中涉及任何机密或商业秘密的信息将受到保护，不被公开披露。该机构考虑的商业秘密包括公司对某产品的制造方法和精确的产品配方。

《生物反恐法》规定，如果美国 FDA 有合理理由认定某食品掺假，且可能对人类或动物造成严重的不良健康后果或死亡，该机构可在出示资质证明和书面通知后，检查和复制与该特定食品有关的所有记录，以确定该食品是否涉及掺假或存在严重的健康后果或死亡的风险。《食品安全现代化法》（FSMA）重申了美国 FDA 的这一权力，并在许多方面进行了扩大，包括以下内容。

在积极调查食源性疾病的暴发或确有必要阻止或减轻疫情时，美国 FDA 有合理依据认为某种食品可能被掺假、在特定农场被掺假，并且可能对人类或动物造成严重的不利健康后果或死亡的威胁时，应要求农场所有者、经营者或代理人提供该食品的直接接触者（消费者除外）。农场的所有者、经营者或代理人必须以迅速、合理的方式提供政府所要求的信息。

已注册的食品设施若法律规定其需配套预防性控制计划，应在接到 FDA 的书面或口头请求时，提供此类计划和相关记录（包括监测、验证和整改的记录）。

进口商必须保存与其外国供应商验证计划相关的记录至少两年，并根据要求提供给 FDA。

尽管法律限制了美国 FDA 有权审查的内容，但它对检查员可能检查的内容并没有明确限制。例如，某一文档不在 FDA 授权的检查范围之内且与调查无关，但如果被检查者不明确反对对该文档的调查，就会被视为永久放弃反对权。

（四）拍照取证

食品企业检查中更有争议的问题之一是拍照取证。美国食品药品监督管理局长期以来认为其检查员可以在被检查的工厂中拍摄照片。食品企业反对且认为《食品、药品和化妆品法》和判例法并不授权该做法。2012 年，FDA 修订了其调

134 查操作手册（IOM）中关于“场内拍摄照片”的部分。手册写明，检查员在检查期间不需要获得上级领导的许可，即可拍摄照片。当食品企业拒绝在检查期间拍摄照片时，调查员可以要求获取公司法律顾问的姓名和联系信息，并立即通知其地区主管。如果公司没有法律顾问，企业应提供负责人员的姓名和联系信息。地区经理将向首席法律顾问办公室（OCC）说明情况，然后该办公室会联系该公司的法律顾问或负责人员讨论 FDA 在检查期间拍摄照片的合法权利。办公室会将这次对话的结果转达给区域管理部门。

新文本的这种描述意味着对该手册以前版本的修改。老版本的措辞只是允许调查员“若在适当情况下，可以报告主管寻求法律补救措施，使允许拍照”。新版本措辞的转变表明，调查员可能在维护其拍摄照片的合法权利时更加强硬。

《食品、药品和化妆品法》没有明确授权调查员在食品企业检查过程中可以拍摄照片，也没有任何判例明确在被检查的厂房中拍照的合法性。美国 FDA 以 2012 年调查操作手册（IOM）中引用的两个案例作为该权力的基础。第一个案例是在“陶氏化学诉美国”（Dow Chemical v. United States）中，美国最高法院认为，拍摄航拍照片是《清洁空气法》规定的美国环保署保障其检查权的有效行使。法院认为，“当国会赋予某个机构执法和调查权时，没有必要明确在执行法定使命的过程中可能使用的所有技术”。FDA 将之解释为该原则适用于在任何情况下监管机构需要拍摄照片。然而，陶氏化学一案中并没有提及美国 FDA 在《食品、药品和化妆品法》下的权力，或者在调查时在工厂内拍照这个问题。第二个案例是“美国诉艾克里杂货公司”（United States v. Acri Wholesale Grocery Co.）。爱荷华州南区地方法院在刑事诉讼中，采纳了 FDA 检查员提交的拍摄照片，将其列为适格的证据，原因是这些照片在合理的检查过程中拍摄且经被告人完全同意，调查人员也没有隐蔽拍照。虽然该判决确实表明，在检查期间经公司同意拍摄的照片可用于刑事指控，但它并不直接支持该局在检查期间未经同意的情况下是否也有权拍摄照片。

由于缺乏对检查期间拍照权力的司法支持，所以食品行业长期以来，一直拒绝调查人员拍照。然而，监管机构对公司拒绝在工厂内拍照也越来越缺乏耐心了。调查操作手册中甚至没有暗示，若在没有企业同意的情况下，监管机构是否
135 需要搜查令。因此，拒绝拍照在未来也许会导致行政罚款，甚至监禁的犯罪行为。

（五）联邦与各州的合作

《食品、药品和化妆品法》没有规定各州处理食品安全事项时的法律优先权。因此，美国 FDA 鼓励与州政府合作，并且在某些情况下将主要的执法行为交给州政府。由于资源有限，美国食品药品监督管理局不能以与美国农业部相同的方式检查其管理的设施。FDA 的检查人员依赖定期的突击检查，而不是像美国农业部那样，可以要求派驻随时在场的现场检查人员。FDA 的有限资源，使其监管更加依赖州和州政府、地方监管机构、外国政府和外国第三方合作伙伴。

（六）《食品安全现代化法》和基于风险的检查

《食品安全现代化法》在《食品、药品和化妆品法》（21 U. S. C. § 350j）中新增了第 421 条，内容有关高风险检查。它要求美国 FDA 应确定哪些设施属于高风险设施，并依据其风险状况合理分配资源，检查注册设施。风险的判断基于以下因素：在某设施制造、加工、包装或保存的食品的已知安全风险；某设施的合规历史，包括召回、安全事故的暴发和违规情况；某设施的危害分析和预防控制的严格性和有效性；某设施或其食品是否已通过具有资质的第三方的认证；某设施制造、加工、包装、处理、制备、分销或贮存的食品是否满足《食品、药品和化妆品法》第 801（h）条第（1）款规定的优先检查标准（例如，可能的故意掺假）；以及任何美国 FDA 认为适用的其他标准。

《食品安全现代化法》根据预期风险，确定检查频率。国内食品设施的最低检查频率是五年一次。美国 FDA 应在该法案生效起五年内至少检查一次所有国内的高风险设施，此后每三年至少检查一次。对于非高风险的国内设施，该局应在法案生效后的七年内至少检查一次，此后每五年至少检查一次。

食品进口的检查也是基于风险的。美国 FDA 应根据以下因素确定其风险，合理分配资源来检查进口食品：某进口食品的已知安全风险；某进口食品原产国和运输地区的已知安全风险；某进口商的合规历史，包括召回、事故暴发和违规情况；某进口商的外国供应商验证计划的严格性和有效性；某进口商是否自愿参加了“合格进口商计划”；某食品是否符合《食品、药品和化妆品法》第 801（h）条第（1）款下的优先检查标准（例如，可能的故意掺假）制造、加工、包装或保存某食品的设施是否经过有资质的第三方认证；以及任何美国 FDA 认为 136
适用的其他标准。

（七）对外国设施的检查

《食品安全现代化法》规定美国 FDA 可以与外国政府签订协议，以便于检查外国食品设施。若外国工厂、仓库或其他机构的所有者、经营者或代理人以及外国政府，拒绝美国检查员或由美国 FDA 指派的个人进入并检查，该企业生产的食品将被拒绝进入美国。就本条规定而言，如果所有者、经营者或代理人在检查请求提出后的 24 小时内，或在任何 FDA 和经营者事先商定的时间段以内不允许检查，则该所有人、经营人或代理人将被视为拒绝检查。美国 FDA 应在《食品安全现代化法》生效之日起第一年内检查至少 600 个国外设施，并在接下来五年内，每年检查数量至少比上一年翻倍。预算限制以及人员安排的难题，使得美国 FDA 很难完成这一任务。

（八）农场经营检查

根据《食品安全现代化法》（FSMA）规定，美国食品药品监督管理局应对农场中的各类制造、加工、包装和存储行为，开展基于科学的风险分析。针对小型或微型经营个体，若该局确定其在农场内开展特定类型的生产、加工、包装或存储活动且风险较低，或其生产的特定食物本身风险较低，则该局不需按照第 421 条规定的频率对其进行强制检查，且可以减少检查频率。本章中关于农产品安全的规定，也提及了这项豁免。

（九）食品安全监督服务局（FSIS）

1. 联邦检查法案

食品安全监督服务局拥有广泛的执法权，它们主要由三个独立法案确权：1906 年的《联邦肉类检验法》（FMIA）、1957 年的《联邦家禽制品检查法》（PPIA）和 1970 年的《蛋类产品检查法》（EPIA）。食品安全监督服务局（FSIS）主要通过检查牲畜、家禽屠宰场、鸡蛋加工场来履行职责。该机构监管产品的加工，以确保其营养价值和标签的准确性。根据《联邦肉类检验法》和
137 《联邦家禽制品检查法》，如果州政府的检查计划与联邦政府计划要求一样或者更加严格，食品安全监督服务局将与各州合作，允许其执行州内商品的检查计划。然而，如果某州的检查要求比联邦宽松，则该州可能被“指定的”强行适用各联邦法案的规定。

2.《联邦肉类检验法》（FMIA）

《联邦肉类检验法》要求某些动物（牛、羊、猪、山羊、马、骡和其他马科动物）在进入屠宰设施之前，首先接受目视检查。此外，屠体和一些部位需接受屠体剖检。联邦检查员需在屠宰前后检查所有动物。肉制品加工设施需每日定期接受检查，但检查员并不随时到场。除了对动物、屠体和肉类食品的检查外，食品安全监督服务局还规定了详细的针对设施、设备和其他卫生要求，检查员会核实企业是否达到这些要求。

《联邦肉类检验法》中规定了三种检查豁免。第一种是指定豁免：动物的所有者可以自己屠宰或雇用他人屠宰牲畜，用于其自有使用（不用于出售）。第二种豁免是传统零售型企业（包括餐馆），但这种豁免不适用于从事肉类加工的连锁食品店、集中肉类加工设施或连锁餐馆的中央厨房。第三种是区位豁免，指任何动物的屠宰及相关活动，因其发生地点特殊，而无法开展检查。

《联邦肉类检验法》包含刑事和民事处罚。此外，食品安全监督服务局有权在特定情况下拒绝履行撤销、拒绝或暂停对企业的检查。这种拒绝权通常发生在检查服务的接受者，被判定存在与食品交易有关的犯罪行为。通过拒绝或撤回对违规设施的检查服务，该法案使美国农业部能够通过撤离工厂或没收联邦政府授予的印章，有效地关闭其检查员认为不合格的工厂。这为美国农业部的检查员提供了极大的权力。这类拒绝权可能发生在以下情况中：申请人没有实施危害分析与关键控制点（HACCP）计划；申请人缺少卫生标准操作程序；申请人无法证明企业具备适格的卫生条件；申请人无法证明牲畜以人道主义方式处理和屠杀；或申请人不适格从事《联邦肉类检验法》第 401 条规定的检查业务。根据《联邦肉类检验法》第 7 条或《联邦家禽制品检查法》第 8 条，任何盛放肉类或禽类 138
产品存在虚假或误导性标志、标签、容器大小或规格时，食品安全监督服务局可以在检查和批准产品后，再撤销其批准。

3.《联邦家禽制品检查法》（PPIA）

《联邦家禽制品检查法》要求检查所有用作人类食用的家禽和家禽产品。该法将“家禽”定义为包括鸡、火鸡、鸭、鹅和珍珠鸡，但更广义地泛指“任何驯养的禽类”。根据该法，“家禽产品”包括屠体或其他部分，以及“全部或部分由家禽屠体或其部分制成”的任何产品。检查包括在屠宰当日对家禽的宰前检查，以确定它们是否存在使之不适宜食用的任何疾病或病症。该法案并不强制要求宰前检查，而是由具体监管机构确认这类检查是否必要。相反，该法规定在加工时对每个屠体必须进行逐一屠体检查。根据家禽种类和操作方式，每个屠体需经过四种被批准的检查体系中的其中一种，接受监管机构的检查。家禽产品在加工时需要接受检查，确保其符合现行法规。这种检查遵循具体产品的不同计划，抽样施行，具体取决于产品种类、制备类型、后续流程以及产品是否存在盛放容器等。成品也可能接受监管机构的检查。

2014 年 8 月，美国农业部公布了对家禽屠宰检查程序的最终修订方案，提供一个全新检查体系供美国禽类加工厂自愿采用。最终方案认为，家禽屠宰检查的现代化将减少沙门氏菌和其他家禽病原体的污染。它可以让食品安全监督服务局指派较少的检查员进行在线检查，并允许检查员对使用新家禽检查系统的设施进行较多的实地检查。

《联邦家禽制品检查法》针对豁免检查的规定与《联邦肉类检验法》类似。每年屠宰不超过 1 000 只自产家禽、不采购他人生产的禽类产品并且只进行州内贸易的小型家禽生产者，从该法案的所有规定中豁免。一个类似的豁免规定是
139 “只屠宰或加工自产家禽供州内交易且每年屠宰或加工量在 20 000 只以下者不需接受检查”。“指定豁免”允许屠宰者在不经检查的情况下屠宰所有者交付的家禽，但需要保证不从事购买和销售能用作人类食用的家禽产品，且最终产品仅供所有者个人使用。如果零售店或餐厅其加工的禽类仅直接销售给消费者且属于“正常零售数量”，或仅向个人消费者销售或提供膳食服务，则从该法案的检查规定中豁免。若零售商仅在禽类出售地点将禽类屠宰并出售给个人消费者，那么它也免于检查。根据通行的宗教饮食规则进行屠宰、加工或处理的家禽或家禽产品，屠宰者可受到特别豁免。

《联邦家禽制品检查法》还授予美国农业部对任何从事“买卖、冷冻、储存或运输”的经营者进行存储和处理家禽产品的行为进行监管，并且在某些情况下授权州政府施行符合或严于联邦要求的检验计划。该法要求进口的屠宰家禽和家禽产品符合美国的检查和卫生标准，并接受随机检查和检验。

《联邦家禽制品检查法》的执行与《联邦肉类检验法》的执行类似：它既有刑事也有民事制裁规定，在违反时政府可以拒绝履行检查服务。此外，《联邦家禽制品检查法》规定食品安全监督服务局具有与《联邦肉类检验法》中相同的撤销批准的权力。

4.《蛋类产品检查法》（EPIA）

《蛋类产品检查法》对蛋制品和壳蛋，提出了具体的检验要求。“壳蛋”或

“蛋”在《蛋类产品检查法》中的定义包括家鸡、火鸡、鸭、鹅或珍珠鸡的蛋。“蛋制品”是指“任何含有或不含添加成分的干燥、冷冻的或液体蛋”，但不包括仅含“相对少量”蛋成分或历史上不被认为属于蛋工业的产品。《蛋类产品检查法》赋予美国农业部和美国食品药品监督管理局执法权。由于美国食品安全监管框架十分分散，美国食品药品监督管理局负责监管壳蛋，而美国农业部则负责管理蛋制品。根据《蛋类产品检查法》的规定，美国食品药品监督管理局的检 140
查员至少每三个月访问一次壳蛋包装厂，以确保其达到该法的要求。与美国农业部监管的其他食品一样，蛋制品的检查比壳蛋更严格：该法律要求美国农业部需持续地检查干燥、冷冻或液体蛋制品工厂的生产流程。鸡蛋加工的过程，必须有一名官方检查员在场，并检查破蛋前后的所有工序。小型生产者拥有有限的豁免权。豁免针对的是从自己的禽舍中将蛋直接卖给家庭消费者的小型禽类生产者，每次销售限制为30个鸡蛋，且只能挨家挨户或在远离生产现场的地点售卖（丢失或破损的蛋也仍然适用）。与其肉类和家禽类似，该法要求受规制的企业须实施美国农业部制定的相关卫生规则，美国农业部有权停止对不合规工厂的检查服务，并关闭其不合格设施。为了应对涉及鸡蛋沙门氏菌污染的召回，美国食品药品监督管理局敦促国会通过给予该机构额外的预防权力，来弥补美国农业部（USDA）和美国食品药品监督管理局（FDA）之间的执法空隙。

（十）美国海关和边境保卫局（CBP）

美国海关和边境保护局成立于2003年3月，是国土安全部的一个下属机构。它继承了曾经的美国海关服务和移民归化局、美国边境巡逻队和动植物卫生检验署的部分职责。除了传统的边境管制职责外，美国海关和边境保卫局还负责预防向美国引入危险、有毒有害、威胁国家食品和农业、携带于食品中的产品和疾病。当这类食品到达美国入境口岸时，记录在案的进口商会向该局申请入境，该局的农业计划和联络处会进行一级检查。然后，美国海关和边境保卫局会根据实际情况，允许货物进关，接着由相关监管机构按照职权，做进一步检查。

（十一）美国海洋渔业局（NMFS） 141

美国海洋渔业局是美国商务部国家海洋与大气管理局（NOAA）的下属部门，根据1946年《农产品运销法》，负责海产品质量管控和分级。它与美国食品药品监督管理局联合执行非强制检查。美国FDA监管海鲜的加工，美国海洋渔业局负责为鱼类和贝类颁发等级标准，并开展检查和认证。美国海洋渔业局下属的美国海产品检验实验室（NSIL），提供自愿的付费鱼肉检验。联邦或州检查员，对食品生产加工设施进行检查，评估卫生状况并收集和测试沙门氏菌。

三、系统性预防办法

系统性预防办法已经成为确保食品安全的重要预防措施，这些方法有各种形式，但均把重点放在食品供应链上游。系统性预防办法的理念是，相对来说最终产品测试和检查是资源密集但效率低下的，因为它们往往是被动检查而非预防性检查。最著名的系统性预防办法是主要用于肉类、海鲜、果汁和酸类食品，并在其他食品上以自愿为基础实施的危害分析与关键控制点（HACCP）方法。

（一）危害分析与关键控制点（HACCP）的发展和应用

危害分析与关键控制点是一种系统性的食品安全预防方法，它注重食品生产过程的每个阶段（包括原材料生产、采购和处理以及制造、分销和消费），而不是仅依靠成品检验来处理物理、化学和生物性风险。在食品行业中，危害分析与关键控制点用于识别潜在的食品安全危害，据此采取关键行动即关键控制点（CCPs），以减少或消除风险。危害分析与关键控制点是一种监管方法，而不是一个监管机构。因此，美国农业部负责制定肉产品的危害分析与关键控制点系统，而美国食品药品监督管理局则负责海鲜和果汁危害分析与关键控制点系统。目前，在美国农业部监管的食品类别中，危害分析与关键控制点均是自愿使用的。尽管联邦监管机构和食品行业在过渡到危害分析与关键控制点体系时，都或多或少遇到了困难，但监管机构仍然看好该体系的发展与应用。

20 世纪 50 年代末和 60 年代初，品食乐公司在美国国家航空航天局（NASA）的参与下开发了危害分析与关键控制点（HACCP）体系，旨在生产用于供给国际空间中食用的食物。当发现最终产品测试不足以完全保证食品的安全时，美国国家航空航天局强制将已经用于工程管理的关键控制点方法，用于食品
142 的加工与制造。与 NASA 合作之外，品食乐曾面对其婴儿食品中含有一种可能造成食品安全风险的成分的危机时，该公司也采用了危害分析与关键控制点，并将其应用于公司的整个食品系统。自其开发以来的几十年里，危害分析与关键控制点已成为被科学界广泛认可为改善食品安全的最佳方法。1985 年，美国国家科学院建议，负责控制食品中微生物危害的政府机构，应颁布法规要求食品行业在

其食品安全控制中应用危害分析与关键控制点体系。该建议促使 1987 年国家食品微生物标准咨询委员会的成立，它在危害分析与关键控制点中加入了现在被广泛接受的七项原则。到了 1988 年，国际组织和许多外国政府已经批准将危害分析与关键控制点体系应用于食品的生产、加工和处理。20 世纪 90 年代初，由于对食品供应中病原体污染的关注增加，美国食品药品监督管理局于 1995 年 12 月采用了危害分析与关键控制点来检查海鲜，美国农业部于 1997 年 1 月开始将其应用于肉类和家禽检查。

食品工业支持危害分析与关键控制点的自愿采用，但基本反对其强制实施。然而，在海产品和果汁加工业中，当特定食品成为病理微生物的重要污染来源而受到媒体关注时，相关行业协会要求美国食品药品监督管理局强制应用危害分析与关键控制点系统，以恢复公众对这些产品的信任。而没有类似问题的食品行业，并不期望额外的监管。

（二）危害分析与关键控制点的七个原则

危害分析与关键控制点（HACCP）基于七个原则，具体如下。

1. 进行危害分析

危害分析指评估食品安全危害，并制定针对这些危害的预防措施。食品安全危害包括任何可能导致食品对于人类消费不安全的生物、化学或物理性危害。危害分析步骤应包括对发生这种危害的可能性及其（如果发生）严重性的评估。143
这种分析还应包括制定预防措施，以控制已识别的危害。

2. 确定关键控制点

关键控制点（CCPs）是指特定过程中的任何可控点，若失去对其的控制可能导致巨大的风险。不少组织和监管机构还定义了其他类型的关键控制点。制造过程的关键控制点可能包括烹饪、冷藏、特定卫生程序、产品配方控制、防止交叉污染以及员工和环境卫生的一些方面。

3. 建立关键限值

必须建立并满足每个关键控制点的关键限值，以确保系统有效控制已识别的危害。关键限值是每个关键控制点确保预防或控制危险的容许限值或安全界限，包括时间、温度、湿度、水活度和 pH 水平等。

4. 建立监控程序

监控是为了确保关键控制点得到控制，有计划地进行观察、测试或测量程序。监控有助于跟踪食品生产的全过程，并挽回经检测却不纠正就可能导致风险失控的不利局面。

5. 建立纠正措施

相关部门必须通过明确的行动计划，迅速解决出现严重偏差的情况。它包括对上游工序的调整或在后续处理中增加校正措施。该计划同时必须妥善处理任何在偏差发生期间所生产的产品。

6. 建立验证程序

验证程序是为了确保针对某工艺流程而设计的危害分析与关键控制点计划，得到彻底的贯彻实施。验证可能包括文档检查、测试、制造商或监管机构的审计等。工序、材料或包装发生的任何重大变化，需要适当的审查，以保持计划与变化同步进行并行之有效。

7. 建立记录和文件记录程序

根据美国商务部的一项研究，没有保存整改记录可能导致同样的问题再次发生。
144 第七个原则要求编制和保持一个危害分析与关键控制点的书面计划，该计划列出企业确认的安全危害、关键控制点和关键限值，以及企业为了确保计划的实施而使用的监控、记录保存和其他办法。这一原则还要求保持在计划运行期间，进行记录。

（三）执行中的限制

对于违反卫生规定或危害分析与关键控制点计划（包括未能制定或实施该计划）的企业，美国农业部可以没收产品、勒令停厂或撤销证照。这一监管机制在金牌牛肉加工厂诉美国农业部（Supreme Beef Processors，Inc. v. USDA）一案中受到了挑战，削弱了美国农业部的执法权。美国农业部认为，沙门氏菌是一种指示生物，它可以检验一套危害分析与关键控制点计划的有效性（价值远高于检测沙门氏菌本身），它可以指示其他病原体是否可能存在。因此，沙门氏菌测试应当被视作病原体控制机制存在与否的指标，沙门氏菌被测出较高数值可能意味着食品掺假。

2001 年，美国第五巡回上诉法院作出裁定，禁止美国农业部仅因未达到沙门氏菌合格标准就暂停提供检查服务。法院认为沙门氏菌本身不是掺假物，因为它存在于所有肉类和肉类工厂中，因此不能作为卫生条件不合格的依据。该裁定被视为对食品安全监督服务局执法权的打击，尽管美国农业部的检查员仍旧有权继续检查，以确保肉类工厂的清洁，其唯一改变的是农业部不能仅根据沙门氏菌的测试结果而直接关停某一肉类加工厂。

（四）低酸罐头食品和酸化食品

尽管在 20 世纪 90 年代中期以前，美国食品药品监督管理局一直没有采用危害分析与关键控制点作为监管工具，但危害分析与关键控制点原则成了 FDA 在 20 世纪 70 年代监管低酸罐头食品和酸化食品的基本框架。这些规定是由美国罐头协会（NCA）于 1971 年向 FDA 提出诉求而促成的，该诉求敦促 FDA 对密封前后进行过热处理、装在密封罐头中的低酸食品采用良好生产规范（GMP）。由于消费不当加工的罐头食品曾引起几次肉毒杆菌病的暴发，它促使美国罐头协会再次采取行动。1971 年，Bon Vivant 牌罐头汤中的肉毒杆菌毒素导致一人死亡、一人重病。美国罐头协会和美国 FDA 立即采取共同行动，试图回收剩余的罐头并通告消费者。为了平息公众对罐头食品的担忧，美国罐头协会提议制定新的规则，帮助美国 FDA 更有效地监管低酸性食品的生产，防止肉毒杆菌中毒的发生。
1979 年，美国 FDA 制定完成适用于低酸性食品和酸化食品的良好生产规范。这 145
些规定目前已编入《联邦法规汇编》（CFR）第 21 卷 113 部分（低酸食品）和 114 部分（酸化食品）。新的紧急事务监管规定，包括一般规定（分项 A）和低酸食品的特别规定（分项 B）也于 1979 年完成，并编入《联邦法规汇编》（CFR）第 21 卷第 108 部分。

（五）海鲜加工商

美国食品药品监督管理局要求海产品加工商实施危害分析与关键控制点计划，以便管控其产品中可能发生的任何食品安全危害。海产品加工商是指从事鱼类或渔业产品的销售、加工或代加工的任何美国或外国个人或企业。美国 FDA 要求海产品加工商制定危害分析与关键控制点计划，并形成其他危害分析与关键控制点记录（例如监控记录），以便在需要的时候由官方审查和备份。

危害分析与关键控制点为海产品的风险监控提供了一个总体思路。食品加工商必须在其危害分析与关键控制点计划中，确定“合理可能发生的”食品安全危害，包括天然毒素、化学污染物和杀虫剂等环境因素。每种海产品加工都有特定的危害分析与关键控制点计划。有一个专门针对贝类的子部分，是一般危害分析与关键控制点计划的补充。这个特殊的部分是指国家贝类卫生计划，它是一个联邦与州合作计划，用于改善在州际贸易中贝类的卫生状况。由于州政府、美国食品药品监督管理局、美国环境保护署、美国国家海洋与大气管理局和外国政府都参与其中，包括制定指南、认证计划和评估程序，因此该项目事实上简化和统一了监管程序。

（六）果汁加工商检查

像海产品加工商一样，果汁加工商需要对其产品中可能发生的任何食品安全危害实施危害分析与关键控制点计划。FDA 于 1998 年出台了对果汁的危害分析与关键控制点规定。该规定出台的部分背景是由于发生了一系列受到公众广泛关注的微生物污染病例，尤其是一名儿童 1996 年在未高温灭菌苹果汁大肠杆菌疫
146 情暴发事件中死亡。在拟订的规定中，该机构还加入了其他令人担忧的潜在危害，包括果汁中来自土壤、罐头以及制造过程的农药和其他污染物。

虽然面对果汁行业的抗议，美国 FDA 还是在 2001 年通过了果汁危害分析与关键控制点法规，拒绝采纳果汁行业当时提出的赋予更多限制条件的监管。新规包括增加检查、实施良好生产规范（GMP）、强制巴氏杀菌、完善标签信息、增加行业教育等。

（七）《食品安全现代化法》（FSMA）对食品安全计划的要求

《食品安全现代化法》（FSMA）在《食品、药品和化妆品法》（FDCA）中增加了第 418 条，要求注册设施进行危害分析并实施预防控制计划。第 418 条适用于所有食品，除了由美国食品药品监督管理局政府预防计划和危害分析与关键控制点监管的、果汁危害分析与关键控制点计划、美国食品药品监督管理局对密封容器中包装的热加工低酸食品的规定以及第 419 条对于新鲜农产品的标准之外。

（八）一般要求：书面计划

设施的所有者、操作者或代理商必须进行书面的危害分析，并制定和实施书面预防性控制计划，以显著减少或防止此类危害的发生，并保证食物没有掺假。根据《食品、药品和化妆品法》第 418 条规定，书面计划必须包括以下要素：

危害分析——必须识别和评估已知或可合理预见的危害，其中包括自然发生

的或可能无意引入的危害。

预防性控制——必须识别和实施预防性控制，以确保在危害分析中确定的已知或可合理预见的危害被显著减少或排除。

有效性监督——必须监测预防性控制计划，以确保其得以实施。

整改行动——如果发现预防控制没有实施或无效，则必须采取适当行动，以减少其再次失败的可能性。 147

验证——必须验证实施的预防性控制，以确保其能够充分地控制危害分析中确定的危害。

记录保存——某些记录需要由食品经营者保存至少两年，并在政府口头或书面请求后，立即提供给美国食品药品监督管理局。

（九）一般要求的豁免

美国食品药品监督管理局在最初实施《食品安全现代化法》（FSMA）时有两点不明确：其一是对农场的定义；其二是未明确哪些活动会使农场被认定为制造商或加工者。经修订，《食品安全现代化法》的实施拟议规则中确认，一般而言的农场内包含产品包装和存储的，亦不受食品预防控制规则的约束。如本章所述，这些活动可能受拟议的生产安全规则约束。经修订的规则还表明，包装或存储来自其他农场的农产品的农场不受 FSMA 第 418 条管辖。进行额外加工或制造的农场（除了农场内包装和储存食物），可能受到预防控制规则的约束。

某些小型实体（或称“适格设施”）也可免于 FSMA 第 418 条的一般要求。“极小企业”是指每年销售人类食品总额不到（根据通货膨胀调整后）100 万美元的公司。一个小型实体（或称“适格设施”）需要提交文件，证明设施所有者、操作者或代理人已发现与正在生产的食品相关的潜在危险，而且正在实施预防控制规则来解决这些危害，同时监测以确保这些控制措施行之有效。这些小型实体也可以提交文件，表明它符合州、地方、县或其他适用的非联邦食品安全法律法规。

对于美国食品药品监督管理局而言，如果食源性疾病暴发的主动调查显示与某设施直接相关，抑或是撤销豁免是（在某种情况下）为了保护公共卫生、防止或减轻食源性疾病暴发的必要条件，它可以撤回适格设施的豁免。

该局对适格设施的豁免是令人困惑且有争议的。一方面，大型农场主认为食

品安全指南应适用于所有农场经营者，不论其大小，因为食品安全不能允许例
148 外。另一方面，小农场主认为，对小农户的进一步要求将增加其成本，使他们在市场上竞争力更弱。不仅如此，多数食品安全失误发生在大型工业设施，而不是小农场。

FSMA 第 418 条额外豁免以下类别的设施：

膳食补充剂——如果此类设施符合当前良好生产规范和膳食补充剂的不良事件报告要求，那么制造、加工、包装或存储膳食补充剂的任何设施都是豁免的。

某些专用设施——任何仅从事生产动物食品的设施，储存用于进一步分配或加工的原始农产品（水果和蔬菜除外）或储存预包装食品且不暴露于环境的设施。

酒精相关设施——任何制造、加工、包装或存储含酒精饮料的设施（即使它们也接收和分销非酒精类食品，只要这些非酒精类食品预先包装以防止人类直接接触，且不超过该设施总销量的 5%）。

四、第三方认证

（一）新治理形式

美国政府已经认识到，随着全球供应链不断扩大，外来食品进口不断增加，政府机构面临着利用有限资源达到有效监管的挑战，因此将第三方认证作为食品安全监管的一个手段。“第三方”一词是指外部审计员，“第三方认证”是指各政府机构依靠的机构来核查是否合规的制度。私人第三方认证从业者，在事实上代位政府机构进行检查，并判定某些做法是否合规。政府机构又扮演了一些新的角色，协调和监督这些私人第三方机构的工作。私人第三方机构和公权力机构的这种伙伴关系或称密切配合，是本章导言中提到的“新治理”的一种形式。

（二）授权第三方机构

《食品安全现代化法》（FSMA）第 307 条在《食品、药品和化妆品法》（FDCA）的基础上增加了第 808 条，要求美国食品药品监督管理局建立一个体系，管理负责审核该机构管辖下的外国设施或进口食品的第三方的认证。根据该
149 制度，专门的认证机构将负责对第三方机构进行认证，这些认证的第三方可以审核外国食品或设施是否符合美国要求，包括新的预防控制要求。《食品安全现代

化法》第302条规定了自愿合格进口商计划（VQIP）；第303条授权美国食品药品监督管理局要求对可能存在安全风险的进口食品，进口时应获得第三方认证。《食品安全现代化法》第307条设计了完整的认证体系，其中包括认证机构用来评估和认证第三方机构的标准。如果在认证体系建立两年内未能认证某一机构，美国食品药品监督管理局只能直接认证和授权该第三方机构。外国政府、农场、加工商、私人公司和个人产品的外国合作社也有资格作为适格的第三方。根据《食品安全现代化法》，美国食品药品监督管理局有权撤销第三方的认证或撤销认证机构的认证权。美国FDA还必须制定重新授权第三方和恢复认证机构认证权的程序。

2013年7月29日，美国食品药品监督管理局公布了关于认证第三方机构的拟议规则。拟议规则包括美国FDA认可和认证其认证机构以及第三方审核机构的要求和程序。FDA认为，这些要求将有助于确保参与者的能力和独立性。拟议规则还包括对外国食品设施和进口食品的审核和认证要求。该拟议规则也适用于协商性审计，即用于内部确认某个机构是否符合美国FDA的要求；也可适用于合规审核，即递交给FDA报告以确认某种食品是否合规。更重要的是，无论第三方审核还是认证机构，若发现可能导致公众健康的严重风险的任何状况，他们必须立即通知美国FDA，无论这种风险是在协商性审计或在合规审核中发现的。

对拟议规则的公开意见征询已经结束。除此之外，美国FDA将出台认证标准草案，其中将规定认证机构所需的资质。

第三方认证作为美国FDA使用的法律工具，其效力可能会被仔细审查。2013年9月，美国FDA举行了一次公开会议，讨论其拟议的认证规则。消费者保护团体对FDA采用第三方审核和认证，表示担忧。

五、食品的可追溯 150

（一）作为法律工具的演变

食品的可追溯，长期以来一直被认为是食品安全监管的一个工具。美国食品药品监督管理局这样定义食品的可追溯或称产品跟踪：它是一种记录产品生产和分销链的系统，以便在食品污染暴发或有食品污染证据的情况下，可以追溯某个产品的共同的来源或分销后的去向。食品的可追溯性的法律规定碎片化发展，而且仍然没有完成。产品跟踪的发展，主要由法律责任和食品安全推动，但产品跟踪仍是一个相当复杂的工作，需要个人、机构和食品企业在食品供应链中协同合作。事实上，私营企业经常与政府机构合作，致力于进一步发展食品溯源系统及其技术发展。与此同时，这些努力与尝试，也受到复杂的法律和政治的考验。

1998 年，美国食品药品监督管理局在水果和蔬菜食品安全指南中对可追溯性作了初步尝试。在这些不具约束力的政府建议中，美国 FDA 提出，通过追溯确定产品来源是对良好农业生产和管理规范的补充，可以防止食品安全问题的发生。美国 FDA 建议，一个有效追溯系统应该至少记录产品的来源，并附随一个农场到消费者的产品识别机制。具体来说，美国 FDA 会搜集关于收获日期、生产农场识别以及将产品从种植者交到消费者手中所有经手人的信息。

2002 年，国家动物农业研究所（NIAA）成立了一个工作组，制定“国家识别工作计划”。他们的使命是确保全国禽畜的健康，提高对抗生物安全风险的能力，提高肉类制品的附加值，并提高其与也在实施禽畜追踪系统的国际贸易伙伴之间的竞争力。美国动物卫生协会起草并接受了该工作计划，该协会还通过了一项决议以响应工作计划的实施。它要求美国农业部动植物卫生检验局（APHIS）
151 建立国家动物识别开发团队。该决议提出，开发团队应使用国家动物农业研究所的工作计划作为指导，制定一项全国性计划。为此，开发团队在 2003 年春季完成了美国动物识别计划（USAIP），它的目标是开发一个追溯系统，识别患病动物被发现后 48 小时内可能与其接触的所有动物和场所。

2003 年 12 月，华盛顿州出现患牛海绵状脑病（BSE 或“疯牛病”）的牛畜，推动了全国性动物识别计划的加紧实施。为了回应人们对追踪家畜过程过于缓慢的批评，以及对 FDA 是否有能力追踪食用牲畜的质疑，美国农业部开始积极实施国家动物识别系统（NAIS），作为预防疯牛病的优先政策。

国家动物识别系统的实施变得复杂，也可以部分归因于两个法律问题：第一，收集和存储信息的保密性；第二，生产者承担的法律责任。一些畜牧生产者和畜牧业参与者对于“谁能够获得提供给国家动物识别系统的信息”表示担忧。他们认为：（1）一个集中的数据库可能允许行业中的其他人，无论是生产者的直接竞争对手还是包装者，有途径了解他们的业务信息；（2）诸如税务局、土地管理局或环保署（EPA）等政府机构也可以访问数据；（3）计划损害畜牧业的人，可能会获得信息。业内对于法律责任的主要担忧是大家都知道食品安全诉讼中的关键是“谁/哪个环节造成了食品安全风险”。他们担心，该系统将允许人们可以查到在每一个环节动物的所有者信息。2010 年，美国农业部放弃了国家动物识别系统，赢得了畜牧行业的赞誉，但却引起了其他食品行业参与者的担忧。

（二）下一步骤：生物反恐法

如本章先前所述，可追溯性是《生物反恐法》中的一项主要规定，该法要求企业记录他们接收和销售的所有食物，从而建立一个监管链。企业（除农场和餐馆之外）需要向美国食品药品监督管理局提供关于产品的直接上一来源以及产品（除消费者之外）的直接后续接收者的具体信息。这通常被称为上一步/下一步要求，是基于欧盟可追溯性模型的基本可追溯性规则。

（三）《食品安全现代化法》（FSMA）：可追溯性要求 152

《食品安全现代化法》第 204 条提出了更严格和标准化的可追溯性系统。第 204 条要求在建立追溯系统之前，美国 FDA 至少开展两个试点项目（一个或多个用于加工食品，一个或多个用于新鲜产品），以评估和改进追溯方法，然后向美国国会报告这些试点项目的调查结果。FDA 还需要进行补充的数据收集，例如评估几种不同产品追踪技术的成本和效益，其中包括已投入商业使用的国内外追踪技术。

第 204 条指导 FDA 在完成试点和收集补充数据后，开始制定高风险食品记录规则，以促进追溯体系的实施。FDA 必须考虑以下因素对高风险食物做出定义：基于食源性疾病数据的已知风险；具有较高潜在污染可能性的特定食物；以及特定食物可能造成疾病的严重性。这些高风险食物将成为新追踪系统的监管重点。

（四）私营企业的追溯制度

私营部门在个体供应链层面提出的可追溯制度复杂多样，它们出现的原因是人们认为实施对可追溯制度来质量产品保证，可以提高其商誉和市场竞争力。这些系统强调整个供应链的可追溯性，包括从种植者到分销商再到零售商。全供应链的追溯可以平摊风险，并在利益相关者之间建立契约关系。

由于《食品安全现代化法》对食品工业的强制可追溯性要求（主要关注“高风险食品”）并不高，私营部门的可追溯体系很可能继续蓬勃发展，从零售者到生产者都会响应消费者的要求，建立高透明度、高质量的安全保证。当然，可追溯性制度对产品责任的影响是显而易见的。例如在本章中曾提及，《食品过敏原标识及消费者保护法》规定任何不标记已知或未知的常见过敏原的制造商，须承担重大责任。因此，制造商必须知晓原料含量和来源，以避免最终产品被检测存在未标识的过敏原，而产生相关责任。另一个例子就是非转基因食品的认证，对可追溯、产品记录和隔离都提出了严格的验证过程，而这个过程依赖于先进的可追溯系统。

153 六、通报要求

（一）应通报食品登记制度（RFR）的法定报告

FDA. GOV 网站上提供的应通报食品登记处是一个电子门户，于 2009 年 9 月 8 日上线，供食品行业在食品有可能导致不良健康后果时做出报告。美国国会在《美国食品药品管理法修正案》（2007 年）中加入了应通报食品登记制度（RFR），作为该法规的一部分。该登记制度要求美国食品药品监督管理局建立一个电子门户，供责任方在 24 小时内提交应通报食品，同时公共卫生官员也可以在该平台上提供报告。该门户为美国食品药品监督管理局提供了一个信息收集工具，以便跟踪食品掺假的各类表现方式。应通报食品登记制度基本适用于所有美国食品药品监督管理局监管的食品类别（除了膳食补充剂和婴儿配方乳粉之外）。美国农业部在《联邦肉类检验法》《联邦家禽制品检查法》和《蛋类产品检查法》下可以独立监管的产品，无须遵守应通报食品登记制度。

（二）基本报告要求

根据《食品、药品和化妆品法》（FDCA）第 417 条，“责任方”如果确定其制造、加工、包装或存有的食品符合“应通报食品”，必须向美国食品药品监督管理局报告。应通报食品登记处要求责任方在可行的情况下尽快通过该处提交报告，且在任何情况下不得迟于确定食品是应通报食品后 24 小时内。《生物反恐法》中的报告包括下一步追溯的要求，即食品公司必须在该处登记他们的供应商和客户。

根据《食品、药品和化妆品法》第 417 条，应提交该法规项下应通报食品责任方，参照同一法案第 415（a）条（《美国法典》第 21 卷 350d）规定必须申请食品设施注册的食品制造、加工、包装或存储者。如本章所述，根据《食品、药品和化妆品法》第415条要求进行设施注册者，应是从事食品制造、加工、包装或存储在美国消费的食品的国内或国外设施的所有者、经营者或代理人。这些主体可以包括个人、合伙企业、公司或协会。

应通报食品登记制度要求相关公司和与产品负责人提供详细报告，说明出现的问题、获知问题的过程、调查过程、受影响的产品信息以及是否有任何不良事件。2012年6月，美国食品药品监督管理局宣布，它将进一步扩大要求提供信息的范围，包括提供报告的原因、根本原因分析、公司选择性报告某特定批次产品 154
的理由、整改措施、产品是否经过抗菌处理（如果是的话，说明如何处理）、是否存在需要美国食品药品监督管理局收集的细菌分离物以及是否已经通知其供应商和客户。

（三）应通报食品

应通报食品是指“有合理可能在使用或暴露时，会对人类或动物造成严重不良健康后果或死亡的食品（除膳食补充剂或婴儿配方乳粉外）”。美国食品药品监督管理局提供了几个应通报食品的例子，包括被沙门氏菌污染的花生酱、没有写明含有花生成分但含有花生酱的冰激凌、被高含量三聚氰胺和氰尿酸污染的宠物食品以及可能造成窒息危险的婴儿食品。

若发现应通报食品，责任方（注册机构）必须提交报告，除非受影响产品被转移给他人之前由责任方引起的掺假已经被检测到且责任方已经纠正了掺假行为或销毁了受影响的食品。对“转移”的定义有时会令人费解。美国食品药品监督管理局的指南草案指出，“当责任方把食物给予另一人时，转移就发生了”。指南草案进一步指出，“责任方”在《食品、药品和化妆品法》（FDCA）第201（e）条中定义为“包括个人、合伙企业、公司和协会”以及“仓库经营者（若是一个独立的法人）”。美国食品药品监督管理局认为，产品保管的任何变化，无论实际所有权是否改变，都属于转移；在垂直集团公司内转移不构成向另一人转移，这时公司仍持续所有该食品。美国食品药品监督管理局最终可能会不再从“所有权”角度，而是从更广泛的“控制”角度出发解释“转移”。对产品的控制可以更准确地反映食品生产的现实，从而更有效地促进食品安全和实现应通报食品登记制度的真正立法意图。指南草案的修订，会反映其定义是否朝着“控制”的方向发展。

（四）《食品安全现代化法》（FSMA）的要求

《食品安全现代化法》要求对应通报食品登记制度进行一些修改，例如告知程序要落实到消费者的层面，这样的规定对杂货店造成的影响很大。责任方（注册设
155 施）必须为新产品提供以消费者为导向的信息，包括食品描述、产品标识代码（例如 UPC、SKU 或批号）、责任方联系信息以及其他美国食品药品监督管理局认为必要的信息，以使消费者能够准确识别应通报食品。FDA 还要求这些信息必须填写在一页纸的标准化的简报中，并公示在该局的网站上，易于杂货店打印并张贴，用于告知消费者。销售应通报食品并且有 15 个以上连锁的杂货店，都必须在该局网站贴出通告后 24 小时内在显眼处张贴相关通告，并保持 14 天。《食品安全现代化法》还要求 FDA 制定并公布张贴此类通告的具体操作手册，包括何为显眼位置（例如，应通报食品在店内陈列处、在收银机处或附近），杂货店应选择其中至少一个位置进行张贴。该法案严禁杂货店故意不遵守此消费者通知义务，否则可能面临行政强制执行和刑事起诉。

（五）法律考量

作为一个相对较新的工具，应通报食品登记制度可能会经历多次修改。此外，应通报食品登记报告一直被认为是“加保险的”报告，它并不能用于诉讼表明某产品已被污染或已引起疾病，这些都引起了人们对未来诉讼的担忧。由于应通报食品登记报告必须按照《信息自由法》的要求进行披露，起诉者可以根据应通报食品登记报告来撰写其起诉书。最后一点值得注意的是“即使是无意的、未能按照《美国法典》21 卷 § 350f 进行报告，也可能构成对《食品、药品和化妆品法》（FDCA）的刑事性违法”。

七、农场：生产安全

（一）美国食品药品监督管理局（FDA）的责任

虽然美国食品药品监督管理局对农场的食品安全有管辖权，但是该机构在历史上与农业几乎没有什么关系。《食品安全现代化法》却改变了这种情况。它扩大了该局的食品安全监管职权，包括农场的某些活动。《食品安全现代化法》第 105 条通过正式的规则制定，要求该局“以科学为基准，为以

水果和蔬菜及其特定混合物为农产品原料的，建立安全生产和收获的最低标准，使该局能够通过这些标准能将导致严重不良后果或死亡的风险降到最低”。通常，美国农业部才被要求具备专门知识和资源来规范农场活动（至少在畜牧业方面），而非 FDA。一些评论人员批评美国国会对 FDA 的授权，因为该机构的专业知识偏向于食品加工科学，而更好地掌握农业生产方式的应是美国农业部。尽管如此，美国国会还是决定授权 FDA 管理农场活动，以 156
确保食品安全。

（二）拟议规则

2013 年 1 月，美国食品药品监督管理局颁布了一项实施《食品安全现代化法》有关产品安全的拟议规则。该局根据公众对拟议规则的意见，于 2013 年 9 月发布了一项补充规则，修改了几个关键规定的措辞。该规则对在美国境内种植、收获、包装或保存用于人类消费的新鲜或未加工的水果和蔬菜的国内外农场，提出了新的要求。产品安全规则，必须以科学为依据，建立水果和蔬菜中微生物危害的最低标准。拟议规则未涉及化学、物理或放射性污染。与微生物污染不同，这些污染比较罕见，FDA 无法使用基于风险的方法来提高产品安全性。

拟议规则仅适用于在新鲜或自然未加工状态下用于人类消费的水果和蔬菜，不包括鲜见的一些生食食物；另外，用于进一步商业加工或农场内消费的食品亦不受该拟议规则的约束。美国 FDA 还建议，规则中不包括经商业加工的谷物，但包括一些通常不被认为是水果和蔬菜的食品，例如蘑菇和坚果。此外，经修订的拟议规则允许某农场收集或持有不同所有权的另一个农场种植的农产品原料，而其不被视为受产品安全规则约束的食品设施。

（三）某些农场的豁免

拟议规则使某些小农场免受产品安全规则的影响。近 3 年内平均销售额不超过 25 000 美元的农场，将被完全排除在该规则适用范围之内。对于不能豁免的农场，FDA 提出了一个针对“小微企业”的豁免，适用于平均前 3 年销售产品的年度货币价值不超过 250 000 美元的农场。对于仍旧不符合这一豁免的农场，另外豁免的条件是：（1）在过去三年期间销售的食品的平均年货币价值不超过 500 000美元；（2）大多数食品直接销售给“适格的最终用户”，它是指与该农场

同在一个州内或距离该农场不超过275英里[1]的消费者、餐馆或零售机构（杂货
157 店）。此豁免允许农场在产品安全规则生效后四年内，一直被视为“小微企业”（销售额为2.5万~25万美元的农场）；对“小企业”（销售额为25万~50万美元）的农场的豁免维持三年，其他农场则为两年。在此豁免期间的基础上，拟议规则给予适格的农场增加两年的过渡期，以达到水质标准的要求。

对拟议规则的补充，还拓宽了对“农场”定义，规定了包装或储存其他农场生鲜农产品的农场也将遵守产品安全标准。补充后的拟议规则还修订了对“农场”“持有”和“包装”的定义，使其与关于食品预防性控制的修订保持一致，并就与“农场”的定义及其有关的重要问题，提出了进一步意见。

根据拟议规则，所有农场（包括适格的豁免农场）根据美国食品药品监督管理局的一般规定，都禁止销售掺假食品。据此，美国FDA在以下情况下可以撤回豁免：（1）如果有和豁免农场直接相关的食源性疾病暴发的调查；（2）FDA认为确有必要保护公众健康、防止或减轻基于与农场有关的行为或条件的食源性疾病暴发，这些行为或条件包括对相关农产品的种植、收获、包装和存储。

目前尚不清楚撤回令的证据标准或条件是什么。收到撤回令的农场所有者、经营者或代理人必须在60天内表示服从或申诉。补充后的拟议规则在序言中解释道，美国FDA应将撤回豁免视为最后手段，并且：（1）在撤回豁免之前考虑其他可能的替代行动，包括警告信、召回、行政拘留、暂停注册、没收和禁令；（2）在撤回豁免之前，FDA必须首先以书面形式通知农场可能导致其撤销豁免的情况，而农场主可以在10个工作日内回应，并考虑农场可以采取哪些措施用以解决可能导致撤销豁免的情况。补充后的拟议规则，还规定了农场恢复豁免的流程：第一，如果撤回原因是农场与持续的食源性疾病调查直接相关，且调查确定两者没有直接联系，则可以恢复豁免；第二，农场消除了导致FDA发出撤回的条件或行为，且该撤回豁免对于保护公共卫生、防止或减轻食源性疾病暴发不再必要。

158 ### （四）标准摘要

拟议规则规定了以下有关种植、收获、包装和存储的安全标准。

农业用水——任何一定或可能接触农产品可收获部分或食品接触表面的水

---

① 英里：长度单位，1英里=1 609.344米。

源，在其预期用途内须保持安全和卫生。这一要求涉及种植、收获、包装和存储农产品的农业用水、水源和配水系统的记录、检查、维护和后续行动。补充后的拟议规则规定，农场可以使用自行测试的结果或在某些情况下使用第三方收集的数据，用以满足与农业用水测试相关的要求。

生物土壤修复——拟议规则制定了动物废料的使用和处理标准，并禁止在种植的农产品中使用人类废弃物，除非这种使用被其他法规允许。

农药和野生动物——拟议规则要求对允许或有可能使动物进入农产品生长地区的情况，制定相关流程。拟议规则要求在任何放牧、作业、收获以及监测动物侵入之间有足够的缓冲期。补充后的拟议规则明确规定，该条例不会授权或要求相关农场采取“捕捉”《濒危物种法》所保护的受威胁或濒危物种的行为，也不会要求有关农场采取措施将野生动物驱逐出户外种植区或破坏其栖息地。

设备、工具和建筑物——拟议规则指定了对任何有意或可能接触农产品以及涉及农产品种植、收获、包装和存储的设备和工具的要求。

工作人员培训和卫生——拟议规则要求所有从事生产的工人须符合资格和培训要求。美国食品药品监督管理局还要求建立卫生程序，以防止产品污染。

八、运输

（一）范围

《食品安全现代化法》（FSMA）授权美国食品药品监督管理局制定食品安全运输规定，从而将完整的农场后供应链（除了美国农业部单独管辖的食品外）覆盖在其监管体系内。2014 年 2 月，FDA 公布了关于食品卫生运输的拟议规则。拟议的卫生运输规则涵盖国内和国外实体，但两者的规则范围不尽相同。通过汽车或轨道车辆在美国运输食品的托运人、接收人和承运人受该规则的约束（即使其运输的食品不进入州际贸易）。美国以外的出口商也受新规则约束，若其符合： 159
（1）使用海运或空运国际货物集装箱至美国；（2）在美国将完好的集装箱转移到运输的汽车或轨道车辆内，用于美国国内的商业用途；（3）食物将在美国被消费或分销。拟议规则从“运输作业”的定义中排除了由农场输出的包装完毕的耐储存食品、压缩食品气体（例如用于碳酸饮料的二氧化碳）、活牲畜和生鲜农产品。拟议规则还豁免了年销售额不到 50 万美元的从事食品运输业务的实体。此外，美国食品药品监督管理局允许其他遵守该规则的实体申请豁免，若他们能够证明被授予这种豁免不会导致对人类和动物健康有安全隐患的条件下运输食品，且不违反公共利益。

(二) 拟议规则摘要

拟议的卫生运输规则对食品运输中的污染问题，采用基于风险的方法。美国食品药品监督管理局认为未被其容器完全封闭的食品（例如通风箱中的新鲜产品）以及需要时间或温度控制以确保其安全性（例如肉、家禽或海产品）或防止微生物腐败（例如巴氏灭菌果汁）的食品在运输中有较大的风险。拟议规则的要求包括以下几点。

车辆和运输设备——拟议的规则要求在运输食品时，使用的车辆和运输设备要符合要求，并且已充分清洁以确保运输的卫生。这一规定还延伸到这些车辆和运输设备的维护，以防食物变质或损害健康。

运输作业——拟议规则将“运输作业”定义为“所有与食品运输相关的、可能影响食品卫生条件的活动”，列明的豁免除外。这些活动包括清洁、检查、维护、装卸以及车辆和运输设备的操作。拟议规则要求在“在必要的条件和控制下”进行运输操作，以防止食物变质或损害健康。

信息交换——拟议规则要求货主和承运人交换信息，以维持食物的卫生。

160 培训——拟议规则要求承运人为雇员提供培训，使其了解食品运输中的食品安全问题和最佳解决方案。承运人还必须保留这些培训的记录。

记录——托运人和承运人必须保留记录，包括相互交流的信息及两者之间的书面协议。

九、执法

(一) 一系列法律工具

每个主要食品安全法规都有具体的执法规定，如《食品、药品和化妆品法》（FDCA）第301条、《联邦肉类检验法》（FMIA）第610条、《联邦家禽制品检查法》（PPIA）第458条和《蛋类产品检查法》（EPIA）第1037条。《食品、药品和化妆品法》第301条禁止任何会引起违法行为的做法，包括其行为本身违法。公民个人没有权利通过诉讼，来要求强制执行食品安全法规。美国食品药品监督管理局（FDA）和美国农业部（USDA）在不同程度和范围内可用一系列执法工具，发起对食品安全违规的监管：行政执法行动，如检查、警告信和负面曝光；司法执法行动，如暂停、召回、禁令、没收、扣留和刑事起诉。行政执法行为只由行政机关发起和执行，而司法执行可能需要法院的参与。这些执法工具并不相互排斥，可以相互叠加。《食品安全现代化法》（FSMA）加强了美国食品药品监督管理局对其中一些执法工具的监管权力。

（二）检查

尽管本章之前已经将检查注册设施作为食品安全监管的主要工具进行了介绍，但作为食品安全执法工具，在这里有必要指出联邦食品安全法授予了美国食品药品监督管理局和美国农业部两者执行检查设施和记录的权力。

（三）警告信

警告信是另一种美国食品药品监督管理局用以处理违规行为的行政工具。由于警告信一般针对非故意或非公然的违规行为，造成伤害或死亡的可能性很小，
且不是重复或持续不当行为的一部分，所以它主要用于违反标签规定的处罚（第 161
四章中将介绍警告信发布的程序）。然而，警告信现在却被越来越多地用在与食品安全相关（而与标签瑕疵无关）的违规事项中。例如，2010 年 11 月，美国食品药品监督管理局（FDA）发送了一封警告信给 Plusion Projects 公司——一种流行的酒精饮料“四洛克（Four Loko）”的制造商，理由是该产品中高含量的咖啡因不是“公认安全物质”（GRAS），因此其中的咖啡因不能被认为是安全的食品添加剂。2012 年 5 月，美国食品药品监督管理局发布警告信给佛罗里达州的“优品海鲜公司”（Finest Seafood Company），在该局对其海鲜加工设施检查后发现，其危害分析与关键控制点（HACCP）计划不能对蟹肉和烟熏鲑鱼产品中病原菌生长、肉毒杆菌生长和毒素进行有效控制。2012 年 8 月，FDA 在销售的牛肉中发现超标的药物残留水平，因此向加利福尼亚州的乳制品和肉类养殖场发出了警告信。此前，该局已经访问了每个设施，并检查农场的操作，且记录以跟踪被屠宰的动物。

（四）负面曝光

根据《美国法典》第 21 条 § 705，负面曝光也包括某食品公司拒不与执法官员合作的信息。《食品、药品和化妆品法》第 705 条规定，美国食品药品监督管

理局有权进行宣传，用以提高公众对违规产品以及使用这种产品可能产生的不利后果的认识。虽然美国食品药品监督管理局通常不会发布负面新闻稿，但这也可能发生。这种性质的负面曝光，可能对企业或产品造成毁灭性的打击。这种信息传递，可能造成远大于食药监局希望其付出的代价。负面曝光不仅影响企业面临的短期困难，也可能影响到未来产品的诉讼。

（五）召回

1. 美国食品药品监督管理局的召回权

召回是美国食品药品监督管理局和美国农业部频繁用于食品安全违规的执法工具。美国食品安全监管中一个常出现和有分歧的议题是“政府是否有权命令公司从商品贸易中回收不安全食品”。

162 当美国食品药品监督管理局要求一家涉及中毒事件的公司从市场上清除危险产品时，它无意间启动了召回程序。之后，该局仅在可能发生最严重的情况下，才谨慎地要求公司回收产品，但从 20 世纪 60 年代末开始，需召回的产品数量激增，它迅速成为食药监局最常用的执法方法。

在《食品安全现代化法》出台之前，美国食品药品监督管理局没有强制召回不安全食品的权力。虽然纵观美国食品安全的发展历史，曾经存在有关于“政府是否有权命令公司从商品贸易中回收不安全食品”的辩论，但随着《食品安全现代化法》的出台，至少对美国食品药品监督管理局管制的食品，该争议已经不复存在。《食品安全现代化法》第 206 条第一次给予了美国食品药品监督管理局强制召回权。当食品有掺假（根据第 402 条）或错误标签（根据第 403 条）的合理可能性，并且将导致严重的不良健康后果或死亡（Ⅰ类召回）时，该机构可要求食品企业自愿停止销售和召回除婴儿配方奶粉以外的食品。如果责任方拒绝停止销售或召回此类食品，该局可以下达命令，强制该方停止销售食品，并立即通知所有分销商。公司可以对此行政命令提出申诉，申诉将在两天内获得非正式听证，在此期限后，FDA 将确认继续执行还是撤销该行政命令。

《食品安全现代化法》完全沿用了食药监局制定的召回指南，该指南根据涉及的危害程度将召回分为三个等级。Ⅰ类召回是最严重的召回类型；当有可能造成严重伤害或死亡时，该局才会启动Ⅰ级召回。Ⅱ级召回针对产生重大伤害或死亡机会较低，但仍有可能发生严重不良事件并产生不可逆转后果的产品。Ⅲ类召回针对不太可能导致不良的健康后果的产品，但由于机会仍然存在，因此产品应

被回收。值得注意的是，《食品安全现代化法》赋予 FDA 的强制权，仅限于造成 163
死亡或不良健康后果实行的Ⅰ级召回。

美国食品药品监督管理局需要在召回令中制定一个时间表，包括启动召回的公司向食药监局提交定期报告进度的时间节点。在进行召回时，公司必须向参与制造、加工、包装、运输、分销、接收、存储、进口和销售食品经营者，以及分销、运输或出售的接收者发出通知。美国食品药品监督管理局必须确保新闻稿、警文和公告的发布，向消费者和零售商提供有关食品名称、相关风险以及未受影响的类似食品的信息。此外，如果召回的食品有图片，则必须在该局网站上公布。FDA 必须定期更新其网站，添加向公众提供能够访问召回信息的搜索工具。停止分销的命令可能会仅限于受影响的地区和市场。当公司完成所有召回活动时，FDA 将终止召回令。

若某公司不遵守强制召回令，即违反了《食品、药品和化妆品法》，它可能会面临民事处罚。具体来说，《食品安全现代化法》修改了《食品、药品和化妆品法》第 303（f）条第（2）款第（A）目，规定未能遵守召回令对个人的民事处罚最高为 5 万美元，对其他个体（定义为个人、合伙、公司或协会）最高为 25 万美元。对于在单个程序中裁定的所有违法行为，处罚的上限为 50 万美元。此外，当责任方不遵守初始召回令时，该局可以聘请代理方代为执行召回，并强制向责任方代为收取进行召回所需要的费用。

2. 美国农业部的召回权

《食品安全现代化法》的强制性规定不适用于美国农业部的食品安全监督服务局（FSIS）管辖范围内的食品。食品安全监督服务局曾发布一份指导规定，其中明确了美国农业部回收肉类的程序。当食品安全监督服务局得知掺假或标签错误的肉类或家禽可能用于商业销售时，会进行初步调查以确定是否需要召回食品。如果确定召回是必要的，它会召开召回委员会会议，参与人员包括食品安全监督服务局的科学家、技术专家、现场检查负责人、执法人员和沟通专员。召回委员会评估关于食品的健康风险，将召回进行类似于美国食品药品监督管理局使用的三个等级分类方法：Ⅰ类召回——产品很可能导致严重的不利健康后果或死亡；Ⅱ类召回——有较小可能存在由于消费肉类或家禽产品而引起的不利健康后果；Ⅲ类召回——产品的消费不会导致不利的健康后果。 164

召回委员会将对召回的范围提出建议。食品安全监督服务局和需启动召回的公司会进行有效性复核，以确定召回通知的充分性和产品是否应完全从市场中移除。食品安全监督服务局通过两种方式通知公众召回信息——新闻稿和召回通知报告（RNR）。召回通知报告向公众提供肉类和家禽召回的详细信息，它会通过传真和电子邮件发送给全国的食品安全和公共卫生官员。食品安全监督服务局也会在其网站上发布召回通知报告，并将这些报告发送给全国的食品安全和公共卫生官员。

支持美国农业部的食品安全监督服务局使用的自愿回收系统基于两个观点，这两个观点也同样用来反对扩大美国食品药品监督管理局的强制召回权：第一，它能够有效地从商品贸易中移除不安全食品；第二，它促进了政府和行业之间的合作。支持者认为，公司通常能够自发或应有关部门请求，自愿、及时地采取召回行动。美国农业部官员经常评论说，没有发现食品公司推迟或不发起召回的情况；然而，美国政府问责署（GAO）对这一说法提出质疑，理由是没有实据。尽管美国政府问责署对农业部的说法提出批评，但农业部官员仍然坚持这一说法，并将其成功经验归功于政府执法的威慑、负面曝光和违法责任曝光。基于这种假定的成功，强制召回的权力通常被认为是不必要的，因为美国农业部在没有它的情况下，已经拥有足够的权力和影响力来召回不安全食品。

（六）市场退出和存货回收

除了召回，食品公司可能采取其他行动以从商品贸易中移除产品，包括市场退出和存货回收。市场退出是指从销售渠道中移除涉及轻微违规，但不会受到美国食品药品监督管理局或食品安全监督服务局的指控的产品，或者公司希望出于其他原因（例如该产品不符合公司的内部政策）撤回分销的产品。存货回收是指移除尚未被放置在零售分销渠道但仍在食品公司直接控制之下的产品。

165 （七）暂停注册

《食品安全现代化法》第102条授权美国食品药品监督管理局根据《食品、药品和化妆品法》第415（b）条暂停食品设施注册。如果美国食品药品监督管理局确定某设施制造、加工、包装、接收或保存的食品，有可能对人或动物导致严重不利的健康后果或死亡，该机构可以暂停某设施的注册：（1）造成、引起或以其他方式导致这种风险可能的设施的注册；（2）知道或有理由知道食品安全风险的概率，却仍然包装、接收或持有该食物。

暂停相当于关闭食品设施，因为被暂停注册的设施将被禁止用于食品商业销售或进出口。美国食品药品监督管理局将向注册人发送暂停令以及举行非正式听证会。非正式听证会应尽快且不得迟于暂停令下达后 2 个工作日内举行，除非该局和注册人另行商定时间。非正式听证会讨论恢复注册所需行动以及讨论为什么应该恢复被暂停注册的设施。如果美国食品药品监督管理局认为暂停仍有必要，该机构将要求注册人提交整改计划，以证明注册人如何纠正美国食品药品监督管理局发现的问题。一旦确定不再存在足够的理由继续暂停或者应当修改暂停令，美国食品药品监督管理局将撤销该命令并恢复设施的注册或酌情修改命令。

暂停注册相当于美国食品药品监督管理局颁发的行政禁令，并不需要涉及司法程序或耗时耗力的去获得一个司法禁令。2012 年 11 月，FDA 暂停了 Sunland Inc. 公司（一家坚果和坚果酱生产商）的食品设施注册，这是美国食品药品监督管理局第一次根据《食品安全现代化法》行使其注册暂停权。对 Sunland Inc. 公司的注册暂停，是由于该公司生产的花生酱与布雷德尼沙门氏菌的暴发相关，使 20 个州的 41 人患病，且该公司曾经有违规历史。

美国食品药品监督管理局尚未颁布执行《食品安全现代化法》注册暂停规定的细则。然而，在没有细则的情况下，该机构正在遵循法案中的规定和《美国法典》第 21 卷中第 16 部分关于监管听证会的条例行使公权力。美国食品药品监督管理局给 Sunland Inc. 公司的暂停信中已经透露了未来法规监管的方向。如果 Sunland Inc. 希望听证会在 2 个工作日内举行，信内要求该公司在 1 个工作日内提交一份针对此类听证会的书面请求。若 Sunland Inc. 想要约定一个时间举行听证会，它必须在该命令发出后 3 个工作日内提交申请。如果在 3 个工作日内没有 166
提交书面申请，它将被视为已放弃要求举行听证会的权利。该信还指出，除了举行听证会之外，公司还可以采取整改行为申请恢复注册，但没有规定告知 FDA 选择采用此方式的截止日期。虽然《食品、药品和化妆品法》没有规定要求举行暂停听证的资格和条件，但美国食品药品监督管理局的信函中写明，听证申请中必须提供具体事实，表明存在“真实和实质性的争议，需要进行听证会”，且由 FDA 指定的主席决定是否满足标准。美国食品药品监督管理局还在信中解释，听证会将不对公众公开。

（八）禁止令

禁止令被用来制止和防止违反行为，例如停止违法产品在州际贸易中的流通以及消除导致违法行为发生的条件。《食品、药品和化妆品法》明确授权地区法院使用禁止令来帮助强制执行法律规定。美国食品药品监督管理局可以使用该权力来暂时或永久禁止生产或分销掺假或标签错误标示的食品。美国食品药品监督管理局或美国农业部必须从公司所在地的联邦检察官处获得禁止令。如果检察官同意立案，他（她）将向美国地方法院提出禁止令申请。禁止令也可以强制要求食品企业采取某些行为，例如向美国食品药品监督管理局注册设施或进行召回。一般而言禁止令只有当食品企业一直不能或不愿意遵守法律或其他制裁可能不可行时，才予以使用。食品公司由于违反食品安全的行为，而对其使用禁止令的情况非常罕见。美国食品药品监督管理局在监管程序手册中指出，若“某公司有违规历史，并在过去承诺改正却没有进行改正时”，可以出具禁止令。

（九）没收

《食品、药品和化妆品法》第 304 条向美国食品药品监督管理局授予没收权。没收是指法院宣布某件物品违反法律并没收。违规食品是案件中的实际被处理对象。

167 没收权的行使要求民事法庭对特定批次的货物采取行动，将其从商业渠道中去除。因为美国食品药品监督管理局的没收权涉及强制性司法程序，所以很少使用。一经没收，产品未经法院许可不得移动。政府还将提出控告，要求该产品被“定罪”，从而被销毁。

当美国食品药品监督管理局向产品所在州的联邦检察官建议进行对某食品采取没收时，民事法庭就会开始程序。如果美国司法部（DOJ）接受美国食品药品监督管理局的建议，联邦检察官会代表该局向联邦地区法院提起诉讼。没收是联邦法院的单方面命令，可以追溯到早期海事法，通过对物诉讼而对指定货物采取行动。在起诉书提交后，联邦地区法院颁发逮捕（没收）产品的手令。没收只与货物有关，而不直接与货物所有的公司发生关系。美国食品药品监督管理局采取没收的权力，仅限于处理公共卫生和安全问题。

如果涉及某个没收的决定有争议，美国食品药品监督管理局有优先举证的责任。实际上，被没收食品的所有者会发现快速走完没收的流程对其最为有利：直到产品首次没收之前，（在被允许的情况下）重新调整（解决违反问题）不能开始；而在有争议的情况下，易腐食品将失去价值。只要政府的行动是合理的，即使索赔人赢得有争议的与没收相关的诉讼，其易腐货物的损失也不太可能恢复。

（十）扣留

食品的行政扣留通过防止掺假或错误贴标的食品进入商业流通保护消费者，让美国食品药品监督管理局有时间考虑进一步适当的执法行动。《食品安全现代化法》显著扩大了美国食品药品监督管理局扣留食品的行政权力。在《食品安全现代化法》之前，美国食品药品监督管理局必须在有“可靠的证据或信息”时，且能证明食品“对人或动物造成严重的不良健康后果或死亡的威胁”，才能扣留该食品。这种举证上的高要求使得扣留食品成为美国食品药品监督管理局的一大挑战，所以该局通常的做法是依靠各州政府对有关产品实施禁运。

《食品安全现代化法》修订了《食品、药品和化妆品法》第 304（h）条第（1）款（A）目[《美国法典》§334 条（h）(1)(A)]，授予美国食品药品监督 168
管理局在有理由相信食品被掺假或贴错标签的情况下，可以行政扣留食品。美国食品药品监督管理局计划修订行政扣留的相关条例和其他相关文件，以相应法律的修改来满足这个低要求的新标准。在《食品安全现代化法》颁布后不久，FDA 在三次行动中不断扩大其行政拘留权：第一次权力扩大，使得货物必须在其监督下进行整改；第二次权力扩大导致直接没收货物；第三次扩大确认在所有者自愿销毁可疑食品时，行政扣留可以终止。

行政扣留的食品，必须在美国 FDA 发布的拘留令指定的地点和条件下保存。行政扣留令可能要求将被扣留的食品移至安全的设施；然而，只有在该局根据《美国法典》21 卷 1.381（c）修改扣留令后，才允许被扣留食品的移动。

被扣留食品的所有人，可以向美国食品药品监督管理局提起复议，要求审查扣留令。对于易腐食品，必须在该地区分局根据行政扣押令扣押食品的 2 个工作日内向该局地区主管提出复议。对于不易腐食品，复议和举行听证会的申请必须在收到行政扣留令后 4 个工作日内提出。实际复议必须在收到行政扣留令后 10 个工作日内提出。申诉人可以要求听证会作为复议的一部分，但是如果提交的复议材料中没有实质性争议，则听证会请求可能被拒绝。因政策或法律适用问题要求听证，则可能被拒绝。该局将提供简易裁决的书面通知，解释拒绝举行听证会的理由。如果该局批准听证请求，则不论是对易腐或不易腐烂的食品，听证会都将在提出复议之日起 2 个工作日内举行。该局必须在申请提出后或者听证会举行后 5 个工作日内，确认继续执行、修改或终止行政扣留令。

美国农业部具有与美国食品药品监督管理局相似的执法权限。《联邦肉类检验法》颁布的规则，允许美国农业部扣留违法产品长达20天，以寻求法院的禁止令来没收和对这些产品“定罪”或两者兼具。食品安全监督服务局在牛肉和家禽加工设施现场设有长期执法机构，这些机构有其他执法工具，包括发出警告和引用函，或拒绝将其产品确定为美国农业部已认证的（没有农业部认证通常对
169 生产者造成严重后果，相当于强制召回）。当派驻工厂的检查员在受监管的设施生产的产品上贴上特殊标签后（表示其认为该产品掺假或贴错标签时），美国农业部有权扣留该产品。一旦标记，在没有美国农业部许可的情况下，产品不能从该设施转移。在大多数情况下，产品在几天内会被整改或销毁。

（十一）刑事指控

《食品、药品和化妆品法》《联邦家禽制品检查法》和《联邦肉类检验法》都附有严格的刑事规定，这些规定在很大程度上是无过错责任法规，意味着政府无须证明违法意图，即可定罪。违法犯罪类型有轻罪和重罪之分。根据《食品、药品和化妆品法》，大多数食品违法行为是轻罪；然而，如果能够证明存在欺诈、误导或者存在犯罪前科，美国食品药品监督管理局可以请求重罪判决。根据《联邦家禽制品检查法》和《联邦肉类检验法》，任何涉及销售或试图销售掺假食品的违规行为都是重罪。

尽管已经收到监管当局的通知，但公司或主管却不愿意纠正违规行为；或者当违反行为是公然、故意实施或涉及健康危害，而公司没有试图防止或纠正时，美国食品药品监督管理局会考虑提起刑事诉讼。《食品、药品和化妆品法》的刑事条款等同于无过错责任，这可能使得公司的所有主管人员需要承担诉讼责任，这是由于他们的职位、权力而要求他们有义务和责任来确保遵守《食品、药品和化妆品法》及其实施条例。《食品、药品和化妆品法》中规定的个人刑事责任的法律标准，在标志性的1975年“美国诉ACME Markets公司总裁”（United States v. Park, 421 U. S. 658）一案中有所体现。该案的被告——一家杂货连锁店的总裁，因食品掺假而被单独判罪。在上诉时，最高法院维持初审法院判决。最高法院向陪审团解释，被告人无须亲自参与导致掺假，即充分反映了被告人在公司的权力可以构成违反行为出现的基础。

轻罪判决包括不超过一年的监禁，个人罚款不超过10万美元，公司罚款不超过20万美元。对于重罪，可能导致不超过三年的监禁，对个人可处以高达25万美元的罚款，对公司则可处以高达50万美元的罚款。在美国，刑事诉讼比较罕见。

然而，政府可能会开始更加依赖刑事诉讼作为执法工具。2013 年，针对美国花生公司（PCA）主管人员的刑事诉讼表明，美国食品药品监督管理局正在依据《食品安全现代化法》加强刑事执法。美国花生公司在格鲁吉亚的工厂被确认为导致 2008 年底和 2009 年初沙门氏菌暴发的主要来源，该事件造成 700 多人患病、9 人死亡、3 900 多起花生相关产品被召回。

2013 年 1 月，司法部公布了对四名前任美国花生公司主管人员合计七十六项 170
指控，包括他们在收到对鼠伤寒沙门氏菌的阳性测试的报告后，还是决定让花生出厂。该指控比较鲜见，这是因为刑事起诉通常仅指控首席执行官、总裁或公司中有权阻止这些行动的人员，但司法部走得更远，指控了几家公司的高层主管和其他更低职位的管理人员。接下来的诉讼表明，今后的执法行动也可能包括中层管理人员。

（十二）和解协议

和解协议是一项最终的、具有约束力的司法判决或裁决，记录诉讼当事人之间的自愿协议，以换取刑事指控的撤回或民事诉讼的结束。在典型的和解协议中，被告已经停止或同意停止原告所指称的非法行为，并且同意法院发布禁止未来类似行为的禁止令。

2013 年 9 月，爱达荷州地区法院与 T&T Cattle 和 T&T Cattle Pearl 的业主 Gregory T. Troost 以及 Parma，Idaho 的业务经理 Mark A. Mourton 达成了和解协议，被告被指控非法将兽药用于未经美国食品药品监督管理局批准的用途。在先前的检查中，美国食品药品监督管理局调查员确定被告违反了《食品、药品和化妆品法》的若干条款。被告供屠宰的七头奶牛中被检出药物残留高于法律容许的水平。和解协议禁止被告出售动物进行屠宰以供人类消费，直到他们实施合理的记录系统，来识别和跟踪已用药物治疗的动物。如果被告提供任何动物用于出售或屠宰，他们还必须向动物接受者提供关于药物治疗状态的书面信息。和解协议规定，如果被告不遵守该协议的任何条款或美国食品药品监督管理局的其他规定，美国食品药品监督管理局可以勒令被告停业。不遵守和解协议，可能会导致民事或刑事处罚。

美国食品药品监督管理局可能会选择在未来更频繁地使用此工具来应对食品违规行为。美国食品药品监督管理局进行协商，可以帮助双方节约开庭所支出的成本。和解协议有几个理论上的正当性。其中一个是通过和解协议达成庭外和解，可以剥夺公司从违法产品销售中非法获得的利润。第二个是赔偿，即被指控的公司将用非法获利赔偿不法行为的受害者。这些都是公允的补救措施，不需在《食品、药品和化妆品法》中特别规定。第三个理由是对诉讼中涉及的公司以及
171 其他实体的威慑。《食品、药品和化妆品法》在大多数和解协议中起诉个人，包括公司首席执行官的做法大概是要让一个或多个个人负责，以确保其改正，并且个人被告也会被公开。

（十三）排除令

某些被判违反《食品、药品和化妆品法》的公司或个人可能会被排除在美国食品药品监督管理局未来监管活动之外。排除令意味着向美国进口的全面禁止。1992 年，为了应对仿制药丑闻、防止欺诈和其他不正当的手段（如行贿），该局第一次颁布了排除令。《生物反恐法》在第 306 条中增加了一项条款，规定对屡犯和重大食品进口违法行为实施排除令处罚。具体来说，当“某人因与美国进口任何食物有关的行为而被判犯有重罪；或……持续从事进口……对人类或动物造成严重的不良健康后果或死亡威胁的掺假食物”时，就会对其施行排除令。《生物反恐法》还禁止“在被排除令限制者的帮助或指导下进口食物”。

（十四）民事罚款

美国食品药品监督管理局的民事处罚权力是有限的。《美国法典》第 21 卷第 17 部分，规定了行政附带民事罚款的程序。美国食品药品监督管理局仅授权对两种行为进行民事处罚：（1）引入或递送因为农药残留而被认为是掺假的食品；（2）不遵守召回令。对个人的罚款上限为 6 万美元，所有其他主体罚款的上限为 30 万美元。在单一程序中，总罚款金额不得超过 60 万美元。违规物品的种植者不受到处罚。一旦使用民事处罚，该局不得对掺假的产品再采用刑事措施、没收或禁止令。美国食品药品监督管理局还有权评估和收取费用，以弥补执法开支，包括重新检验的成本和食品召回（包括技术援助、后续有效性检查和公告）的相关开支。当其他措施（如没收、禁止令）不适用时，美国食品药品监督管理局可以对持续或重复违反相同或类似法律的人员，进行民事罚款。

（十五）藐视法庭

蔑视法庭是强制执行现有法院裁决的司法权。当某人拒绝搜查令，或者当违

反禁止令或没收决定时，美国食品药品监督管理局可能会提出藐视法庭动议。藐视法庭罪可能导致监禁。

（十六）举报人保护 172

《食品安全现代化法》希望通过鼓励举报来保护公众免受掺假食品的影响，因此提供了大范围的举报人保护制度。披露违反美国食品药品监督管理局规定的生产、加工或包装食品设施的雇员，将免于解雇、歧视性赔偿或歧视性雇佣条款。美国食品药品监督管理局还没有颁布如何实施《食品安全现代化法》的细则。美国农业部没有专门保护举报人的规定。

《食品安全现代化法》中对举报人的定义范围比较宽泛。他们包括从事食品生产、加工、包装、运输、分销、接收、存储或进口等多种活动的个人和实体。目前还不清楚该范围是否延伸到零售者，如零售店或餐馆。根据对举报人保护的标准，受保护员工的雇主不得因为员工采取的法律项下受保护活动，而采取不利于员工的人事处理方式，包括解雇、减少薪金、违反就业条款、改变就业条件或就业特权的行为。受保护活动包括企业内部、外部的披露，以及广泛意义上的披露行为。《食品安全现代化法》中定义的受保护活动没有优先之分，如果雇员提供或帮助提供给联邦政府或检察官，任何涉及违反或该雇员有正当理由认为违反《食品、药品和化妆品法》的任何条文或任何根据《食品、药品和化妆品法》发出的命令、规则、规例、标准或禁令的任何作为或不作为，那么该个人就应受到保护。《食品安全现代化法》还保护在有关此类违规行为中做证或即将做证的个人；协助、参与或即将协助参与此类程序的个人；有理由认为任何行为、政策、做法或指派的任务违反《食品、药品和化妆品法》或其他命令、规则、法规、标准或禁令，并拒绝为之的雇员（或任何此类人员）。

为了确保其保护基础进一步扩大，《食品安全现代化法》规定，受保护的活动不仅包括员工明确采取的行动，还包括雇员职责内的正常活动或此后任何其他个人根据雇主要求而进行的活动。

《食品安全现代化法》引用了职业安全与健康管理局（OSHA）的调查程序以及美国劳工部（DOL）的诉讼程序，如果最终行政决定在指定期限内没有发出，员工可以向联邦法院提起诉讼。然而，《食品安全现代化法》与其他引用上述程序的法律不同。例如，《食品安全现代化法》不禁止举报人通过民事协议、公司政策或就业条件等形式放弃权利和补救措施，也不认定对举报人报复诉讼进行仲裁的事前协议无效或无法执行。

173 无论如何，由于食品供应链中涉及的食品企业和个人数量众多，举报人保护的范围是巨大的。虽然《食品安全现代化法》主要关注食品企业，但是关于举报人保护的条文却参考了有关药品和化妆品的法规，这表明《食品安全现代化法》的举报人范围可能超出食品的范围，而是所有受到《食品安全现代化法》管辖的雇主。换句话说，如果受保护的活动被扩展解释到涵盖美国食品药品监督管理局管理的药品和化妆品项目时，个人可能通过提出有关药品和化妆品的法律问题，要求除了食品安全之外的举报人保护。未来的法律，可能会说清楚这一点。

第七节　州、市对食品安全的监管

一、权力的基础

各州、市在管理食品安全方面发挥着越来越重要的作用。然而，如第一章所述，各州保护社区健康、安全和福利的权力受到“至高条款（Supremacy Clause）”的约束，该条款宣布联邦宪法是美国的最高法律。事实上，在食品安全的监管中，联邦法授权联邦政府管理州际贸易。联邦宪法的“贸易条款（Commerce Clause）”规定了联邦政府和州如何分担责任，以确保食品的安全供应。

如本章所述，在食品安全的许多领域，联邦法明示或隐含其具有优先权。然而，食品系统中零售部门的监管权力已交由各州负责。实践中，州政府不单独监管和执行保障零售食品安全的法律，他们需要与基层政府联手。鉴于州、市政府间的关系以不同形式存在，因此全国州和市的职责划分有很大的不同。例如，一些州政府直接负责零售食品企业的许可检查，而另一些州政府则将这些任务授予地方卫生部门，并赋予它们不同程度的自主权。

各州对日益流行的家庭食品经营（也称为作坊食品经营）的监管，包括卫生和食品安全方面的要求，将在本书第六章进行讨论。

二、联邦政府对各州的协助

各州有责任在联邦政府的指导和帮助下，对零售商的食品安全进行监管。联邦政府向州和地方政府提供援助的责任可见于多个法规，包括《公共卫生服务法》（PHSA，美国法典 42 卷 § 2430）。该法案第 311（a）条规定如下： 174

“（美国卫生及公共服务部）部长应协助各州及其政府分支机构，预防和消除传染病；对于其他公共卫生事件，与各州和地方部门合作，协助其执行卫生监管，并就与保护和改善公共卫生有关的事项向各州提出建议。”

执行有关食品法律法规的责任，于 1968 年被授予美国食品药品监督管理局局长。事实上，联邦政府已讨论过是否应当由美国食品药品监督管理局对零售食品设施进行直接监管。讨论的重点是通过统一立法并由联邦直接监管的需求与让该局直接管理超过一百万个零售食品企业的负担相比孰轻孰重。例如，1975 年的美国政府问责署（GAO）发现，在受调查的 14 736 家企业中，约有 90%存在卫生问题。它指出，美国 FDA 对州际运输的餐饮食品赋有管辖权。作为回应，FDA 提议制定监管食品服务机构食品安全的联邦法规；但该局在各州官员的反对之后放弃了这项提议，而且认识到无法有效检查和监管每天被消耗的数百万份食品，因此需要州和地方政府负起主要的监管责任。此外，州和地方食品安全监管人员远远多于联邦政府，这也使得权力转给地方成为更有吸引力的选择。

三、各州食品安全法规的范围

随着零售层面的食品消费持续增加，州政府的监管变得更为重要。州政府对食品安全的监管网络延伸到了农民市场、农场直接销售的集市、零售市场、餐馆和许多小型农业生产和加工实体。在这些场所，州政府各部门（包括农业、消费者保护、卫生和公共服务、检查和社会服务负有责任的部门），各自负责食品安全监管的不同方面。这些部门有权：（1）执行联邦食品安全计划（如果州已与联邦政府达成合作协议）；（2）建立、实施和执行州一级的食品安全法规；（3）为遵守这些联邦和州法律的行业参与者提供指导。

成千上万的州、地方和部落公权力机关担负主要责任，通过执行法规、颁发许可和监督食品零售业的企业来预防食源性疾病，这包括对超过一百万个零售食 175
品企业的检查和监管。州政府和地方卫生部门在美国 FDA 的帮助下，颁布科学、健全的法律法规并付诸执行，形成对食品零售行业进行监管。

应当指出的是，零售环境中的食品安全对于防止食源性疾病至关重要。食品零售行业是食品分销链中将食品交付给消费者的环节。在零售阶段，对食物的包装、上货，可能增加食源性疾病的风险。此外，随着外带食物的增加，特别是在餐馆中的零售食品，这使得防止食源性疾病变得更加重要。

食品工业的零售部门不仅包括餐馆，也同样适用于食品零售店，例如杂货店、仓库、街角商店和自动售货机，还包括在学校、医院、疗养院和幼儿中心中设置的餐饮服务机构。

除了直接负责食品零售行业的监管之外，各州也可以监管、许可和检查食品加工设施。例如，纽约州农业局负责对食品加工企业颁发许可证。在其他各个推进食品安全的领域，州政府均发挥着重要作用，尽管在某些领域州政府并不是法定的主要监管机构。这些领域包括以下方面。

食品制造检查——各州负责大部分非零售食品企业的检查（不包括美国农业部负责的肉类和禽类制品企业）。此外，美国食品药品监督管理局在食品制造和加工设施进行的绝大多数检查均由与 FDA 签订合作协议的州政府当地部门完成。

监测——各州独立开展食源性疾病监测或与美国疾病预防控制中心（CDC）合作并参与 PulseNet、FoodNet 和 OutbreakNet 等检测网络。

突发疾病应对和召回——各州与当地卫生部门合作开展大规模疫情调查。此外，各州也与联邦和地方政府合作，监督食品行业的召回。虽然《食品安全现代化法》授予了美国食品药品监督管理局强制召回权，但该局仍然会首先征询责任方发起自愿召回。无论在首次的自愿召回或后续的强制召回中，各州政府都在协调召回工作中发挥重要作用。

176 农场检查——各州对农场进行实地检查，保障动物健康和食品安全条件适格。各州对强制执行联邦杀虫剂限制赋有主要管辖权，而杀虫剂使用限制对减少食品中潜在的不安全残留物具有直接影响。

各州与联邦政府还在肉类、牛奶及贝类这三个食品重要领域开展不同程度的合作，这些活动一般通过州与联邦的合作框架开展。

肉和家禽——不少州都有隶属本州的肉类和禽类制品检查计划，这些计划通过州与联邦的合作协议而共存。同时，美国农业部下属的食品安全监督服务局则负责监督肉类和家禽的州际贸易。各州的规定，不得宽松于联邦法律规定。《联邦与各州合作法案》承认了这些检查肉类或家禽的联邦与各州签订的合作协议的法律效力。由州负责检查的肉类和家禽企业，通常都是小规模或超小规模的（因为其肉类可能不会在州际贸易中出售，否则需经过食品安全监督服务局的检查）。

贝类——国家贝类卫生计划（NSSP）是经美国食品药品监督管理局和州际贝类卫生会议（ISSC）认可的联邦/州合作计划，用于控制通过州际贸易供人消费的贝类（牡蛎、蛤、贻贝和扇贝）的卫生条件。国家贝类卫生计划的参与者包括生产和非生产贝类的州、美国食品药品监督管理局、美国环境保护署（EPA）、国家海洋与大气管理局（NOAA）、外国政府以及贝类行业协会等。NSSP负责制定操作指南、养殖区域分类和经销商认证计划。各州制定的标准可以严于美国食品药品监督管理局的示范条例，并由州政府负责颁发适用本州的许可，且可以检查贝类加工设施和贝类运输车辆的卫生条件。

牛奶——美国食品药品监督管理局、美国农业部、州政府和牛奶业通过《巴氏杀菌奶管理条例》（PMO）和州际牛奶运输者会议等合作协议开展协作，确保州际贸易中牛奶安全。《巴氏杀菌奶管理条例》是美国食品药品监督管理局制定的示范性条例，通常被认为是牛奶卫生和安全的国家标准。《巴氏杀菌奶管理条例》已被五十个州全部采用，被认为是州际奶品运输商认证计划的基础。在该计划中，各州可以进行大量的监测和执法，以监督鲜奶和奶油的安全和卫生。州政府通常负责乳品加工设施的许可证颁发和检查。

生奶——虽然州际贸易中有关监管掺假和标签错误的权力在美国食品药品监 177
督管理局，但州政府仍有责任确保州内销售的牛奶的安全性。这种区分对于生奶产品至关重要，在过去几年中越来越受到人们的关注。美国食品药品监督管理局于1987年禁止了生奶的州际运输，但各州仍有权监管州内生奶销售的权力。不同州对生奶的监管差别很大。一些州禁止销售生奶，而其他州则允许。各州对生奶的销售场所也存在分歧：有些州只允许在生产生奶的农场销售，而其他州则允许在农场之外的零售商店销售。一些州制定了“组合拳”，例如仅限在农民市场销售生奶或通过“共享”协议将生奶销售给奶牛的“所有者”。2012年，部分州放松了对生奶销售的限制。对此，美国疾病预防控制中心（CDC）做出回应，敦促各州卫生官员倡议将牛奶进行巴氏消毒。美国疾病预防控制中心援引最近的研究报告，认为未经高温消毒的牛奶和食源性疾病暴发有着密切联系，而且数据表明限制销售未经高温消毒牛奶的州，其食源性疾病暴发的记录也较少。

四、示范食品法典

（一）更新

美国食品药品监督管理局对零售食品安全的指导，始于1924年的《A级巴氏灭菌奶法令》。之后，该局又出台了食品安全之外其他部分的监管指南，包括

1934年食品行业指南。最终，该局于1993年出版了一部全面的“食品法典”。该法典没有援引优先权，而是代表了“统一监管制度下的最佳实施方案，以确保零售食品是安全的、受适当保护的和合理供应的”。由于大家的持续关注，FDA决定每四年更新一次“食品法典”。目前最新的版本在2013年发布。FDA自己也可以直接收纳公众的意见，但仍鼓励各方通过像“食品保护会议（Conference of Food Protection）”这样的组织进行参与。

（二）“零售食品经营者”的范围

“食品法典”中明确包含了“零售食品经营者”的概念。该法典对零售食品经营者的定义包括两个部分。

178 第一部分是指直接向消费者传递食品的企业：储存、准备、包装、供应、直接向消费者出售食物，或以其他方式提供供人食用的食物，例如餐厅、附属或专供的食堂、备办酒席、烹饪服务（若该服务直接向消费者提供食物或向载人的运输工具提供供人消费的食物）、超级市场、自动售货机、直接向载人运输工具供给食物、专业机构或食物银行。

第二部分包括间接向消费者传递食品的企业：直接或间接地通过送货服务，如杂货订单或餐馆外卖订单的送货，或由共同承运人提供的送货服务，将食物所有权转移给消费者。

（三）风险因素的识别

为了协助各州管理食品安全，美国食品药品监督管理局基于零售食品行业中员工行为和食物准备中的流行病学数据，确定了五个主要风险因素：（1）不适当的存储温度；（2）食物未煮熟，比如未熟的鸡蛋；（3）已污染的设备；（4）食物来源不安全；（5）个体卫生状况不佳。食品法典提出了控制这些风险因素的措施，并制定了五个关键的公共卫生干预办法：（1）食品安全知识的掌握；（2）员工的健康；（3）清洁双手，控制污染媒介；（4）掌握时间和温度，以控制病原体滋生；（5）消费者互动。2013年出台的示范食品法典，主要针对以下问题提出解决方案，其中包括企业管理层和员工，食品，设备、器具和厨房织物，水、管道和生产废物，物理设施，有毒或有毒物质以及企业守法和政府强制执行。

（四）采纳

全美五十个州都采用了根据 1993 年、1995 年、1997 年、1999 年、2001 年、2005 年、2009 年和 2013 年版示范食品法典制定的法规。许多州甚至全盘引用了整个示范法典的内容。食品法典可以颁布成为法规，以法令的形式通过。在采用某一版本的示范食品法典之后，州或地方政府可以自行或根据更新版的示范食品法典来修改自己的法典。例如，一些州已修改其食品法规，为小作坊提供豁免。示范食品法典建议建立持证食品管理人员制度，而许多州要求则更加严格，要求所有食品加工商都应接受培训和考核。除了食品管理人员须经考核后上岗外，一些地区还要求所有农产品收货商也持证上岗。

不少地方州的食品法典已经过时，这着实令人担忧。2009 年，时任美国总 179
统奥巴马支持建立了联邦食品安全工作组，由美国卫生及公共服务部（DHHS）和农业部（USDA）领导，它负责制定食品安全战略，强调统一采用美国食品药品监督管理局现行标准的必要性。美国食品药品监督管理局鼓励广泛、统一和完整地采用其发布的食品法典，作为其零售食品安全倡议行动计划的四大工作之一。它通过提高公众认知、教育和鼓励社会来实现。即使 FDA 一腔热情，但各州仍一直无法跟上当局对示范食品法典两年一更新的周期，这也许会让消费者面对风险。自 1993 年“食品法典”启动以来，这是一个一直存在的问题。例如，近四分之三的州在 2001 年报告中指出，两年一修订的频率是本州采纳最新食品法典的一个阻碍。报告还指出了其他不足，包括部分条款的可行性，采用或实施食品法典最新版本所花费的成本和时间，以及需要依靠美国食品药品监督管理局来解释食品法典条款并提供其他支持。在这些州中，有 16 个州没有根据 1999 年版的食品法典进行修订，他们表示“耗时耗力且各州立法过程的烦琐，使它们无法每两年更新一次法典”。据报告，其中一些州其实才刚通过食品法典的早期版本，也还在解决实施中的问题，所以它们根本没有精力考虑采用 1999 年更新的食品法典。许多州没有时间和资源在示范食品法典更新时就随之更新其零售食品安全法规，特别是当新版本可能只做出一些细微变化时。

（五）豁免

示范食品法典中包含的豁免调理，通常只适用于低风险食品或者监管与可能带来的潜在危害不成正比的食品。这些豁免包括仅销售没有潜在危险的预包装食品的企业；提供整个、未切的新鲜水果和蔬菜的食品摊位；仅加工无潜在危害的食品用于销售或仅提供单一服务的厨房，如慈善组织的面包或糕点售卖；在私人住宅中的厨房，如果厨房是房东自用的，房内不多于 6 个卧室，接待客人不多于 18 位，唯一提供的膳食是早餐且消费者已被提前告知贩售食物是由不受监管或检查的厨房所准备的（通常适用于家庭旅馆和日托设施）；以及接收外烩食物或外卖食物的私人住宅。

示范食品法典不包括两个关键类别的豁免，即对农民集市和家庭（或作坊）
180 食品的豁免。各州的食品法典中包含的其他豁免各不相同，有些州对蜂蜜和枫糖浆也豁免。

虽然示范食品法典没有讨论农民集市，但其第六章中提到的许多州食品法典中对农民集市存在定义和监管。各州法典之间的不同，除了农民集市之外，还有讨论农民集市是否也需要遵守和满足普通零售食品经营者的规定。例如，加利福尼亚州将农民集市包括在食品设施的定义中，规定了它们的卫生要求。相反，爱荷华州将农民集市从零售食品经营者的定义中豁免，原因是农民市场往往不销售或分销存在潜在危害的食品。纽约州在实践中也将农民集市从零售食品经营者中豁免，但它们的食品法规根本就没有提及农民集市。虽然示范食品法典不认为家庭作坊食品具有一般豁免权，但许多州的食品法典中都豁免了家庭作坊食品。

五、各州的执法和实践

通常，一个州的食品法典中会确定执法机构并授予其执法权。该机构负责制定零售食品监管计划，以执行食品法典的要求。监管计划通常包含在检查后颁发餐馆和食品店行政许可；实施检查，确保经营者是否满足食品法典的要求以及拒不执行时的行政强制行为。执法行为需要一套行政流程来保障并确定当零售食品企业销售潜在不安全食品时，政府可以采取的行为。每个州都有不同的行政强制措施，包括逮捕、没收、禁止销售，食品安全警告、金钱罚则、暂停或吊销执照和许可证、禁止令、刑事诉讼或申诉、警告函、听证会、停业和自愿销毁和处理。在许多州，执法机构对禁止贸易和扣押食物的权力，通常比美国食品药品监督管理局更大。

执法机构通过检查，来确保食品经营者遵守法律法规。过去，这些检查频率较低，一般每年 1~3 次。示范食品法典鼓励基于风险的检查计划，其检查频率与经营者的食品存在的风险水平有关。例如，仅销售饮料或预包装食品的零售食品企业，存在较低的食源性疾病传播的可能，因此检查较少。一些其他类型的企业，如贩售卖寿司的经营者，则风险较高，因此检查频率也应较高。基于风险的检查是务实的，因为执法机构资源有限，理应将资源优先配置于对公众健康构成更大潜在风险的食品经营者。

六、各州对零售监管权的下放 181

各州的监管结构不同，其与当地卫生部门分享监管权力的程度也不尽相同。各州的食品法典，通常授权一些州立机构和其他地方行政部门为其监管零售食品行业执法。不少州的卫生部门，常与基层机构分权或授权基层机构负责企业的许可证颁发、检查和执法活动。一些行政集权的州，则授权给地方卫生部门类似的执法权。某些州的食品法典规定其拥有司法优先权，以避免地方政府制定特别规定。例如，加利福尼亚州有广泛的优先权规定，它指出只有立法机构才负责零售食品设施卫生和安全标准的制定。其他的一些地区包括宾夕法尼亚州，他们要求各地区优先采用州立法机关制定的食品安全法规。还有一些州允许基层的地方政府制定更严格的规定，甚至允许在州和地方法规出现矛盾时，优先适用地方法规。这其中也有一些对于优先条款的豁免，如在《加利福尼亚零售食品法典》（CRFC）中，允许地方公共卫生部门采用分级体系。洛杉矶县一直是率先采用餐厅分级的先驱者，自实施分级系统以来，餐厅的卫生情况一直在改善。纽约也紧随其后采用了餐厅分级计划。无论治理结构和权力如何分配，州政府决定着地方卫生部门在执法中的角色。

优先权可以有助于形成全州统一的监管体系，防止以重复的方式对零售食品服务企业进行监管。在田纳西州，在州食品法典出台时，孟菲斯市已经有一个类似的零售食品法典。州政府允许已经存在的地方法规与州法规一并存在。在某些情况下，当地方法规与州法存在冲突时，地方法规可能会被优先援引。事实证明，食品企业很难厘清这些法规体系，不少企业都呼吁政府增加法规之间的协调性。

七、餐厅分级

美国疾病预防控制中心（CDC）指出，在报告的食源性疾病中，超过一半来自食品服务企业。针对餐馆的食品安全监管包括监测和检查，以确保它们至少 182
符合最低安全和卫生标准。地方市政府在州食品法典（通常基于“食品法典”

而制定）的指导下，定期对餐馆进行检查。餐馆至少应达到法定的最低标准才能营业，同时政府的检查结果会在其网站上公布，但这些网站往往结构混乱且不易使用。

餐厅的食品安全的监管核心是采用字母分级制度。美国对餐馆使用字母分级的做法，可以追溯到美国公共卫生服务署（USPHS）出台的《示范奶制品法典》。该法典包含了牛奶质量的字母分级系统，例如“A”“B”等。这种字母分级选项在美国公共卫生服务署的法典中被保留下来，直到形成1962年的示范食品法典。在此之后，几个州和地方政府开始采用自己的字母分级系统。1995年，南卡罗来纳州是第一个要求对全州餐馆实施分级的。田纳西州也建立了一个州内的分级系统；另外，北卡罗来纳州也颁布了类似的法律，实施“分数公示”计划。不少州并没有要求所有下属的县使用分级系统，但却允许地方市镇采用该系统。加利福尼亚州就采用这种法律模式，而且众多城市已经采用了分级系统，包括萨克拉门托、旧金山、洛杉矶、圣地亚哥和圣贝纳迪诺县。随着洛杉矶、多伦多等大城市在餐馆字母分级系统取得成功后，从拉斯维加斯、达拉斯到纽约等更多城市也从2000年初以来紧随其后，开始追逐这种潮流。

第八节　国际食品安全

一、多边贸易结构

进出口的食品是否安全，这是一个贸易问题。正如第二章解释的，这个问题应在世贸组织（WTO）规则和《关税及贸易总协定》（GATT）制度内解决。该制度由一系列贸易协议构成（而非卫生协议），没有任何关于积极倡导食品安全的规定。无论是《关税及贸易总协定》还是制定世贸组织的法律文书（即《实施卫生与动植物检疫措定协定》，SPS Agreement），都没有要求世贸组织成员国采取积极措施，加强食品安全监管或者倡导各国禁止出口不安全的食物。禁止或限制不安全食品的出口、保护其他国家的人类或动物健康，从来不是WTO/GATT/SPS制度的目标之一。

183 正如本书第二章所述，实际上构成贸易壁垒的食品安全措施必须符合《实施卫生与动植物检疫措定协定》并遵守《关税及贸易总协定》（GATT）第XX（b）条。这些措施基于科学，但同时考虑经济和贸易因素，并且确保使用最小限制贸易的措施来保障食品安全。

食品安全措施对《实施卫生与动植物检疫措定协定》的遵守，在很大程度上还取决于该措施是否符合食品法典委员会制定的卫生和植物检疫标准。虽然食品法典委员会通过的标准对成员国没有约束力（如本书第二章所阐述的），但《实施卫生与动植物检疫措定协定》明确要求世贸组织成员国的 SPS 措施必须以国际标准为基础，其中包括食品法典委员会发布的食品安全措施。因此，遵守食品法典委员会的各国标准，必然遵守了《实施卫生与动植物检疫措定协定》和《关税及贸易总协定》的规定。

食品法典委员会的作用仅限于标准和规则制定；它并不要求强制执行某标准或规则。相反，国际贸易的执法机构由世贸组织及其争端解决机构（DSB）所扮演。如果一个国家实施可能不符合《实施卫生与动植物检疫措定协定》的食品安全措施，另一个国家可以向世贸组织投诉。

在日益复杂的全球食品体系中，食品法典委员会按照《实施卫生与动植物检疫措定协定》，发挥着"准立法立标"的职能，所以这也就不难理解为什么食品法典委员会正日益成为一个政治论坛了。保持食品法典委员会同时实现其两大互相矛盾的目标（即保护消费者的健康和确保食品贸易的公平），确实是一个巨大的挑战。食品法典委员会成员国在投票时，往往倾向于贸易利益而不考虑食品安全。除了两大目标的对立之外，各国食品系统所蕴含的文化差异，往往与贸易自由化的要求相冲突，这使得食品法典委员会更加难以按照科学原则来制定标准。除了食品法典委员会的科学性和合法性之外，其透明度和问责制度也引起了人们的担忧和对该机构未来的质疑。

二、世贸组织食品安全案例

（一）案例概述

本节将讨论世贸组织的争端解决机构（DSB）处理的两个涉及食品安全及卫生与动植物检疫措施协定（SPS）问题的案例：欧盟激素案和欧盟转基因案。本节还将讨论世贸组织认为有争议的兽药莱克多巴胺有关适用的案例。这些案件 184
都与美国的利益息息相关，因为其积极参与世贸组织之中。本节将从这三个案例中得出思路，总结世贸组织监管结构下的国际法，如何应用于国际食品安全争端。

（二）欧盟激素案

从1981—1988年，欧盟颁布了一系列指令，禁止销售任何接受过六种指定生长激素进行治疗的牛肉，无论美国食品药品监督管理局是否已经批准使用这些激素。欧盟认为，这项禁令主要是为了平息欧盟公民有关食品健康的担忧，但客观上对美国的牛肉生产者产生了重大影响。这是由于美国的大多数肉牛都使用了合成生长激素，包括被欧盟禁止的几种激素。美国生产商认为，该规定是贸易保护主义歧视，只要任何生产者能够达到且遵守欧盟的食品安全指令，且对肉牛施用激素在国际上很普遍的行为，并在欧盟之外均被视为安全。这六种生长激素中，有五种在食品法典委员会的标准中已经规定了使用标准，其中的三种天然激素无摄入量限制，对于另外两种激素，食品法典委员会设立了对人类健康无风险的残留物安全限值。

在与欧盟协商若干年但没有解决后，美国和加拿大于1995年通过世贸组织对欧盟的激素禁令采取回应，指控欧盟的禁令违反《实施卫生与动植物检疫措定协定》。欧盟委员会认为，禁令是基于预防原则的，即使科学证据表明风险很小或没有风险，采取禁令也是正当的。专家组和世贸组织上诉机构（AB）拒绝承认预防原则在本案的适用中可以找到国际法依据，认为欧盟的措施违反了《实施卫生与动植物检疫措定协定》。专家组在1997年的裁决中判定，欧盟对激素的禁令违反了《实施卫生与动植物检疫措定协定》第3条和第5条。第3条规定，成员国必须将《实施卫生与动植物检疫措定协定》作为国际标准和准则的基础，
185 除非该国打算提出更高水平的保护。第5条规定，如果成员国确实选择提出更高级别的保护，必须使其卫生和植物检疫措施基于“适合于人类、动物或植物生命或健康的风险评估”。各方都各自对专家组报告的一部分内容，提出了上诉。世贸组织上诉机构于1998年1月发布报告，维持了专家组的裁定，即该禁令违反了《实施卫生与动植物检疫措定协定》，同时推翻了该小组支持其结论的大部分法律分析。世贸组织上诉机构不同意专家组对第3条和第5.1条的解释，它拒绝了专家组对禁令违反第五条第5款的结论，认为该条款旨在维持成员国实现对适当保护水平的一致性。

世贸组织上诉机构裁定，欧盟委员会的禁令并不基于风险评估，因此违反了第5.1条。与专家组不同的是，世贸组织上诉机构在解释第5.1条时强调，当某一争议与第2.2条内容相关时，第5.1条要求充分保证或合理支持卫生和植物检

疫措施的风险评估。世贸组织上诉机构指出，第 5.1 条的实质性要求（可应用于所有未来措施）是“卫生与动植物检疫措施协定和风险评估之间存在合理关系”。世贸组织上诉机构判定，政府在进行风险评估时，可以根据定性和定量因素，采用其他成员国或国际组织制定的风险评估标准，并采纳对某个科学问题的少数人意见。世贸组织上诉机构认为，对卫生和植物检疫措施与其风险评估之间是否存在合理关系的评估应该个案分析，在分析时应考虑到所有存在潜在不良健康影响的因素。世贸组织上诉机构与专家组在关于欧盟委员会是否对生长激素的影响进行了合理的风险评估上，达成了一致意见。该机构也同意，虽然欧盟委员会提交的研究和证据表明可能存在癌症的一般风险，但它未能确定在受争议的激素案中，生长激素注射后的牛中发现的激素残留是否仍然具有潜在致癌风险或遗传毒性。第 5.7 条规定了临时预防原则，但该预防原则的应用（包括欧盟的有关 186
原则和措施的应用），应仅限于第 5.7 条规定的范围内。

世贸组织上诉机构没有具体阐释欧盟应如何遵守《实施卫生与动植物检疫措施协定》，包括第 5.7 条。这种“不做指导”的做法，大概率不是意外的遗漏。世贸组织上诉机构致力于加强对协定的遵守，同时尊重各参与方的自主权。当一个缔约方被认为不符合世贸组织的规定时，它会确定一个过渡期，来敦促重新遵守的时间框架。当欧盟和美国未能就过渡期达成一致时，世贸组织上诉机构着手进行争端解决谅解（DSU）的约束性仲裁，它规定欧盟应在 1999 年 5 月（15 个月）之前调整其贸易政策，使其符合世贸组织的规定。世贸组织上诉机构仲裁员驳回了欧盟更长的过渡期申请，认为该过渡期的目的只是为了便于执行裁决，而不是进一步的科学研究，而欧盟要求延长的动议似乎只是拖延。由于欧盟未能在 1999 年 5 月的过渡期前内调整完毕，世贸组织决定对欧盟实行报复性经济制裁，以补偿美国被注射荷尔蒙的饲养牛肉被欧盟市场驱逐的经济损失。制裁一直持续到 2012 年 3 月，欧盟同意提高其优质牛肉进口配额，以换取其继续实行对荷尔蒙喂养牛肉的禁令。

（三）欧盟转基因案

2003 年，美国、加拿大和阿根廷向世贸组织提出了对欧盟委员会的投诉，理由是欧盟委员会暂停对转基因食品的进口，违反了《实施卫生与动植物检疫措施协定》的规定。三年后，专家组发表了一份冗长的报告（超过 1 000 页），其中认可了欧盟的部分措施，但判定其他一些无效。自 1998 年起，欧盟颁布了实际上暂停转基因产品销售的措施。美国和其他原告认为，欧盟委员会违反了《实施卫生与动植物检疫措定协定》的规定，因其拖延批准、程序不透明且缺乏足够的科学证据证明延迟批准的理由。专家组认为，27 个产品中有 24 个的审批程序被不当延误，因此违反了第 8 条和附录 C（1)(a)。

另一个重要问题涉及六个欧盟成员国（奥地利、法国、德国、希腊、意大利和卢森堡）采用“禁止在其领土内销售转基因产品的”临时保障措施。欧盟委
187 员会认为，《实施卫生与动植物检疫措定协定》第 5.7 条允许基于预防原则的临时措施，所以采取临时保障措施是合理的。但是专家组裁决，欧盟委员会成员采取的保护措施不符合第 5.7 条规定的临时保障要求。欧盟委员会自己认为有科学证据，就可以进行风险评估。然而专家组认为成员国不能援引第 5.7 条，由于该条只允许国家在“相关科学证据充分的情况下”，方能采取行动。专家组认为，欧盟委员会成员国维持的临时保护措施，违反了第 5.1 条和第 5.7 条，也同时违反了第 2 条规定的义务。

尽管专家小组主要讨论的是欧盟委员会辩称的有关不当拖延和实际临时禁止的问题，但值得注意的是，专家组关于欧盟采用的预防性措施原则的评述，分析了《实施卫生与动植物检疫措定协定》与国际法其他原则之间的关系，这在世贸组织的争端解决流程中均有体现。欧盟委员会认为，世贸组织协定应当按照《联合国生物多样性公约》和《卡塔赫纳生物安全议定书》规定的国际法规范所确定的国际原则进行解释。根据《卡塔赫纳生物安全议定书》，签署国可以对转基因生物采取预防措施，即使没有科学证据表明它对人类、动物或植物的生命和健康造成风险或对环境有不利影响。专家组认为，本次争端不必考虑《联合国生物多样性公约》和《卡塔赫纳生物安全议定书》的原则，因为争端当事方之一的美国并不是这些国际条约的缔约国。第 31 条第（3）款（c）项规定，如果争端当事方是其他条约的缔约国，则应在条约争端中考虑其他条约的规定。因此，专家小组认为，《联合国生物多样性公约》和《卡塔赫纳生物安全议定书》不能适用，理由是美国为非缔约国。

（四）莱克多巴胺的争议

涉及兽药盐酸莱克多巴胺的国际食品安全问题，体现了国际食品法规的复杂性和两极分化。该药物用于动物饲料中，可促进猪、牛的生长，增加动物的瘦肉，并且在一定程度上使火鸡增重。该物质通过帮助增加肌肉质量，来增加猪和

牛的瘦肉。莱克多巴胺被吸收到动物体内并输送到肌肉组织，使营养物质远离脂肪生成，并增加蛋白质和最终肌肉纤维的合成。最终的产品更瘦、更重，宜于销售，且更有经济价值。与大多数兽药不同，莱克多巴胺用于这些动物饲育的最后 188
阶段（即在屠宰之前的精制动物），因此没有足够时间可以减少或消化人类食用的残留物。根据世界粮农组织和世卫组织食品添加剂联合专家委员会的规定，不允许以任何医疗目的向人类施用莱克多巴胺。

世界各国对是否允许在肉类生产中使用莱克多巴胺存在分歧。虽然莱克多巴胺在某些国家被允许作为饲料添加剂，如美国、澳大利亚、加拿大、日本和墨西哥，用于饲育肥猪和牛的生长；但在其他司法管辖区，包括欧盟、中国和中国台湾地区，以食品安全的理由禁用此物质。中国对猪内脏中发现的莱克多巴胺残留物浓度更高担忧，因为食用器官是中国饮食文化的一部分。欧盟则认为莱克多巴胺是否安全的科学理论，仍存在缺陷。与以前使用兽药（如生长激素）引起的争议不同，莱克多巴胺使用限制的安全考量，通常不仅限于人类健康。证据表明莱克多巴胺也可能导致动物健康和福利问题。而且，动物保护主义者认为该物质可能引起动物不适，并质疑动物饲养中是否有必要添加该物质。

经过多年有关科学、政治的僵持不下，食品法典委员会在 2012 年 7 月以投票的形式（结果为支持 69 票，反对 67 票），决定是否设定莱克多巴胺的最大残留限量（MRL）。该提案由食品添加剂联合专家委员会（JECFA）和食品中兽药残留法典委员会（CCRVDF）的科学家所建议。在 2012 年 7 月投票之前，世贸组织讨论了对饲料添加剂的最大残留限量问题使得国际标准制定机构未能达成一致，这是否会破坏食品安全规则的有效性。其中，卫生与动植物检疫措施协定（SPS）委员会解释了他们如何理解“不设定莱克多巴胺最大残留限量是否危及世贸组织规则的科学性和合法性”的问题，以及单纯使用一种科学观点是否会削弱该规则对其他问题的适用。

授权莱克多巴胺合法使用的那些国家（包括美国），认为科学证据已经表明一定量的莱克多巴胺残留物是安全的，并要求食品法典委员会批准最大残留限量（主要肉类种类的十亿分之十）。除了援引食品添加剂联合专家委员会的研究，这些国家还指出已经有 26 个国家允许莱克多巴胺使用并已有多年的历史，并没有发现产生有害影响。在反对方的一端，诸如欧盟、中国等国家质疑食品添加剂联合专家委员会的调查结果，也要求食品法典委员会考虑莱克多巴胺可能影响消费者健康的其他问题。尽管投票结果已经出炉，莱克多巴胺问题似乎将成为另一

189 个跨国贸易争端的死结，也是一个新兴的、富有争议的全球食品治理体系的试验性案例。

（五）争议发生的原因

1. 由贸易引起的有关卫生和植物检疫措施（SPS）的争议非常复杂

为确保食品安全而实施的每一个卫生和植物检疫措施，必须有坚实的科学基础。基于食品安全担忧而建立的贸易障碍，必须基于风险的评估。什么是坚实的科学证据、如何进行风险评估已经相当复杂，而各国对食品风险、科学证据以及何为适当的保护水平都各执己见，这使得本身就已经复杂凌乱的问题更雪上加霜。此外，虽然发展中国家与发达国家都关注食品安全问题，但发展中国家考虑的优先事项往往不同，比如粮食安全（确保足够的食物供应）会比食品安全更优先考虑。

2. 自由贸易胜过大多数社会政策议题

虽然社会问题对世贸组织成员国和消费者都很重要，但世贸组织的框架是以自由贸易为前提的。因此，在莱克多巴胺问题中所表现出的动物福利问题以及在转基因争议中表达的公众对食品系统的关心，都显得没有自由贸易那么重要。

3. 预防原则在全球食品安全中作用有限

世贸组织将预防原则定义为“在有完整的科学证据之前，采取预先保护行动的观念；它认为，任何行动不能仅仅因为缺乏充分的科学证据而被推迟”。世贸组织表示在食品安全方面，在科学没有定论时采取预防行动，已被人们长期接受；然而到目前为止，在所有世贸组织出现的争端中，专家组从未采纳预防原则的“保障政策声明”，将其作为习惯法予以维护。例如，在世贸组织的牛肉激素案中，上诉机构拒绝就预防原则的适用发表意见，但指出：

“国际法中有关预防原则的地位，仍然是学术界、法律从业人员、监管者和
190 法官之间的一个辩题。有些人认为预防原则已经成为国际环境法的一种惯例原则，而它是否能被（世贸组织）成员广泛接受成为一般或习惯国际法的原则，现尚不清楚。”

世贸组织的培训指南中指出，食品安全法典委员会正在制定有关食品安全的风险分析的一般原则，并将说明在哪些条件下允许采取预防措施。这似乎表明，预防原则虽未被认为是有关食品安全争议的习惯法规则，但已被世贸组织视为风险分析的一部分。

4. 食品安全争议一般以妥协解决

除了广为宣传的争议话题（激素和转基因生物案例）之外，在世贸组织框架下的、有影响力的案例早已有，并将继续涌现，它需要各国做出妥协，而这种妥协并不仅仅是通过复杂、持久的争端解决程序。例如，美国在 1999 年禁止进口意大利葡萄酒进口，因为发现其使用腐霉菌（一种被美国环保署禁止的杀菌剂）处理。欧盟委员会认为这一禁令过于宽泛，因为它基本禁止了所有意大利葡萄酒的进口，美国只要列明特定的、经杀菌剂处理的葡萄酒不允许进口，就足以保护美国人的健康利益。美国最终在欧盟委员会的压力下，发布了杀菌剂的临时允许水平。

5. 食品法典委员会的日益政治化，带来国际食品标准的可信度问题

虽然食品法典委员会支持美国对莱克多巴胺的立场，这也被认为是食品法典委员会以科学为基础制定标准的成功案例，但其通过投票采纳某一决议，表明了食品全球治理系统所面临的实际限制。虽然这一决议会促使美国等国家向世界贸易组织中对肉类产品中的莱克多巴胺残留物实行零容忍政策的国家继续挑战（如中国、欧盟和中国台湾），但同样留下一个问题：以小票之差通过的国际标准是否可以被视为与一致通过的标准效力相同。从法律角度而言，投票结果并不会改变所采纳标准的地位。事实上，只要标准一旦采用，世贸组织的司法机构就不会考虑标准是在何种情况下通过的。正如本文第二章所述的沙丁鱼案例一样，世贸组织成员往往有义务采纳一国际标准即使它投过反对票，无论这是否为一种自愿规范。换句话说，《实施卫生与动植物检疫措定协定》赋予了国际标准约束力，无论它是否得到一致同意。然而对于仅以微小票型优势通过的规范，国际食品界（尤其是世贸组织争端解决机构），是否应赋予它与经协商一致、至少经合格多数票通过的规范同样的价值，这一点仍有争议。 191

6. 食品安全标准的协调，发生在体系调整之外

卫生与动植物检疫措施协定（SPS）起草者选择在世贸组织之外建立一个“准立法”制度有以下几个优点。将协调的责任外包给一些外部组织，不仅有助于通过遵循更加柔和的共识来协商一套标准的实施，而且还可使世贸组织免受关于某一特定标准所带来的批评（例如莱克多巴胺案例）带来的高度政治化的质疑。通过参考食品法典委员会和其他标准制定组织的活动，世贸组织卫生与动植物检疫措施协定的体系，旨在促进其成员之间的积极一体化，并通过食品安全的多边治理结构，使食品安全标准协调一致。虽然这种安排有它的优势，但我们必

须认识到它不是美国这样的一个国内食品制度，无法在高度发达的宪法框架下运作，没有明确的组织机构来分工合作并保证权力的制衡。事实上，尽管世贸组织通过其自身的执法机制对食品法典委员会的标准和规则进行了事后强化，但世贸组织没有权力直接向其成员施加有关健康和食品安全的政策。简言之，世贸组织争端解决机制，往往在制度真空中运作，它在国际食品安全监管中，没有全面化、制度化的食品安全机构。考虑到 WTO/GATT/SPS 框架总体对自由贸易意志的凸显，我们只能期待食品法典委员会来弥补这一不足。

三、自由贸易协定

近年来，各国政府面对越来越多的公众要求以建立更完善的食品安全管理体系，各国正在寻求可以切实满足食品安全需要的替代方法。越来越多国家签署的双边或区域食品安全协定或自由贸易协定（FTA），纳入了卫生与动植物检疫措施（食品安全相关）的内容。美国食品药品监督管理局也积极参与其中，并通过与他国签署协议，寻求正式和非正式的食品安全治理合作。截至 2011 年，美国已有 110 项国际协议安排（其中 104 项为双边），且至少 56 项与食品安全或卫生与动植物检疫措施协定直接相关。除了与中国签订的双边食品安全协议和与中国、欧盟的三边合作安排之外，美国食品药品监督管理局还与 12 个国家的 16 个
192 政府机构就食品安全/卫生与动植物检疫措施协定问题，签署了 17 个不同程度的保密协议，用以促进某些事项的执法或监管。

2007 年 12 月，美中之间的食品安全协议表明法律正以国际协议的形式，被应用于当今日益严峻的食品安全问题。美中食品安全协议，旨在“建立一个关于食品和饲料安全的双边合作机制”，通过现有或未来的注册和认证计划，加强信息共享和监管合作。

如本书第二章所述，《跨大西洋贸易与投资伙伴协定》（TTIP）是美国和欧盟之间提出的自由贸易协定，它的谈判涉及重大的食品安全议题，且是其中最棘手的话题之一。随着谈判的不断深入，其影响也愈发凸显，它预计将产生十多个附属文件用以阐述如何实施该协定的卫生与动植物检疫措施的关键实操问题。

四、欧洲食品安全法

与美国食品法的最早阶段（食品的商业管理）相对应，1957 年“罗马条约”所创建的欧洲经济共同体，使得一套在欧共体范围内、以货物自由流通为基础、

实行共同的农业政策成为可能。直到 20 世纪 80 年代中期的 1986 年单一欧洲法 193
案出台之前，欧盟没有明确立法提及消费者保护。然而，直到大规模食品安全危机的暴发，尤其是 90 年代中期的疯牛病，欧盟委员会才开始制定基于科学风险评估的监管体系，并起草欧盟食品法。

2002 年实施的欧盟食品法［欧盟法规（EC）178/2002］十分关键，它确立了欧盟食品法规的一般原则和要求，决定设立欧洲食品安全局（EFSA），且开始采用食品安全程序。欧洲食品安全局有责任向欧盟及其成员国提供关于食品安全、营养、标签和其他事项的独立、透明的科学建议。欧洲食品安全局也提供风险评估。然而，欧洲食品安全局只是一个科学机构，并没有执法权。欧盟委员会（EC）借助包括欧洲食品安全局在内的监管委员会，制定食品安全措施。监管委员会由欧盟成员国代表组成，当欧盟委员会就某一特定提案向其征求意见时，它可以发表意见供欧盟委员会参考。

欧盟食品法包含 178/2002 号条例所规定的一般原则。其中之一便是“当出台一项新的食品措施时，其风险评估必须基于现有的科学证据，并以独立、客观和透明的方式，由欧洲食品安全局执行”。欧盟食品法的另一个基本原则是“预防原则”，当风险管理者认为风险尚未确定时，允许风险管理者作出预先保护健康的决定。第 178/2002 号条例第 7 条引入了这一原则，并规定所采取的措施应参考技术、经济可行性以及其他应当被合理考虑的因素，与欧共体选择的高水平健康保护相符，且不对贸易产生额外约束。虽然第 178/2002 号条例第 7 条被命名为“预防原则”，但其措辞是符合卫生与动植物检疫措施协定（SPS）的。这一原则在欧盟和美国之间出现多次分歧。其他的一般原则包括透明度原则；食品经营者对其生产、运输、储存或销售的食品赋有安全性责任的原则；成员国有责任在供应链的所有阶段检查食品，并在发现可能对人类健康构成风险时，通过食品和饲料快速警报系统（RASFF）向消费者传播信息的原则。

第九节　私营标准 194

一、扩散和监管

近来，美国食品供应链中的私营食品安全标准激增。私营领域的参与者，特别是跨国公司，越来越多地通过私营标准的监管，来填补食品安全管理的空白。美国私营食品安全标准的发展，在很大程度上基于欧盟的模式。欧盟为应对食源性疾病的暴发（尤其是疯牛病和鸡肉中的二噁英），积极颁布旨在解决这些问题的指令。除了行政命令和监管措施之外，零售商和供应商开始发展私营领域的食品安全计划，如 EurepGAP、英国零售业联盟（BRC）、全球食品标准和乐购的自然选择，以保护品牌声誉和抚慰恐慌的消费者。目前世界上最著名的私营监管机构是 GlobalGAP，一个旨在制定良好农业规范（GAP）标准、以欧洲为大本营的零售商领导组织。

尽管欧盟在这方面领先，但美国的私营食品安全标准也早已出现。食品安全领域的第一个私营标准制定者是美国烘焙协会（ABA），它于 1919 年成立，在通过了其“官方道德守则”后，该机构于 1919 年开始制定质量和安全标准。在美国，食品危机的爆发、市场的瞬息万变一同促进了为食品安全所指定的私营标准的使用。这些市场变化包括进口食品的增长、可追溯性技术的进步，它们都极大地激励着零售商实施私营标准，豁免他们在食品安全事件爆发时的责任。零售商通过私人认证迫使供应商负责，以保证私营零售品牌的发展壮大。因此，美国零售商和供应链中的参与者，均开始要求私人认证，特别是对于他们无法切实检查的外国供应商，以防止食源性疾病的责任波及自己。例如，全球食品安全倡议（GFSI）于 2000 年 5 月由“食品商业论坛（CIES）”倡导启动。食品商业论坛是一个食品行业组织，代表了世界 65% 以上的食品零售商以及许多大型供应商。全球食品安全倡议的成立，是为了协调私营领域的食品安全标准。不少其他私营的、行业主导和第三方认证的标准也随之迅速涌现，并在跨国食品公司的支持下蓬勃发展。随着大型跨国零售公司越来越强硬地要求他们的供应商满足私营的食品安全标准，这些要求变得影响深远，并过滤了加工商、贸易商和农业生产者的资质。

零售商要求其食品供应商满足认证的要求，事实上把自愿遵守的规范变成强制需要遵守的。然而，根据私营食品安全标准的定义，它的性质仍然是自愿的，
195 毕竟在美国并没有正式的强制机制迫使供应商遵守标准。私营标准的广泛采用和切实遵守，加强了它的合法性，巩固了它的权威。在实际商业交易上，跨国食品公司（特别是大型跨国零售商）拥有巨大的市场话语权，其制定的标准和要求可以被认为比行政机关制定的更具有影响力且更有效力。应该明确的是，私营标准的制定不仅仅涉及制定标准本身，它有五个主要职能，包括标准制定、通过、

实施、合格评定和执行。

二、《食品安全现代化法》（FSMA）和农产品

用于水果和蔬菜生产的私营食品安全标准，已经变得司空见惯。2006 年，菠菜中的大肠杆菌 O157：H7 暴发，标志着农产品监管的转折点。该事件导致超过 100 人住院，31 人罹患与大肠杆菌有关的、严重的并发症，即溶血性尿毒症综合征。美国食品药品监督管理局在对疫情进行评估时注意到，新鲜农产品中反复出现大肠杆菌问题，所以决定在未来监管中必须格外地重视农产品安全。为解决绿叶蔬菜的安全问题，行业内组建了其行业组织，其中包括由零售业发起的食品安全领导理事会。该理事会提出了农产品安全标准的计划，它需要满足或严于美国食品药品监督管理局发布的指南，并须得到第三方认证。绿叶蔬菜业与加利福尼亚州政府合作推出了加州绿叶菜种植商营销准则（LGMA），它涵盖了一个质量控制系统，旨在最大限度地减少生产绿叶蔬菜的微生物污染，并向消费者保证加利福尼亚州生产的绿叶蔬菜的安全性。加州绿叶菜种植商营销准则审查和修订食品安全标准，要求成员执行某些安全措施，并与政府审计员合作考察其是否合规。虽然加州绿叶菜种植商营销准则是一项自愿的协议，但它对签约方有约束力，包括农场主、加工商和运输者。

如本章先前所述，《食品安全现代化法》第 105 条在《食品、药品和化妆品法》的第 4 章中增加了其第 419 条，以此对农产品安全法规进行了修改。这些变化被称为预防性监管措施，为私营标准的应用融入了新的元素。如本章所述，它强制农场引入现场预防控制措施，专门针对食源性疾病暴发和对人类健康可能造成重大危害的新鲜农产品。《食品安全现代化法》还规 196
定，进口到美国的食品必须在国外以类似美国的安全水平生产；食品进口商负有验证核查的责任。《食品安全现代化法》的第Ⅲ部分要求美国食品药品监督管理局启用第三方资源来监管食品进口（包括第三方审计），以（通过在本书先前章节提到的外国供应商验证计划）检查和证明外国供应商符合美国食品安全要求。审核和检查相左的预防性控制措施，使美国政府法规与私营标准更贴近，两者最终达到一定的协调。

三、私营标准的未来

尽管很难评估《食品安全现代化法》对私营食品安全标准适用的影响，但

目前看来这种标准仍会继续发展。《食品安全现代化法》强调预防性方法，通过建立过程标准和实践守则，促进有效的食品安全管理，防止或减少食品安全危害侵入食品供应链。私营食品标准的出现，在很大程度上是现代预防性食品安全监管政策的结果。在理想情况下，私营标准可被视为支持了食品安全供应的一些公共政策。人们普遍认为，食品工业不应将食品安全措施用作竞争工具。事实上，食品零售部门的主要参与者在2000年发起了全球食品安全倡议（GFSI），这表明跨国公司正在通过合作，而不是通过竞争来解决食品安全问题。全球食品安全倡议规定了私营食品安全计划制定的原则和基准，以便其他成员有据可循地去认可某一个符合要求的计划。然而，我们尚不清楚全球食品安全倡议是否能真正实现“一证在手，全球有效”的目标。私营标准的未来也被一个问题所困扰，那就是目前的努力是否更多地在关注如何逃避法律责任，而非防止食品安全违规。

另一个问题是如何实现制度间的协调。私营标准无论是现在还是将来，都会随着时间的推移不断发展。如果零售商继续恪守自己的标准，即使产品之间的差异可以使零售商保持其独立性，但仍需要协调风险管理。标准的制定者、认证机构已经认识到了合规的成本，而这些机构也已经开始协调国际食品标准之间的安全检查协议。虽然协调标准、降低认证成本对行业来说是件好事，但其也会弱化这些标准的独立性、独特性和保护个体零售商的能力。一些国际认证机构还在推动食品和农业的ISO 22000认证，从而削弱全球零售商对标准的控制力，然而大
197 牌零售商绝不会轻易放弃自己的标准和目前所施加的控制。在私营标准占支配地位的斗争中，如何借鉴企业保险的风险管理方式，包括风险的自我评估、独立审查和风险高低排列，可能是未来的方向。

第十节　食品安全诉讼

一、弥补空白

食品安全诉讼是另一个弥补监管空白的法律工具，因为即使在政府监管（政府监管和自我监管）下，消费者仍有可能因消费不安全食品而患病。根据美国产品责任法，受不安全食品损害的消费者可以采取法律手段要求赔偿。尽管由于进口食品引起的食源性案件不断增加，但大部分的食源性案例仍然来自国内生产的食品。随着消费者越来越多地购买生鲜食物，对生鲜食品的监管可能加强以应对

可期的消费者诉讼。《食品安全现代化法》（FSMA）要求美国食品药品监督管理局（FDA）针对高风险水果和蔬菜的生产者制定新的法规，但这些生产者通常因为经济规模小而难以满足法规的要求；若这些产品暴发疫病，监管当局可能会追溯其食品生产商。有关食源性疾病的诉讼，可能会随着时间的推移而增加，特别是技术进步后简便了产品危害来源的追踪。另一个可能是集体诉讼仍然常见于食源性疾病的轻度暴发时，特别是在人们能够了解、识别和记录疫情后。

消费者因食用不安全的食物而生病，他们可以依据一种或多种责任理论（包括侵权法的严格责任、违反默示担保和疏忽），要求生产商或销售商赔偿损失。如果消费者因食用了不安全食物而生病，原告在诉讼中的最好武器便是援引严格责任索赔。因此，本节主要关注严格责任索赔的构成要素。

二、严格责任

(一)《侵权法第二次重述》第 402A 条

传统的严格责任是根据《侵权法第二次重述》第 402A 条规定的，即“任何人销售不合理地对消费者或消费者财产产生危险的产品，均须承担严格责任……如果该产品按照预期并已到达消费者手中，而其产品状况与销售时并无实质性变化时”。因此，原告为了建立初步证据链条而必须证明的要素如下：(1) 被告从事销售造成伤害的产品的业务；(2) 产品有缺陷；(3) 该产品在离开被告时已经有缺陷，并且在原告取得时并未对产品进行改变；(4) 由于缺陷，产品对原告有不合理的危险；(5) 原告受损；(6) 产品的缺陷与原告受损构成因果关系。原告无 198
须必要证明被告未能在产品的制备和销售过程中，采取一切可能的谨慎措施来避免危害的发生，也不需证明原告与被告存在任何契约关系。

将诉讼基于严格责任而不是违反担保义务或过失，有着明显的优势。在基于严格责任的诉讼中，原告无须证明生产商或卖方违反担保义务或存在过失。在严格责任的诉讼中，原告没有在被告违反担保义务时的通知要求，并且关于免责声明的效力规则也不适用。对合同、担保双方关系的要求，通常也不适用于严格责任诉讼。若原告以被告存在过失来起诉，他需要同时证明被告生产了有缺陷的产品，且被告存在疏忽的情节。产品生产商、供应商违反担保责任，其在本质上仍属于契约性质，并且旨在执行双方之间（书面或暗示）的协议，这可能与消费者要诉的违反食品安全条款不相适应。

虽然法院仍然根据《侵权法第二次重述》第402A条来定义严格责任，但《侵权法第三次重述》修改了一些内容。根据第三次重述，“如果……产品包含制造缺陷，设计缺陷或由于说明不充分而导致的缺陷，销售或分销缺陷产品的卖方或经销商将承担法律责任或警告”。此标准比第二次重述的402A条对产品“不合理危险”的要求相对宽松。第三次重述在其评注中举例，当一罐豌豆中含有一块卵石时，食品可能被认为存在“生产缺陷”；当薯片的配方含有危险的化学防腐剂时，可能被认为是“设计缺陷”；当卖方未能通知消费者用于橙子皮的染料含有公知的过敏原时，可能属于“缺乏充分警告”。评注还指出，尽管由于食品中存在明显不是卖方想购买的异物（例如豌豆罐中的卵石）且受到伤害时，消费者可以容易地、以涉及“制造缺陷”进行索赔。然而，在分辨导致原告伤害的产品成分是非预期的掺假还是产品固有时，可能存在困难，而大多数法院则通过采用“合理消费者期望”测试，解决了这一困境。

简而言之，即使被告在生产和销售产品时已相当谨慎，严格责任原则也可以适用。它的重点并不是食品企业是否存在过失，而只是消费者的损害是否可以追溯到该食品。最后，所有产品的严格责任规则都适用于食品。

199 (二)初步证据确定(Prima Facie)的严格责任案件

1. 被告从事经营销售造成伤害的产品

在证明被告涉嫌从事售卖对原告人身造成伤害的食品或饮料时，原告无须证明被告仅从事销售业务。被告可以是该产品的生产商、批发商、零售经销商、分销商或该产品售至餐厅的实际经营者。然而，若原告仅证明被告是该产品的偶然卖家，这是不充分的。

在严格责任下，被告亦无须是只从事食品贩售的经营者。例如，严格责任规则也适用于销售爆米花或冰激凌的电影院，无论这些食品是在店内消费还是打包回家。一个偶尔卖了食物但不从事持续经营活动的人（例如卖给邻居一罐果酱或一磅糖），则不受严格责任约束。

根据《侵权法第二次重述》第402A条，从事销售具有不合理危险的食品的卖方，对产品消费可能造成的人身伤害负责。在大多数州，严格责任规则适用于任何生产商、批发商、零售经销商、分销商和餐馆经营者。

2. 有缺陷的产品

在试图确定某种食品是否存在缺陷或不合理的危险时，法院历来使用两类方法：外来-固有测试和合理的消费者合理期望测试。对已销售的食品中的外来物体或其造成损伤的责任，通常取决于所讨论的外来物体或物质是否被认为是食物或饮料“外部带来的”而不是“本身固有的”。

根据外来-固有测试理论，如果确定食品受到外来物质的污染，受损害的消费者可以要求赔偿。然而，若造成损害的物质是食品中固有的，则消费者不能要求赔偿。使用外来-固有测试理论的一个经典案例，涉及一名消费者误食鸡肉饼中带有的鸡骨而受伤。法院认为，鸡肉饼偶尔含有鸡骨是一般常识。我们一致裁决，这样的鸡肉馅饼在没有更多缺陷的情况下仍可供人类消费。根据外来-固有 200
原则，只有当造成损害的物质对产品本身的成分而言是外来物质时，生产商才负有责任。然而，若根据某些司法管辖区域采纳的消费者期望测试则认为，无论食品中的某种物质是否是其固有的天然物质，只要消费者不能合理地预期该物质的存在且该物质已对消费者造成损害时，消费者就有权提起诉讼。

在消费主义时代，外来-固有标准显然是过时了。它保护食品加工者和卖方免受责任，即使已有技术可以简便地从食品中去除有害的自然物。相反，消费者期望测试则对加工商或销售商仅仅要求他们提供的食品应符合安全标准，这也是消费者通常和合理的期望。

更重要的是，在依然采用外来-固有测试的国家中，即使受伤的原告可以依据法律上确凿的疏忽、违反默示担保或严格责任进行索赔，若食品中的有害物质是本身固有的，则食品加工商仍有可能被免于责任。而在采用消费者期望测试的国家，如果消费者没有合理的预期，则任何适格情况都可能产生责任，即使危害物质是产品本身固有的缺陷。

与外来-固有测试相反，合理的消费者期望测试已被大多数法院所采纳。他们指出，如果导致损害的物质可以被合理预期存在于食品或饮料中，消费者被视为已经受到警告；如果受伤，消费者不可索赔。《侵权法第三次重述》的产品责任章节中使用了“合理期望”测试，它规定：

“一个从事销售或分销的食品经营者，若销售或分销有缺陷的食品……对由于缺陷造成的人员或财产损害负有赔偿责任……如果消费者无法合理期待食品含有该某物质或成分时，则该危害构成缺陷。”

对《重述》的评注也指出，司法审查员一致赞成消费者合理期望测试，并且这项原则已成为在美国的普遍规则。

回到鸡骨的话题，在涉及一名女性因吞咽鸡骨头而受伤的案件中，罗得岛最

高法院在 1951 年拒绝采用外来-固有测试理论，而是采纳了消费者合理期望测
201 试。在接下来的几十年内，法院继续采纳这种意见。《侵权法第三次重述》对消费者合理期望测试的采用巩固了这种执法和司法的转变，因此法院现在很少再援引外来-固有测试理论。在消费者合理期望测试理论下，需要解决的核心问题是“什么是消费者在食品中应合理预期的，而不是什么是该食品成分在加工前固有的”；作为适用于普通法下的过失责任，该理论与被告对伤害是否可以预见相关。

3. 产品在被告控制时已有缺陷

《侵权法第二次重述》第 402A 条并没有阐明，当一个产品离开卖方后会有合理的预期会被再加工或做重大改变时，该卖方是否负有法律责任。但它至少明确了一点，产品若要进行再加工或其他重大改变时，这一事实不能免除原卖方的责任。例如，被污染的咖啡豆的卖方仍对最终消费者负责，即使该咖啡豆已被销售给烘焙商并包装。

产品有缺陷是指“最终消费者无法预见的，并对他已有不合理的危险的情况”。有关食品或饮料，最常见的缺陷有产品污染、腐烂、变质或存在异物。不合理的包装，也可能造成食品缺陷。

任何产品（包括食品），如果对于产品特性的知识，超出一般消费者可以设想的危险，就属于存在不合理危险。

4. 产品无性状改变

原告必须证明在产品离开被告控制时，与产品在原告食用或饮用的期间内，食品的性状没有发生变化。这可以通过证明某产品在到达原告时，处在密封尚未开封的容器内。原告有义务证明产品在离开卖方控制时处于有缺陷状态。除非有证据支持食品或饮料在卖方控制时即存在缺陷，不然原告的证明力是不够的。比如在 Dirsa vs. Martuscello 一案中，原告对酿造商和零售商提起了严格责任诉讼。由于原告发现啤酒中存在部分溶解的小老鼠的躯体，且有证据表明该瓶由酿造公司在封闭的纸箱中运送给啤酒批发商，即在没有打开的情况下，纸盒由批发商交
202 付给零售商。零售商的员工随后把尚未打开的纸箱直接放置于原告的汽车上。原告的证据链被认为足以满足其举证义务。此外，在 Santine vs. Coca-Cola Bottling Co. 案件中，一个密封瓶作为证据表明装瓶商对容器内产品的连续性控制。法院认为，在用于人类消费的密封饮料中发现了昆虫尸体，这已经可以说明罐装公司需要承担以初步证据即可确定其违法的过失。

这里存在一个法定假设是“在餐厅购买的食物，可以被认为在没有变化的情

况下到达原告”。在 Wachtel vs. Rosol 一案中，原告起诉一家餐馆承担严格责任，该餐厅提供的鸡蛋沙拉三明治被沙门氏菌所污染。法院认为，由于出售的三明治在餐厅内即时食用，有理由预期三明治是在没有改变的情况下到达原告。

5. 因果关系

食物中毒案件遵循与其他侵权案件相同的因果关系规则，而且它常常是案件的核心争议。如果产品中的外来物质或其他缺陷是伤害或损害的“近因”，食品生产商或销售商应对损害负责。因此，证明产品中的外来物质或其他缺陷才引起损害，是每个产品侵权案件中赔偿的先决条件，无论该诉讼是基于疏忽、违反保证、严格侵权责任还是以上几者的组合。

损害的近因是指“没有新的原因发生，在直接顺序中造成伤害的原因；若没有这种原因，便不会发生伤害”。近因由两个要素组成：事实原因和法律因果关系。事实原因是指“若无此行为即无后果或行为与由此造成的伤害之间存在事实联系”。相比之下，法律因果关系则考量法律政策有关被告人的行为的后果可以延伸多远；且是否应出于事实原因，而追究法律责任。判定时，这两个要素都必须满足。

在食物中毒案件中，原告必须证明疾病或损害与消费食物之间存在因果关系。在履行这种举证责任时，消费者并不需要排除一切可能的原因，但他必须证明，食物的状况更可能导致他所声称的损害。此外，被侵权的原告无须证明被告的疏忽是原告受损的唯一原因。作为一般规则，仅有食用和疾病两个要素的相关性，并不足以在法律上建立因果关系。在食品安全案例中证明近因是有挑战的，
因为食物已经消耗而通常不能用于科学检测。在没有直接证据的情况下，间接证 203
据必须排除导致损害发生的其他外在原因。

一般认为原告可以仅使用间接证据来建立因果关系。为了达到这一目的，间接证据必须倾向于排除其他原因造成的损害或疾病。但绝对的确定性并不是必要的，原告不必排除所有的其他可能性，即可以通过概率平衡来推断因果关系。食品或饮料产品的消费与原告疾病发生之间的时间间隔，可能是一个重要的间接证据。在 Burr vs. Coca-Cola Bottling Co. 一案中，原告证明她在服用一瓶被告生产的软饮后出现恶心、腹泻和胸痛，她发现该瓶软饮料中含有少量杂质，但她没有提供关于这些症状原因的医学证据。法院认为，在饮用可能受污染的饮料后出现的疾病症状，通常足以使陪审团对因果关系作出判断。原告必须有合理的依据，以便确定之后出现的不良反应是饮用受污染的饮料而造成的自然和可能的后果。法院认为，饮用和疾病发作之间的时间长短并不一定是支配因素，但对于确定其

造成疾病的可能性具有重要意义。如果时间间隔太长，则可能难以推断出该因果联系。

（三）过失侵权

根据《侵权法第二次重述》，过失侵权是指在同样情况下，违背一般合乎理性的人所行使的谨慎程度的行为。这种谨慎程度被称为“合理谨慎”。换句话说，当食品企业未能在生产、推广或销售食品时表现出合理谨慎，继而导致消费者生病时，过失侵权就会发生。这里的行为通常指作为，但也包括在有义务采取行动时的不作为（例如一个人有救援义务）。建立过失侵权的初步证据链，需要确定身体伤害（实际损害），履行合理谨慎（义务）的法律义务，未能采取合理谨慎的行为（违约），事实上由过失行为造成的身体损害（“若无”原则），以及证明损害在责任范围内（近因）。当确定某食品经营者是否采取了合理的谨慎措施时，可以考虑它的行为导致损害的可预见性、可预见的损害严重性以及采取预防措施消除或降低损害风险的义务。例如，某食品企业虽然不知道用于生产苹果汁的苹果应经高温灭菌以防止被大肠杆菌污染，但确实知晓所购买的苹果是果园
204 从地面收集的，那么就可以对该食品企业提出过失侵权的索赔，理由是该企业有理由知道苹果可能受到污染。

疏于向消费者警告食品危险或潜在危险状况，也可能导致过失侵权索赔，尤其是某产品没有法律要求的强制标签警示。常见的警告是食品中的异物（例如，“产品可能包含”骨头、外壳、果核等）。另一个例子是对生肉的安全处理和烹饪说明的强制标签要求。法律还可能要求食品企业提供用于零售的生奶和生贝类的健康警告。

一个相关的诉讼是针对过失本身，它往往发生在食品企业违反专门设计用于防止消费者遭受某种损害的法规时。在解读危害分析和关键控制点（HACCP）法规或指导性文件规定以及建议预防措施时，最容易发生针对过失本身的起诉。如果某企业的食品或服务活动属于危害分析与关键控制点的管辖范围，但企业没有危害分析与关键控制点计划或不遵守其书面计划、标准或程序，就很容易造成这一类侵权。

（四）违反保证义务

根据美国《统一商法典》（UCC）的要求，卖方在出售产品时承担责任被称

为保证义务。违反保证义务，是可以发起食源性疾病诉讼的起诉理由之一；当食品违反明示或默示保证时，原告的起诉理由成立。事实上，只要食品违反保证义务且不合格特征导致原告受损时，原告即可索赔。

明示保证是指“销售代表的陈述或在食品容器、菜单、广告图片或文字中引起消费者购买食品的事实或承诺”。如果这些陈述被证明是虚假的，则违反了明示保证。例如，某一家公司宣传其鸡蛋不含沙门氏菌，但事实并非如此，则他们违反了明示保证。对于食品，通常明示保证的违反涉及食品中的异物（例如骨头）。

默示保证要求食品既适宜销售又适合消费。如果产品符合特定安全标准并适合用于“一般目的”销售，则该产品是适宜销售的。例如，生猪肉是适宜销售的，因为它的一般目的是完全烹饪以杀死食源性寄生虫之后，供人类消费。在某些情况下，产品还必须符合某些特定目的适用的默示保证。本质上，当卖方知道买方的预期目的或产品的预期使用时，已经对其适用性做出了默示保证，买方依赖卖方的判断或技能来选择合适的产品。例如，若卖方告诉买方其提供的特定类型的生鱼可以用于制作寿司，但买方因为购买和食用被海兽胃线虫污染的寿司而患病时，则可视为违反了保证义务。

根据默示保证理论来要求损害赔偿，原告不需要证明卖方的过失或过错。原
告只需证明卖方出售不合格食品，而食品的这种不合格特征导致了原告的损害。 205
这种看似简单的举证其实很复杂，原因是确定食物适合人类消费或是否违反适销性的默示保证时，我们应采用外来-固有测试理论还是消费者合理期望测试理论。如前所述，法院现在对消费者合理期望测试理论表现出强烈的偏好。

（五）辩护

在一个食品诉讼中，可以提出多种辩护手段。最常见的辩护包括共同过失或相对错误，这取决于一州现行的法规。法院一直难以确定消费者在某一食源性疾病中所扮演的角色，尤其在肉制品方面。例如，法院常常将感染旋毛虫的消费者的责任置于消费者本身。事实上，如果消费者充分意识到该产品的健康风险，但仍自愿食用并因此受到伤害，则似乎并没有法律追索权。例如，肝脏疾病的患者在知道吃生蚝的风险时食用并患病。

被告可以通过提供证据证明引起疾病的病原体与多种食物相关或者可以通过其他途径传播（例如人与人接触），试图削弱食物和原告患病之间的因果关系。

被告人在食品生产、加工和分销链中离原告越远，原告就越难建立因果关系。在垂直整合公司的部门之间可能更容易建立因果联系；而在消费者或中间人之类的干预方也可能对食品做出错误处理时，则更难建立因果关系。例如，在极少数情况下，被告可以声称家庭食品引起的食源性疾病是由于消费者错误的食品处理和制备造成的。他们还可能辩称没有人在吃同样的食物时生病，食物不是病原体普遍认可的载体或者发病的时间与病原体的潜伏期不一致等。

一般来说，当被告被认定负有法律责任时，被告可以通过证明其在生产、处理和销售食品时采取了合理的谨慎措施，从而减少损害赔偿。比如，企业已使用最先进的技术生产食品，而且遵循旨在防止原告受到损害的法律和法规。与无法做到这些要求的公司相比，能使用危害分析与关键控制点记录的被告可以表明自己已遵守监管指南，行使所有合理的预防控制，从而更好地为自己辩护。

参考文献

[1] Davidson A. The Oxford companion to food [M]. OUP Oxford, 2014.
[2] U. S. Gov't Accountability Office. FDA Should Strengthen Its Oversight of Food Ingredients Determined to Be Generally Recognized as Safe [Z]. 2010.
[3] U. S. Environmental Protection Agency. Pesticide Registration Manual [Z]. 2015.
[4] National Research Council. The Future Role of Pesticides in U. S. Agriculture [Z]. 2000.
[5] Laurent B. Food Safety: How to Keep Our Global Menu Off the Recall List, Christian Sci [N]. Monitor, October 25, 2010.
[6] U. S. Gov't Accountability Office. FDA and USDA Should Strengthen Pesticide Residue Monitoring Programs and Further Disclose Monitoring Limitations [Z]. 2014.
[7] U. S. Dep't of Agric. Pesticide Data Program Annual Summary, Calendar Year 2012, Dear Reader Page [Z]. 2014.
[8] International Food Information Council Foundation. Questions and Answers: Animal Antibiotics, Antimicrobial Resistance and Impact on Food Safety [Z]. 2014.
[9] U. S. Food & Drug Admin. FDA's Strategy on Antimicrobial Resistance-Questions and Answers [Z]. 2014.
[10] Maki D G. Coming to grips with foodborne infection—peanut butter, peppers, and nationwide Salmonella outbreaks [J]. New England Journal of Medicine, 2009, 360 (10): 949-953.
[11] National Antimicrobial Resistance Monitoring System, Ctrs. For Disease Control & Prevention [Z]. 2014.
[12] Sabrina T. Farm Use of Antibiotic Use Defies Scrutiny [N]. N. Y. Times. September 3, 2012.
[13] Maki D G. Coming to grips with foodborne infection-peanut butter, peppers, and nationwide Salmonella outbreaks [J]. New England Journal of Medicine, 2009, 360 (10): 949-953.

[14] U. S. Food & Drug Admin. From an Idea to the Marketplace: The Journey of an Animal Drug through the Approval Process [Z]. 2015.
[15] Food & Drug Admin. Comm'r, Docket No. 2000N – 1571, Final Decision on the Withdrawal of Approval of the New Animal Drug Application for Enrofloxacin in Poultry [Z]. 2005.
[16] FDA. Guidance for Industry, No. 152, Evaluating the Safety of Antimicrobial New Animal Drugs with Regard to Their Microbiological Effects on Bacteria of Human Health Concern [Z]. 2003.
[17] U. S. Dep't of Health and Human Services. Withdrawal of Approval of New Animal Drug Application Enrofloxacin in Poultry [Z]. 2005.
[18] FDA. Guidance for Industry, No. 209, The Judicious Use of Medically Important Antimicrobial Drugs in Food-Producing Animals, Guidance for Industry [Z]. 2012.
[19] U. S. Food & Drug Admin. Summary Report on Antimicrobials Sold or Distributed for Use in Food-Processing Animals in 2011 [Z]. 2013.
[20] Los Angeles Food Policy Council. Good Food Purchasing Guidelines [Z]. 2012.
[21] National Research Council. Animal biotechnology: science based concerns [M]. National Academies Press, 2002.
[22] FDA. Guidance for Industry: Recommendations for the Early Food Safety Evaluation of New Non-Pesticidal Proteins Produced by New Plant Varieties Intended for Food Use [Z]. 2006.
[23] U. S. Food & Drug Admin. FDA's Role in Regulating Safety of GE Foods [Z]. 2013.
[24] U. S. Food & Drug Admin. Biotechnology Consultations on Food from GE Plant Varieties [Z]. 2015.
[25] Resnik P L, Smith-Lee E E, Abdullah S. Food Fights-Genetically Modified Food and the Law [J]. Brief, 2006, 36: 32.
[26] Les B. Company Says FDA Is Nearing Decision on Genetically Engineered Atlantic Salmon [N]. Washington Post, August 2, 2010.
[27] U. S. Food & Drug Admin. A Primer on Cloning and Its Use in Livestock Operations [Z]. 2013.
[28] U. S. Food & Drug Admin. General Q&A Genetically Engineered Animals [Z]. 2014.
[29] U. S. Food & Drug Admin. Use of Edible Products from Animal Clones or their Progeny for Human Food or Animal Food [Z]. 2006.
[30] U. S. Food & Drug Admin. Guidance for Industry No. 179, Use of Animal Clones and Clone Progeny for Human Food and Animal Feed [Z]. 2008.
[31] U. S. Food & Drug Admin. Animal Cloning and Food Safety [Z]. 2008.
[32] Butler J E F. Cloned animal products in the human food chain: FDA should protect American consumers [J]. Food & Drug Law Journal, 2009, 64: 473.
[33] European Food Safety Agency. EFSA Reiterates Safety of Derived Food Products but Underscores Animal Health & Welfare Issues [Z]. 2012.
[34] U. S. Food & Drug Admin. Ionizing Radiation for the Treatment of Food [Z]. 2014.
[35] U. S. Food & Drug Admin. Food Irradiation: What You Need to Know [Z]. 2014.
[36] U. S. Gov't Accountability Office. Federal Oversight of Food Irradiation [Z]. 2010.

[37] Food and Drug Administration, HHS. Irradiation in the production, processing, and handling of food. Final rule [J]. Federal register, 2012, 77 (112): 34212.

[38] Sekhon B S. Food nanotechnology—an overview [J]. Nanotechnology, science and applications, 2010, 3 (1): 1-15.

[39] U. S. Food & Drug Admin. Considering Whether an FDA-Regulated Product Involves the Application of Nanotechnology [Z]. 2011.

[40] Tom L. Lab-Grown Meat Gives Food for Thought [N]. CNN, August 13, 2012.

[41] Boland T, Mironov V, Gutowska A, et al. Cell and organ printing 2: Fusion of cell aggregates in three—dimensional gels [J]. The Anatomical Record Part A: discoveries in molecular, cellular, and evolutionary biology, 2003, 272 (2): 497-502.

[42] U. S. Food & Drug Admin. Fact Sheet on FDA's New Food Terrorism Regulation: Interim Final Rule—Registration of Food Facilities Protecting the Food Supply [Z]. 2013.

[43] FDA. Guidance for Industry: Questions and Answers Regarding Food Facility Registration [Z]. 2014.

[44] U. S. Food & Drug Admin. Registration: 2014 Food Facility Biennial Registration Renewal [Z]. 2014.

[45] FDA. Guidance for Industry, Necessity of the Use of Food Product Categories in Food Facility Registrations and Updates to Food Product Categories [Z]. 2012.

[46] U. S. Food & Drug Admin. Food Facility Registration User Guide: Additional Capabilities [Z]. 2015.

[47] U. S. Food and Drug Administration. Investigations Operations Manual [Z]. 2014.

[48] FDA. Draft Guidance, Records Access Authority under Sections 414 and 704 Federal Food, Drug, & Cosmetic Act: Questions and Answers [Z]. 2012.

[49] Ted A. FDA Inspections in 2014: Big Ambitions Hampered by Limited Resources [N]. Food Quality and Safety Magazine, February/March 2014.

[50] GAO. USDA Needs to Strengthen Its Approach to Protecting Human Health from Pathogens in Poultry Products [Z]. 2014.

[51] In Face of Egg Recall, FDA Calls for More Authority [N]. NPR, August 23, 2010.

[52] U. S. Food & Drug Admin. Hazard Analysis & Critical Control Points [Z]. 2014.

[53] U. S. Food & Drug Admin. Recommendations of the United States Public Health Service [Z]. 2001.

[54] Food & Drug Admin., U. S. Dept. of Agric. U. S. Food Safety System Country Report, Annex II Precaution in U. S. Food Safety Decision Making [Z]. 2000.

[55] U. S. Food & Drug Admin. National Shellfish Sanitation Program [Z]. 2003.

[56] U. S. Food & Drug Admin. Product Tracing: Frequently Asked Questions [Z]. 2014.

[57] U. S. Food & Drug Admin. Product Tracing under FSMA [Z]. 2014.

[58] U. S. Food & Drug Admin. The Produce Traceability Initiative [Z]. 2011.

[59] U. S. Food & Drug Admin. Reportable Food Registry for Industry [Z]. 2014.

[60] FDA. Draft Guidance for Industry: Questions and Answers Regarding the Reportable Food Registry as Established by the Food and Drug Administration Amendments Act of 2007

[Z]. 2010.
[61] U. S. Food & Drug Admin. FDA Improves the Reportable Food Registry by Adding New Data Elements [Z]. 2012.
[62] Bob G. Keep FDA Authority Out of Farm Practices [N]. The Hill, June 4, 2009.
[63] U. S. Food & Drug Admin. Standards for the Growing, Harvesting, Packing, and Holding of Produce for Human Consumption [Z]. 2013.
[64] Roberts M T. Mandatory Recall Authority: A Sensible and Minimalist Approach to Improving Food Safety [J]. Food & Drug Law Journal, 2004, 59: 563.
[65] Julia T. High Drug Residues Found at California Meat and Dairy Operations [N]. Food Safety News, August 24, 2012.
[66] Roberts M T. Anatomy of the Government's Role in the Recall of Unsafe Food Products [M]. National Center for Agricultural Law Research and Information, 2004.
[67] U. S. Food & Drug Admin. Regulatory Procedures Manual [Z]. 2010.
[68] U. S. Dep't of Agric. Food Safety Inspection Service. FSIS Food Recalls [Z]. 2011.
[69] FDA. Guidance for Industry: What You Need to Know about Administrative Detention of Foods [Z]. 2013.
[70] FDA. Small Entity Compliance Guide [Z]. 2013.
[71] Joan M. PCA Indictment Not Driven by FSMA, but Other Law, Top Cop Suggests [N]. FoodChemical News, March 22, 2013.
[72] U. S. Food & Drug Admin. News Release, Federal Judge Grants FDA Request for Consent Decree with Idaho Farm [Z]. 2013.
[73] U. S. Dep't of Health and Human Servs. Model Food Code [Z]. 2013.
[74] U. S. Food & Drug Admin. Retail Food Protection [Z]. 2015.
[75] Golan E, Krissoff B, Kuchler F, et al. Traceability in the US food supply: economic theory and industry studies [R]. Agricultural economic report, 2004, 830 (3): 183-185.
[76] U. S. Dep't of Agric. FSIS Review of State Meat and Poultry Inspection Programs [Z]. 2011.
[77] U. S. Dep't of Health and Human Servs. Guide for the Control of Molluscan Shellfish [Z]. 2013.
[78] David S D. Raw milk in court: implications for public health policy and practice [R]. Public Health Reports, 2012, 127 (6): 598-601.
[79] Langer A J, Ayers T, Grass J, et al. Nonpasteurized dairy products, disease outbreaks, and state laws—United States, 1993 - 2006 [J]. Emerging infectious diseases, 2012, 18 (3): 385.
[80] U. S. Food & Drug Admin. Real Progress in Food Code Adoption [Z]. 2011.
[81] White House. Food Safety Working Group Progress Report [Z]. 2011.
[82] U. S. Food & Drug Admin. Retail Food Safety Initiative Action Plan [Z]. 2011.
[83] Ass'n of Food & Drug Officials. State Food Safety Resource Survey [Z]. 2009.
[84] Health L. & Policy Clinic of Harvard L. School. Creating a More Efficient and Effective Food Safety System in Memphis and Shelby County [Z]. 2011.

[85] Lin C F. Scientification of Politics or Politicization of Science: Reassessing the Limits of International Food Safety Lawmaking [J]. Science and Technology Law Review, 2013, 15: 2.

[86] Helena B. Codex Adopts Ractopamine Limits for Beef and Pork [N]. Food Safety News, July 6, 2012.

[87] Press Release. Win-Win Ending to the "Hormone Beef Trade War" [N]. European Parliament News, March 14, 2012.

[88] Helena B. Codex Adopts Ractopamine Limits for Beef and Pork [N]. Food Safety News, July 6, 2012.

[89] WTO Secretariat. Trade Policy Review: United States [Z]. 2008.

[90] Inspection and Quarantine of the People's Republic of China on the Safety of Food and Feed. Agreement Between the Department of Health and Human Services of the United States of America and the General Administration of Quality Supervision [Z]. 2007.

[91] Steve S. TTIP: Food Safety Chapter Focuses only on Resources "Necessary" for Expanding Trade [R]. Institute for Agriculture and Trade Policy, February 4, 2015.

[92] Roberts M T, Leibovitch E H. Comparison of EU and US law on sustainable food processing [M]. Alternatives to Conventional Food Processing. 2010.

[93] State of Cal. Dep't of Food & Agric. California Leafy Green Products Handler Marketing Agreement [Z]. 2008.

[94] Daluiso B. Is the Meat Here Safe-How Strict Liability for Retailers Can Lead to Safer Meat [J]. Boston University Law Review, 2012, 92: 1081.

第四章　食品营销法规 208

第一节　简　　介

消费者处于复杂的、高度监管的食品营销环境中。我们关注的关键问题是与食品营销有关的信息以及如何向消费者传达这些信息。法律、联邦和州的法规、法院裁决和个体标准，分别以不同的方式解决这个问题。尽管方法不同，但这些法律似乎一致认为应该向人们袒露真相以减少错误。一种方法是禁止误导消费者的虚假、欺骗或误导性标签和广告，即使这种标签或广告本身不是假的。另一种方法是向消费者提供充足的信息，保证消费者对于购买的食品类型做出明智的决定。这个方法不仅向消费者提供了更多的信息，同时也让消费者免于受虚假宣传的误导。

本章将食品营销的监管分为两个部分：标签和广告。这种划分反映了联邦监管体系中的食品营销：美国食品药品监督管理局（FDA）和美国农业部（USDA）规定了属于各自管辖范围的食品标签，而联邦贸易委员会（FTC）负责监管食品广告。在各机构长期存在的关系中，这种简单的管辖权划分在不同时间模糊不清。然而，在大多数情况下，各机构在管理粮食销售过程中自由合作、共享信息。本章讨论《第一修正案》与通过食品营销法规限制言论之间的紧张关系。国家标签法规非常详细、明确地规定了预防各州对标签制定不同 209
的要求。然而，本章将讨论备受关注的食品标签问题，其中，美国在发展食品标签法方面是创新者。本章还讨论了民间准则和国际规范（Private Regulation and International Regulation）的重要作用。最后，法规和 FDA 与 FTC 的执法方面的差距为食品营销诉讼的爆发提供了推动力。本章还讨论了食品营销诉讼的主张、抗辩和途径。

第二节　食品标签法规

一、食品标签的目的

消费者依靠食品标签来确定他们消费的是什么。许多法律规定了必须、可以和不可以出现在包装标签上的信息。通过保证信息的提供并有警示的用语，食品标签法规旨在保证消费者的知情选择权，防止消费者被欺骗，教育消费者，确保食品安全和健康并促进市场诚信和公平交易。食品标签多样的、混乱的现象使食品标签一直是一个棘手问题。例如，消费者可能希望通过标签来得知食品是否是转基因食品，但是政府可能担心迎合消费者的这种愿望将引起错误的观念，即转基因使得食品不安全。食品标签的另一个问题是，食品产品上可用的小空间与标签的各种用途（警告、信息、营销）结合在一起，在空间上增加了法律和政策方面的冲突。

二、管辖权和责任的共享

在美国，《食品标签法》的监管责任是由几个联邦和州政府机构共同承担的。根据《联邦肉类检验法》（FMIA），美国农业部的食品安全监督服务局（FSIS）有权实施并强制执行食品标签法，包括家养动物中获得的禽肉产品、鸟类等家禽中获得的产品、液体鸡蛋和液体蛋制品。根据 1938 年的《食品、药品和化妆品法》（FDCA），FDA 有权监管在美国进行州际贸易但不受美国农业部管理的所有食品的食品标签。因此，FDA 负责管理大多数食品产品的标签。

三、标签和标志的定义

FDA 对管理机构负责的食品标签和标志具有管辖权。FDCA 规定“标签”
210 是指包装上的信息，“标志”是指包装上附带的信息，包括标签。具体来说，“标签”是指在任何物品的直接容器上显示书面、印刷或图形物品，“标志”是指：(1) 任何物品或任何容器或包装物上其他书面、印刷或图形物品；(2) 附带此类物品的其他书面、印刷或图形物品。FDA 和法院对“附带”做出了广泛的定义，从而最大限度地提高了 FDA 的权威性。最高法院在 Kordel 上诉美国案中裁定，尽管产品和通告分开包装运输，但它们在 FDCA 的意义上仍然相关。法院指出，“补充或解释该事项时，应另附有一条款，并在议会的委员会报告中形成一项法案。实体附件并非必要，因为这是一种明显的文本关系”。因此，与产品完全分开运输的印刷材料仍然可以被认为是该产品的标签。彼此之间是否存在物理附着并不必要，重要的是文本关系。因此，所有用于销售食品的材料，包括印刷的通报、小册子、手册和通讯录，都可以被认为是标签。当食品和文字作为综合分配方案的一部分时，文本构成“伴随”关系。如果没有产品和文本之间的综合利用的证据，将无法确定伴随的结果。例如，在美国上诉 24 瓶“纯醋和纯蜂蜜”案中，联邦第二巡回法院认为，同一家商店销售的有关某药品的书是该药品的医药声明或标签。

四、错误标识

1906 年《纯净食品和药品法》（PFDA）宣布，制造或转让错误标识的任何食品都是非法的。该条文的目的是“使消费者知道所购买的物品是它所声明的真实的产品，而不是关于特征和质量的失实陈述”。PFDA 第 8 条将假冒标签定义为虚假或误导性的标签或品牌。然而，第 8 条的范围仅限于关于食品的陈述。法院在第 8 条中对“假”和“误导”之间的差异产生了分歧。虽然“假”一般被认为是“不真实的”，但是构成“误导”的词语更加微妙。例如，有人认为，醋产品“从精选的苹果制造”的声明是误导，因为醋事实上是由切碎的干苹果制成的。PFDA 的范围也受到限制，因为食品制造商只有在意图欺骗的情况下会受 211
到制裁。最后，PFDA 在 1913 年没有要求任何具体的标签信息，虽然已经修正了这个法案，并定义了包装的错误标识为“内含物的数量不明显或在包装外标记包括包装在内的重量、尺寸或数量”。

1938 年 FDCA 基本上保留了与 1906 年 PDFA 相同的错误标识标准。FDCA 第 403（a）条明确禁止标注“在任何特定情况下为虚假或误导性”的陈述。第 403 条的其他款项列出了食品被视为错假标注并因此受到强制执行的情况。尽管有这些特别的规定，关于食品标签的首要问题仍是标签是假的还是误导的。一般来说，如果食品的任何部分标签是假的或误导性的，即使没有违反特定的监管要求，食品也可能被认为是虚假标签。“假”一词具有“不诚实”的一般含义，而“误导”一词已成为艺术的表述方式。例如，某表述可能不是假的，但可能误导或过分强调和夸张；换句话说，该声明在技术上可能是真的，但仍然具有误导性。在确定食品标签是否虚假或误导时，需要考虑认可声明和是否遗漏了部分成分。如果标签中的任何一点表示具有误导性，那么整个食品就会被误标，同时，标签中任何其他声明都无法纠正该误导。

由于标签与消费者对产品的期望值相关，因此很难建立假的、误导性的标准。解决这个问题法院的第一个决定是，虽然仔细阅读会纠正最初的印象，但是判断标签是否具有误导性，还是应该根据消费者的第一印象来判断。法院认为，大部分顾客不会仔细分析标签。随着时间的推移，出现两种不同的标准能够用来评估标签是否是假的或误导性的：IUC 标准和“合理的消费者”标准。IUC 标准是由法院在 1938 年通过 FDCA 后制定的，它判断一个标签是否有误导性，是通过消费者是否“毫不知情、不知不觉和不可侵犯”来判断的。“合理的消费者”标准是，消费者是否会理解标签与标签是否是假的或误导性的无关。FDCA 致力于保护公众，包括“无知的人、不思考的人，以及在购买时一直在分析的人”。

2002 年，FDA 在一份指导文件中宣布，FDA 将在评估标签是否为假的或误导的情况下使用“合理的消费者”标准。该决定使 FDA 与 FTC 相一致，FTC 在
212 食品广告监管中使用“合理的消费者”标准。此外，根据 FDA，“合理的消费者”标准更准确地反映了当消费者获得准确的健康信息时，他们将成为自己的健康护理的积极合作伙伴，并以健康积极方式行事。

FDCA 第 403 节中规定的虚假标签的大部分定义或形式涉及食品标签中包括或省略的信息。在各种方式下，定义这些虚假标签旨在强迫食品企业说明他们的产品的真相，向消费者提供其所需的信息，以帮助其做出明智的选择，并据此对消费者选择食品做出假设。一些条款禁止伪造质量、数量或特质；其他规定强制制造商提供他们可能会省略的信息，如产品的完整成分或营养成分。如果普通或合理的消费者无法阅读和理解所需的信息，那么该食品也可以被认为是错误标识的。

与美国农业部相比，在销售和分销之前 FDA 不需要批准食品标签；相反，FDA 的活动仅限于实施详细的食品标签规定，食品制造商有责任遵守。FDA 通过随机上市后（有些不是随机的）以不同的方式进行监管，如投诉、消费者查询和非正式请求（通常是由竞争对手发起的针对食品公司的请求）。

五、警告信

本书第三章指出，在指称涉嫌违规行为之后，FDA 可以通过信函向公司正

式通报并指控涉嫌违规行为。这种通信是警告信的官方执行模式。警告信是预先通知的一种方式，在 FDA 开始执行行动之前，为食品企业提供了自愿遵守法律机会。对食品标签违规行为，FDA 最常使用的是警告信。

决定是否发出警告信，FDA 考虑三个因素：① 是否有证据表明食品企业违反法律；② 侵权行为具有监管意义，发出信函符合代理政策；③ 期望企业迅速采取纠正措施。在 FDA 发出警告信后，接收企业有 15 个工作日的时间进行回应和解释，并采取纠正措施来纠正问题。如果企业需要更多的时间，那么该企业需要提供充足的解释说明需要更多时间的理由。2009 年 9 月，FDA 建立了警告信的结案程序。如果企业回应充分，并经过 FDA 的验证，企业将发出警告信结案，证明自己已经完成更正。如果企业没有纠正警告信中的违规行为使 FDA 满意，213
FDA 将考虑进一步行政执法行动。但是，FDA 没有义务全面实施强制执行，警告信也不一定是任何执法行动的先决条件。FDA 不将警告信件视为司法审查的最终机构行为。

尽管警告信不是 FDA 的正式执法行为，但警告信对接收企业具有显著的影响。线上可以看到警告信，收件人也因此暴露在公众的视野中。原告律师梳理警告信以寻求委托人并立案。FDA 警告信件经常在法庭案件中用作不法行为的证据。

第三节 食品标签的有关要求

一、版面

（一）主显示区

1. 位置

大多数标签信息需要显示在主显示区（PDP）或信息版面上。PDP 是产品标签中通常被称为前标签版面的部分，也是消费者在购买时最容易观察到的标签部分。对于 FDA 和 USDA 管制的产品，必须在 PDP 上的标签表明是什么产品（例如“肉酱”）和净含量陈述（即产品量）。PDP 上为吸引消费者注意的标签艺术品不得隐藏或减少所需信息，并且字体必须与背景充分地对比，使得信息易读。对于美国农业部范围内的产品，PDP 还必须包含官方检验图例、企业编号，必要时还应包括处理声明。

2. 声明的标识

FDA 和 USDA 都规定建立食品声明的标识。这些规定要求标注食品的成分，并指明在标签中使用的食品名称。声明的标识必须标注在 PDP 上，这是 PDP 的
214 突出特点之一。声明应该是粗体，字体大小必须合理地与 PDP 上最突出的打印字相关。一般来说，声明的标识与包装的底部平行。对于任何给定的食品，声明的标识须为以下之一：(1) 规定中规定的食品名称，如“番茄酱”，或联邦通用的名称规定，例如“花生酱”；(2) 如果食品的性质明显，可以用奇异的名字，如“糖果玉米”；(3) 通常使用确定的食品，可以使用通用的名称，如“法式烤面包”或“米饭”；(4) 加入适当描述的术语，如“硬糖”。如果食品以不同的形式销售，例如切片、切碎、全部或一半，则身份声明必须描述包装食品的形式，例如“整个橄榄”或“切片切达干酪”。新食品含有较少的蛋白质、必需维生素或矿物质，那么传统食品必须标记为“模仿”。例如，奶酪涂抹食品通常会被适当标记为“仿制切达奶酪涂抹”或“仿制切达奶酪”。美国农业部遵循 FDA 关于仿制标签的方法，要求“仿制”出现在类似标准产品的食品标签上，但缺乏营养。

3. 净含量的声明

PDP 还必须包含 FDA 和 USDA 监管食品的净含量的声明。净含量确定包装中含有的食品量。对于 FDA 管制的产品，必须以重量（即盎司和磅）和公制度量表示。对于 USDA 管制的产品，净含量的声明仅出现重量，该重量不应包括容器、包装纸或包装材料，但添加到食品中的水、油和其他液体介质都包括在净含量中。包装内容物的含量应按重量、尺寸或数量计算。

(二) 信息版面

正如消费者看到的那样，信息成分版面位于 PDP 右侧的面板。如果此版面由于包装设计而不可用，那么信息成分版面是紧接着右侧的下一个标签版面。营养成分、成分列表和署名等要求的标签声明可以放在 PDP 或信息面板上。这些标签声明通常需要放在一起不得分拆；非必要材料的标签可以插入要求的标签中间，如图 4.1 所示，UPC 条形码或产品声明。

二、营养成分标识 215

（一）要求

在一份食品中存在的某些营养素的量必须在营养成分标签中列出。营养成分标签通常称为“营养信息表”“营养成分表”或“营养成分框”。 216
如上所述，营养成分表可以放置在PDP或信息版面上。当PDP和信息版面区域不足时，营养成分标签可以放在消费者可以看到的任何备用版面上。《营养标签和教育法》（NLEA）食品药品监督管理局职权范围内的关于营养成分表的要求。根据NLEA，除个别产品，食品必须在其标签适当的位置贴有营养标签，否则，FDA均认为是错误标识。

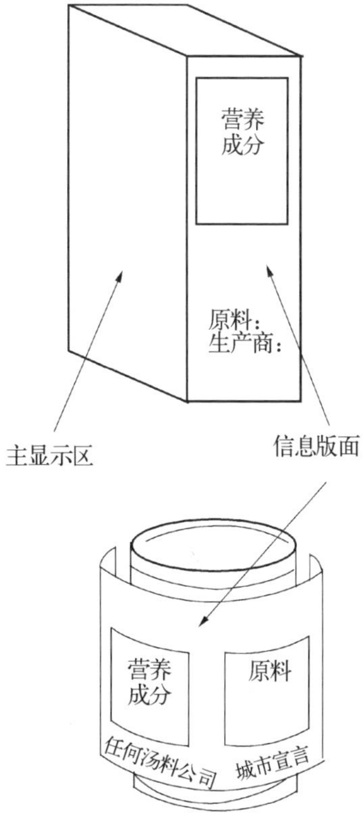

图4.1　信息标签示意图

（资料来源：FDA，“Guidance for Industry：A Food Labeling Guide” http：//www. fda. gov /food /guidanceregulation /guidance-documentsregulatoryinformation /labelingnutrition /ucm064866. htm）

营养成分必须说明分量与包装中的份数（产品仅包含单份分量除外）。以每份为基础的营养含量称为通常消费的量，标签中必须标注通常消费的量。每一份的量称为每餐习惯消费参考量（RACC），它代表了一次正常消费的食品量。该条例列出了在确定RACC时应遵循的某些计算和表示规定。只有不到200%的RACC产品需要标记为单份。对于其他产品，制造商可以自由选择单一食品包装申报的份数，但这也会直接影响所提供的营养信息。

一般来说，食品标签必须声明以下营养成分：能量、来自脂肪的能量、总脂肪、饱和脂肪、反式脂肪、胆固醇、钠、总碳水化合物、膳食纤维、糖、糖醇、蛋白质、维生素A、维生素C、钙和铁。添加到食品中的维生素或矿物质必须声明。其他营养素可以自愿列出，包括多不饱和脂肪、单不饱和脂肪、钾、可溶性纤维、不溶性纤维以及其他碳水化合物。

营养成分中公开的必需营养素和其他允许添加的营养素（维生素和矿物质除外）含量应通过每份该营养素的重量进行定量声明（即克或毫克）。此外，每种营养素提供的能量表示为每日推荐值（根据法规确定为2 000卡路里）的百分率，其中，蛋白质的百分率可以省略。根据包装尺寸的不同，可能需要添加脚注。对于维生素和矿物质，需要按以下顺序标明每日摄入量的百分率（以每日值的百分率表示）：维生素 A、维生素 C、钙和铁。当添加其他维生素和矿物质作
217 为营养补充剂或未达到营养要求时，需要标明推荐每日摄入量。但是，只有 FDA 营养法规规定的强制或自愿的营养素才能在营养成分中公开。如果每份的维生素或矿物质的量少于推荐每日摄入量的 2%，则不需要标明含量。

食品公司有责任确定所需营养成分的适当值。FDA 没有规定必须分析确定食品中某营养素的具体数据。FDA 可以在市场中随机抽样并测试食品，以验证标签上提供的营养信息的准确性。在进行分析时，FDA 将使用 12 个样品或单位的混合物。

当某种食品与同一类型的食品（如混合坚果、混合干果）同时包装时，制造商可以选择提供单独或选择性的组分所含的营养成分；还可以列出一种营养成分对所有成分的加权平均值，并以此作为食品成分的评估标准。

纯生肉和家禽产品长期免于强制性营养标签的要求，2010 年 12 月，美国农业部发布了肉类和家禽营养标签规定，从 2012 年 1 月 1 日起生效。该规定要求对纯生肉和家禽产品的主要食用成分进行营养标注，可以标注在标签上或在购买点标注。具体来说，该规定要求零售商在标签上或在购买点（POP）为主要肉类和家禽肉类（明确定义）提供营养信息。提供 POP 信息的方法有多种，可以张贴标志也可以使信息随附在食品附带的小册子、笔记本或传单中。视频、现场演示和其他媒体可以作为补充信息。对 POP 做出营养声明时要求所有相关格式和内容符合监管要求。此外，对于 POP 材料，营养信息声明可以简化的格式呈现。纯原料（即牛肉块牛排、牛肋骨和嫩鸡肉）的非主要成分不需要进行营养标注。然而，如果加工和包装工厂或零售商自愿提供非主要食用产品的营养信息，那么该信息必须符合主要食用产品的要求。此外，最终的规定要求在所有肉类和家禽产品上，无论是磨碎还是切碎的产品，无论添加还是不添加调味品，都必须有营养标签。与主要肉类和家禽肉类不同，肉泥需要在其包装上贴上营养标签。某些
218 产品免除强制性营养标签（例如，用于进一步加工的产品、单独包装小于半净重的小包装产品、定制屠宰或制备的产品、磨碎或切碎的肉类和家禽由有资格获得小企业豁免的公司生产的产品）。

以包装的形式销售的未经加工的水果和蔬菜以及生鲜，免除强制性营养标签。但这些食品要符合零售商的营养标签指南。餐馆和食品服务业的食品也可免除营养标签要求。

（二）改进

人们一直在探讨如何改进食品标签所标明的营养成分信息。2010年，美国科学和公共利益中心（CSPI）出版了一本广为宣传的书——《混乱的食品标签》，这本书主张改进的营养成分标签如下：（1）每份食品的热量应更加突出地在NFP上表示出来；（2）应删除无关信息（如“来自脂肪的热量”）；（3）应更新分量规格；（4）应发布规定，要求为大量单份食品提供营养信息；（5）应为每日摄入的糖定量，并定义“低糖”一词；（6）应修改标识的纤维含量。CSPI还于1999年向FDA提交了申请，建议制定每日参考值的规定，2013年建议制定在软饮料和其他食品中添加的糖的规定。如图4.2所示。

2014年3月，FDA发布了两个相关的试行规定，修订了食品的营养标签。试行规定改变了营养成分标签上显示信息的内容和方式，并改变了常规食品的分量的参考量，如图4.2所示。FDA提前通知的试行规定收到了新的营养科学、新的饮食建议、公民请愿书和公众意见等回应，这些建议促进了以上变化。当前肥胖病更加促使了FDA的行为。2014年3月FDA关于修订食品营养标签的两次试行规定的主要变化如下。

添加糖：FDA建议，在当前“糖”的声明下单独声明“添加糖”。这一变化的目的是使消费者能够实施2010年美国人饮食指南，以减少添加糖的摄入量。试行规定将术语“添加糖”定义为“在食品加工过程中添加的或作为包装的糖，包括糖（游离的单糖和二糖）、糖浆、天然存在但是从食品中分离并浓缩以使糖是主要组分的糖（如果汁浓缩物）和其他热量甜味剂”。如果一份食品含有小于0.5克的添加糖，添加糖含量可以表示为零。如果没有关于甜味剂、糖或糖醇含量的声明，则对于含有少于1克添加糖的食品，不需要声明添加糖含量。试行规定还要求制造商有义务保留记录，以核实添加糖的申报量。 220

产品分量：试行规定要求含有少于200%RACC的产品包装将被标记为单一产品包装。而含有200%~400%RACC的产品包装将包含双柱标签：第一个柱将显示整个容器的营养信息，第二个柱将显示以RACC分量大小表示的先前存在的营养信息。该提案重申，法规要求FDA根据实际消费习惯而不是推荐量来建立不同的RACC。新的RACC可能对营养和健康声明有重要影响。例如，如果低脂肪营养成分声明的RACC显著增加，则以前的声明可能不再适用于该声明。同样，如果某食品某些营养素超过RACC的不合格水平，则该食品的健康声明是不合格的（图4.3）。

219

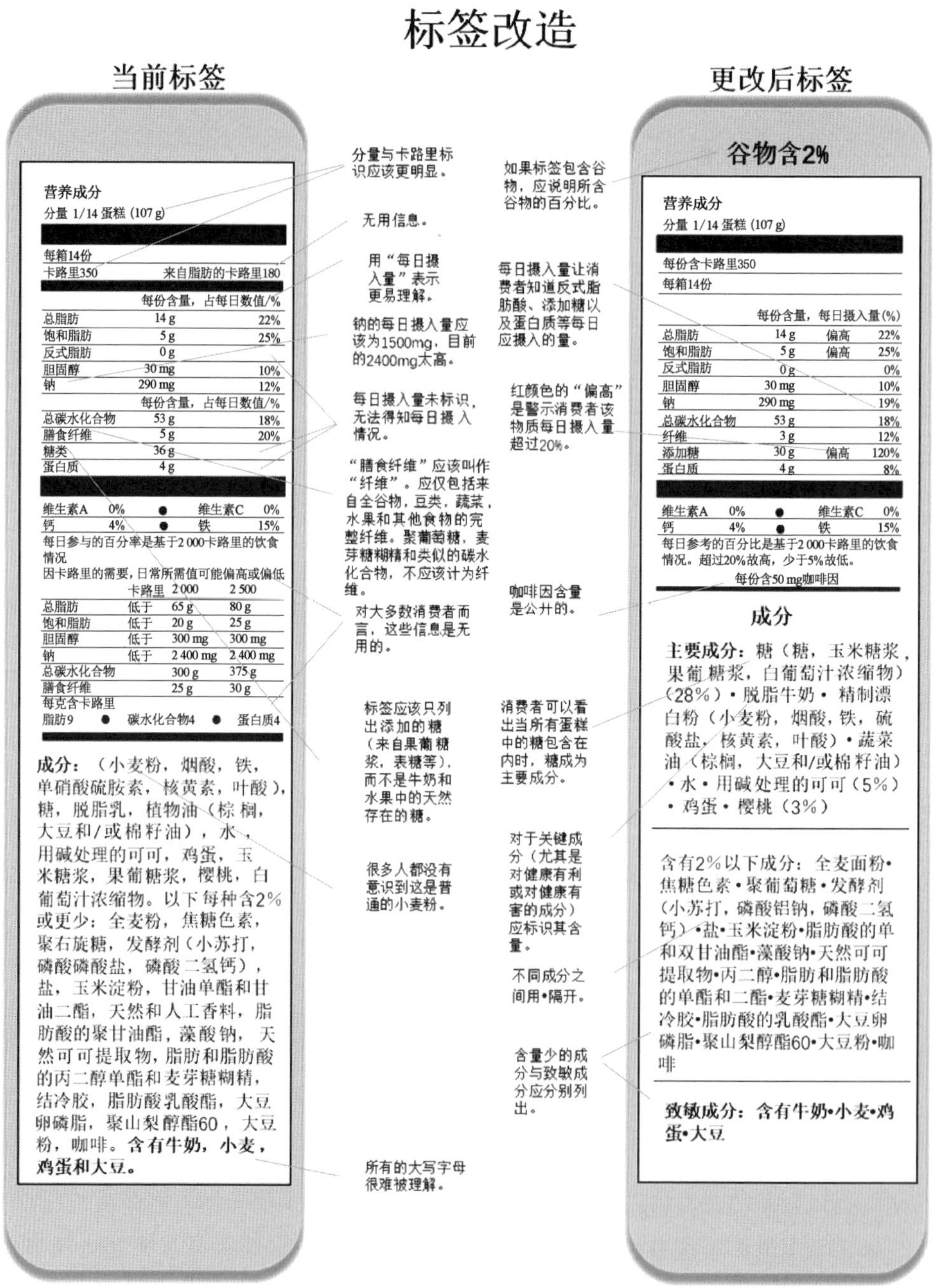

图 4.2 CSPI 建议的营养成分标签

（资料来源：CSPI，“Food Labeling Chaos：A Case for Reform” http：//www.fda.gov/food/guidanceregulation/guidancedocumentsregulatoryinformation/labelingnutrition/ucm064866.htm）

221

图 4.3 产品分量的实例

（资料来源："FDA, Food Serving Sizes Getting a Reality Check" http://www.fda.gov/forconsumers/consumerupdates/ucm386203.htm）

脂肪产生的能量：为避免暗示消费者认为脂肪是产生能量的唯一途径，将删除脂肪产生能量的声明。但保留不饱和脂肪、饱和脂肪、反式脂肪和总脂肪的标签。

营养素每日摄入量：试行规定修订了某些营养物质的DV，包括钙、钠、膳食纤维和维生素D。钠的DV从2 400毫克减少到2 300毫克。该规定要求，因为推荐摄入量的存在，没有必要设置卡路里DV。

维生素强化：现行法规要求制造商声明维生素A和维生素C、钙和铁的每日摄入的百分率值。经过对营养不良的分析，FDA的试行规定要求制造商声明维生素D和钾。制造商自愿声明维生素A和维生素C，但必须声明钙和铁。

三、原料列表

FDA规定的每一种食品的标签上都需要有配料清单，而美国农业部仅要求
222 在由两种或多种成分制成的肉类和家禽产品的标签上列出成分列表。由FDA和USDA监管的产品，产品中存在的每种成分必须按其通用名称或重量降序优先列出。特定规定适用于特定类型食品的成分列表。例如，当向食品中加入化学防腐剂时，成分列表必须标明添加剂的通用名称和其防腐剂的功能，如“BHT（防腐剂）”。香料如天然香料和人工香料需要标注香料的常用名称（如“辣椒粉”或“藏红花”）或通常被标识为“香料”“天然香料”或“人工香料”。但是，如果香料也用作着色剂，那么就必须用术语“香料和着色剂”或通用名称（如“辣椒粉”）来表示。经认证的着色剂必须用其特定的名称来表示，例如“黄色5”或RD&C红色40，未经过认证的着色剂可以使用通用名称（如“人造色素”）或特定名称，后跟其功能描述（如“焦糖色素”）。美国农业部关于着色的规定与FDA相同。

如果原料本身包含两种或更多种成分（有时称为复合成分），并且已经建立了通用名称，或这些成分符合标准，那么原料可以按下列两种方式列出：第一，通过确定的通用名称来声明复合成分，随后按照成分中含量的降序标注在括号中列出，例如“牛奶巧克力（糖、可可脂、牛奶、巧克力浆、大豆卵磷脂、香草）”；第二，列出复合成分的每个组分而不列出复合成分本身，例如“糖、可可脂、巧克力浆、大豆卵磷脂、香草”。《美国联邦法规》（CFR）规定了其他系列的特殊规定的成分含量。

如本章后面所述（根据展示的食品标签问题），食品标签上标注的主要过敏

原必须按照规定的方式进行标注。此外，添加到食品中的水也是一种成分，并且必须列在成分列表上。

四、其他要求

（一）署名行

制造商、包装商或分销商的名称和营业地点通常被称为“署名行”，并且除空间限制外，必须与成分列表和营养成分（通常是信息版面）显示在同一个面 223
板上。如果给出的名称不是实际的制造商，则该身份必须在前面加上一个限定词，说明公司与产品的关系，例如“制造”或“由……分发”。署名行必须包括公司的城市（或城镇）、州（如果在美国以外则标注国家/地区）和邮政编码（如果位于美国之外则标注邮寄编码）。除公司列在当前城市或电话目录中外，必须提供街道地址。

（二）警告和信息声明

某些产品需要在其标签上标注警告或信息声明。如辐照食品、含有脂肪替代物的食品、含有或由氯氟烃或其他经臭氧物质制成的食品，以及新鲜鸡蛋（包装）、肉类和家禽产品等需要特殊处理以维持产品完整性的食品或含有任何不能食用的肉或家禽的食品。

（三）果汁

果汁属于特殊标签要求的食品，并且在食品市场上很流行。所以含水果或蔬菜汁的饮料需要在标签上标注果汁的百分率，例如“100%果汁”或“含有50%橙汁”。该声明必须出现在信息版面顶部附近。如果饮料含有少于100%的果汁，并且其产品声明使用了“果汁”一词，则还必须包括其他要求的词语，例如“饮料”“饮品”或“鸡尾酒”。如果产品由一个或多个果汁的浓缩物制成，则产品声明必须用“浓缩汁”或“复原”一词来说明。

（四）原产国

由FDA管理的进口食品需要有原产国标记（如“法国食品”）。原产国标记必须标注在明显的地方，并且尽可能清晰持久，不得消失。一般来说，比较理想的位置是将原产国标记放在署名行的正下方。FDA 不要求在 PDP 上标识原产国。如果署名行标明了美国地址，则应该紧跟着分销商的名称和地址以至少相同的字体大小标记原产国。由美国农业部管理的进口食品也必须带有原产国的名称，在即食包装和外部集装箱上标注“……的产品”。外包装还必须带有产品名
224 称和编号。根据 1930 年《关税法》和《美国农业法案》，本章后面部分将讨论《原产地标签》（COOL）规章制度。

（五）风味说明

如果食品的标签或标志标示了与食品主要风味有关的词语或图片，则将其认为是其特征性的风味，并且必须在 PDP 上进行产品声明。

（六）语言规定

美国的所有强制性标签信息必须以英文显示。如果外包装需要有外语，则所有强制性信息必须以英语和外语出现。不具有英语等同词（如开胃菜）的某些外国语言可以不使用双语标记，这些语言可以用于产品标准（如意大利面）或者品牌名称、广告语或商标设计。

五、位于包装正面的标签

（一）发展

由于人们对肥胖率的关注上升，消费者开始追求更简单和更直接的标签信息，因此增加了美国在食品包装正面标识（FOP）的标签制度研究的兴趣。FOP 由包装标签正面的符号组成，用于向消费者传达某些营养信息。英国 FOP 计划依赖于交通灯的颜色，即用于显示有利的（绿色）和不利的（红色）标示营养物含量。

美国可能引入类似的计划，使食品工业设计自己的 FOP 方法。公共利益团体提高了他们对行业方法的兴趣和审查水平，2007 年，FDA 举行了一次公众会议，讨论行业关注的创建 FOP 符号。FDA 在 2008 年“亲爱的制造商”信中提醒，经过严格的规定，某些符号可能用于构成营养素含量声明。

例如，每份烤汉堡（94 g）营养含量如图 4.4 所示。

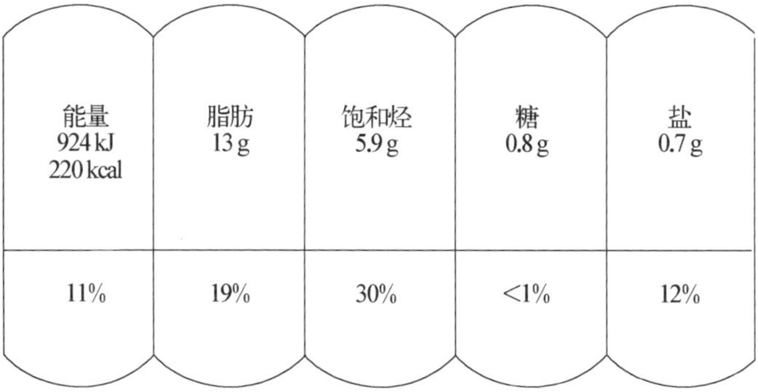

成人的参考摄入量
每 100 克市售平均值：966kJ/230kcal

图 4.4 典型的烤汉堡的热量值

（资料来源：Northern Ireland Chest Heart & Stroke，"Ready Meals" http://www.nichs.org.uk/734/ready-meals）

（二）智能选择计划

2009 年，食品行业开始了一项名为"智能选择"的志愿者标签计划（图 4.5），该计划由十四家主要食品公司资助，并得到了高度评价，但很快就终止了。符合"智能选择"标准的加工食品可以在包装前面贴上绿色标记，表示为更健康的食品。从营养的角度来看，尽管产品在一个方面可能含有相对较高的特点（如低脂肪、低钠或低糖；高维生素或高钙），但这些方面可抵消营养价值相对较差的食品的不足。例如，由于其脂肪含量低，一个 60 卡路里的巧克力软糖冰棒也会被鉴定为"智能选择"食品。获得智能选择标签的食品还包括水果圈和魔法奶酪包裹比萨（含每日盐和脂肪摄入量的 23%）等。媒体和营养专家公开批评智能选择标签计划。2009 年 8 月，FDA 发出了一封表示对智能选择计划总经理的关注信。FDA 注意到，竞争性 FOP 符号的使用广泛造成消费者混乱不清；并且以智能选择标签判断产品是否合格的标准与政府膳食指南不一致，这可能误导消费者，并可能鼓励消费者吃过度加工的食品而不是更健康的食物。此后不久，"智能选择"计划就在 2009 年 10 月自动停止了。

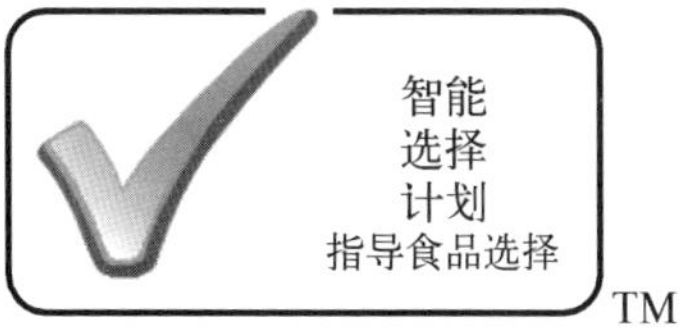

图 4.5 智能选择标签

（资料来源：Rodale News，"'Smart Choices' Could Be Smarter" http://www.rodalenews.com/nutrition-labeling）

（三）FDA 对于 FOP 标签的规定

FDA 还于 2009 年 10 月宣布，它将很快提出对 FOP 标签的指导，并将涉及食品工业的发展。FDA 宣布，当医学研究所（IOM）发布最后报告后，FDA 将颁发 FOP 指导，医学研究所是 FDA 对科学问题的公正、非政府顾问。FDA 和疾病控制和预防中心（CDC）要求 IOM 对 FOP 营养评分系统和符号进行两个阶段
226 的审查。同月，FDA 向工业界发出了关于食品准确营养标签重要性的公开信，并向十七家食品制造商发出警告信，通知食品制造商其二十二种食品的标签违反了 FDCA，其中包括未经授权的健康声明、未经授权的营养素含量声明以及未经授权使用诸如“健康”等术语。

2010 年 10 月，IOM 发布了其第一阶段关于包装标签正面评分系统和符号检查的报告。报告指出，如果能够让消费者注意到能量、饱和脂肪、反式脂肪和钠，那么这种 FOP 标签对消费者来说就是最有效的。国际移民组织不把糖放在这个列表中，因为没有足够的证据表明糖除了提供能量，对公众健康没有其他影响。

2011 年 10 月，IOM 发布了关于包装标签正面营养评级系统和符号的第二阶段报告：促进健康的选择。报告认为，有足够的证据表明，FDA 和美国农业部这种考虑战略的根本转变超越了普遍认知的方法，更加侧重于“告知消费者营养成分”“鼓励更健康的选择和购买行为”。为此，报告建议 FDA 开发、测试并实施单一的、标准的 FOP 符号系统，并将其显示在所有食品上以代替正在使用的其他系统。部分考虑到 DHHS 和 USDA 联合出版的 2010 年《美国人饮食指南》，IOM 重新考虑了其对添加糖的立场，并确定添加的糖应作为 FOP 评级系统处理的营养类别之一。因此，报告还建议，符号系统应显示所有产品的家庭食品的卡路里，并对饱和脂肪、反式脂肪、钠以及添加糖使用评分系统，通过点数指示食
227 品的健康程度。报告建议所有杂货包装都带有一个 FOP 标签，显示每个家用产品分量的卡路里和零到三个营养评分。为了确定产品在 FOP 标签上显示的分值，IOM 委员会提出了一个两步程序。第一步，确定产品是否有资格获得 FOP 评分。如果食品含有与饮食指南建议不一致的任何一个或多个营养类别，那么该产品不符合 FOP 评分（卡路里、饱和脂肪和反式脂肪、钠和糖）。例如，如果产品的钠含量高于“膳食指南”中建议的含量，则即使含有低水平的饱和脂肪和反式脂肪以及添加糖，该产品也不能显示任何 FOP 评分。第二步，确定产品有资格接收的 FOP 评分的数量。评分将分给饱和脂肪和反式脂肪（由一个评分表示）、钠

和添加糖，其中最多三个点可用于食品。报告建议，第二步测定的营养标准比用于第一步测定的营养标准更为严格，并概述了可用于现有 FDA 的步骤 1 和步骤 2 测定的营养标准（如“低”“健康”“无添加糖”）和某些营养成分规定（如反式脂肪）的规定。

(四) 新行业倡议：关于营养成分

食品行业和 FDA 之间对于 FOP 标签问题存在紧张关系，这是由于双方对标签系统的目标持有不同看法：FDA 希望 FOP 标签避免强调营养素（即钠、热量和脂肪），而食品行业希望使用标签来突出有益的营养素（即维生素、矿物质和蛋白质）。

在这种紧张关系下，食品行业就 IOM 报告做出了回应。例如，2012 年 1 月，沃尔玛宣布了一个新的目标——“你最好的选择”的符号——出现在符合 2010 年美国人饮食指南制定的营养标准的食品上。沃尔玛宣布其 FOP 计划旨在与 IOM 报告保持一致。2011 年 1 月，杂货制造商协会（GMA）和食品营销研究所（FMI）推出了一个行业范围的 FOP 标签系统，突出了在零售店销售的许多包装食品的主要营养信息。GMA 和 FMI 声称已经制定了新标准。这导致了前第一夫人米歇尔·奥巴马发起了“让我们吃得更健康”的运动，追求健康饮食，并要求食品行业帮助消费者选择更健康的食品。这种标签项目称为“营养钥匙”，它由四个图标组成，这些图标将在食品包装的正面共同显示（图 4.6）。每个图标 228
代表一个关键营养素，这些关键营养素是膳食指南建议的限量食用的营养素（包括卡路里、饱和脂肪、糖和钠）。缺少显示所有四个图标的包装空间的小型食品包装可以仅显示包含卡路里信息的图标。其他制造商可能选择制作包含两种或以上的营养素（钾、纤维素、蛋白质、维生素 A、维生素 C、维生素 D、钙和铁）

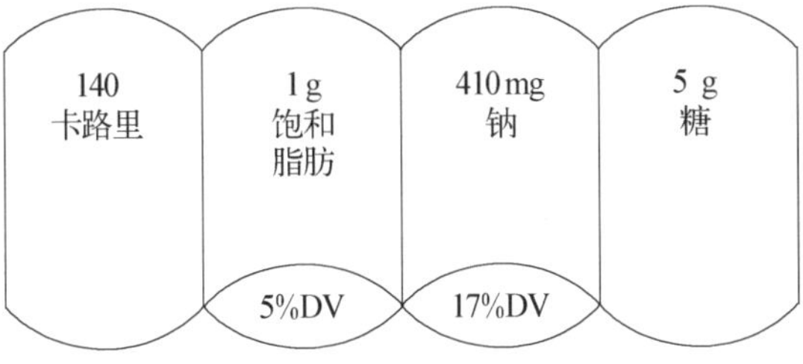

图 4.6 自愿营养钥匙标签

（资料来源：FMI “Facts Up Front Style Guide for Implementers” http://www.fmi.org/docs/health-and-wellness/nk_style_guide_for_implementers-2012.pdf?sfvrsn=2）

以鼓励消费者消费；但是，只有当产品的每份营养物的每日价值超过10%，并满足FDA对良好来源营养物含量声明的要求时，才可包括以上营养素。“营养钥匙”不包括IOM推荐的反式脂肪，这可能是因为许多食品制造商近年来重新配制其产品以去除反式脂肪。IOM同时指出，FOP标签中不应包含鼓励摄入的有益营养素，如图4.6所示。

（五）展望

尽管需要考虑FDA的预算问题，食品行业也努力设计自己的程序，但是制定FOP标签似乎仍然是FDA的优先事项。这表明为消费者设计一个真正的有教育意义的标签仍然是一个挑战，消费者的营养问题与食品行业自身利益的关系也有待重新审视。

除了存在与FOP标签计划相关的问题，还需要考虑这些计划如何有效地改变消费者的购买和饮食选择。

六、美国农业部（USDA）

（一）FSIS：标签预批标准

USDA的FSIS负责确保美国农业部管辖范围内的肉类、家禽和蛋类产品的标签的真实性和准确性。根据FMIA、PPIA和EPIA授权美国农业部的条
229 例，FSIS有权规范标签。与FDCA类似，USDA法规以广泛的方式界定标签，强制规定不仅适用于传统食品标签，而且适用于食品的附属品，如购买材料。

尽管在一般情况下，FSIS遵循与FDA相同的营养成分标签和营养素含量声明的规定，但FSIS需要事先获得标签批准。蛋制品、家禽、肉类和含有大量肉类和禽类的加工食品的标签必须在销售前获得审批才能在市场上流通。事先批准标签需要将标签草图提前发送到FSIS进行审批，企业只能使用已获得批准的草图或明确允许的标签。有限性质的更改（例如分销商的名称和地址）无须再次由FSIS预先批准。类似单一成分不需要有产品声明的产品，通用标签规定，允许使用指定类型的标签，而无须提交草图以获得事先批准。在审查提交的标签信息时，美国农业部发布了一系列政策备忘录，其中包括已被纳入美国农业部的食品标准和标签政策手册以及美国农业部在线收集到的信息。根

据这些政策备忘录讨论 FSIS 决定批准或不批准各种标签，并据此指导食品行业。

（二）美国农业部独有的肉类和家禽标签法规

美国农业部的标签要求与 FDA 的标签要求相同，具体包括要求产品名称、净重、成分列表、制造商身份和营养标签的规定。但是，美国农业部管辖范围内产品标签还要求：（1）检验图例和企业编号（表示屠宰体或部分屠体被 FSIS 检查和通过的符号）；（2）储存方法说明（如“保持冷藏”或“保持冷冻”以维持产品的完整性）；（3）安全处理说明（如包含原始或部分熟制的肉类或家禽的食品的说明书；USDA 规定说明书的确切语言，字体和位置）。

在推行自愿营养标签的过程中，由于缺乏自愿营养标签参与度，从 2012 年开始，美国农业部要求对 40 种最受欢迎的肉类和家禽产品进行营养成分标签。这一新规定的内容不包括以下内容：（1）用于进一步加工的不含营养声明或营养信息的产品；（2）不销售给不接受营养声明或营养信息的消费者的产品；（3）和 230
小型企业生产的肉泥或碎肉的猪肉或家禽产品；（4）小包装的肉类和家禽、定制屠宰、用于出口或在零售处制备和出售的产品。

与 FSIS 标签的区别是肉类和家禽采用了几种标识和定义标准。这些法规非常详细地描述了允许的成分和添加剂，并对包含特性成分和食品中使用成分的产品提出具体的规定要求。FSIS 要求对所有食品所有成分进行标识。成分必须按其常用名称或按照法规定义的名称列出。除非另有规定，成分表应以含量的降序排列，并用常用名称表示。对于多成分食品，如来自不同来源的不同配方的辣香肠，可以使用复合成分列表。

（三）阴性标签：FDA/FSIS 比较

FSIS 和 FDA 不同的一个重要领域是阴性成分标签的规定。阴性成分标签是指标签声明食品不含某些成分。虽然 FDA 尚未颁布阴性标签规定，但如果这些标签不是假的或误导性的，则允许使用 FDA 管辖的这些标签。相比之下，FSIS 规定特别允许或不允许使用否定标签语句。如果：（1）从产品名称无法清楚地知道该成分是否存在；（2）生产者可以证明声明有益于健康、宗教偏好或其他原因；（3）此类声明要求注意不含被法规禁止的成分（如不含防腐剂），那么 FSIS 允许使用阴性标签。“不含人造”就是阴性标签的一个例子。这个规定有 2 个显著的例外：不允许“无化学品”或“不含化学品”的声明；除非附有“《美国联邦法规》禁止使用激素”的声明，否则不允许在猪肉或家禽标签上加入“不添加激素”的声明（但如果有足够的理由声明“无激素”或“不添加抗生素”，则可以批准在牛肉产品标签上标注“无激素”，在肉类和家禽标签上标注“不添加抗生素”）。

第四节　食品标签声明

一、健康焦点

正如第五章将要提到的，从20世纪60年代末70年代初，FDA的监管重点
231 开始转向饮食和健康。1969年，白宫的食品、营养和健康会议讨论了美国饮食中的缺陷，并建议生产者对食品进行强化，联邦政府建立一个系统以确定食品的营养品质。政府制定饮食目标，并认识到饮食在某些疾病中的作用。食品行业开始制作“更健康”的食品并完善食品标签来强调某些食品的健康益处。1973年，考虑到有商家可能会宣传产品虚假或具有误导性的有益健康的声明，FDA颁布了新的法规，从而有效地约束了对食品的健康声明。健康声明使食品成为一种药品，且名称符合FDCA对药品的定义，这意味着在做出健康声明并上市前获得批准。1987年，FDA主要根据法院的判决，建议改变其先前的规定，并要求只要在满足标准的条件下，就允许未上市的常规食品在没有获得批准的情况下标注健康声明，并对食品的健康声明进行了相对柔和的禁令。改变试行规定的同时，FDA停止对食品健康声明的强制性要求，健康声明也因此在市场大量使用。

随着食品的健康声明的影响力的扩大和人们对营养的日益关注，1990年，美国国会通过了《营养标签和教育法》（NLEA）。NLEA从三个基本方面改变了食品标签：第一，几乎所有FDA管制的食品均以统一的格式进行标签；第二，除非FDA已经定义过某种营养素含量声明，并在使用过程中与该定义保持一致，否则制造商禁止使用营养素含量声明，营养素含量声明是表示食品中存在的营养物的水平声明，例如“低卡路里”或“高纤维”；第三，除非符合FDA颁布的食品标签有关的法规，否则禁止预防疾病的声明，例如声明产品“有助于降低心脏病的风险”。最后一点意味着，如果使用未经批准的健康声明，即使这一健康声明可能是真实的，但仍认为该标签页错误。之所以改变食品标签的这些方面，

是为了帮助消费者做出健康的选择，并保护消费者避免听信毫无根据的健康声明。1997 年，《食品和药物管理局现代化法案》扩大了健康声明的界限，允许制造商根据美国政府认可的科学机构发表的权威声明使用健康声明。 232

科学技术已经明确地确定了某些食品的健康风险以及饮食与健康之间的关系，营养标签也越来越受到消费者和媒体的关注。在这种情况下，FDA 最终颁布了人们关注的特定领域的标签要求，例如标识过敏原。然而，这些标签制度的发展已经提出了优先适用和《第一修正案》问题。如最近提出的包装前贴标签，凸显了 FDA 应对市场需求的挑战，以满足消费者对饮食与健康的相关信息的期望。

二、获得许可权的要求

已经获得许可的食品声明有四种类型：健康声明、营养成分声明、结构/功能声明和膳食指导声明。比这些更深入的声明意味着该食品可以诊断、治疗、治愈、预防或减轻疾病；甚至有些声明是药品声明，因此需要 FDA 批准该食品作为药品。

（一）健康声明

健康声明是表征任何物质与疾病或健康相关状况的关系的表示。如第三章所述，“物质”是指特定食品或食品成分，包括营养素或食品成分。健康声明需要有明确的短语（如“有助于减少冠心病”）和符号（如与心脏健康有关的心脏符号）。健康声明必须有 FDA 的法规授权，或者有美国政府机构（如国家卫生研究院）的权威声明。健康声明需要有“显著的科学认同”才能获得批准。拥有权威声明的健康声明要求在产品上市前告知 FDA。USDA 的法规目前禁止肉类和家禽产品承诺健康声明。

FDA 已授权的声明如表 4.1 所示。

表 4.1　FDA 批准的健康声明

物　　质	疾病或与健康有关的症状
钙	骨质疏松症
钠	高血压
脂肪	癌症
谷物、水果和蔬菜中的饱和脂肪和胆固醇膳食纤维	冠心病

续 表

物　　质	疾病或与健康有关的症状
谷物水果和蔬菜中的膳食纤维	癌症和冠心病
从特定的食品原料中获得的可溶性纤维（如麦麸、燕麦片）	冠心病
水果和蔬菜	癌症
叶酸	神经管缺陷
糖醇	龋齿
大豆蛋白	冠心病
植物甾醇和植物酯	冠心病

健康声明必须符合规定的食品含量要求。例如，健康声明“食品的总脂肪可以降低癌症的风险”的产品，产品脂肪含量必须低于法规规定脂肪含量。除了适用于所有健康声明的一般要求外，对每个特定的健康声明还提出了具体的标准。
233 例如，为了标识关于钙（和降低骨质疏松症的风险）的声明，必须每个 RACC 含有至少 200 毫克的钙。此外，为了标识健康声明，食品中某些不利物质的含量不得超出规定值：总脂肪（13 克）、饱和脂肪（4 克）、胆固醇（60 毫克）、钠（480 毫克）。为了防止营养价值低的食品为标识健康声明而对食品进行强化，一个称为“软糖条例”的规定要求进行健康声明的食品，必须在任何营养添加之前包含最低限度水平以下的营养素中的至少一种：维生素 A（500 国际单位）、维生素 C（6 毫克）、钙（100 毫克）、铁（1.8 毫克）、蛋白质（5 克）或膳食纤维。

除了这些已经批准的疾病关系声明，FDA 已经颁布了规章，并建立了一套程序。通过该程序，企业可以请求建立新的声明或修改现有声明。制造商可以申请健康声明，FDA 必须在 540 天内审查并提供裁决。如果 FDA 根据所有科学证据确定有明显的科学依据支持该声明，那么 FDA 将允许该声明。最后，应当指出，关于补充剂的健康声明的规定是对原料的规定，不同于食品声明的法定基准，但是 FDA 可以类似的方式进行解释说明。

234 ### （二）合格的健康声明和法院质疑

1. FDA 自由裁量权

如果需要改变健康声明，那么该健康声明一定是食品标签所允许的“合格的健康声明”。FDA 指导文件描述了该机构在食品标签中使用合格的健康声明的申请的审查程序。当有新的证据表明食品与降低疾病风险之间的关系或食品与健康有关的疾病之间的关系时，才可以进行该审查，但是这些证据不能是仅为了迎合FDA 要求的、为发出授权条例而制定的重要科学协议标准的证据。合格的健康声明审查程序是一种机制，要求 FDA 审查科学证据并行使强制裁量权以允许使用合格的声明。如果 FDA 有可靠的证据支持声明，那么 FDA 将在信函中概述其打算考虑在食品标签中使用声明的执行裁量权。合格语言作为声明的一部分，用以表明支持声明的证据是有限的。虽然 FDA 向请求人发出信函，表明 FDA 会酌情决定是否能够使用合格的健康声明，但是合格的声明仍然可用于满足信函中规定的执行裁决条件的任何食品或膳食补充剂。提交给 FDA 的合格的健康声明申请将公开进行审查和评论。

FDA 根据其强制裁量权判决健康声明是否合格，合格后 FDA 将通过健康声明的申请。从某种程度上来说，FDA 审查健康声明请求的强制裁量权在某种程度上属于委婉说法，因为根据判例法先例，禁止 FDA 对可信的、有科学支撑的声明采取任何行动。成分上，促进 FDA 通过对合格的健康声明的申请会在下一节中概述的判例法中涉及，判例法迫使 FDA 制定批准这些声明的程序。联邦贸易委员会（FTC）违反 FDA 关于合格的健康声明的决定，因此不对他们采取执法行动。

2. FDA 自由裁量权的挑战：中央哈德森测试

自 1999 年以来，食品公司对《行政程序法》（APA）和美国宪法第一修正案关于健康声明的规定提出质疑。当 FDA 完全禁止声明时，食品法院可以根据APA 复杂的审查标准的科学证据要求审查并推翻 FDA 的评估。企业可以要求法院根据商业言论原则评估 FDA 的健康声明。在解决宪法第一修正案的挑战时，法院宜用中央哈德森四部测试。正如例案所表明那样，法院强制 FDA 使用严格的中央哈德森测试和监管审查来评估健康声明和合格的健康声明。

虽然商业言论受到商业自由言论原则的保护，但该原则对商业言论的保护仍 235
然不足，而且商业言论受到比其他类型的非商业语言更严重的监管侵权。评估侵犯商业自由言论的法律框架是由美国中央哈德森天然气电气公司上诉公共服务委员会最高法院的四项检验中提出的。第一，需要法院裁定商业言论是非法的还是误导的。如果信息本身具有误导性，那么该商业言论是完全禁止的；如果商业言论是合法的，不具有误导性或只是“可能误导商业言论”，审查法院必须使用剩余的中央哈德森标准。第二，所谓的政府利益在规管商业言论方面必须是至关重要的。如果政府获得的利益不大，政府不能侵犯言论。如果利益是实质性的，法院接下来考虑第三点——这项规定是否直接促进了政府所声明的利益。第三，政府必须提供证据，表明法规直接、确凿地促进了政府的目标。语言限制必须“将所引起的伤害减轻到物质程度”，并且出现“猜测或推测”。第四，法院确保法规的规定是狭义的，即不超过为政府所声明的利益所需的范围。这一点通常是FDA在健康声明的挑战中面临的最困难的问题。在确定规定是否比必要的更广泛时，法院认为“政府获得的结果和为达到这些目的而选择的方法之间的关系不一定是最好的，但一定是合理的”。合理的条件不是限制性最小的方法测试。问题不在于有没有可以想到的替代方案，而是该规定是否比提高政府利益所需的语言有更多的责任。如果政府能“以不限制言语或限制更少的言论的方式实现其利益”，那么政府就必须这样做。政府有责任解释其计划强加的言论的规定不是为了服务于政府本身而试图获得的利益。

236 3. Pearson 成果

1）Pearson 诉 Shalala（Pearson Ⅰ）

由哥伦比亚特区巡回法院在1999年（Pearson Ⅰ）判决的Pearson上诉Shalala案是与宪法第一修正案和健康声明有关的重要案件。根据宪法第一修正案和行政法基本原则的论点，Pearson Ⅰ案件的决定对FDA拒绝支持健康声明的请求提出了法律和实证方面的挑战。

在Pearson案件的问题是四个与食用特定补充剂与特定疾病的风险降低有关的声明：(1) 食用抗氧化维生素可以降低某些类型的癌症的风险；(2) 食用纤维可能降低结肠直肠癌的风险；(3) 食用$\omega-3$脂肪酸可能降低冠心病的风险；(4) 在膳食补充剂中食用0.8毫克叶酸能更有效地降低神经管缺陷的风险，而且食用量比一般食品更少。

FDA认为这些声明是不正确的，并认为声明提供的证据是“不确定的”，并没有“提供显著的科学协议”。FDA也拒绝了原告公司的纠正性免责声明的建议，指出免责声明“无效，因为不确定消费者是否能够被告知哪些声明是已知的（并伴有一个免责声明）、哪些并没有声明”。FDA解释道，即使声明只有在非哈德森中心测试时表现出具有潜在误导性，但是如果这些声明没有明显的科学证据支持，那么也应该放弃免责声明。作为回应，原告对由APA和宪法第一修正案提出的被驳回的声明质疑。

在处理第一个中央哈德森案件时，哥伦比亚特区巡回法院认为，如果一些声明习惯性地误导消费者，那么 FDA 可以禁止声明；但是，法院驳回了所谓的政府的“家长主义”断言，所有缺乏明显的科学支持的声明会误导消费者，因为消费者仍然可以在购买补充剂时做出判断。法院裁定，FDA 通过确定政府在保护公共卫生和防止欺骗性营销做法方面具有重大利益，满足了中央哈德森案例的第二点。至于中央哈德森第三个点——无论该法规是否直接提高了实质利益——法院尊重 FDA 对科学证据的评估。然而，法院在执行第四点时发现，无论政府的利益如何，在宪法上“免责声明”更加公然地压制。因此，法院通过委托 237
FDA 考虑纠正性免责声明而不是直接管制潜在的误导性声明来重点权衡限制方式和政府的利益之间的关系。

APA 要求 FDA 解释拒绝他们提出的健康声明的原因，这样做必然意味着给一些定义过的内容提供“显著科学证据支持”。我们认为这一观点完全是因为 APA 的禁令，即一个机构不会采取任意和反复无常的行动。对于政府机构来说，没有任何解释就宣布拟议的私人诉讼程序未获批准是不行的。拒绝给出一个应用的标准，这等同于没有解释的简单地说“不”。

法院重审该案，希望 FDA 重新考虑待定的健康声明。法院认为，FDA 考虑免责声明可以纠正任何可能具有误导性的声明中的歧义或欺骗性。FDA 可以认为该声明不能称为免责声明而将其视为非法声明，但法院并不排除声明的支持证据超过声明的反对证据的可能性。

2）Pearson Ⅱ

为回应 Pearson Ⅰ，FDA 要求 Pearson Ⅰ提交支持所提出的健康声明的科学数据。FDA 还发布了一份指导文件，解释了 FDA 对科学证据的评估过程。在 Pearson Ⅰ之后不到两年，FDA 再次拒绝授权原告的四项拟议声明，认为它们仍然具有误导性。FDA 还表示，即使有明确的免责声明，FDA 也不会授权拟议的叶酸声明，因为 FDA 认为，这一声明本质上具有误导性，因为科学证据的权重 238
与声明不符。

原告拒绝了对美国宪法第一修正案和违反 APA 规定的替代声明和诉讼。法院在 Pearson Ⅱ中发现，FDA 没有遵守 Pearson Ⅰ中的宪法准则，并认为原告的拟议声明本身并不具有误导性，因为“只是没有明确的可靠证据支持……并不意味着有反面证据表明该声明有误导性”。法院认为，除非所出示的证据被不支持该声明的证据超过，或者是弱于不支持该声明的证据，否则该证据可信。虽然法院承认，法院通常不会评价互相矛盾的科学证据，但法院对 FDA 通过对科学文献的查询来决定叶酸问题的审查，致使法院发现 FDA 对“证据的权重违反原告的叶酸声明”的结论太过武断和反复无常并且违反了法律。

3）Whitaker 上诉 Thompson

2001 年 6 月，Pearson Ⅰ和 Pearson Ⅱ的共同原告质疑 FDA 对 Whitaker 上诉 Thompson 的决定，即不授权对棕榈具有抗氧化性的声明。棕榈是 Pearson Ⅰ中的一个产品。FDA 决定，就癌症和抗氧化维生素之间的关系而言，有益处的科学证据大于无益处的证据的权重。FDA 因此得出结论，声明本身是误导性的，不能使用免责声明。

在对科学数据进行审查后（根据记录，FDA 考虑的 150 项科学研究中有三分之一支持健康声明），法院认为所提出的声明本身并不具有误导性，FDA 没有尽到其责任，不允许原告的抗氧化维生素声明，是保护消费者免受被声明误导的潜在可能性最好的方法。Pearson Ⅰ一案继续扩大，Whitaker 法院表示，任何完全禁止声明的禁令，都是在很小的概率下形成的，即当几乎没有实质的证据支持声明，并且政府提供经验证据来证明即使声明是由一个免责声明，公众仍然会受到欺骗。

根据 Whitaker，FDA 将健康声明的评估结果分为合格和不合格的声明。对
239 于有明显的科学协议支持的声明，FDA 认为声明不合格，并认为它没有免责声明。如果 FDA 确定提出的声明缺乏明显的科学协议的支持，但证据的权重支持声明，那么 FDA 认为声明合格，并提出一个免责声明以反映科学支持的适当价值。

2009 年，FDA 发布了指导，描述其对合格和不合格健康声明科学支持的评估过程。

4）美国自然健康联盟上诉 Sebelius

2010 年，美国自然健康联盟上诉 Sebelius（第一联盟）的原告（膳食补充剂制造商）质疑 FDA 拒绝某些关于癌症风险和硒补充剂的健康声明。原告提交了 17 份合格的健康声明，将维生素 C 和维生素 E 联合使用，能够降低某些类型的癌症风险。FDA 完全否认了十三项声明，并允许其他四项作为具有修改语言的合格声明。FDA 已经禁止了原告的声明，理由是有可靠的科学证据支持他们，并行使其自由裁量权，允许由一些可靠证据支持的合格的健康声明。

Whitaker 的问题是审查的标准。原告要求法院进行高度审查，因为他们提出

了宪法问题，而 FDA 则认为关于科学证据的特定结果应当进行武断而多变的审查。法院的结论是，它将对 FDA 关于宪法问题的决定进行独立审查，但指出，不尊重地审查科学证据是不合理的。尽管对 FDA 的调查结果有所尊重，法院认为 FDA 决定的某些方面是武断而多变的，并将这些方面反馈给 FDA，以便酌情重新评估和起草免责声明。

5）联盟Ⅱ

联盟 I 中的同一原告对美国自然健康联盟 Sebelius（联盟Ⅱ）提出了反对：反对 FDA 改变两个建议的健康声明（维生素 C 可以降低胃癌的风险，维生素 E 可以降低膀胱癌的风险）。地方法院继续使用独立审查，不使用 APA 武断而多变 240
的审查。与第一联盟的情况一样，FDA 已经完全改写，并以与联盟 I 中声明的相同方式替换了两个原告的合格健康声明。第二联盟法院指出，FDA 对原告声明的更换和完全改写使得“很难说明原始健康声明是什么，似乎不赞成 FDA 自己的结论，即这些声明得到可信的证据支持”。法院解释 Pearson 及其后代代表“如果支持声明的证据不确定，美国宪法第一修正案允许作出声明；FDA 不能要求放弃声明的免责声明”。原告和 FDA 于 2010 年 5 月达成了关于使用合格的健康声明的解决方案。

6）Fleminger 上诉美国 DHHS

本案中，Fleminger 是绿茶的制造商和销售商，2014 年第二巡回法院决定，Fleminger 向 FDA 提交了一份申请，授权某些合格的健康声明。FDA 要求 Fleminger 提交一个修改的免责声明，Fleminger 又提出诉讼。虽然 Pearson 和 Alliance 案中的 DC 巡回法院有先例涉及对膳食补充剂的健康声明，但 Fleminger 法院认为，对于食品的健康声明的分析是相同的。

Fleminger 提出了绿茶产品的健康声明，将绿茶消费与降低癌症风险联系起来：“每天消耗 40 盎司含有 710 g/ml 天然表没食子儿茶素没食子酸酯（EGCG，绿茶茶多酚的主要组成成分）的典型绿茶可能会减少某些形式的癌症的风险。虽然现有的证据不是决定性的，但仍有科学证据支持这一健康声明。”在执行其强制裁量权时，FDA 建议其自己修改声明：“绿茶可以降低乳腺癌或前列腺癌的风险。”FDA 不同意绿茶可能降低风险的观点，因为声明的科学证据很少。Fleminger 因违反美国宪法第一修正案商业自由言论权利而起诉 FDA。Fleminger 根据 APA 提起的诉讼，指控违反美国宪法第一修正案的单一诉讼缘由。Fleminger 没有质疑 FDA 对于健康声明（饮用绿茶可能降低乳腺癌或前列腺癌的

风险）“没有多少科学证据”的决定，Fleminger 也不同意根据 APA 第 706（2）
241 条分析其不足（该条款规定，如果武断多变，并滥用自由裁量权，那么该机构的行为就可以搁置）。

法院认为，支持拟议的健康声明的科学证据的量完全取决于 FDA 专业知识的范围，法院尊重 FDA 对科学证据的评估，并尊重 FDA 确定 Fleminger 的阐述——科学证据的关键性水平不准确并且有误导性。但法院认为，这种尊重不会延伸到法院做出 FDA 修改的免责声明是否违反了 Fleminger 的商业发言权的决定。法院发现，FDA 满足了中央哈德森案例的第一点中的第三方面，并分析了最后一点（即 FDA 行动的合理范围）的情况，以确定该规定是否比为满足政府利益所需的更广泛。

法院部分接受了 FDA 的修改声明，并拒绝了部分声明。法院表示，“非常少的科学证据”实质上是在支持该部分声明，这部分反映了证据的实力。同时，法院驳回了“FDA 不同意绿茶可能降低这种风险”的部分。与第二代联盟中被拒绝的修改类似，法院认为这一说法实际上否定了在癌症的风险中绿茶与减少绿茶之间的关系。并且发现除了免责声明之外，这是不必要的“非常少的科学证据”。法院建议 FDA 遵循 Pearson Ⅰ的建议，说明“FDA 不批准此声明”，但是没有否定该声明。

7）观察结果

FDA 对健康声明的规定与 Pearson 及其后代反映了 FDA 的监管混淆两个互相矛盾的目标：保留商业自由言论和确保消费者受到保护。从这些情况可以得出的要点之中，以下三个十分显著：（1）虽然 Pearson 及其子代提及了审查的标准，但他们经常对 FDA 的判断进行更为清晰的审查。他们似乎超越了 Pearson Ⅰ认为的，揭露是更好地抑制甚至消除 FDA 禁止一个误导性声明的能力。（2）法院不愿意批准特定的过于强烈地否定声明的免责声明。至少在 Fleminger，发表一个免折中的、简短的、容易被消费者理解的免责声明是可以接受的。（3）由于对 APA 声明采用了更高的审查标准，对 FDA 对健康声明的管理提出的挑战（一个根据 APA 和另一个根据美国宪法第一修正案）的差异已经模糊不清。因此，法院没有对 FDA 关于证据的结论采用武断多变的审查，反对本质上具有误导性的声明。

242 ### （三）营养含量声明

营养素含量声明是食品标签上直接或间接表征产品中营养物水平的表示。营养含量声明的例子包括“高纤维”“低脂肪”“良好来源”或“含有100卡路里”。

营养含量声明必须符合该声明的具体标准。例如，“良好来源”可以仅在食品具有某营养物每日推荐量的10%以上时使用，而“优良来源”则在食品具有每日推荐量的20%以上时允许使用。营养素含量声明可能不会直接表述。例如，“健康”被认为是暗示的营养素含量声明，用于暗示食品“有助于产生与膳食建议一致的饮食”。满足脂肪、钠和胆固醇的要求才能标记为健康食品。FDA通常禁止营养素含量声明，除非他们引用其规章中提供的确切语言。如果其他组分（例如胆固醇）的量超过某一水平，则禁止一些营养物含量声明，并且如果食品含有高于规定水平的某些营养物（例如脂肪、钠），则该声明受到额外公开要求的限制。

允许以下两种形式的营养要求：“绝对”和“相对或比较”。绝对形式描述了产品中营养物的水平，而相对声明将产品中营养物的量与相似产品中的营养物量作比较。关于绝对或特定营养素含量声明，例如“无”“损失”或“减少/较少”，FDA已经颁布了管理其使用所需的营养水平的法规。例如，为了声明产品“无卡路里”，该食品必须在每个RACC和每个标签中含有不到5卡路里；声明产品“无糖”，食品必须每个RACC和每个标签含有少于5克的糖；要声明产品“低脂”，食品必须每次可食用参考值含有3克或更少的总脂肪；要声明“无添加糖”，那么在加工过程中不能加入糖或含糖成分。关于食品中营养素的实际量或百分率的标签声明，例如“每份3卡路里”，只要保证其真实性、不会误导消费者，并且不能描述食品中营养物的水平，那么就允许该声明。如果陈述隐含地描述营养物的水平，例如“每份只有3克脂肪”，那么它是隐含的营养物含量声明，并且必须满足隐含营养物含量声明的要求（例如“低脂”），或承担食品不符合这些要求的免责声明（例如“每份只有6克脂肪，而不是低脂肪食品”）。

对于营养物水平，例如“更多”“更少”的相对声明，产品中营养物的量必
须按照规定与合适的参考食品中相同营养物的量作比较。例如，为了表明食品钠 243
的含量较少，那么产品必须与常规产品或平均代表性产品进行比较。当做出这样的相对营养要求时，参考食品的变化百分率和该食品必须在与要求相邻的地方宣布。此外，如果食品的营养素含量满足对该营养素的“低”的要求，则不能做出营养素水平降低的相对声明，例如“更少”。只要参考食品的质量是营养素的“好来源”，那么就允许使用诸如“与牛奶一样多的钙”的条款，标签产品每份至少具有相同含量的营养素。

FDA 通过两种方式行使权力，以确定哪些营养素含量声明可用于食品标签：（1）在 FDA 审查营养成分声明请求中提交的科学证据后，FDA 将发布一项授权营养素含量声明的通知；（2）FDA 在收到营养成分声明通知后的 120 天内根据法规禁止或修改营养成分声明。为保护公众健康或与人类营养直接相关的研究或国家科学院的官方责任，通知过程需要通过美国政府的一个科学机构的权威声明建立科学的基础。

（四）结构或功能声明

结构或功能声明（常称为“结构/功能声明”）经常与健康声明混淆。结构/功能声明不涉及疾病。相反，它是指身体的结构或功能。如“钙强化骨骼”和“纤维维持肠道规律”的食品标签上的声明是结构/功能声明。FDA 没有发布授权某些结构/功能声明的法规，也没有预先审查这些声明［1994 年的《膳食补充健康和教育法案》增加了 FDCA 的第 403（r）条第（6）款，允许结构/膳食补充剂］。但是，这些声明必须是真实的，不能误导消费者。如果声明与特定疾病的情况密切相关，那么该声明可能不被允许。例如，“有利于关节”是可以接受的，但是“有利于关节疼痛”不被允许。结构/功能声明越来越多地被食品公司用作提出声明的安全和成本有效的方式。良好的结构/功能声明仍然可以吸引消费者，并且使得食品公司能够避免做出禁止的疾病声明或经历耗时耗财的过程来向 FDA 申请合格的健康声明。

244 （五）饮食指导说明

在食品标签上也可以进行饮食指导说明。虽然健康声明描述了食品成分与疾病或健康相关的状况之间的关系，但饮食指导说明不包含这两个要素。饮食指导说明一般根据 DHHS 和 USDA 联合发布的美国膳食指南提供膳食指南标注。该指南于 1980 年首次出版，每 5 年修订一次，并提供最新的和更新的科学信息。饮食指导说明可以在使用前进行 FDA 审查或授权，但声明必须是真实的和不可见的。这类陈述包括“胡萝卜对你的健康有好处”“富含水果和蔬菜的饮食降低某些癌症的风险”。

（六）声明比较

FDA 认为的可接受的五种类型的声明的有效比较列在表 4.2 中。

表 4.2　可接受的声明类型比较

声明类型	心脏健康声明
健康声明	在饱和脂肪和胆固醇低的饮食中，每日食用含有 3 克可溶性纤维的燕麦可降低心脏病的风险。这种谷物每份有 2 克
合格的健康声明	科学证据表明，但不能证明，每天摄入 1.5 盎司大多数坚果作为饱和脂肪和胆固醇低的饮食的一部分可能降低心脏病的风险
营养素含量声明	低脂、无胆固醇、在燕麦麸皮中的含量高
结构/功能声明	钙强化骨骼、纤维素有助于维持规律的消化
日常饮食指导	低脂饮食，同时摄入大量水果蔬菜有助于健康生活

（七）功能食品声明

如第一章所述，食品产业创造了日益流行的“功能性食品”这一类型。因为对于功能性食品没有独特的法律和法规，功能性食品可以作为常规食品、膳食补充剂或药品，这取决于对产品的声明。例如，FDA 规定将功能性食品作为药品，其中产品对疾病诊断、治愈、缓解、治疗或预防疾病的影响进行声 245
明——除非功能性食品作为常规食品或膳食补充剂可以在监管制度下进行健康声明。

虽然在某种意义上所有食品都具有功能性，但功能食品的指数增长已经给这种类型的食品带来了越来越多的关注。目前没有明确的法律或法规定义什么是功能性食品。美国国家科学院的食品和营养委员会将功能性食品定义为“任何改变的食品或食品成分，可以提供超越其所含的传统营养素并利于人体健康”。食品科技协会（IFT）认为，功能性食品是指“那些提供必需营养素的物质，这些营养物质通常超过正常维持生长和发育所需的量，和/或赋予健康益处或所需生理效应的其他生物活性成分”。换句话说，功能性食品对健康的益处超过基本营养。

增加对功能性食品的关注可能导致未来某一时期的某一特定法律类别和对功能性食品的定义。2006 年 12 月 5 日，FDA 召开了一次公开听证会，收集了关于作为功能性食品销售的常规食品的信息。意见征询期截至 2007 年 3 月 5 日。

第五节　显著的食品标签问题

一、食品过敏原

（一）制定条例

美国有相当大部分人群对食品过敏。过去二十年，食品过敏和严重过敏反应的发生率一直在上升。每年有几万人因食品过敏而患过敏性休克，其中大多数是儿童，有些甚至死于过敏反应。食品过敏不能治愈，食品过敏患者唯一的安全选择是避免接触过敏原。常见的食品过敏原包括小麦、牛奶、大豆、花生、坚果、鱼和贝类、鸡蛋。而对调节系统的挑战是，这些常见的食品过敏原大多数是美国膳食的主食，并且经常被用于制备和加工食品。

246 随着科学家发现食品过敏原的风险，FDA 从 20 世纪 90 年代中期开始采取措施通知和保护易过敏的人。1994 年，FDA 表示“食品过敏：稀有但危险”，这是一份消费者指南，旨在帮助那些食品过敏的人了解含有过敏原的食品的危险以及他们可以采取的措施，以防止他们受到严重的影响。1996 年，FDA 继续这一行动，向制造商发出过敏警告信，通知制造商，FDA 关注消费者对食品中未申报过敏原的不良反应。FDA 表示制造商误解了 FDA 对标签要求的豁免，这允许在某些情况下不附带的添加剂和加工助剂。1996 年过敏警告信指出，必须标注可能引起不良反应的物质的含量并鼓励自愿公布过敏原料，否则在成分列表末尾免除颜色、味道和香料说明。1996 年的信函还敦促制造商“采取一切必要措施，消除食品中的交叉污染，以确保不含过敏原”。

八年后的 2004 年，美国国会通过了《食品过敏原标签和消费者保护法》（FALCPA）并成为法律。在颁布 FALCPA 时，国会对 FDA 1996 年的过敏警告信进行了跟踪，明确承认食品过敏的美国人由于在食品中存在 8 种主要过敏原（牛奶、鸡蛋、鱼、甲壳类动物、坚果、花生、小麦和大豆）而面临的严重危险。FALCPA 颁布了食品过敏原标签要求的新制度，要求制造商以清晰和显眼的方式列出存在的 8 种主要过敏原。这些要求是通过修正 FDCA 来实施的，规定除非食品标签指示其下方或邻近成分列表包含 8 种主要过敏原之一，或具体列出过敏原消费者容易理解的名称的成分列表，否则该食品应被视为错误标签。该法案还修订为包括过敏原的标签要求。制造商以前不需要列出这些过敏原，因为它们可能仅用作熏蒸剂、着色剂或附带添加剂。

除了 FALCPA 外，其他法律和法规也保护食品过敏的消费者，以使他们受益。意识到儿童因食品过敏所面临的特殊风险，2010 年国会通过了《食品过敏和过敏反应管理法》（FAAMA）作为 2011 年《食品安全现代化法案》的一部分。FAAMA 指示卫生和人类服务部门与教育部长协商，制定和公布自愿食品过敏指南，以管理学校和幼儿教育计划中的食品过敏和过敏反应的风险。这些准则旨在降低接触食品过敏原的风险，确保在发生过敏反应时迅速做出反应；并向本 247
地教育机构提供奖励资助，以协助在公立学校中采用和实施这些准则。

(二) FALCPA 规定

1. 贴假标签

FALCPA 要求含有 8 种主要食品过敏原之一的蛋白质的食品标签必须以“普通英语”标识过敏原的存在。FALCPA 第 203（a）条在 21 U. S. C. §343 中制定了新的第（w）款，扩大了 FDCA 对错误标签的定义，包括未能确定产品中主要食品过敏原的存在。明确停用以前的免责条款，FALCPA 声明：“尽管如此……任何其他法律，香味剂、着色剂或其他添加剂，或含有主要食品过敏原，须受本款的标签规定所规限。”与 FDCA 的其他标签规定一样，这些新的错误标签的规定对国家和地方食品标签法具有超前的影响。值得注意的是，由于责任问题，许多食品公司开始在 FALCPA 之前在标签上公开过敏原的存在。

2.“主要食品过敏原”定义

FALCPA 第 203（c）条增加了 FDCA 21 U. S. C. §321（qq）（1），它定义了 8 种主要食品过敏原为牛奶、鸡蛋、鱼、甲壳类贝类、坚果、小麦、花生和大豆，以及任何来源于这些食品的蛋白质。坚果、榛子和甲壳类、贝类必须用其特殊类型标签（例如杏仁、胡桃、核桃、比目鱼、鲈鱼、鳕鱼、螃蟹、龙虾或虾）。坚果、榛子和贝类通过它们的具体名称进行识别，避免了过度标记的问题，但这也阻止了某些类型食品过敏的个体分享他们可以安全享用的许多产品。

从 FALCPA 中划分出三个例外的“主要食品过敏原”的定义。第一，FALCPA 免除其过敏原标签要求精制油和从高度精炼的油中获得的成分。术语“高度精炼的油”是指漂白除臭的油，其中过敏性最大的油是花生油。第二，任 248
何人都可以要求 FDA 检验他们认为不会产生过敏反应的“主要过敏原”的成分。

请求人承担着提供科学证据的责任，证明按照指导方法使用，该成分不会产生对人类健康构成风险的过敏反应。因此，如果公司能够从成分中除去过敏原蛋白（例如通过蒸馏）可以向 HHS（或 FDA 通过委派秘书）的秘书申请豁免。如果秘书在 180 天内没有公开批准请求，则视为被拒绝。第三，FALCPA 建立了一个通知程序，其中从不含过敏原蛋白或不引起过敏反应的 8 种主要过敏原（制造商证明）中得到的成分可免除 FALCPA 的标签要求。例如，如果 FDA 确定需要一定量的特定过敏原来触发过敏反应，那么公司可以发出通知，说明他们的产品含量低于确定的阈值。该通知条款还免除主要过敏原状态成分，先前根据 FDCA 第 409 节确定，不会导致对人类健康构成风险的过敏反应［通常认为是安全的（GRAS）声明不包括过程］。除非该部门在收到通知后 90 天内特别通知公司，否则认为部门已批准豁免。

3. 标签形式

制造商可以在两个选项之间进行选择，以确定主要食品过敏原的存在。首先，在成分列表之后或附近，制造商可以以不小于成分列表中的其他项目的尺寸打印词语“包含”，之后是导致过敏成分的食品来源的简单英语名称。例如，以下陈述可能出现在一盒谷物的成分列表的末尾：含有小麦、牛奶和坚果。或者，制造商可以在包含过敏原的成分之后的括号中的成分中标注过敏原蛋白质的简单英语名称。因此，谷物盒上的成分列表可以印刷如下：硬粒（小麦）、蒸发的甘蔗汁、盐、乳清（牛奶）、坚果风味（花生、杏仁）。为了避免标签混乱，FALCPA 规定企业不需要声明括号中已显示和列出的常见或常用名称的成分已包
249 含食品来源的简单英文名的主要过敏原。例如，美国国会在报告中解释，如果“牛奶酪蛋白”已在成分列表中陈述，则制造商不需要额外地在成分旁边的括号中指示牛奶的存在。FDA 在 2005 年 12 月发布的指南中澄清，该例外不适用于“包含”声明。“包含”语句必须包括食品中所有过敏原的名称，不论过敏原的名称是否已经在成分列表中使用 FALCPA 批准的简单英语术语。FALCPA 还允许使用括号格式呈现的制造商在过敏原存在的任何其他成分之后不声明相同的过敏原。例如，如果标签上出现乳酪蛋白或乳清（牛奶），那么制造商不需要在酪蛋白酸盐后在括号中注明含有牛奶。

二、反式脂肪

反式脂肪，或者称为“部分氢化的油”，主要在向液体植物油中加氢的工业

过程中产生。反式脂肪相对便宜，能够改善油炸食品的质地，可在商业油炸锅中长时间使用，并增加食品的保质期和安全性。反式脂肪影响身体处理胆固醇的方式，并使个体更易患心脏病、卒中和 2 型糖尿病。

反式脂肪标记经历了多年的演变。FDA 于 1993 年完成美国《营养标签和教育法》（NLEA）修正案，法规要求食品制造商在营养成分专家组（NFP）上声明总脂肪和饱和脂肪的含量。但是，FDA 不要求在营养标记中标记反式脂肪。FDA 认为，在版面上要求反式脂肪的声明为时尚早，因为关于反式脂肪的饮食影响的科学证据在当时仍然是不确定的。为响应美国科学和公共利益中心（CSPI）要求在营养标签上标识反式脂肪信息的请求，FDA 于 1999 年 11 月发布了一项试行规定，要求进行反式脂肪标记。1999 年的提案要求，食品制造商将食品的反式脂肪含量标注在营养标签上的饱和脂肪含量中，并在单独的脚注中注明具体的反式脂肪信息。这一提案遭到了严重批评，并使 FDA 放弃了这种脚注方法。四年后的 2003 年，FDA 公布了最终规定，即当前 FDA 对反式脂肪标签的要求，并编成法典 21 C. F. R. §101. 62，最终规定要求所有常规食品和补充剂
在营养成分面板上单独列出饱和脂肪声明下的反式脂肪含量。当反式脂肪量低于 250
5 克时，应以 0. 5 克的增量标识；但是如果总反式脂肪含量小于 0. 5 克，则认为其是反式脂肪，并且可以在其各自的品系上声明为具有 0 克。如果反式脂肪的含量大于 5 克，则它以 1 克的增量表示。

如第五章所述，在 2015 年 6 月，FDA 颁布了最终规定，即人造反式脂肪不再是 GRAS，并给食品行业一个消除剩余物的最后期限。

三、转基因食品

（一）分歧问题

食品法规中没有比是否标记转基因食品（GE 食品或 GMO 食品）存在分歧更多的了。所涉及的主要问题是已经被遗传改造的或包含遗传工程改造的成分的食品是否应该被标记。它使美国与贸易盟友产生了分歧，并且在许多法律和政策方面划分了国内支持者，包括消费者的知情权和科学在向消费者传达哪些信息方面的作用。这种鸿沟不仅反映了关于什么信息应该传达给消费者的哲学差异，而且反映了美国食品系统本身的配置（关于 GE 食品安全问题的分析，见第三章）。

（二）重要性和 FDA 政策声明

目前没有关于 GE 食品的法定定义。管理基因工程食品标签的监管框架由 FDCA 第 201（n）条所决定，该条款要求食品企业避免食品误贴，并根据以下因素标注所有“重大”成分：（1）任何标签提出或建议的陈述；（2）使用本产品可能导致的任何后果。本节连同附带的法规明确规定，重要性的要求并不意味着任何信息都必须强制公开；FDA 只能强制标注被认为足够重要的信息，但不排除会遗漏致使标签误导。

如第三章所述，由于这种重要性，1992 年 5 月 29 日，FDA 发布了政策声明，以澄清 FDA 对 GE 食品的立场。FDA 表示“如果转基因食品与其传统对应品不同，那么消费者必须知情”。因此，标签必须标注所有重大成分。FDA 也明确表示，自此，基因工程食品基本上与传统食品相当。FDA 在一份指导性文件
251 中指出，“科学工程是科学家用于向生物体引入新特性的某些方法的名称”。因此，FDA 认为“基因工程”是比遗传修饰更精确的术语。FDA 认为缺乏数据或证据表明使用遗传工程技术创造的食品与其他食品相比有显著差异或导致更大的安全风险；创造这些食品的技术过程不是重要信息。FDA 认为，基因工程技术是传统方法的分子水平的延伸，将用于实现传统植物育种所追求的共同目标。

在解决生物技术食品过程的重要性的应用时，FDA 规定，“重要成分”包括使用转基因食品可能产生的后果。例如，如果存在的信息不足以证明所引入的蛋白质不能在易感群体中引起过敏反应，则将花生蛋白剪接到番茄种子中可能产生过敏物质。因此，需要标签声明以提醒消费者对花生过敏，以便他们可以避免这种番茄，即使其基本味道和质地保持不变。遗漏这一重大成分可能使番茄的标签在 FDCA 第 403（a）条下具有误导性。然而，用于基因工程修饰番茄技术的公开不是必需的，因为在常规和基因工程番茄之间存在实质等同性。

框架背后的核心原则是“实质等同”——GE 食品在功能上等同于其未经修饰的同类食品，应该相等地对待。因此，在 1992 年，当 FDA 发布了一份关于转基因食品调控的政策声明时，定义了遗传修饰作为使用任何技术（常规植物育种或新生物技术技术）发生的基因型的改变。根据 FDA 的这一定义，几乎所有栽培的粮食作物都可以被认为是遗传修饰。因此，根据 GE 食品支持者所遵守的最广泛的定义，使用生物科学开发产品，常规植物和动物育种技术是农业进步的基础，属于生物技术。

FDA 并不总是应用产品和过程之间的区别来评价标签信息的重要性。例如，

在对辐照食品进行标签的情况下，FDA 在 1986 年的通知中指出“根据［第 201（n）条］其他信息是否重要……不取决于信息的抽象价值，而是取决于消费者是否认为这样的信息重要，以及标签信息的遗漏是否会误导消费者。大量消费者要求零售标签，证明消费者对这种标签是认同的”。FDA 还表示，关于缺乏食品被辐射的声明，会给消费者传递该食品没有被加工的信息。“FDA 后来在 1993 252
年指出，规定对辐照食品进行标签，因为该过程导致食品变化；但是，这一点没有在 1986 年告知消费者”。事实上，FDA 在 1986 年表示“在确定零售标签是否合适时与是否考虑辐照是不相关的”。此外，对于 FDA 对蛋白质水解产物的强制性来源标签，FDA 表示“蛋白质水解物的食品来源是对因宗教或文化不同而希望避开某些食品的人而言具有重要性的信息”。FDA 接着要求对来自素食者和犹太人以及清真食品的蛋白质水解物进行来源标记。

如第三章所述，FDA 在 1992 年由生物保存与 Shalala 联盟组成的消费者团体和个人联盟（包括科学家和宗教领袖）于 1998 年在法庭上质疑了 FDA 的政策声明。该联盟由消费团体和个人组成，其中包括科学家和宗教领袖。原告声明，FDA 未根据 FDCA 第 201（n）条要求对转基因食品进行特殊标记。原告声明，FDA 应根据法规将“广泛的消费者利益”和“宗教团体和过敏者的特殊关注”视为与 GE 食品标签同样重要。法院认为，FDA 关于重要性是否涉及安全问题和消费者利益的法规的用语表达不清楚，法院推迟审理直到 FDA 提供合理解释，FDA 认为消费者利益不是重大的，并且没有消费者健康的独特风险，第 201（n）条不授权强制性转基因食品标签。法院进一步质疑，FDA 是否有权根据 FDCA 的要求，仅根据消费者的需求来要求 GE 食品标签。

法院还驳回了原告的言论，即 FDA 决定不要求对转基因食品贴上标签，违反了他们根据美国宪法第一修正案信教自由条款的宪法权利，并违反 1993 年《宗教自由复兴法案》（RFRA）而践踏了他们的宗教。法院认为，自由运动的声明不能成立，因为毫无争议，FDA 的政策声明是中性的，并且普遍适用。对于 RFRA 声明，法院承认，缺乏标签可能会对那些有宗教信仰对 GE 食品要求某些饮食限制的原告带来不便，但是法院不赞成 FDA 声明不对任何原告施加巨大压力，也不会强迫他们放弃他们的宗教信仰或做法。

（三）自愿性标识 253

FDA 给出了关于自愿性 GE 食品标签指南的一个例子，来说明一家想要表述产品是经过基因工程的公司如何用不误导的方式标记该产品。该指南还指出，大多数消费者更喜欢公开和解释技术目标的标签声明，如“本产品含有来自使用生物技术开发的大豆的高油酸大豆油，降低了饱和脂肪量”。然而，在描述目标时，标签不得具有误导性。例如，如果标签包含陈述“番茄经遗传改造以改善质地”，那么如果消费者不能发现质地差异，则标签是误导的。尽管有 FDA 的指导，但是似乎没有任何证据表明食品公司在标签或标志上自愿标注了食品是经过遗传工程处理的。

FDA 关于 GE 食品自愿性标签的指南还对希望向消费者表明其产品不含基因工程食品的公司提出建议。该指南建议，由于许多人不知道缩写 GMO 或 GM 的含义，因此标签应该说明其含义。该指南还建议，除了模糊的缩写，还有几种方法可以避免“无转基因”的误导。第一，短语不准确，因为遗传修饰有时广泛用于包括常规食品在内的生产方法。第二，大多数食品不含微生物，因此指出食品不具有微生物是不准确的，因为这意味着一些食品确实含有微生物。第三，“无”意味着“不含有”，但这难以证实，而标签上的所有声明都应该是可以被证实的。FDA 提出了一些合理建议，如“我们不使用经生物技术生产的原料”和“这种油是由非基因工程的大豆制成的”。FDA 进一步表明，不希望任何标签误导人们认为非基因工程的食品比基因工程的食品更好。

FDA 允许对食品生产商提出诉讼，以证明他们的食品没有进行基因改造或基因工程。FDA 已向使用“无 GMO”标签的公司发出警告信。然而，现在 FDA
254 不太可能建立同样程度的执法警戒。消费者对基因工程食品意识的不断增长，减少了可能发生的混乱。在过去十年中，市场不断发展，使“不含转基因生物”的声明更符合消费者的期望。事实上，在杂货店售卖的食品上通常能找到无转基因标签。

联邦政府进一步证明，联邦政府使用消费者对无转基因自愿性标签的要求是 2015 年 5 月新政府认证的 USDA 对无转基因声明的重要发展。媒体报道，在 2015 年 5 月 1 日的一封信中，USDA 秘书长 Tom Vilsack 概述了该部门的认证计划，将允许公司在标签上标注“经 USDA 程序验证”。

（四）知情权

GE 食品标签论证的核心和关键的法律考虑是，消费者有权知道他们吃的是什么食品。在美国宪法中没有这种知情权的公开表述，任何联邦食品法规中也都没有相关概念。消费者对信息需求的增长突出了相关的概念。调查显示，消费者对此类知情权的兴趣有所增加，特别是食品是否被基因工程化。在回顾关于其1992年政策声明的5万多份书面意见时，FDA承认“向消费者提供更多关于生物工程食品的信息的确是有用的”。主要是因为人们“对未知的关注”，需要进行强制性标签。但是FDA对此并不认同，因此需要向FDA施加压力以表示批评。这与“卡塔赫纳议定书”中体现的预防原则截然相反。“卡塔赫纳议定书”不允许“缺乏相关科学信息和知识的确定性”，以防止对进口的限制、避免任何潜在的不利影响。遵守预防原则导致许多国家为GE食品制定强制性标签立法。
许多发达国家有法律要求企业标注GE产品。所有欧盟国家以及中国、巴西和澳 255
大利亚都需要GE标签。《欧盟标签法》要求任何含有超过0.9%GE的食品必须贴上GE标签。FDA在制定政策和后续声明指南期间，就如何调整GE食品的监管问题进行了大量讨论，以尽量减少贸易损害，同时也对消费者的关注做出反馈。事实上，FDA最初开始调查转基因产品使用自愿性标签，目的就是为了缓解与欧盟等贸易伙伴的紧张关系。

食品工业本身的分级已经证明他们接受消费者对标签的要求。在FDA评估的早期，一些主要的食品企业要求供应商区分区域、谷物仓库和存储电梯，有些甚至为非转基因作物付出高昂的费用。为回应消费者的担忧，菲多利公司告诉供应商不要使用转基因玉米，因此成为头条新闻。农民表示，因为玉米和油菜籽等作物可能会与风媒花粉交叉受精从而带来污染，所以担心未经改性的谷物市场可能受到威胁。

在食品工业中，基因工程食品标签方面的民间准则的势头在很大程度上可能是由于国家知情权运动。其中一项运动是2012年在加利福尼亚州首创的将国家知情权运动隐藏于一项授权公开的以基因工程食品为原料的食品倡议中。37号提案的目的是创造和执行加利福尼亚人的基本权利，以充分了解他们购买和食用的食品是否是基因工程食品，而不是被误标为自然的，以便他们可以自己选择是否购买含有拟议的《知情权法案》要求标注GE成分，“从2014年7月1日开始，加利福尼亚州零售业提供的任何食品如果全部或部分生产中有遗传工程，则
必须标注，否则视为误标”。原料食品和加工食品都要求标签上标注明确且显眼 256
的标签内容。虽然，早期时该提案获得了广泛的支持，但是反对派对食品业的大量投资帮助扭转了局面，最终以53%：47%的投票率失败。该倡议的反对者不反对消费者的知情权，而是反对拟议法律的所谓复杂的（或费解的）要求、可能

造成食品价格上涨以及诉讼的威胁。失败倡议的支持者想要在其他地方引入相同或类似的倡议。其他州也已经计划了一些方案，标签问题也引起了国家的注意。一些感兴趣的组织已经向 FDA 申请强制性地标记 GE 食品。联邦标签要求避免与国家标签法律不一致的许多实际和法律问题，但 FDA 认为 GE 食品与常规食品没有本质区别，这使得 FDA 陷入了不利地位。

经历了加利福尼亚州的失败案例后，全食食品公司在 2012 年 3 月宣布，到 2018 年，美国商店的所有产品都将标记是否含有转基因物质。全食食品公司将该项目称为“非转基因生物验证计划”。根据该计划，认证机构将被认证为有权对非转基因项目的标准进行第三方审核。全食食品公司强调，其非转基因标签透明度倡议包括其销售的所有产品，远远超出了任何国家倡议和立法建议的范围。肉类、乳制品、蛋类和养殖海产品供应商不仅需要验证动物是否饲喂转基因玉米、大豆或苜蓿，并且每种产品的成分列表都必须检查可能含有的转基因衍生物。

(五)《佛蒙特州强制标签法》及其后果

佛蒙特州在 2014 年通过一项法律，要求在 2016 年 7 月之前对全部或部分由转基因生物生产的食品进行标签。康涅狄格州和缅因州还通过了强制执行转基因生物标签的法律，这些法案生效的条件是邻州通过类似立法。康涅狄格州法律于 2013 年 6 月颁布，但直到其他四个州（包括康涅狄格州）通过类似立法才生效。缅因州类似法律于 2014 年 1 月颁布，并要求其他四个相邻州在生效前采用转基因生物标签声明。

不出意外，根据规定的生效日期，佛蒙特州的《强制性 GE 食品标签法 120
257 法案》将是州法律中发展最好的法案。该法规旨在帮助消费者“根据他们购买和消费食品的潜在健康影响做出明智的决定，如果他们据此做出选择，那么他们可以避免遗传工程生产的食品的潜在健康风险”。佛蒙特州的法律强调了两个主要要求：(1) 它要求一些制造商和零售商辨别在佛蒙特州销售的全部或部分基因工程生产的加工食品；（2）禁止制造商对 GE 食品标记“天然”“自然生产”“自然生长”“全天然”或“自然”。

该法案定义基因工程为：通过应用体外核酸技术、细胞融合或某些杂交技术，从遗传物质已经改变的一种或多种生物体产生食品的过程。该法澄清了基因工程不包括通过应用传统育种技术、结合作用、发酵、传统杂交、体外受精或组织培养改变遗传物质。

该法适用于农产品原料和加工食品。豁免行为是膳食补充剂、医疗食品、餐馆提供的食品、来自饲喂 GE 食品的动物的食品、含有按遗传工程（与欧盟阈值相同）生产的材料重量小于 0.9%的食品、由独立组织核实的，不是故意从 GE 食品或种子生产的，或与 GE 食品或种子混合的食品（制造商必须提供供应商的声明）、某些酒精饮料。如果没有正确地标记含有转基因生物的食品，那么商家可能会受到每件产品每天 1 000 美元的民事处罚。消费者有权拥有私人行动权来对违反任何颁布法规的行为采取行动。

对于包装和未包装的 GE 食品，标签或标志必须声明“采用基因工程生产”。如果食品含有低于 75%的 GE 原料，标签可声明“部分采用基因工程生产”。如果经过合理的查询后，制造商仍不知道食品是否用遗传工程生产，那么标签可以声明“可能采用基因工程生产”。对于未包装的加工食品，零售商必须在位于箱子、架子或容器上的标签上标注适当的声明来表示食品。制造商不需要列出 GE 成分，或在任何常见食品的主要产品描述符号之前或之后加上术语“遗传工程”。需要做出声明的制造商可以“对其包装上的食品做其他标注”，包括 FDA 认为“用遗传工程生产的食品与其他食品没有实质性的不同”。

一些由杂货制造商协会领导的食品工业贸易协会，已经起诉佛蒙特州希望推翻新的 GE 食品标签法。这一诉讼意味着那些希望对 GE 食品进行标签的州存在困难。原告认为，根据美国宪法第一修正案的商业条款，该法案是无效的，并且次于联邦法律。原告寻求初步禁令，阻止佛蒙特州全力执行该法，等待在审判中解决声明问题。地方法院驳回了关于初步禁令的提议，因为原告没有表明执行 258
GE 标签法会造成无法弥补的损害。毫无疑问，原告会对裁决提出上诉。下面部分总结了法院长达 84 页决定的要点。

（1）优先处理　法院驳回了原告由 FDCA 和 NLEA 优先处理《佛蒙特州法案》的声明。法院认为没有明显的优先处理，即遵守联邦和州的法规是不可能的，而且《第 120 号法案》不妨碍《美国联邦法规》的实现，因为没有与 GE 食品标签有关的联邦法规。可以预见，法院认为，《第 120 号法案》优先适用于受《联邦肉类检验法》（FMIA）管辖的肉类和受《联邦家禽制品检验法》（PPIA）管辖的家禽，这两种法案明确禁止国家使用除联邦要求外或与联邦要求不同的标签要求。

（2）美国宪法第一修正案　法院认为该法案不适合严格审查，因为该法案既不强制政治言论，也没有不允许的观点歧视。法院认为，因为它在所谓的反 GE、

“政治控制的立法环境下形成的”，所以可以认为该法案不具有政治性。法院还指出，食品公司对标签添加的信息反映了他们的看法，“法规不太可能反映出不允许的观点歧视”。

法院对宪法第一修正案关于美国最高法院对俄亥俄州最高法院纪律顾问的裁决是否进行中间审查或“较不严格的审查”应该进行合理关系测试。正如中央哈德森案例所述，中间审查要求限制言论的法规不仅是必要的，而且必须直接提高政府的重大利益。相比之下，Zauderer 的合理关系测试只需要公开要求“与国家防止消费者的利益相关”。巡回法院指出，第二巡回法院已经将 Zauderer 扩展到旨在更好地让消费者了解他们购买的产品。

在确定适用的审查级别时，法院认为，即使产品标签要求有效地限制了产品的消费，但是这些要求仍然属于商业言论。法院还认为，由于强制性标签要求只包含成分信息，所以该法案不强迫有争议的言论。最后，法院将第二巡回法院在
259 国际乳品联合会诉 Amestoy（IDFA）案中的裁决认为消费者的知情权没有超过商业发言人的宪法第一修正案的权利。在 IDFA，佛蒙特州承认为食品标签制定条款标注要求的唯一目的是满足消费者的好奇心。在这种情况下，法院认为国家对 GE 的标注要求没有做出这样的让步，而是宣称了许多理由，如公共卫生、宗教信仰、促进消费者选择和环境问题。尽管促进知情的消费者决策与满足消费者的好奇心之间有明显的相似之处，法院仍然接受了国家主张的利益。因此，法院认为，应用 Zauderer 的合理关系测试这一最低级别的审查。

在处理 Zauderer 的合理关系标准的应用时，法院认为该州所宣称的基本原理是实质性的并且很真实。法院还认为，佛蒙特州的要求与国家的实质利益合理相关，因此在 Zauderer 下是合法的。

(3)“自然”限制　法院认为，根据美国宪法第一修正案，对“自然”一词使用的限制是无效的。法院指出，《第 120 号法案》没有定义“自然”，并且拒绝了国家的观点，即“自然”不能适用于 GE 食品，因为 GE 技术不是在自然中获得的或存在于自然中的，而是人造的，由有目的的干预和人造技术形成。法院指出，许多食品生产活动，如施肥、浇灌和修剪植物是人为的、有目的的干扰，并且不存在于自然。法院还引用了通过先进技术（如育种、异花授粉和嫁接）改变种子和植物与其有悠久历史的自然状态。法院认为，《第 120 号法案》对“自然”的限制使 GE 制造商受到无标准的限制，几乎没有任何食品公司能够满足。

由于对不同州的转基因标签法律的关注，导致 2014 年 4 月在美国国会上提

出了《安全和准确的食品标签法案》(H. R. 4432)。该法案将修订 FDCA,以便为拟用于食品应用的生物工程化生物体建立上市前的通知要求。如果发现这类食品与不含 GE 成分的食品不相容或有本质区别,它也授予 FDA 唯一的权力要求,对 GE 食品进行强制性标签。H. R. 4432 将优先于任何国家法律规定,对含有或源自 GE 成分的食品进行标签。

四、可食用动物的克隆 260

FDA 不仅反对对含有遗传修饰植物的食品产品进行标签,还反对对含有克隆动物的食品的标签。在 2008 年由 FDA 发布的指导和新闻稿中,FDA 明确表示,不需要任何特殊标签来鉴定克隆动物或其后代的食品。FDA 特别指出,没有发现科学的理由要求用标签来区分来自克隆的产品和来自常规生产的动物的产品。

2008 年 FDA 宣布以上内容后,紧接着,一些州试图颁布立法来管制克隆食品,但未能成功。各州采取的做法相当不同。例如,蒙大拿州提出了立即停止执行的法律;纽约州提出立法,要求不含有克隆技术的食品必须贴上标签(即使要求克隆食品贴标签比未克隆的食品贴标签的成本要低得多);加利福尼亚州提议通过但后来又被否决的立法,需要清楚且突出的标签来指示从动物克隆或其后代衍生的人类(包括牛奶)食品。提出建议的州的行动取决于消费者的知情权。除了国家试图管制克隆动物及其后代的标签外,一些食品零售商也宣布他们不计划销售克隆的动物肉类或牛奶。

根据 2008 年 FDA 的指导文件,USDA 修订了《国家有机计划》(NOP),并提出了两个重要的发现:(1)克隆作为生产方法,其不符合《有机食品生产法》(OFPA)和 NOP 法规;(2)使用克隆技术生产的动物与有机食品生产法不相容,并且根据《国家有机物计划》条例不能被视为有机食品。因此,USDA 有机标签不允许带有该标签的产品包含任何克隆的动物产品。

五、宗教饮食标签(犹太教和伊斯兰教) 261

(一)犹太食品

1. 背景:盛行和混乱

犹太食品在美国越来越受到犹太人和非犹太人的欢迎。除了宗教原因,消费者选择犹太食品与健康、食品安全、口味、素食主义、乳糖不耐症或满足非犹太宗教的要求（如清真）有关。“犹太教”来自希伯来语，意思是“健康”或“合理”，指的是适合犹太宗教成员吃的食品。从技术上讲，犹太食品之所以称为是犹太食品，因为它遵守犹太法律。大量围绕食品的准备和消费的仪式、规章和习俗，统称为犹太教的饮食教规，这些教规来自只有少数经文出现的《希伯来圣经》或《摩西五经》。

在犹太教的不同分支中，犹太教的饮食教规的意义是不一致的。例如，对于某些类型的奶酪、葡萄酒、明胶、鸟类和鱼类（如鲟鱼、剑鱼）是否符合犹太教的饮食教规存在争议。一般来说，与保守犹太教徒、犹太教改革派、重建派相比，东正教犹太人对犹太教的饮食实行更加严格的标准。无论他们的差异如何，大多数犹太人认识到犹太教的饮食教规规定了三种基本类型的食品：(1) 传统的犹太食品，如水果和蔬菜；(2)《圣经》禁止的食品，如猪肉和贝类；(3) 一旦经过加工，那么该食品即成为犹太食品，如由仪式屠宰者（Shohet）制备的肉。除了仅仅将食品规定为犹太食品外，犹太教的饮食教规也规定了食品储存、烹饪、供应和食用的方式。

在对犹太食品进行监管之前，标记为犹太食品的标签欺诈是常见的事情。新犹太移民被“犹太人骗子”利用。早在 1887 年，纽约一位犹太教教士描述了犹太教监督的状态如下：“这个大城市的丑闻太多了，虔诚的家庭害怕和恐惧误入一个微小的禁忌或罪恶中，他们从来不会怀疑他们正在吃各种不干净的肉。”
262 1891 年，纽约通过了第一个《犹太食品法》。一年后，马萨诸塞州通过了自己的类似法律。1922 年，纽约修改其犹太教法律，禁止将非犹太肉类作为犹太食品出售。1931 年加利福尼亚州通过一个类似的法律。加利福尼亚州和纽约州制定了标准后，其他州开始借鉴这些法规，并起草自己的法规，主要以纽约的法规作为模板。

2. 犹太食品标签的联邦法规

1997 年 8 月，FDA 关于标签中犹太食品和犹太食品风格的非正式代理政策在《美国联邦法规》（CFR）中进行了规定。第 101.29 节建议，“犹太食品”一词只适用于满足某些宗教饮食要求的食品，但对这些要求实际上没有提供任何指导。1997 年，作为克林顿行政部门“重塑政府”倡议的一部分，该行动旨在简化政府并减轻受管制行业的负担，FDA 撤销了 101.29 节，并将犹太食品标签规定替换为合规政策指南。FDA 指出，超出指导条款的规定是没有必要的，因为使用“犹太食品”“犹太食品类”和其他表示根据某些宗教习俗制备食品的术语，须遵守一般的误用条款第 403（a）条的规定。FDA 明确指出，为提供这种基本的保护水平，对 FDA 在确定什么食品是犹太食品方面没有任何作用。

3. 州法律：对宪法的挑战

FDA 的有限监管监督已将对犹太食品标签的监管权留给了州政府。州犹太食品法律在法庭上多次遭到质疑，提出了反对犹太食品名称和标签法律的可行性的几个论据。第一个论据是，“犹太食品”这个词是违法的。1916 年，在人们上诉 Goldberger 案中，纽约法院认为，“犹太食品”一词足够明确。

几年后，人们在诉 Atlas 案中提出了同样论点，但稍作变化，其中声明纽约《犹太食品法》是违法的，因为这个词包含了几百年的拉比辩论，分散在数千卷的拉比法律中，这标志着该术语的不同解释使得供应商不可能提前知道犹太教设计的合法性。纽约上诉法院认为，州立法机构打算将犹太食品用作贸易特定术语，而不是用于犹太法律的术语，因此足够明确地被界定为宪法上有效。1922 263
年，美国最高法院重申了 Atlas 在 Hygrade Provisions Co. 诉 Sherman 案中的裁决，并驳斥了犹太食品在宪法上的含糊不清的理由，即犹太食品一词在贸易中的定义足够明确，能够传达犹太食品的意思。法院还指出，违反法律要求卖方故意将非犹太食品误称为犹太食品，只要卖方有合理的理由相信他所销售的是犹太食品，那么起诉阐明的恶意声明是不存在的。

针对州犹太食品法规提出的第二个宪法论据是，该法规违反了美国宪法和州宪法的条款。在早期的反对犹太教国家法规的宪法案件中，没有提出美国政教分离条款，因为有人认为美国宪法第一修正案的条款不适用于州法律。因此，美国最高法院在 Hygrade 中维护了纽约犹太教法规，但没有考虑宗教条款。现在，通过《第十四修正案》的正当程序条款，设立的条款适用于国家，如果向美国最高法院提出这种情况，那么根据国家条款，政府过度与宗教纠缠的情况，下面有三个使犹太食品法规失效的案例具有启发性。

在拉达县股份有限公司上诉新泽西州案中，新泽西州最高法院于 1992 年制定了州法律，规定犹太食品准备严格遵守东正教犹太教的法律。法院发现，该条例违反了州和联邦宪法禁止任何宗教的建立。法院使用了美国最高法院在 Lemon 诉 Kurtzman 案中所作的三部分测试，要求任何可能推进特定宗教教义或实践的法规必须：(1) 具有现实立法目的；(2) 既不增进也不抑制宗教的基础影响或主要影响；(3) 不使政府与宗教过度纠缠。主要由于第三点，法院发现政府和宗教之间的“密切关系”存在问题。法院指出，通过要求企业遵守特定的犹太食品标准，法律不允许州直接监督这些宗教标准。由于宗教事务与国家高度纠缠，该法令违反了州宪法的立法条款。

在拉达县的案件之后，在 Barghout 起诉市长的案件中，第四巡回法院宣布巴尔的摩市政法令无效，该法令要求所有标有犹太食品的食品都需符合“正统的犹
264 太人宗教规定和要求”。第四巡回法院认为，这促成了“宗教和现实权威过度纠缠”，并且该法令不可避免地推进了东正教犹太教的原则。考虑到法院的决定，该条例设立了一个六人执行局，其中三名成员必须由两个东正教协会选定的东正教拉比。对于 Barghout 法院，这样的组成是违宪的，它授予了宗教组织政府权力。

在康马克自助犹太肉类有限公司诉 Weiss 案中，2002 年，第二巡回法院应用了 Lemon 诉 Kurtzman 案中的试验，发现纽约州犹太人诈骗法规违反了“创立条款”。法院认为，规约中明确提及“正统的犹太人宗教要求”构成国家与宗教当局的过度纠缠。法院认为，该规约显示出，东正教犹太人的饮食与其他犹太教的定义相比，更加偏好前者，这造成了政府和宗教的融合，而这是不允许的。第二巡回法院在康马克案件中，引用拉达县和 Barghout 的案例，认为该法规与政教分离条款冲突，条款要求禁止国家推进或抑制宗教的行为。

作为康马克决定的结果，纽约立法机关通过了《2004 犹太教法》，该法要求卖家和制造商将他们的食品作为犹太食品销售时需要进行标记，并确定认证食品为犹太教。纽约《2004 犹太教法》的主要部分要求：(1) 在其处所或在其控制下制作的销售或提供销售食品的任何食品企业，需在场地内张贴犹太认证以表示为犹太食品；(2) 任何个人包装出售或提供销售的产品，如“犹太食品”或“逾越节犹太食品”，均应标明；(3) 任何销售犹太食品和非犹太食品的人都需张贴窗口标志，表明犹太食品和非犹太食品均在此处销售；(4) 任何以认证食品作为犹太食品的个人向农业部提供其识别信息（如果该个人正在将无包装食品认证为犹太食品，则还必须填写其陈述以提供此类认证的资格）。

新法案没有定义犹太食品或授权国家检查员确定产品的犹太食品性质。尽管存在这些变化，康马克自助犹太肉类有限公司诉 Hooker 案提出了一个挑战，理由是《2004 犹太教法》违反了美国宪法第一修正案的建立和自由行使条款。第二巡回法院声明下级法院的判决认为，该行为不会将纽约州与宗教联系在一起，因为它不要求州执行基于宗教原则的法律——“犹太教”一词没有在法规上进

行定义，犹太教标签不需要任何宗教程序，犹太教的任何特定分支都没有被优先考虑。法院认为：(1)《2004 犹太教法》适用于任何将食品作为犹太食品销售的卖方，不论卖方的宗教信仰或归属如何；(2)《2004 犹太教法》影响消费犹太食品的所有消费者，与消费者的宗教信仰无关。因此，法院认为该法案是一种具有普遍适用性的法律。 265

4. 民间准则

对犹太食品的民间准则已经成为美国私营公司监管最成功的例子之一。公共监管的犹太食品的缺点是从宪法限制到州的不作为，这一缺点造成了对私人犹太教证书的需求。有人认为，改革最终伴随着建立具有统一行业标准的独立的犹太认证机构的兴起。这些机构提供教育规划，指导较小的机构和颁布标准。据称，犹太标准以四种不同的方式发展：(1) 提供赞助，促进行业标准的教育活动；(2) 通过分包合同施加影响，为工业厂房提供地方监督；(3) 使用供应链的权力执行行业标准；(4) 通过出版物和网站影响消费者，从而促进行业标准发展。

5. 犹太食品与转基因食品

在犹太社区划分中存在一些问题，其中的一个问题是 GE 食品是否必须从犹太人的饮食中排除。正统和保守的犹太法律当局总体上反对取消 GE 食品作为犹太食品的资格。一些犹太当局认为，因为 GE 食品直接有益于人类，应鼓励它们的使用和发展。一个著名的犹太食品认证机构（有组织的犹太食品实验室）认为任何 GE 食品都是犹太食品。该机构的立场是，遗传工程不影响犹太食品的状态，因为遗传物质是微观的，因此是不明显的。有些人观点不同，认为基因工程的行为涉及从根本上拼接活生物体，从而通过修改其遗传密码改变生物体的真正 266
本质。

（二）清真食品

清真食品（伊斯兰教的信仰，与犹太食品相似）在美国也越来越受欢迎。这种增长主要是由于伊斯兰社区在美国的增长和该社区对清真食品的需求。清真食品是“经常食用”的食品，因为它已经受伊斯兰法律的制裁。《古兰经》禁止穆斯林食用除了被定义为清真的食品以外的任何东西；然而，穆斯林之间对清真的定义观点不一。例如，穆斯林在某些乳制品和谷物制品、肉、鱼（如鲶鱼）和海产品（如软体动物、甲壳类动物）方面缺乏共识。虽然有意见分歧，但以下类型的食品一般是不允许的：猪肉、血液、酒、肉食动物、捕食鸟、两栖动物、蛇、死亡动物的肉和祭献给神灵的食品。此外，肉类和家禽产品只能以真主的名义、由正当年龄的忠诚穆斯林进行屠杀。

没有联邦法规监督清真食品的标签。一些州，包括加利福尼亚州、伊利诺伊州、密歇根州、明尼苏达州、新泽西州和得克萨斯州，已经颁布了在食品上使用“清真”的法规。这些州法规一般定义为，“准备并严格遵守伊斯兰宗教的法律和习俗”或“根据伊斯兰宗教要求”。像犹太人一样，为了保护消费者免受欺骗，穆斯林组织了各种私人的、自我监管的认证机构来监督清真产品的生产和销售。

在解释什么食品有资格作为清真食品时，似乎并不是所有国家的法律在表面上都会偏向伊斯兰思想学派。但有人认为，法律可能对支持主流穆斯林对少数民族成员解释清真食品有实际效果。鉴于一个州在确定如何执行法律时需要裁决这些神学差异，清真食品法律应该遵守与犹太食品法规相同的三管齐下的柠檬（Lemon）测试分析。

六、辐照食品

如第三章所述，辐照是一种可以预见的食品安全工具，但有人反对其使用，
267 这产生了标签管制，从而有助于消费者的接受和使用。FDA 要求辐照食品的标签必须包含短语“用辐照处理”或“被辐照处理”，并显示辐照标志——the Radura，FDA 还要求在零售商店销售的包装辐照食品上贴上标签。辐照整批出售的整个食品，如水果和蔬菜，也必须标注标签。然而，只要整个产品没有被照射，即使食品中含有被照射的成分，如香料，那么食品也不需要标注。FDA 也不要求餐馆提供的食品进行辐射食品标签。厂家可以在标签上添加其他文字，以表明辐射的来源和处理的目的。

USDA 对辐照食品的标签要求反映了 FDA 对辐照食品的标签要求，其中，USDA 要求食品原料列表中标识一种特殊的、经过辐照的原料，但是 FDA 对此并无要求。经过辐照的、单一原料的肉或禽肉可以标注为“全部”“纯”“100%”辐照食品。一种辐照食品不能标注为天然食品，因为辐照被认为是一种高于最低限度的处理方法，也不能标注为认证的有机食品。

如本章前面所述，FDA 对使用辐照处理与其处理 GE 食品进行对比。虽然 FDA 已经确定没有必要担心辐照处理的安全性，但是 FDA 的结论是，有必要对辐照食品进行标示，因为这种加工必须向消费者坦白以防止欺骗消费者。FDA

已经确定，在没有标记的情况下，辐照可能对食品的某些特征（如感官，包括味道、气味、质地）和保持性质上产生变化，这需要告知消费者。也就是说，如果没有标明食品已经辐照的标签，则是对消费者暗示食品未经处理。也就是说，消费者有基本权利做出充分的决定，决定他们吃什么，为了做到这一点，消费者必须收到关于这种食品的可靠和准确的信息。强制性标签导致许多制造商远离辐照，因为担心辐照使消费者害怕。

FDA 提出，在辐照不会导致食品变化（即当辐射不改变食品的普通特性，例如营养价值）或因材料变化造成食品不可食用的情况下，取消辐照食品的标签要求。该规定允许术语“电子巴氏灭菌”或“冷巴氏杀菌”替代标签上“辐照” 268
的使用，因为不使用词语“辐照”（和 Radura 符号）可能有助于为辐照食品创造一个更有活力的市场。GAO 报告说，FDA 的改变将有助于 USDA 修改其对辐照食品的标签要求（尽管 USDA 在进行任何更改之前必须经过自己的规定制定过程）。根据 GAO，消费者团体不支持 FDA 的建议规定，并且继续支持辐照食品的标签要求，理由是消费者有权知道食品是否已经暴露于辐照，因此决定是否购买该食品。

七、有机食品标签法规

管理有机食品法规和监管框架采取以生产为基础的方法，提出某些方法和要求，有机农场和处理者必须遵循使用“有机”标签及其衍生物声明。这些方法和要求将在本书的第六章中进行解释。1990 年的《有机食品生产法》（OFPA）授权 USDA 有机产品的标签权。2002 年，USDA 颁布了《国家有机计划》（NOP）及其执行 OFPA 的条例。根据 NOP 法规，有机食品分为三个层次。

（1）100%有机食品　作为 100%有机食品销售的食品必须包含（按质量或流体体积，不包括水和盐）100%有机食品成分。一个 100%有机的食品可在其包装上显示认证代理的标志和 USDA 印章。

（2）有机食品　作为有机食品销售的食品必须包含（按质量或流体体积，不包括水和盐）不低于 95%的有机生产的原料或加工农产品。有机食品也可在其包装上显示认证代理的标识和 USDA 印章。

（3）由有机食品制作而成　食品作为由有机食品制作而成的食品销售，需指明哪些成分是有机食品，必须包含至少 70%的有机产品成分（按质量或液体体积，不包括水和盐）。用有机成分制成的产品可在其包装上显示认证代理的标识，但不能显示 USDA 印章。低于 70%有机产品成分的产品可仅在成分说明中显示特定成分的有机状态。

269 八、对“天然”制定的法规

(一) 热点问题

为推动有机食品市场需求（对自然过程产生的食品的需求），在过去几年中，在食品供应中普遍存在以“天然”为主题的食品，因为许多食品被 FDA 和 USDA 称为“天然”“全天然”或“100%天然”。然而，与有机食品不同，没有一个国家统一的标准式计划，建立食品可被认为是天然的过程。

食品标签上的“天然”一词一直是监管机构的热门问题。技术进步，包括在其他方面被认为是天然的添加剂的新用途，对什么构成天然形成了独特的问题。最近出现的集体诉讼超过了本章后面部分的天然权利要求，不仅阐明了该术语的定义，而且与使用 GE 食品及其与常规食品的比较组合直接相关。简而言之，对天然声明的规范与食品系统的总体辩论密切相关，随后对什么构成大然食品的争论反映了食品法在适应现代食品系统特性方面的挑战。

很明显，许多消费者对食品标签上出现的“天然”这一术语的含义感到困惑。在一项调查中，61%的消费者认为，天然意味着该产品没有转基因食品。在同一调查中，大多数受访者认为，天然标签表明产品不含农药、除草剂、生长激素、人工香料、色素、防腐剂、转基因生物或抗生素。

(二) 已有的规定和缺少的规定

1. FDA

FDA 没有对“天然”一词进行规范。1978 年，USDA 的 FSIS 和 FDA 与联邦贸易委员会（FTC）合作，就共同关心的问题举行了公开听证会，包括是否正式定义“天然”一词。听证会没有形成正式监管，但是 FDA 和 FSIS 后来形成了非正式政策。FDA 确实注意到，由于术语的广泛使用和消费者混淆的证据，FDA 将考虑制定其正式定义。在收集到关于正确定义“天然”的初步公众意见后，FDA 对其决定进行反思，并指责资源限制和其他机构的优先权，决定在 1983 年最终决定终止有关此事的规定制定。FDA 做出以下说明：

“除了在强制执行这一规定时可能出现的重大困难之外，另一个根本问题是天然需要根据上下文确定其含义。消费者不能期望像天然苹果一样的天然冰激凌……我们应该把资源集中在消费者的保护问题上，而不是讨论牛奶是天然的这 270 一说法是否具有欺骗性。”

20 世纪 90 年代初，FDA 在一项规定中再次尝试定义“天然”，但最终得出结论，资源限制和其他机构优先权阻碍了规定的制定。FDA 表示，FDA 将保持其对术语“天然”的使用政策，即原料中不含有或未添加任何人们不希望食品中出现的人造或合成的物质（包括所有着色剂，与着色剂来源无关）。FDA 没有定义“人造”或“合成物质”或在本指南中做出说明，因此该政策对于定义什么是“天然”没有作用。

2006 年，美国糖业协会通过规定或法规对“天然”一词提出了一项公民申请，并向 FDA 提交，要求进行官方定义。美国糖业协会特别要求 FDA 根据 USDA《食品标准和标签政策书》定义。根据定义的要求，产品不得超过最低限度的加工，美国糖业协会声明，如果食品或饮料成分标记为天然的，那么保存原料中固有的分子结构是强制性要求。虽然美国糖业协会的申请从未提及玉米糖浆的名称，但在美国糖业协会提出的关于天然食品最低限度加工的解释的限制下，不能认为果葡糖浆（HFSC）是天然成分。一年以后，莎莉集团发出了一份公民申请，要求 FDA 与 FSIS 合作制定一个统一的使用“天然”一词的政策。莎莉集团强烈主张用政策而不是规章来规定定义，要求制定统一的定义，包括使用天然防腐剂。

FDA 没有因为美国糖业协会和莎莉集团的申请而采取行动，既没有通过规定制定也没有通过政策制订。2008 年 1 月，FDA 代表宣布，FDA 打算将“天然”正式确定为暂时不定义的词，因为当时人们的关注点和有限的资源使其注意力集中于其他事项。因此，FDA 表示，除了在食品中添加着色剂、合成物质和 271 香味成分外，不会限制使用“天然”一词。HFCS 是否为天然的，取决于制备玉米糖浆的方式——当合成固定剂在制造过程中不与产品接触时，含有 HFCS 的产品可以带有“天然”标签。对于何时可以认为使用氢氟碳化合物是自然的，FDA 提供了技术性解释如下。

“我们认为，用于制备 HFCS 的酶通过使用合成固定剂，如三氯乙醛固定在柱上。在加入高葡萄糖当量玉米淀粉水解产物之前通过洗涤柱除去所有未反应的戊二醛，经酶化反应产生 HFCS。因为戊二醛不和高葡萄糖当量玉米淀粉水解产物接触，所以不认为 HFCS 中存在或添加了戊二醛。因此，我们不反对在含有

HFCS 的产品上使用天然一词。”

FDA 的这一声明立即被美国玉米深加工协会赞誉，但受到了美国糖业协会的批评。无论是否存在误导，FDA 并没有表示打算将其政策转为规定，或以任何方式改变其声明的政策。

如本章前面所述，FDA 受到了来自加州转基因生物（GMO，提议 37）的压力，其中包括一项可能会限制在已经加工的食品中使用“天然”的标签规定（除了 GE 食品的强制性标签）。但是，这个词含糊不清，这无疑会为了澄清模糊的词义而引起诉讼。这种隐晦的定义给 FDA 在未来的加州法律中定义术语“天然”带来了一些灵感。然而，该倡议没有获得成功，那些希望得到正式定义的人并没有得到满意的结果。

在以上问题中，没有制定“天然”的定义甚至没有给出正式指导，这无疑促进了目前这一领域积极诉讼的情况。食品杂货制造商协会报告表示，截至 2013 年 12 月，至少有六十个集体诉讼涉及美国的“天然”标签声明。这些诉讼对在含有 HFCS、柠檬酸和转基因生物的产品标签上使用“天然”一词提出了质疑。

272 尽管法院提出了多项要求，但 FDA 仍未定义“天然”。FDA 明确表示，如果要修改“天然”标签的政策，FDA 不会对私人诉讼做出回应。FDA 表示，它将通过正式的规定制定程序或指导进行公开。在与其正式的通知和评论规定制定过程不同的任何情况下，FDA 不太可能定义“天然”一词。第三巡回法院认为 FDA 的指导性声明中的“天然”定义没有法律效力。法院的结论有四个理由：（1）FDA 没有进行正式程序或接受公众对该术语的意见；（2）FDA 于 1993 年承认没有定义该术语，因为 FDA 在做出定义之前还需要考虑很多方面的问题；（3）FDA 向食品和饮料制造商发出强制执行信函，通知其删除“天然”标签，该事件不足以证明政策与联邦法律有相同的重要性；（4）FDA 在征求公众意见后重新发布了已经存在的“天然”政策，这证明 FDA 没有考虑其收到的任何意见。

2. USDA

USDA 在这一领域的指导比 FDA 的定义更细致，但 USDA 仍然没有定义。USDA 的机构 FSIS 发布了一项政策，规定 FSIS 的《标准和标签政策手册》中定义的“天然”声明的使用，政策于 1982 年首次确立，标准中规定，如果肉类和家禽类产品的标签采用天然声明，那么该产品不含任何人工香味、调味料、着色成分或化学防腐剂（定义见 21 CFR 101. 22），或任何其他艺术或合成成分，并且产品及其成分不超过最低限度加工。最低限度加工可包括：烟熏、焙烧、冷冻、干燥和发酵，以及分离，如研磨肉、分离蛋和压榨水果，但不包括溶剂萃取、酸水解和化学漂白等加工。

2005 年 8 月，FSIS 通过添加“允许‘全天然’含有蔗糖、乳酸钠（来自玉米）、来自油树脂或提取物的天然香味”的声明，修改了政策函 055。还提及国家有机计划（NOP）国家允许和禁用的物质清单，列出了允许的“全天然”声明可含有的成分清单。应该注意的是，FSIS 之所以发布政策函 055，是由于 FTC 试图在 20 世纪 70 年代管理“天然”声明。FSIS 于 1983 年终止了其规定制定，认为“天然”声明将继续根据具体情况进行评估。当 FTC 终止其规定制定时， 273
如果食品在收获或屠宰后没有超过最低限制的加工，并且不含人工香料、着色剂、化学防腐剂或其他人工或合成成分，那么 FTC 同意将食品表示为“天然”的。

FSIS 已考虑颁布关于使用“天然”标签的试行规定或指南。2006 年，荷美尔食品公司提出了一项公民申请，要求 FSIS 利用规定定义术语“天然”。2006 年 12 月，FSIS 通过召开公开会议征求对家禽和肉类产品标签“天然”定义的意见。FSIS 的特别征询为了确定：(1)“天然”定义是否应包含“最低限度处理”标准；(2) 由当前和新的食品加工方法和技术（如高压加工、多用途成分和改善环境包装）产生的影响和/或冲突；(3) 消费者对“天然”“最低限制加工”“人造”“合成”和“防腐剂”等术语含义的观点、看法和信念的研究；(4) 食品安全和公共卫生利益是否超过定义“天然”过程中产生的冲突。FSIS 还考虑了“最低限度加工”标准是否在食品产品和工业广泛分化的先进食品加工技术时代仍然可行，以及当食品多功能成分除了用于调味外，还有防腐或抗微生物以增强食品安全的目的时，是否可以认为多功能成分是天然的。

会议上提出了大量的建议和意见。一些发言者建议，“天然”定义应考虑到消费者的期望，这可以通过 USDA 对消费者认知的研究来识别。一个行业代表提出了一个系统，根据该系统，“天然”声明应模仿有机产品声明，区别在不同的天然水平的基础上，各种产品附加不同的描述。

虽然该议题的目的是创建一个定义“天然”的 USDA 规定，但最终并没有结果。但是，由于这种不确定性，USDA 监管产品生产商面临的压力没有 FDA 监管产品生产商面临的压力大——USDA 要求生产者获得上市前批准标签。在这个问题上，特别是当公共利益团体继续参与时，USDA/FSIS 可能有所发展。

274 事实上，制造商必须在天然声明附近的标签上解释，该产品之所以是天然的，是因为该食品不含有任何人工成分，并且经过最低程度的处理。具体问题具体分析，如果拟议的成分不会显著改变产品特性，使其不是天然产品，那么政策函 055 允许其“天然”声明，但是制造商必须明确地在标签上标注例外成分。如果产品不能标记为“天然”，在某些情况下，它仍然可能含有“全天然”成分的声明。例如，如果火鸡烤肉包含甜菜着色，则不能称为天然产品，但它仍然可以进行“全天然成分”的描述。

九、动物饲养声明

（一）FSIS 评估

消费者通常认为，动物生产方法包含在术语“天然”中，同样，对产品品质的额外说明或产品特征通常称为“动物饲养声明”。这些声明还必须通过 USDA 的 FSIS 批准用于标签和销售材料。为了促进这一过程并对声明的使用创建一些标准，USDA 的农业市场服务局（AMS）已经制定了与牲畜和肉类生产有关的营销声明的最低要求。FSIS 在其标签审批过程中使用了这些要求。

作为其以前的标签审批程序的一部分，FSIS 评估含有动物饲养声明。通过动物生产者提供的说明书、书面陈述，动物生产方案和其他相关文件来评估标签，以确保该动物饲养声明除了符合 AMS 标准外，也是真实的，没有误导性。除了生产者的说明书和书面陈述外，企业还可以提交认证实体的专业认证以支持动物饲养声明。以下部分提供了动物声明的摘要，说明了 AMS 制定的要求，以及影响 FSIS 批准程序的一些问题。

（二）凭证属性

1. 天然饲养

与 USDA 管理的肉类和家禽过程中的“天然”一词不同，AMS 设定了关于牲畜和肉类的“天然饲养”市场声明的指导。根据新标准，牲畜完全不含生长促进剂、抗生素（除用作控制寄生虫的球虫抑制剂的离子载体），并且从未喂养
275 过由屠宰/收获的动物（哺乳动物、禽类或水生）衍生的副产品，在这种情况下才可以称为“天然饲养”。根据这一标准，来自克隆或转基因家畜的动物可标记为“天然饲养”。

2. 无抗生素饲养

批准“不添加抗生素”“不喂养抗生素”或类似的声明用于证明生产者的动物没有喂养抗生素。不允许“不含抗生素”的标签声明，因为抗生素残留测试技术无法验证没有使用抗生素。FSIS 不通过测试抗生素残留来验证标签和其他营销声明。当抗生素标签声明提交审批时，必须提供食品配方、药品发票或其他适当文件的支持，以证实动物在饲料或水中未接触过抗生素、是否已接受过疾病治疗。处理病畜的程序必须记录在案。

一个有趣的案例说明了向消费者提出声明（如无抗生素培养）所涉及的监管和竞争性的紧张局势：泰森食品在 2007 年 6 月进行的一项主要营销活动，即销售一种新品系的新鲜家禽，此类家禽无抗生素。该活动的新闻稿表明，市场调查表明，91%的消费者认为新鲜鸡肉生产和标记“不含抗生素”饲养是很重要的。虽然最初 FSIS 根据提交的材料批准了泰森食品的标签，但泰森在其鸡饲料中使用的电离技术是否在技术上是一种抗生素成为一个问题。USDA 撤销了对其标签的批准，然后批准“不含影响人类抗生素耐药性的抗生素”标签。

原告桑德森农场有限公司和裴顿农场有限公司（泰森在家禽业的竞争对手）根据《兰哈姆法案》案第 1125（a）条对泰森提出虚假广告的诉讼，声明泰森的“不喂养抗生素”广告宣传活动是虚假和误导的。原告指称，泰森的广告中包含“不喂养抗生素”和“不含影响人类抗生素耐药性的抗生素”的广告是虚假的，他们误导消费者。原告特别声明，泰森使用离子载体鸡饲料，该离子载体是抗生素。泰森驳回，部分不认同 USDA 批准其标签远离广告的决定。地方法院驳回了 276
泰森的提议，认为 USDA 标签的批准不是对《兰哈姆法案》案的虚假广告的抗辩，也没有以任何方式孤立泰森的广告宣称。

然而，诉讼的结果除了揭示了所公开使用的离子载体之外，还有泰森在其孵化前两三天在其卵上使用抗生素庆大霉素。法院对泰森的广告发出了初步禁令，该案件随后得到了解决。然而，在对庆大霉素进行研究后，FSIS 通知泰森已取消其标签授权，并表示泰森必须停止使用有资格的声明。泰森表示反对，声明在孵化前施用抗生素不属于“养鸡”的概念。FSIS 表示不赞同，并维持其裁决。

3. 草饲

2002 年，AMS 提出了几个牲畜和肉类营销声明的标准。这项拟议标准引起公众的对草饲声明热烈讨论。制定草饲声明的 AMS 标准的演变说明了治理过程的复杂性。对于大多数消费者来说，草饲声明表明动物是在草场或绿地或牧场上养殖。草料喂养通常导致肉类产品相对于谷物喂养的畜牧产品外部和内部脂肪含量较低（包括大理石花纹）。消费者通常认为草饲肉产品更环保、更健康（因为Omega-3脂肪酸含量更高），与粮肉产品相比口味更佳。2002年的提案要求草（或草等同物，如绿地或牧草或牧场）在动物的整个生命周期中至少占动物一次能源的80%。为了确保动物的健康，该建议允许在不利的环境条件下有限地补充谷物或其他非草类饲料。

根据对2002年提案的意见，2006年AMS修改了其草饲标签标准，并要求提供额外的反馈。修订的标准解决了2002年提案中的各种争论点，包括草料膳食要
277 求，存储饲料的使用和动物饲养。2006年的提案试图将所需的草和饲料饲养比例从动物一生的80%提高到总能量的99%。AMS确定，99%的标准将允许在不利的环境或物理条件期间，意外暴露于非饲料饲养和补充用于动物生长目的的饮食。

AMS经考虑最终拒绝了这一建议，限制动物食用的草和草料只能是非收获的草，并限制使用库存或储存的草料。这一要求的支持者认为，消费者期望草饲牲畜是自由放养的，而不是饲喂。AMS承认草饲和自由放养条件的协同性，但是由于全国各地的草饲制度不同，AMS认为这种限制不切实际，是一种不恰当的限制。

2007年，AMS发布草饲营销声明的自愿标准。草饲标准规定，草或草料应是反刍动物一生食用的饲料来源，但断奶前消耗的牛奶除外。该标准还规定，饮食应仅来自饲料，动物不能饲喂谷物或谷物副产品，并且在生长季节必须连续在牧场中喂养。从99%到100%的变化主要是由于认识到计算和验证99%的标准很困难，并且没有必要设定这种困难，特别是考虑到这两个量之间没有实际差异。最终标准还允许选择维生素补充剂和矿物质，以调整可能的饮食缺乏。根据该标准，生产者必须在使用草饲标签前或将产品营销为草饲料之前获得AMS评估。

4. 无激素注射

由于所有植物和动物都会产生激素，所以不允许“不含激素”的肉类标签声明。但是，如果给FSIS提供充足的证据，表明在动物饲养过程中没有使用激
278 素，那么FSIS可批准牛肉产品标签使用短语——“没有注射激素”。因为在饲养家禽或猪时不允许使用激素，FSIS不允许在家禽或猪肉产品的标签上声明“没有给予激素”或“没有添加激素”，除非在其后标注“《美国联邦法规》禁止使用激素”。FSIS在验证标签声明时不检测激素的存在。当提交标记激素声明的审批时，必须有相应的文件证明动物没有接受任何形式的激素注射。

5. 笼内放养、自由放养、散养、牧场养

AMS 将笼内放养定义为在具有无限制获取食品和水的建筑物、房间或开放区域中的产蛋母鸡，并且在这些区域内自由活动。AMS 通过目视检查生产商的设施来验证“笼内放养”这一标签。如果公司同时拥有笼内放养和笼养母鸡，那么 AMS 还将审查生产者的书面协议，以确定和区分“无笼子”母鸡与由笼养母鸡产下的鸡蛋。

正如适用于 USDA 的 NOP 下认证的鸡蛋，自由放养意味着必须允许母鸡在户外活动。同时，该条例还规定，生产者可以暂时进行室内动物饲养的情况有多种，包括：(1) 恶劣天气；(2) 可危及动物的健康、安全或状态良好的条件；(3) 土壤或水质风险。对出口的所需数量或尺寸，笼内放养的笼子尺寸，放养密度或规格也没有规定。对于非有机鸡蛋，机构不批准除“笼内放养”之外的术语。对未经 USDA 检查的鸡蛋的标签声明可能符合州法规，这些法规差别很大，或者根本不受监管。为了获得对自由放养或散养声明的标签的批准，家禽生产者必须提供关于鸟类居住条件的简要描述，将标签提交给 FSIS 标签和消费者保护人员批准。审查居住条件的书面描述，是为了确保鸟类能够自由连续的进行户外活动，并在鸟类的生活中占据很大一部分。根据国家有机计划，由 USDA AMS 管理，饲养的认证有机标准默认为是“自由放养”，因为该项目要求动物能够进入户外。

对于家畜而言，FSIS 要求，为了获得有关散养、牧场养、牧场生长和草地饲养等声明标签的标签批准，还必须表明，产品是连续自由进入户外区域并成为家畜生活的重要部分。然而，有一些术语的定义仍然不清楚，如“动物生命的重要部分”和“户外”。

6. 人道饲养 279

“人道饲养”不是 USDA 批准的术语。对肉类或家禽类产品的任何此类声明必须包括对该术语含义的解释。证明声明的文件必须提交给 FSIS，在某些情况下应提交给 AMS。在 FSIS 和 AMS 工作人员提交并审核了有关独立认证计划的文件后，USDA 接受第三方关于人道饲养的产品的声明。USDA 收到的关于第三方认证计划的关注和投诉应转交给认证机构，全部追溯权由认证机构自行决定。

十、原产地标签（COOL）

（一）三个监管框架

原产地标签（COOL）在国家和国际层面受到了强烈的质疑。通过监管环境进行控制不是一项简单的任务。对 COOL 的监管反映了在 WTO 体制下在平衡国内与国际自由食品贸易义务的优先权之间存在的问题。

COOL 有三个基本监管框架：（1）自 1930 年《关税法案》以来已经实行的原产地标签要求；（2）FMIA 和 PPIA 对进口肉类和家禽产品集装箱的原产地标记要求；（3）2002 年《农场法案》第一次通过的原产地标签要求。其中，第三点最为重要。

1.《关税法案》

1930 年的《关税法案》要求每种进口食品都使用明显且不可擦除的英文标识，以便向最终购买者说明其原产地。这意味着到达美国边境的零售包装的物品必须显示原产地标识。最终购买者是美国境内最后一个以进口形式接收产品的人。一般来说，只有进口货物在零售包装中到达边境时，消费者才会看到标签。

1930 年的规定豁免了旨在经历实质性转变的美国加工商的物品。如果制造商或加工商收到产品并对产品进行大幅改造，即使不生产新的或不同的产品，也不需要进行 COOL 标签。只有使进口产品完好的加工处理才会使消费者成为最终消费者。例如，热狗可能经历了明显的加工过程，导致特性改变（明显加工包括烹饪、腌制、烟熏和组合），或者已经与另一种食品成分组合，因此不需要
280 COOL 标签，即使其成分是进口到美国的。例如，腌制的羊腰肉必须使用原产国信息标记，因为它是在准备销售的包装中进口的。

同样免除 1930 年 COOL 规定的是“J 列表”上的产品，之所以这样命名是因为它是在该法案的 § 1304（a)(3)(J) 中找到的。该法案授权财政部秘书豁免某些类别的物品。J 列表包括天然产品，如蔬菜、水果、坚果、浆果、活的或死的动物、鱼和鸟。虽然此列表免除了此类单个项目的标签要求，但仍然需要其容器具有 COOL 标签。标记应使用适当的短语，例如“包含物制作于……”或“包含物生产于……”，其中省略出处填有原产国的英文名称。

2. 肉类和家禽产品检验法规

FSIS 需要确保在 FMIA 和 PPIA 下大多数肉类和家禽产品（包括进口）的安全性和适当标签。如本书的食品安全章节所述，只有经 USDA 认证的具有与美国相同的检验体系的国家制造工厂才有资格将产品出口到美国。FMIA 和 PPIA 要求原产国对进入美国的所有肉类和家禽产品的容器上进行英语标记。所有进口肉类产品（即罐头火腿）的个人零售包装上必须具有原产地标记。进口散装产品，例如用于美国工厂进行进一步加工的屠体或大型肉类或家禽的集装箱也必须具有

原产国标记。然而，一旦这些非零售商品进入该国，则视之为国内产品，不再受标签制约。因为根据1930年的《关税法案》，海关对进口的要求比FSIS的要求范围更大（即大幅度转变），以避免标签的需要——这两个要求之间存在冲突的可能性。然而，我们十分清楚，根据1930年的《关税法案》和FMIA以及PPIA规定，需要COOL标签的法律主要限于已经包装用于销售的进口食品。

3. 农场法案

2002年和2008年《美国农场法案》中的COOL条款不改变《关税法案》的要求。相反，它们被纳入1946年的《农业营销法案》并对新鲜产品、红肉、花生和海鲜要求零售级标记COOL标签。进一步加工的食品和在餐馆以及在食品服务机构服务的食品才可以获得这些条款的豁免。

2002年《农场法案》的COOL条款原定于2004年9月生效，但对新的要求 281
仍然存在争议，某些事件使得该计划推迟启动。2002年10月，AMS发布了COOL自愿准则。在为生产商和零售商开放产品的国家标识原产地信息时，自愿准则没有起到很重要的作用。2008年《农场法案》要求COOL在2008年9月全面生效，并添加山羊肉、鸡肉、澳洲坚果、山核桃和人参作为强制性COOL覆盖的食品。实施COOL的最后规定于2009年3月生效。

COOL项目既不是食品安全也不是可追溯性计划。COOL的目的是向消费者传达食品的来源。COOL适用于：（1）牛肉（包括小牛肉）、羊肉和猪肉的肉末和肌肉；（2）鱼和贝类；（3）花生、新鲜和冷冻的水果和蔬菜；（4）山羊肉；（5）鸡；（6）山核桃；（7）澳洲坚果；（8）人参（以下简称"覆盖食品"）。COOL要求标注是否养殖或野生捕捞。这种生产方法信息应在销售给消费者的最终端产品上注明。加工食品不使用COOL标签。本类别包括严格用作加工食品成分的食品。虽然根据该COOL条款，一袋冷冻的豌豆和胡萝卜可以被视为豁免的加工食品项目，但如果豌豆和胡萝卜来自外国，根据1930年的《关税法案》要求在该袋子上标记原产国。COOL免除准备向公众销售食品的食品服务机构（如餐厅、自助餐厅、酒吧和其他类似的机构）的上述标签要求。

肉类标签要求很复杂。肉制品通常在多个国家生产。例如，牛肉可能来自在
加拿大出生和喂养的动物，但在美国被屠宰和加工。肉制品，特别是碎牛肉，也 282
经常与来自不同国家的肉制品混合。因此，COOL条款要求必须有下列名称（该名称取决于动物出生、饲养和屠宰的地点）。

（1）2008年7月15日或之前只在美国出生、饲养和屠宰的动物的肉，或来

自美国的动物的肉可带有美国产地标签。“美国”标签说明：“在美国出生、饲养和屠宰。”

（2）具有多个原产地国家的肉类或鸡肉应标记为可能在所有国家出生、饲养或屠宰的动物。在这种情况下，一种类型的标签可以声明：“在墨西哥出生，在美国饲养和屠宰。”

（3）直接从美国进口的屠宰动物的肉类或鸡肉应标记为动物从该国家和美国进口。可以使用的一种标签说明：“在加拿大出生和饲养，在美国被屠宰。”

（4）在美国境外出生、饲养或屠宰的动物的产品应标明其正确的原产国。如：“阿根廷产品”。

（5）对碎肉和鸡肉制品，应在标签上指定所有原产国或所有可能的原产国的名单。

用于混合肉的美国和非美国标签使用已经令一些群体惊愕，USDA AMS 为其澄清并做出了各种陈述。2009 年 2 月，USDA 秘书 Vilsack 发出一封信，敦促自愿采纳三个建议的标签变更，以便向消费者提供更多有用的信息，最终规定可能意味着更好地满足国会意图。Vilsack 指出，当标签上出现多个国家时，处理者应该自愿地提供关于每个国家进行什么生产步骤的信息（例如，在 X 国出生和生长并在 Y 国屠宰的动物，可以标记为“在 X 国出生并生长和在 Y 国屠杀”）。Vilsack 还要求加工商减少允许牛肉碎在进口国储存的时间，目前在仓库中储存 6~10 天。Vilsack 承认，最终规定中的加工食品定义可能过于宽泛。即使产品需要烹饪、烟熏、水煮、研磨或蒸煮，自愿标签也是合理的。“Vilsack 表示，USDA 将监测行业的合规性，以确定是否需要制定额外的规定。这封信努力解决 COOL 关注的问题，没有重新开放规定，因此引起了肉类行业和国际贸易伙
283 伴的新评论。”

2010 年对 COOL 发起的挑战中，在 Easterday 牧场诉 USDA 一案中，一家经常将加拿大牛肉进口到美国屠宰的牛肉加工公司认为，COOL 规定不可避免地与美国财政部发布的原产地规定相冲突，美国财政部发布的原产地规定允许在加拿大或墨西哥出生或饲养但出口到美国屠宰的牛只被标记为美国的产品。COOL 条款要求将这样的牛肉首先标记为其出生或生长的国家的产品，然后作为美国的产品。地方法院支持 USDA，并发现 2008 年《农场法案》规定的 COOL 条例没有暗示废除或与财政部标记规定混淆，规定写道：“仅供没有任何 COOL 要求的商品的标签使用。”

(二) 世贸组织的质疑

加拿大和墨西哥对 2008 年 12 月和 2009 年 1 月与美国磋商的结果不满意，要求世贸组织成立小组，理由是 COOL 不符合美国在《关税及贸易总协定》(GATT)、《贸易技术壁垒协议》(TBT 协定)、《原产地规定协议》的相关规定。世贸组织争端解决机制（DS）小组首先发现，COOL 对进口牲畜的处理不如美国家畜（特别是标记牛肉和猪肉切割的处理），这违反了 TBT 第 2.1 条中的国民待遇义务。DS 专家组还发现，COOL 不能向消费者提供违反 TBT 第 2.2 条的肉类产品来源的完整信息。最后，DS 专家组还发现，Vilsack 的信函中关于自愿行动的建议虽然不是一项技术法规，但超出了 COOL 的义务，构成了不合理的 COOL 管理，违反了 GATT 1994 年 X：3(a) 条款，该条款要求以统一、公正和合理的方式管理法律和法规。

美国于 2012 年 6 月提出上诉，世贸组织上诉机构（AB）维持了 DS 专家组的观点，认为 COOL 对待进口的加拿大牛和猪以及进口的墨西哥牛的措施不如本土家畜。但 AB 撤销了 COOL 未能实现其向消费者提供原产地信息的合法目标的结论。

世贸组织争端解决机构（DSB）于 2012 年 7 月通过了由 AB 修改的 AB 和
DS 专家组报告。世贸组织仲裁员在 2013 年 5 月设定了最后期限，以便美国遵守 284
世贸组织的调查结果。为了遵守这一结果，USDA 发布了一个最终规定，要求标签标注每个生产步骤——动物出生、饲养和屠宰，并禁止混合不同来源的肌肉切片。加拿大和墨西哥于 2013 年 8 月发生争辩，最终规定未能使美国履行其世贸组织的义务，并要求成立一个专家小组，以确定最后的 COOL 规定是否符合世贸组织的调查结果。

2014 年 10 月，世贸组织专家小组对美国的最终规定做出裁决，认为修正的 COOL 措施提高了原 COOL 对美国市场进口牲畜竞争机会的不利影响。裁决指出，经修订的 COOL 必须增加对肉类和牲畜的界定，这会导致更高的记录负担，并增加原 COOL 措施对选择国内进口牲畜的动机。专家小组认为，与原来的 COOL 措施一样，修订规定的标签和记录保存规定的有害影响不能通过向消费者传达牲畜出生、饲养和屠宰的信息来解释。

最后，2015 年 5 月，世界贸易组织驳回了美国对其决定的上诉。这项最终裁决促进了 WTO 决定加拿大和墨西哥可以对美国实施的报复性关税水平的进程。

美国将必须修改或废除COOL，从而避免制裁。美国国会正在考虑在立法中废除COOL。对COOL的支持似乎正在减少，因为2014年《农场法案》授权的USDA发布的一份198页的报告没有发现任何证据表明可能使购买带有UA原产地标签的消费者数量增加。

十一、地理标志（GI）

（一）知识产权形式

地理标志（GI）是一种知识产权形式，用作将食品与特定地理起源的声誉或特征相连接的标记。1995年，世界贸易组织《与贸易有关的知识产权协定》（TRIPS协定）第22条第（1）款中定义地理标志为："一种来源于某一成员国或领土内的某一地区的商品，该商品的特定质量、声誉或其他特征主要归因于其地理来源。"美国认证标志的例子包括："维达利亚"的洋葱，"华盛顿州"的苹果，"佛罗里达州"的橙子，"爱达荷州"的土豆，"纽约骄傲"的各种农产品。
285 根据TRIPS协定，任何希望在州外推广GI的成员国可以实施州内GI监管框架，各州没有义务保护不在原籍国的地理标志。

（二）根据TRIPS协定规定GI

TRIPS协定允许成员国在设计最适合其需求的GI监管框架方面有很大的自由空间。但是欧洲和美国国内GI保护模式仍占主导地位。这两个模型反映了保护地区企业的不同历史方法，并且反映了引起世贸组织争端的哲学冲突。

欧盟提供由政府机构授予和管理的两级独特的公共权利制度。该系统由两部分组成，即原产地名称保护制度（PDO）和地理标志保护（PGI），每个部分都提供了广泛的保护。欧盟GI申请（包括详细的产品规格和GI）在其本国受到保护的证据，由一组生产者或加工者或GI国家当局送交欧盟委员会。如果注册GI，那么带有GI的产品若符合GI规范，并通过本国指定的公共机构验证生效后，就可以进入市场。

与此相反，在美国，GI是商标的一个子集，并通过认证标志保护。GI与商标具有相同的功能，因为商标是来源标识、质量保证和有价值的商业利益。认证标志由私人认证组织拥有，并将其使用许可给其他食品（即拥有组织本身不能使用该标志）。认证机构负责向美国专利及商标局（USTPO）提交申请，并审核商标用户，以确保符合认证标志的标准。如果证据表明某一具体标志或符号作为通用名称有一个主要的意义，那么将取消注册。如在一个案件中，奶酪的通用名称表示的是某类型的奶酪，而不是表示区域来源的商品标志。反之，如果标志或符 286
号的使用由认证人控制，并限于符合认证机构的区域原产地标准的货物，并且如果消费者理解这个符号为仅指特定地区生产的货物，则标志作为区域认证标志，如同 COGNAC 被认为是来自法国的白兰地的地理标志。GI 保护的选择包括防止不公平竞争（例如通过商标）。

欧盟和美国在 GI 方面关系紧张，长期以来一直分裂成两个体系。1992 年，欧盟推出了 GI 制度，在整个欧盟地区为 GI 提供保护。1999 年，美国质疑欧盟 GI 立法，理由有两点：歧视美国 GI、未能保护美国商标。2005 年 3 月，WTO 小组裁定，欧盟 GI 立法的某些方面与 TRIPS 不一致，并规定欧盟要在 2006 年 4 月之前修改法规，这是欧盟的最后期限。2006 年 3 月，欧盟通过了相关规定，系统符合 WTO 标准。2006 年条例有效地允许第三方国家直接向欧盟委员会提交注册申请，并直接反对新注册申请。2012 年 11 月，欧盟通过了欧盟质量食品计划新规定，该规定于 2013 年 1 月生效。这项新规定将 PDO、PGI、传统专门加工工艺标识（TSG）和可选质量条款的规定整合到单一的法律文书中。根据不同计划的注册可向第三方国家开放，并规定制定保护第三方国家 PDO 和 PGI 的机制。

在多边贸易谈判中，欧盟提交了一项修订 TRIPS 协议的提案，以便对除葡萄酒和烈性酒之外的食品提供相同的高水平保护。此外，欧盟建议建立一个对所有世贸组织成员具有法律约束力的 GI 多边登记册。在随后的辩论中，欧盟和盟国支持该建议，声明现有的两级制度通过对富裕国家主要生产的货物给予强有力的保护进行区分。但是美国及其盟国认为 GI 保护是彻底的保护主义。他们认为，扩大 GI 保护的大部分益处可能只会发生在具有大量 GI 或 GI 潜力的国家。未来 287
在这个问题上，除了第二章提到的欧盟和美国之间的条约谈判缩小两个监管体系之间的差距，成员国将保持不同意见。

十二、特殊食品标签规定

第一章中提到的某些特殊食品的标签具有特定的标签规定，如下所示。

（1）医学用品食品　由于医学用品食品不是药品，它们不受 FDCA 预防要求的约束。医学用品食品不得标注产品可治愈、减轻、治疗或预防疾病或病症的声明。

（2）特殊膳食补充剂　规定食品用于特殊饮食用途，用于提供特殊的饮食需要……如身体、生理、病理或其他病症（包括但不限于疾病、恢复、怀孕、哺乳、对食品的过敏反应、体重不足和超重）或年龄的条件（包括但不限于婴儿期和儿童）。这些条例还在"特殊膳食用途"食品定义中包括用于补充或强化普通或常规和维生素、矿物质或其他食用物质……无论这些食品看起来是否代表一般用途。这些产品类似于医学用品食品，但它们具有商业性并且不需要卫生保健提供者的监督。根据该定义，如果满足特定条件，无麸质食品、乳糖乳制品，旨在帮助减肥的食品和婴儿食品均可被认为是特殊膳食食品。

第六节　国际食品标签规定

一、TBT 协定：标准或技术法规

如本章所述，美国在其法规（如其他国家的政府）中使用强制性标签来表明有关营养成分、安全问题、原产地、生产过程和健康声明的食品信息。食品标签规定的制定也受到强加于美国作为成员国的国际公约和协定的复杂网络的影响。这一国际框架中最重要的文书是由世界贸易组织和第二章确定的自由贸易制度，即《关税及贸易总协定》《技术性贸易壁垒协定》、卫生和植物检疫措施以及和贸易有关的知识产权协定组成的。设立这些文书是为了通过减少贸易壁垒促
288 进国际贸易。它们适用于影响国际贸易的所有义务，包括食品标签要求。如第二章所述，促进国际贸易的要求得到认可，即承认各国可以采取和实施保护人类、动植物生命以及防止欺骗性做法所必需的措施。这些特许权的前提条件是这些措施不应适用于任何有任意的、不公正的歧视，或有限制的国际贸易。

属于国际贸易规定范围内的大部分标签问题涉及《技术性贸易壁垒协定》。《技术性贸易壁垒协定》规定了可以为标签制定若干个合法目标，但需符合以下要求：（1）不歧视；（2）避免对国际贸易造成不必要的障碍；（3）可协调；（4）技术法规的等同性和合格评定程序的结果；（5）相互认可合格评定程序；（6）透明。如第二章所述，从《技术性贸易壁垒协定》中排除的第 1 条是与卫生和植物检疫措施有关的要求，而"卫生和植物检疫措施协定"涵盖了这些要求。

《技术性贸易壁垒协定》附件 1 将技术要求分为两类：技术法规和标准。"技术法规"是一份文件，其中规定了产品特性或其相关过程和生产方法，包括适用

的行政规定，需强制性遵守。“标准”是认可机构批准的文件，规定了产品或相关过程和生产方法的共同和重复使用规定、准则或特性，其中合规性不是强制性的。技术规范和标准包括“适用于产品、工艺或生产方法的包装、标志或标签要求”。

二、金枪鱼-海豚标签案例

在被称为金枪鱼-海豚的著名案件中，美国对于金枪鱼产品制定了海豚安全标签，禁止不符合该标签的金枪鱼产品进入美国市场，旨在保护海豚。然而墨西哥的金枪鱼产品不符合美国所制定的海豚安全标签，因而无法进入到美国市场，因此产生争议。世贸组织专家组根据“技术规定和标准”来解释食品标签内容。本案涉及美国对进口、营销和销售金枪鱼和金枪鱼产品采取的两项措施。首先，根据美国《海豚消费者信息保护法》（DPCIA）颁布的法规，对金枪鱼产品上使用海豚安全的标签。其次，立法机关也考虑，商务部制定一个官方标记，根据这个法规可以用来标记金枪鱼产品符合海豚安全的产品。

墨西哥声明美国违反了《技术性贸易壁垒协定》第2.1、第2.2和第2.4条的规定。第2.1条介绍了国民待遇和最惠国待遇原则。该条规定表明：“关于技术法规，从任何成员国领土进口的产品应享受不低于对同类产品的原产国和来自 289
任何其他国家的类似产品的待遇。”第2.2条介绍了必要性测试。根据第2.2条，成员国必须“确保技术规定不是为了对国际贸易造成不必要的障碍而制定、通过或应用的”。在第二条要求的基础上，第2.2条补充道，不允许技术法规“考虑到不履行将会产生的风险，为了实现合法目标而实行更多的贸易限制”。第2.4条的合法目标列表包括防止欺骗行为和保护人类健康或安全，动植物健康。

美国认为，TBT协议不适用，因为这些措施不构成“技术法规”。专家组采用三层测试来确定某项措施是否是“技术法规”：(1) 该措施适用于可识别的产品或产品组；(2) 它规定了产品的一个或多个特性；(3) 符合产品特性是强制性的。应用该测试，专家组首次发现，美国海豚安全标签规定适用于可识别的产品组，即金枪鱼和金枪鱼产品，可以标记为海豚安全。关于测试的第二个方面，专家组指出，双方都承认美国海豚安全标签规定制定了TBT协定附件1含义范围内的标签要求——标签规定界定了有关条件和标准的海豚安全标签。再次，专家组认为，美国的措施要求强制遵守，因为它们在法律上可执行的文书中规定了可以获得海豚安全标签的方式，并禁止任何其他使用海豚安全标识。专家组得出结论，当满足三级测试时，该措施是“技术法规”。

墨西哥声明，美国海豚安全标签规定与第 2.1 条不一致，因为墨西哥金枪鱼产品的优惠待遇低于美国金枪鱼产品和来自其他国家的金枪鱼产品。专家组进行了一项测试：（1）获得标签是否有利；（2）由于墨西哥金枪鱼产品无法使用这些措施，因此与美国或源自任何其他国家产品的进口金枪鱼相比，它们在美国的市场处于不利地位。第一，专家组同意墨西哥的观点，认为零售商和消费者对海豚安全金枪鱼产品的偏好意味着美国立法给符合标签的产品提供了优势。第二，专
290 家组认为，墨西哥没有证明美国海豚安全条款对墨西哥金枪鱼产品给予不太有利的待遇。该案遵循上诉机构对韩国不同处理牛肉方法案中的思路，认为这是由于金枪鱼本身的问题，而不是由于市场上的私人行为造成的。专家组认为，墨西哥金枪鱼产品对美国市场产生的任何不利影响都与产品的来源无关，包括墨西哥的渔船队和罐头厂做出的选择。

墨西哥认为，美国海豚安全标签措施违反了 TBT 第 2.2 条，墨西哥认为美国的措施构成技术法规，不符合国际标准，同时也使得墨西哥的金枪鱼产品受到了歧视性待遇。专家组同意美国的意见，即美国海豚安全标签的措施属于《技术性贸易壁垒协定》第 2.2 条明确列出的两项目标，即“预防欺诈行为”和“保护人类健康或安全，动植物生命或健康或环境”。专家组也认为，美国的海豚安全标签措施对于不同捕鱼方法对不同海洋地区海豚带来的风险不能够进行有效的区别。因此，一些国家如墨西哥运用了美国海豚消费者信息保护法外的捕鱼方法，也受到了歧视性待遇。

2015 年 4 月，世贸组织专家组发布了一份报告，指出美国没有对其以前的标签措施进行足够的修订，以使其符合 TBT 和 GATT 协议。这个决定让墨西哥有机会提出对美国采取报复性措施的申诉。2015 年 6 月，美国通知世贸组织争端解决机构（DSB）将对执行小组制定的某些措施提出上诉。

第七节　食品广告监管

一、《食品广告法》

在联邦一级，食品广告的两个主要法律来源是《联邦贸易委员会法》（FTCA）和《兰哈姆法案》。FTCA 授权联邦贸易委员会（FTC）规范广告的目

的是保护消费者。《兰哈姆法案》案，特别是第 43（a）条，禁止虚假或误导性的陈述，并允许竞争对手起诉。在州一级，大多数州通过了《不公平和欺骗性贸易法》，其中一些州采用《统一和欺骗性贸易惯例法》来管辖国家法律声明，包括涉及食品的声明。一些州还通过了《虚假广告法》，作为统一法的补充或替代。最后，广告声明也可能受制于私人标准和行业准则。 291

许多食品广告法已经应用于膳食补充剂；然而，如在 2015 年由 DC Circuit 决定的 POM Wonderful Inc. 诉联邦贸易委员会案中，常规食品的广告也受到了相同的法律约束。

二、联邦贸易委员会（FTC）制定的食品法规

（一）联邦贸易委员会：食品相关监管

近年来，根据 FTCA，FTC 在食品的监管中发挥了更积极的作用。FTCA 最初于 1914 年颁布，用于补充和加强《谢尔曼和克莱顿法案》。最初只禁止《商业中的不公平竞争法》的第 45 条在 1938 年被《惠勒修正案》修正为“不正当或欺骗性的商业行为或做法”，这使得联邦贸易委员会将注意力集中在对消费者的直接保护上，而不是通过保护竞争对手间接地保护消费者。该法案第 5 节禁止并指示联邦贸易委员会“在商业中防止不公平或欺骗性的行为或做法或商业影响”。第 12 节包括与“食品”（除其他产品外）有关的欺骗行为“任何虚假广告”的禁止类别。该法案将广告定义为任何“除标签外，在重大方面有误导性的广告”，通过广告中提出或暗示的声明“陈述”，FTC 发布了两份政策声明，即 1983 年 FTC 关于欺骗的政策声明和 1984 年 FTC 关于广告的政策声明，这两个声明由 FTC 根据第 5 节和第 12 节的欺骗行为进行分析，阐述了政策所使用的基本要素。

（二）在 FTC 和 FDA 之间模糊的管辖权

FTC 和 FDA 都有权对从事欺骗性营销的食品企业采取执法行动。如前所述，FTC 监管食品欺骗营销的权力来源于 FTCA，禁止虚假和误导性的广告。FDA 规定欺诈性营销的权力由 FDCA 提供，禁止虚假和误导性标签。

虽然 FTCA 第 15 条的定义认为“虚假广告”不包括标签，但 FTC 仍然能够根据第 5 条实施禁止不正当竞争的禁令，以及对所有营销（包括标签）声明权 292

威。第二巡回法院拒绝了只有在标签上提出的声明，该声明不在联邦贸易委员会的权限范围内，而只在 FDA 的权限范围内。最高法院多年前驳回了该提议，即对虚假广告的管制只是针对 FTC，指出如果是在物品上、在容器或包装物上，“非常标签在某种意义上是一个广告”，广告可以“执行与其相同的功能”。

为了弥补 FDA 和 FTC 在食品营销方面模糊的管辖权，两家机构在 1954 年达成了一项工作共识协议，根据该协议，FTC 对标签以外的食品广告监管拥有主要管辖权，而 FDA 对食品标签拥有主要管辖权。1957 年工作共识协议在 1971 年得到进一步更新，该协议在食品营销方面保持着同样的管辖权划分。因此，FDA 规定食品标签，实际包装标签以及随同销售食品的任何文字、印刷或图形材料，FTC 也规定了食品广告，包括非标签营销传播，如电视和平面广告。1971 年工作共识协议鼓励联合协调两个机构之间的规划和信息共享。该协议规定，两个机构对同一当事方的诉讼“应限于那些极不寻常的情况，其中公共利益需要两个单独的程序”。虽然与 FTC 和 FDA 之间类似的正式协议不存在于 FSIS 和 FTC 之间，通常 FSIS 和 FTC 协调其活动以避免重复。根据 FSIS 标签要求指南，建议公司在制定肉类和家禽产品的广告时，要“咨询 FSIS 标签规定、规定和政策”。

美国国会进一步澄清了机构在 1976 年管辖权重叠案件中的作用，当时它修改了包括第 707 节在内的 FDCA，如果由于广告，FDA 计划对标签错误的食品采取行动，则要求 FDA 事先通知 FTC。如果 FTC 在 60 天内对 FDA 通知中指明的违规者采取行动，则 FDA 不得采取自己的行动，必须遵守 FTC 的执行。在追究
293 针对食品广告的执法程序时，FTC 仍然对 FDA 的科学决定有重大影响。

1994 年，联邦贸易委员会发布了“食品广告执行政策声明”。声明的目的是协调 FTC 的食品广告法规与 FDA 对营养素含量声明和对食品标签的健康声明之间的关系。在声明中，FTC 基本上维持其在食品广告监管中的自主性，同时遵守 FDA 定义某些营养术语的专业知识。该声明允许在某些有限的情况下，FTC 可以根据第 5 条做广告，但并不能获得 FDA 批准的有关标签的认证健康声明。然而，该声明表明，这种健康要求必须得到强有力的科学证据支持。

电子商务的兴起使 FTC 和 FDA 对食品广告和食品标签的管辖权变得复杂。在 2001 年，根据华盛顿法律基金会的建议，在公司网站上提供的信息无法构成 FDCA 所设想的“标签”，FDA 重申法院将“附带”一词解释为附属品，例如小册子、电影和录音。举例来说，FDA 指出，如果一家公司在其网站上推广被管制的产品，并允许消费者直接从该网站购买产品，那么该网站很可能会被贴上标

签。在这种情况下，网站将会通过“书写、印刷或图案”补充或解释该产品，并设计用于产品的分销和销售。

（三）欺骗性广告

1. 法律标准：欺骗性要素

FTC 在 1983 年的“欺诈政策声明”中，列举了机构在评估虚假广告声明时所考虑的三个主要因素：（1）“可能包含误导消费者的陈述，漏洞或做法”；（2）“在这种情况下消费者进行合理行为的看法”；（3）“该陈述，遗漏或实践必须是‘实质’的”。总而言之，“声明”表明，FTC 发现“如果存在可能包含误导的失实陈述、漏洞或实践”欺骗消费者，那么消费者可以在这种情况下合理地行使消费者权益来弥补损害。另一种说法是，Kraft，Inc. 诉 FTC 的第七巡回案件经常提到，为了确定广告是否具有欺骗性，该委员会将对三部分进行调查：（1）广告传达了什么声明；（2）这些声明是否属于虚假或具误导性的；（3）这些声明材料是否适用于潜在消费者。

当识别和审查广告时，委员会通过评估“语言和视觉图像类的元素的相互作用”来考虑“由整个广告产生的总体印象”。换句话说，广告是否具有误导性，是根据广告的整体而不是基于任何特定的条例要求来判断的。FTC 的查询信息是理性的消费者针对给定广告的直观印象，其涉及“诸如整个文档的元素的评估，文档中各种短语的并置，条例要求的性质以及交易的性质”。“容易产生误导和真实解释的陈述将被认为是针对广告客户的。”“如果至少有一小部分理性的消费者可能会接受误导性的声明，那么这则广告就会产生误导。” 294

广告传达的信息可以是明示的或暗示的。“明示的声明直接代表所涉成分，而隐含的声明以倾斜或间接的方式来传达信息”。“明确声明”的含义证明不是必需的，因为“明确声明”本身已经明确地声明了。相反，暗示的声明是指广告传达给理性的消费者但未明确说明的声明。为了确定是否存在隐含的信息，可能需要检查外在证据。因为这些信息没有明确说明，FTC 必须发现可能传达给一部分理性的消费者的隐含信息。

这种欺骗性广告的确定是由 FTC 根据查看由广告作为整体创建的总体印象来审核的。例如，在 Kraft，Inc. 诉 FTC 中，一则广告指出，每一片奶酪都是用 5 盎司牛奶制成的，虽然是真实情况，但仍然向理性的消费者虚假地暗示每片奶酪中均含有 5 盎司牛奶，因此被认为具有误导性。FTC 可以依靠自己的推理分析来确定在受质疑的广告中传达的是什么声明，包括隐含的声明，这些声明从广告的表面上看是相当清楚的。

295 FTC 不需要证明广告具有欺骗性，而是要证明广告是否可能存在误导性。广告也可能由于遗漏而使消费者被欺骗。即使提供的信息对消费者有利，所有这些泄漏的信息都是欺骗性的。相反，FTC 将检查广告产生的总体印象。即使真正的真实陈述也可能有误导性的影响。可能具有误导性的广告被认为是针对广告客户群体的。广告商欺骗的意图是中肯的，因为 FTC 是保护公众免受欺骗，而不是惩罚违反者的。

夸张或吹嘘的声明，也称“吹捧”，通常认为不是虚假或误导性的广告。吹捧和误导性声明之间的分界线不明显，它们之间的区别是提出的声明是事实还是夸张。事实陈述是客观的，不可采取行动；一般意见声明是主观的，因此可以采取行动。但是，吹捧和可诉讼的声明之间的界限可能是模糊的。必胜客起诉棒约翰的案例展示了广告的整体背景如何将看似吹捧变为可操作的事实陈述。必胜客起诉了棒约翰使用的广告语“更好的成分，更好的比萨”。第五次案例发现声明的两个部分都是不可行的意见，推理说“显然，棒约翰断言，它用‘更好的比萨’作为广告语是对其产品的优越性的认可，认为其超过了其他的产品。这个简单的语句，代表了制造商夸张的广告，是夸大和吹嘘的，但没有消费者会轻易相信”。

2. 适用于不正当标准

除了欺骗性行为或做法外，FTCA 第 5 条禁止“不公平”的行为和做法。根据 1980 年 FTC“不公平政策声明”，如果出现以下情况，那么，广告是不公平的：(1) 对消费者造成伤害；(2) 消费者不能理性地避免伤害；(3) 对消费者的反补贴利益或竞争。1994 年，美国国会将这种三管齐下的“不公平”标准纳入了 FTCA。FTC 很少使用其不公平管辖权来挑战虚假和误导性的广告声明；相反，该机构依靠其权力来禁止欺骗性陈述或重大遗漏。FTC 依靠其特有的权威来管理虚假误导的行为，对消费者造成了严重的伤害。不公平分析和欺骗分析之间 296 的主要区别是，欺骗分析不需要成本效益计算。当欺骗分析假设存在重大错误或遗漏时，没有相反效果。

（四）实质性原则

1. 合理依据

广告商必须拥有广告中所有明示和暗示陈述的“合理依据”。1972 年，FTC

首先在所谓的 Pfizer 决定中阐述了“实证”要求。在 Pfizer 决定中，FTC 认为，广告客户通过提供产权声明，而没有合理的支持表示，因此违反了 FTCA。FTC 解释说，消费者希望广告商有合理依据支持他们的陈述，因此消费者表示将被缺乏这种支持依据的广告误导。FTC 注意到，广告商比消费者更能证实他们的陈述，使得证明要求在经济上是有效的。广告商对他们的陈述有合理依据的要求最终变得非常成熟，并称之为“证据”。该要求完全嵌入了 FTC 的 1983 年关于广告证明的政策声明。该声明的结论是，“产品或服务的主观声明明示或暗示广告商有合理的依据支持这些声明。这些证据的陈述对消费者是重要的”。根据欺诈和不公平理论，没有合理的依据则违反了第 5 条。

特定构成表示合理依据的支持类型取决于表示的类型和几个相关因素。值得注意的是，FTC 不区分食品和其他 FDA 管制的产品（即药品、医疗器械、化妆品、膳食补充剂和其他健康相关产品）。因此，法律要求的证据类型取决于广告声明的性质，而不是 FDA 对所公布产品的分类。

FTC 通过应用所谓的“Pfizer 因素”来确定必要的证据水平。换句话说，构成合理的依据取决于多个因素，“与实现某一项目的利益和成本相关的特别要求”。以下 6 个因素，首先在 Pfizer 案中提出，后来在 FTC 的“实质性政策声明”中通过的是：(1) 产品的类型；(2) 声明的类型；(3) 虚假声明的后果；(4) 真实声明的利益；(5) 为声明提供证据的费用；(6) 该领域的专家认为合理的证据。

前两个 Pfizer 因素——产品的类型和声明的类型——反映了 FTC 的推理，消费者认为健康相关的陈述有科学证据的支持。此外，对健康相关产品的陈述通常是“信用声明”，可能是“消费者难以自己评估”的陈述。例如，消费者可能能够评估关于产品味道的准确性，但不能准确评估心血管健康或癌症风险是否降低。 297

第三个 Pfizer 因素——虚假声明的后果——反映了 FTC 保护消费者免受欺骗性健康声明危险的利益。当健康声明虚假或不成立时，消费者可能遭受财务损失。公司的欺骗性声明诱使消费者购买与广告描述所不同的产品，欺骗性健康描述可能通过诱使消费者放弃经过验证的治疗而伤害消费者。

第四和第五个 Pfizer 因素——真实声明的利益和为声明提供证据的费用——通常这两条一起考虑，以确保 FTC 要求的证据水平无法阻止产品开发，或阻止消费者获得与产品特性的潜在价值有关的信息。即使在昂贵的研究费用的情况下，FTC 也不能免除广告商有关健康声明的法律要求。制定证据的费用可能与 FTC 需要的证据的性质和数量相关，但不能减少要求证明其所宣称的声明的证据。

第六个 Pfizer 因素——该领域的专家认为合理的证据——在许多 FTC 案例中，此因素不是决定因素就是主要因素。如果政府机构或权威性非政府机构制定了现有的证据标准，则 FTC 将尊重该标准。关于食品的健康益处，委员会需要“合格和可靠的科学证据”。

2. 政策的重大转变

历史上，证据原则的一个关键特征是其灵活性。也就是说，该原则并未用于规定特定类型的测试或证据来支持特定类别的广告声明。然而，近年来，这种灵活的标准已经开始被一种更加严格的标准取代，该标准更符合 FDA 批准新药的
298 证据标准。FTC 处方近年来需要两个良好对照的临床试验来证实某些声明，包括：体重减轻、腹泻持续时间和学生的缺勤，减少临时不规则性或改善肠道运转时间。对于目前在行政诉讼中的案件，同意法令包括“禁止”条款（即不仅针对原来强制行动相同形式的欺骗，而且针对其他类型的涉及过去欺骗的违反行为），其在广告之前基本上需要 FDA 批准某些条例要求。这些案件与以前的 FTC 案件相比有显著的偏离，这些案件依赖于 FTC 的旧标准，只要有足够多可靠的科学证据支持，就可以提出声明。这些案例也很难与 FTC 先前的认识相一致，即第五条可能允许有资格的健康声明表示科学支持的程度，即使该声明尚未被 FDA 批准。但是，FTC 的方法并不完全一致。在一个涉及阿萨伊浆果产品减重声明的诉讼案中，FTC 使用传统的“有效和可靠的科学证据”标准进行证实。

3. POM 精彩的行动

这种政策的转变在诉讼中遇到了问题，导致 DC Circuit 在 2015 年 POM Wonderful 诉讼案件中作出法院裁决。该案产生了部分验证和拒绝 FTC 的新方法。

1）投诉

2010 年 9 月 27 日，FTC 针对 POM Wonderful、LLC 发起了行动。声明该公司对其石榴汁和药丸提出虚假和无根据的健康声明。该行动和上诉为 FTC 提供了关于针对食品企业的执法行动和食品广告的重要影响的有用案例研究。FTC 称，POM 在违反 FTCA 第 5（a）条和第 12 条的情况下存在欺骗行为并散布假广告。FTC 查看了 43 个 POM 广告和促销品，包括平面广告、通信、网站广告和公

关宣传材料。该投诉中 POM 声称其石榴汁和膳食补充剂能够治疗、预防或减少心脏病、前列腺癌和勃起功能障碍的风险，这一说法具有欺骗性，因为没有合理 299 的依据来证实这种声明。该投诉建议 POM 的声明必须至少由两个设计良好、进展良好、随机、双盲、安慰剂对照的人类临床试验（所谓的 RCT）支持。投诉还建议 POM 同意 FDA 对其产品治愈、预防、治疗或降低任何疾病的风险的声明进行预先筛选，以防止未来存在违规的声明。

2）行政法法官（ALJ）测定

POM 向 ALJ 提出上诉。在确定 POM 是否散布假的或误导的广告时，ALJ 如预期所想的使用第三方调查以下内容：(1) POM 是否散布传达投诉中所声明的广告；(2) 这些要求是否虚假或具误导性；(3) 这些声明对理性的消费者是否重要。ALJ 发现，43 个上诉的广告和宣传材料中有 19 个传达了健康声明。ALJ 认为，FTC 不允许 FDA 预先批准健康声明广告。ALJ 还指出，FTC 没有法律依据要求随机对照实验（RCT）证实所有与健康有关的要求。ALJ 特别指出，“所需的证据是一个事实问题，并且本案中的证据表明 POM 隐含的疾病要求需要‘有效和可靠的科学证据’，这不一定需要如 FDA 要求的 RCT”。RCT 通常用于药品测试，并且管理费用昂贵。

3）向 FTC 上诉

2013 年 1 月 FTC 发布的命令与 ALJ 提出的命令不同。首先，FTC 发现，由投诉提出质疑的 36 个，而不是 19 个广告传达了健康声明。FTC 认为，受质疑的声明具有误导性和实质性。其次，FTC 发现，大多数 POM 的广告包括其提出由临床或科学证据支持的声明属于企业声明。委员会认为，这些声明没有得到充分证实。第三，FTC 命令采取防护措施，要求任何疾病相关的有效要求或企业关于 POM 的上诉产品，或与 POM 销售任何食品或膳食补充剂有关的声明，必须由至少两个 RCT 支持。FTC 没有达到在其他案件中证实疾病声明所需的 RCT 数量，因为该机构发现 POM 没有单一的 RCT。第四，FTC 没有强加 FTC 工作人员的建议，要求 FDA 预先批准某些疾病的声明。FTC 得出结论，最终命令规定有两个 RCT 的 POM 需提供一个明确的亮线标准，这将要求 FDA 需要递交预先的批准。 300

4）DC 上诉法院

POM 向 DC Circuit 申请审查，认为 FTC 的决定违反了 FTCA、APA 和美国宪法第一修正案。上诉法院同意 FTC 质疑的 POM 广告在 FTCA 下具有误导性。法院还认为，POM 产品治疗、预防或降低了各种健康状况的风险，并且这些声明没有证据支持。法院驳回了 POM 的观点，即 FTC 通过了一项新规定，但没有遵循 APA 通知和评论的要求，认为 FTC 有权通过裁决而不是规定制定做出决定。上诉法院还重申了一般原则，即没有针对欺骗性或误导性广告的美国宪法第一修正案保护。

然而，法院与 FTC 分开职责管辖，因为 FTC 要求 POM 通过两个 RCT 证明未来任何相关疾病的声明。法院裁定，根据中央哈德森综合试验，要求 RCT 满足美国宪法第一修正案，因为 FTC 对确保商业声明的准确性有极大的兴趣，而且 FTC 已充分证明要求 RCT 没有比为了满足所述 FTC 的利益所需要的更广泛。然而，法院认为，FTC 违反了美国宪法第一修正案，因为它规定所有疾病和健康相关声明要求必须得到两个 RCTS 的证实。法院裁定，FTC 没有为"所有疾病声明要求证明两个 RCT 的绝对地位"。通过法院的裁定说明，FTC 在未来的案例中没有必要禁止强加两个 RCT 实证的要求。

5）吸取的教训

从 POM 案例中可以得出几个要点。首先，很明显，食品广告商或任何广告商不得根据 FTCA 或宪法从事欺骗性广告。其次，两个 RCT 证据要求是具有挑战性的。正如法院所解释的，当一项 RCT 和其他研究证明产品有益于预防疾病时，"要确保消费者获得膳食补充剂的益处和支持医学研究的意识"，未来两个 RCT 命令可能更少。这个结论似乎完全符合皮尔森案例的结果。然而，应当指
301 出，法院的命令并不是指 FTC 不能要求两个 RCT 来证实具体类型的声明。尚不清楚 RCT 标准如何适用于一般的健康声明，法院的决定仅限于疾病声明。最后，是否对食品和膳食补充剂与药品有不同的要求仍然不清楚。使用科学的方法去证明食品健康与安全声明所需证据的数量和类型，制定明确的指南，并使得该指南得到消费者理解，是十分困难的。

（五）执行

1. 停止

FTC 可以通过影响整个行业的规定制定来执行 FTCA，或进行裁决，由其针对个体广告客户的做法发布具体案例来决定。FTCA 第 12 节赋予 FTC 制定行政停止命令的权利，来叫停传播违反第 12 条的广告传播。因此，当声明是虚假或误导性的时候，FTC 可命令广告商停止宣传。在停止令发出后，FTC 进行行政听证和裁决，然后提供法院上诉机会。停止违规行为既不是对责任的抗辩，也不是

不执行命令的理由。行政停止令的一个基本特征是要求在接下来的二十年里，公司与 FTC 定期遵守有关其营销活动的报告，以及为防止未来违反 FTCA 的行为而采取的步骤。它还可能要求公司被告向当前和未来的雇员分发该命令的副本，或要求个人被告向任何未来的雇主披露该命令的存在。

2. 围栏补救

几乎所有的 FTC 订单都包括一些围栏补救的措施。围栏补救是指最终 FTC 命令中的规定比宣称非法的行为更广泛。围栏补救旨在防止潜在的非法行为。围栏补救措施可能会阻止对特定产品和公司的其他不相关产品线的误导性广告。这一执行目标与防护措施之间的关系得到最高法院在 FTC 诉 Ruberoid 公司的认可："如果委员会要实现大会所设想的目标，就不必将违规者限制在狭窄的活动范围之内；必须允许有效地关闭所有非法道路，使其绕过秩序而不受惩罚。"法院只有在补救措施和违规行为之间没有合理关系的情况下才会推翻 FTC 施行的"围 302
栏"补救措施。FTC 和审查法院确定订单的范围是否包含"合理关系"：（1）违约的严重性和有意性；（2）违反权利要求可转让给其他产品的情况；（3）回复人是否有先前违反的历史。在 Telebrands 的第四巡回法院指出，一些法院已经应用了一个附加因素：声明与健康相关的程度或产品构成健康风险的程度。

3. 其他补救

在某些情况下，FTC 可能直接向消费者寻求全部的财政赔偿。涉及欺诈性健康声明的案件导致了对广告商数百万美元的赔偿命令。在最严重的案件中，法院要求违法者在继续向消费者推销产品之前发布大量的债券，或者禁止违反者从特定行业直接销售。除了经济补救措施之外，FTC 可能会向做出欺骗性声明的广告客户寻求信息补救措施，包括纠正性广告和在未来广告中的强制性披露。FTC 第一次在 Warner-Lambert Co. 诉 FTC 的这个具有里程碑意义的案例中寻求到纠正广告的权利。几十年来，Listerine 漱口水的营销人员一直宣称该产品能有效预防感冒，这是 FTC 和 DC Circuit 公司发现的一种欺骗手段。DC Circuit 法院裁定，在欺骗性广告案中使用纠正性广告作为适当的补救措施，其中"欺骗性广告在公众心目中创造或强化虚假广告停止后所存在的虚假和实质性信念方面发挥了重要作用"。

在某些情况下，除了负责欺骗性广告的实体公司外，FTC 还可以对其他人采取行动。例如，如果为了将指令单独命名以有效地防止 FTC 所提出的欺骗性做法，公司官员可能对违反 FTCA 的个人承担个人责任。为了使被告人承担个人责任，FTC 不需要显示那些旨在欺骗消费者的人。如果广告代理机构在准备违规广告时积极参与，并知道或有理由知道广告是虚假或误导的，则广告机构也可能需承担责任。

303 最后，FTC 还采取了执法行动，打击欺骗性的声明。通过其关于在广告中使用签名和证明的指南，委员会明确指出，虚假或欺骗性的担保（无论是专家、团体、名人还是消费者）违反第五节。指南的前提是，由于消费者可能依赖于代言人来宣传产品，代言必须是真实的。如果直接进行广告，那么代言“不得包含任何具有欺骗性的陈述，或没有证据支持的声称”。

第八节　食品营销诉讼

一、食品营销诉讼数量增长

近年来，对食品营销声明的诉讼大幅增加。这种趋势大部分是由于《美国联邦法规》中关于食品标签有缺陷，使某些问题无法解决（例如，缺乏对“天然”一词的监管定义），如国家在消费者欺诈方面的法规对证据的要求太过松懈，太过依赖证书。此外，FTC 和 FDA 在评估食品标签和广告方面发挥的积极作用也推动了针对食品营销声明的集体诉讼的增加。监管执法，例如，FDA 发出的食品公司警告信，以解决标签违规；FTC 对欺诈性食品广告的执法行动，有助于刺激集体诉讼。也就是说，消费者集体诉讼投诉常常遵循这些强制行动。消费者集体诉讼食品营销的另一个动力是消费者团体的调查和媒体宣传。例如，公共利益科学中心在向加利福尼亚的母公司联合利华（Ben & Jerry’s）发送信函时引起了消费者欺诈集体诉讼，认为公司在标签上使用“全天然”声明的冰激凌含有碱化可可、冷冻玉米糖浆和部分氢化大豆油的冷冻酸奶。Ben & Jerry’s 从其产品中删除了有争议的语言，但是消费者仍然采取集体诉讼。

二、广告声明的实质

私人原告不能强制执行 FTC 法案，因此，法院已经认识到，私人原告不像 FTC，不能根据所声明的未能证实广告声明的原因提出诉讼原因。相反，私人原告在消费者欺诈集体诉讼中必须提出并证明公司的声明是虚假的，且具有误导性的。然而，应当指出的是，如果公司提出“设立声明”（即“表明产品的有效性

或优势已被科学确立”的声明)，公司缺乏足够的科学证据证明其声明可能是虚 304
假或误导的，则违反消费者欺诈相关法规和其他州法律。

三、国家消费者保护法

(一) 用途

如本章前面所述，根据《外国公司法》，也没有私人诉讼因由。针对食品标签和广告的案例通常基于国家消费者保护法，几乎每个州都有颁布的一些法律版本。不同州之间消费者保护法规差别很大，但通常禁止不公平、具有欺骗性或不合情理的行为或做法。这些法规被广泛起草，根据立法意图，法院通过应用这些法规来禁止一系列不公平、不道德或不合情理的行为，从而赋予这些法定术语以广泛的含义。这些法规一般具有以下特征，为集体诉讼提起有利条件：(1) 最低的常规要求；(2) 没有因果关系要求；(3) 可否接受集体诉讼证明书；(4) 授权律师费和三倍损失。因此，国家消费者保护法“降低了声明索赔的要求，并限制了普通法的行为特征”。

早期的几个案例表明，在食品营销诉讼中广泛使用消费者保护法。这些案件中的第一个是 Tylka、Tylka 诉 Gerber Products Co.，原告向 Gerber 发出普通法欺诈的声明，其违反《伊利诺伊州消费者欺诈和欺骗性商业行为法案》(ICFA) 和《统一欺骗贸易实践法》(UDTPA)。虽然法院对 Gerber 作出简易判决，因为原告不能证明其原因，它指出“IFCA 为消费者提供比普通法欺诈行为更广泛的保护，因为它消除了科学作为基础或实际依赖证明的必要性”。

第二个案例是 Pelman 诉麦当劳案，该案件被媒体高度关注，并反映了公众对肥胖的个人责任价值观念，同时暴露了快餐店的营养问题。Pelman 案的意义是持久的、显著的，因为它鼓励使用消费者保护法来挑战虚假广告。第二巡回法院认为，地方法院在根据《纽约消费者保护法》驳回原告的声明时存在失误。
在地方法院驳回原告的原始投诉后，原告根据违反《纽约消费者保护法》的规 305
定提出了一项修正投诉。原告声明麦当劳的广告：(1) 误导原告相信其食品是有营养的；(2) 未能充分展示某些食品不健康的加工方法和添加剂；(3) 未能提供所宣传的营养信息。虽然《纽约消费者保护法》的第 349 条并不需要依赖欺骗性做法，但下级法院在很大程度上驳回了原告的投诉，虽然原告所抱怨的饮食可能会导致肥胖和影响健康问题，但是没有“解决”其他一些因素的作用。第二巡回法院只处理第349条（“欺骗性行为”）的声明，推翻了地方法院的指令。法院指出，关于原告发现饮食和运动习惯以及家庭健康史的问题合乎情理，而投诉不能说明这些问题并不是致命的。

（二）加利福尼亚州和新泽西州

使用消费者保护法已经变成向食品企业索赔的常用手段，例如加利福尼亚州和新泽西州的集体诉讼案件。《加利福尼亚不正当竞争法》（CUCL）禁止非法、不公平和欺诈的做法。CUCL还禁止违反加州的《虚假广告法》。CUCL被广泛地解释为：将违反其他法律的行为视为非法行为，可以独立采取行动。因此，《加利福尼亚州消费者保护法》纳入了FDCA的要求，违反FDCA的行为可根据州法律采取行动。虽然CUCL仅授权禁令救济和赔偿，不需要进行损害赔偿，但根据加利福尼亚州的私人律师总法规，可能会收回律师费。在加利福尼亚州，实际上原告只需声明“他们被产品的标签欺骗而花钱购买该产品，否则不会购买该产品”，便足以使他们在“失去钱财或财产”时提出索赔。

《新泽西州欺诈法》（NJCFA）也吸引了食品集体诉讼，因为新泽西州最高法院认为，法院应该向受欺诈的消费者解释国家的集体诉讼规定。NJCFA不要
306 求原告证词，只需证明被告的非法行为和可确定的损失。在大多数情况下，该法案规定了三倍损失和合理的律师费用以及花费。除了消费者欺诈可以做出明示或暗示的保证声明外，维权问题通常会转向相关法律是否需要实际证词的问题上。

（三）辩护

1. 概述

通过辩护律师提出辩护来查看食品营销诉讼案件的数量是有效的。已经有很多消费者食品欺诈行为采取了许多辩护措施，这比其他方法更成功。由于食品销售诉讼仍在发展，原告和被告在这些案件中的成功是不同的。在某些情况下，法院案件的混淆会造成混乱。在其他案例中，可能出现意见一致的情况。

在消费者欺诈案中至少有五个辩护战略得到了推进。第一，证明了所谓的误导性标签声明的事实真相。第二，指称所谓的明示或暗示性的误导标签声明被《美国联邦法规》抢先。第三，主要管辖权属于联邦监管机构，法院应当服从这些机构的专业性。第四，正在讨论若没有提出表面上似乎合理的补救声明，法院是否可以推断被告对所称不当行为负责。第五，正在协商没有根据《联邦民事诉

讼法》第9（b）条特殊性要求的消费者欺诈行为如何处理。

在大多数情况下，如果辩护不会导致撤销案件，就会出现和解。例如，在关于在桂格燕麦的产品中包含部分氢化油（PHO）的“燕麦标签诉讼案”中，各方寻求初步和解协议。桂格燕麦同意在2014年底之前从其产品中去除PHO，并且随后将含有PHO的产品标记为“饮含少量反式脂肪”。

2. 超额优先

优先适用得到不同程度的成功。一般来说，如果法律声明对FDA规章明确要求或允许的标签声称提出质疑，则此类FDA联邦宪法明确优先适用。相反，当FDA没有明确规定可以使用的条件明确标签条款时，法院就可以不采用优先适用权。

虽然食品营销诉讼的注意力集中在FDA管制的食品，但应该注意的是，FSIS监管标签对肉类和家禽产品的预先批准要求使得消费者欺诈诉讼对这些产品更易受到优先辩护。此外，FMIA和PPIA的明示优先规定更加宽泛：指称包括更多或不同的信息的标签可能会被驳回。此外，FSIS检查法表示国会有意完全 307
占据产品标签立法领域的先决性论点可能会成功。

食品营销诉讼的趋势是，如果FDA规定明确允许，被告可以获得驳回食品的益处被错误陈述的权利。美国《营养标签和教育法》（NLEA）特别提出了有力的理由支持优先适用。通过“澄清并加强FDA对食品要求营养标签的权威”，NLEA包含了一项明确的优惠条款，即禁止食品标签的任何要求，这与《美国联邦法规》不同。FDA将该“不同”广义地解释为“国家要求直接或间接强制执行的义务”，这些义务“不是联邦法律强加的”，或者“根据联邦法律明确规定的义务”。因此，提出强加于联邦法律负担的要求，明显优先于FDA的广泛解释。

在Young诉约翰逊案中，第三巡回法院优先于《美国联邦法规》宣布新泽西州地区驳回拟议的集体诉讼案中，原告的食品标签失实陈述。原告指称黄油和人造黄油替代品上的标签是误导的：虽然营养成分框和标签表明该产品没有反式脂肪，并且产品中所含的植物甾烷醇酯可以帮助降低胆固醇，但该产品实际上含有少于50%的反式脂肪。法院认为，这两项声明均被NLEA优先处理。具体来说，法院认为，根据FDA规定，如果食品中反式脂肪的含量少于0.5克，允许制造商在产品标签上表示其产品不含反式脂肪。法院还发现，FDA法规特别授权含有植物甾醇酯的产品在满足某些条件的情况下提出健康声明。因此，声明明确地被 NLEA 抢先，因为他们寻求“强加与行为中规定标准不同的标准”。第九巡回法院在 Carrea 诉 Dreyer's Grand Ice Cream，Inc. 案件中发现了同样的情况，法院认为制造商对冰激凌产品包装的“无反式脂肪”声明是由 FDA 授权的，因为该产品每份含有的反式脂肪少于 0.5 克。

第七巡回法院得出了与第三和第九巡回法院在 Turek 诉 General Mills 公司案件中得出类似的结论。原告人指称，通用米尔酒吧标有“每日膳食纤维含量的 35%”的标签误导了她，因为它们包含从菊苣根中提取的“加工”纤维。法院注意到，21 U. S. C. §343（q）(1）条中规定，“用于人类消费的食品的标签或标
308 志必须说明每份膳食纤维包含的分量或其他计量单位”。法院发现，该产品符合 FDA 关于标签的法规，原告符合膳食纤维的有关规定。因此，原告的索赔请求获得通过。

地区法院在类似案件中发现了明显的优先适用权。例如，在 Dvora 诉 General Mills Inc. 案件中，加利福尼亚中央地区认为，产品标签上使用水果名称和图像相关的权利要求优先，因为 FDA 规定，“即使产品不含任何水果，或根本不含水果，制造商也可以使用水果的名称和图像在产品的包装上以描述产品的特征性”。同样，在 Lateef 诉 Pharmavite LLC 案件中，北区伊利诺伊解除了与膳食补充剂上的凝胶涂层有关的权利要求，因为 NLEA 不需要在产品标签上公开凝胶成分。在 In Pepsico Inc 诉瓶装水营销和销售实践诉讼中，纽约南区根据 FDA 对使用词语的规定，对与“纯净饮用水”短语相关的权利要求进行了优先处理。

在 Ang 诉 Whitewaves Foods Co. 案中，原告指称各种 Horizon 酸奶产品和丝滑大豆及其他非乳制品的“乳品”为假冒品牌，因为他们的标签公开“蒸发的甘蔗汁”而非“糖”，或因为非乳品“牛奶”不是来自泌乳牛，因此不满足“牛奶”的标准。法院驳回了这一案件。关于非乳品“牛奶”的要求，法院认为“牛奶”的标准是牛奶是什么，而非牛奶不是什么，没有提到非牛奶替代品，如丝滑产品。法院认为豆奶、杏仁牛奶和椰奶的名字能准确描述产品，并发现这类声明先入为主，可信度低。

3. 隐含优先

在没有 FDA 直接规定，如在有关食品和饮料的描述性营销术语的情况下，优先权不够强势，不足以反对相关的 NLEA 和其他联邦法律声明。例如，原告越来越多地提起诉讼，指称某些食品被欺骗性地标记为“天然”“全天然”“营养”或“健康”。对这些类型的权利要求提出质疑的诉讼经常涉及含有成分如 HFCS、

可可、工厂制造的抗坏血酸和转基因食品。问题在于NLEA或其他联邦法是否暗示优先这些投诉。在大多数情况下，NLEA或其他联邦法律暗示优先国家法律声明的论点在很大程度上是不成功的。例如，在Papas诉Naked果汁有限公司的案件中，加利福尼亚地区法院最终批准解决了与Naked果汁有限公司的标签产品 309
“全天然”“100%果汁”“100%水果”“无浓缩物”和“非转基因”的全国性集体诉讼。

原告还起诉了Snapple饮料公司，宣称其产品贴上“全天然”，但是却含有果葡糖浆（HFCS）。有消费者对Frito-Lay公司提出了索赔要求，因为其产品宣称“全天然”（包括多堤士、阳光薯片和蘸酱豆），涉嫌含有转基因的玉米或大豆以及已烷提取的大豆油。绿色巨人产品也被认为是含有转基因的产品。各种各样的产品如饼干、冰沙包、罐装番茄、可可和烹饪喷雾一直是消费者集体诉讼的对象，认为它们的标签含有各种非天然成分，却声明是“天然”的产品。“天然”和“全天然”的声明缺乏明确的优先表达是一个国际监管空白：FDA已经规定“天然”仅仅限于天然味道的使用。FDA已经一再拒绝针对规定术语进行正式的规则制定，因为“资源限制和其他机构的优先”。最终结果是，FDA的非正式的政策声明中说，“天然”是指“无人工或合成物质（包括所有来源及颜色的添加剂）已被添加到食品中”。由于“天然”规定标准的缺乏，为集体诉讼提供了明显的诉讼机会，声明他们是由“天然”的广告误导，实际上购买的产品都并非天然。

除了“天然”这个术语，对某些健康声明的投诉避免了优先适用的挑战。为了避免优先适用，消费者集体诉讼必须质疑健康声明的声明，这些声明不属于FDA批准的声明，通过请愿过程建立或符合“实质性科学协议”要求。这些权利要求通常指产品在临床上被证明预防或治愈疾病或以其他方式提供一些健康益处。在集体诉讼中被质疑的健康声明的例子包括：（1）声明食品的抗氧化或免疫增强特性；（2）酸奶中益生菌的健康性质；（3）声明食品含有可以降低胆固醇或预防癌症、卒中或心脏病发作的特定营养物。

4. 主要管辖权

主要管辖权原则是另一个共同的辩护方式，被告辩称，相关机构而不是法院应履行初始决策责任。新泽西州和加利福尼亚的法院接受了这一论点，并支持了消费者欺诈行为，声明使用“天然”一词在含有HFCS的食品上是误导的。这些 310
案件的法院在有限的时间内保留了这些事项，使FDA有机会权衡这一问题；然而，在每个案件中，由于缺乏代理机构资源，机构拒绝接受该问题后，这一决定将被取消。

在 2013 年，关于“天然”一词的一系列案件是在主要管辖权上决定的，但结果不同。在 Janney 等的 General Mills 案中，几名原告指称 General Mills 的天然谷物产品被错误地宣传为天然产品，因为它们含有 HFCS 和类似的甜味剂。法院审查了 FDA 长期以来没有定义“天然”的历史，以及即使法院提出要求，FDA 也拒绝就此问题做出裁决。在这次审查的基础上，法院拒绝被告驳回案件的要求。相反，在 Cox 诉 Gruma 公司案件中，原告声明被告的玉米饼被错误地宣传为“天然”，因为它们含有遗传修饰的生物质。根据主要管辖权原则，法院将此案保留 6 个月，并将争议提交给 FDA。在 Kane 等起诉 Chobani 案件中，原告声明被告的酸奶被错误地宣传为“全天然”，因为它包括用于着色的水果或蔬菜汁浓缩物。法院驳回了投诉，因为明确披露水果或蔬菜浓缩物的标签，使理性的消费者被误导为“全天然”广告，意味着酸奶不含添加的果汁，这是不合理的。

Pelayo 起诉 Nestle USA Inc. 等的案件中，原告辩称，当产品含有黄原胶和大豆卵磷脂时，被告的面食被错误宣布为“全天然”，宣称是非天然成分。法院以偏见为理由驳回此案，理由是不会误导理性的消费者。具体来说，法院指出，原告未能提供客观或合理的“全天然”一词的定义，法院拒绝原告试图使用“天然”字典定义（即天然产生或存在的）。法院还指出，理性的消费者“意识到 Buitoni Pastas 是从意大利馄饨和饺子中逐渐形成的”。法院还驳回了原告对 FDA 非正式指导的证词，指出它没有建立法律，约束要求厂家。最后，法院认为，即使“天然”的定义含糊不清，但印刷在每个包装上的成分列表公开了产品包含有效成分，从而防止任何理性的消费者被误导。因此，在没有可信的、客观的“天然”定义的情况下，原告没有证明理性的消费者同意其主观定义，法院驳回了其对主要管辖权理论的主张。

311 四、《兰哈姆法案》：Pom 诉 Coke 的意义

（一）第九巡回法院

第九巡回法院最近在 Pom Wonderful LLC 诉可口可乐公司的案件中的判决鼓励一些食品和饮料公司提出：标签声明应该根据隐含的或暗示的优先适用权予以

取消。Pom Wonderful 是一家制造石榴汁的公司，针对可口可乐公司提起诉讼，声明其以 Minute Maid 品牌生产的石榴汁，误导消费者，因为它实际上几乎完全由苹果汁和葡萄汁组成。在诉讼中，发现“石榴蓝莓”果汁实际上只含有 0.3%的石榴汁和 0.2%的蓝莓汁。此外，Pom 公司声明，对消费者调查显示，该产品的标签误导消费者，使他们相信该产品主要成分是石榴和蓝莓汁，但实际上它几乎完全是由廉价的果汁组成的。

Pom 公司称，虚假广告违反了《兰哈姆法案》，这是一项“广泛禁止虚假广告”的联邦法律，是加利福尼亚州的消费者保护法规。初审法院驳回了 Pom 公司，它认为，当 FDA 规定与《兰哈姆法案》相符时，应通过授权某些产品的声明，否则将违反《兰哈姆法案》，法院应遵从 FDA 的专业知识。

第九巡回法院赞成这一决定。上诉法院讨论了《兰哈姆法案》的广泛法律框架和 FDA 在 FDCA 下的同样广泛的监管授权。然后法院确定了 FDCA 和《兰哈姆法案》之间的冲突。一方面，《兰哈姆法案》“针对使用虚假或误导性描述或代表授权诉讼”与任何货物有关，“诉讼可以由相信他或她或任何可能受到虚假描述或陈述损害提起”。另一方面，FDA 已经颁布了关于制造商如何命名和标记其果汁饮料的法规，并且只有 FDA 规定可以对违反 FDCA 的行为采取行动。法院认为，FDA 根据其规定提起诉讼的能力与《兰哈姆法案》所设想的更广泛的诉讼原因完全相符。它解决了这个问题，同意 FDA 的规定，推理应该遵从 FDA 的专业性。因为可口可乐的标签符合 FDA 的有关规定，“FDA 认为应该做更多的工作来防止欺骗”，或者如果可口可乐的标签误导消费者，它可以采取行动，法院宣称地方法院的决定。法院继续解释说：“根据我们的先例，法院在 FDA 没有采取行动时，尽管在这一领域进行了大量规定，但仍有可能削弱 FDA 的专家判断和权威。”

最后一点，鼓励一些被告，如果他们不能适用优先权，应运用国家标签方面 312
的隐性优先适用权。这个论点没有成功。法院通常解释为 Pom Wonderful 将其讨论限于 FDCA 是否优先于《兰哈姆法案》声明，要求法院解释 FDA 规定，“没有分析根据 FDCA 的州法律提出的声明”。一些地区法院宣布了第九巡回法院的决定，并得出结论，它甚至不是一个优先案件。他们认为，这种情况在某种程度上涉及主要管辖权原则，这允许法院就有关机构专业知识中的复杂问题听从监管机构。例如，在 Astiana 诉 Hain Celestial Group Inc. 案件中，法院处理了关于在化妆品标签上使用术语“全天然”“纯天然”和“纯净，天然和有机”的声明要求产品是虚假的或误导性的。法院非常支持 Pom Wonderful 案件，认为它反映了 FDA 的监管权力。首先，法院认为 Pom Wonderful 是一个“实际上尊重 FDA 权力”的案例。它引用了 Pom Wonderful 的命题，“饮料标签的问题已由国会委托给 FDA”，并且“对于法院在没有 FDA 批准的情况下采取行动——尽管在该领域进行了广泛的管理——将会危及 FDA 的专家判断和权威”。法院随后审查了 FDA 分别在食品和化妆品上使用“天然”一词的陈述。它解释说：“只有 FDA 关于使用‘自然’一词的声明以‘非正式政策声明’的形式出现，并且仅限于食品标签背景。”由于 FDA 没有发布“关于在化妆品标签上使用‘天然’一词的规定或法规（甚至非正式政策声明）”，法院“拒绝做出任何独立判断”，即被告对“天然”的使用是否为假的或误导性的，这样做会“危及 FDA 专家的判断和权威”。

（二）最高法院

最高法院一致决定于 2014 年 7 月撤销第九巡回法院的裁定。法院裁定，由对 FDCA 规定的食品标签上的虚假或误导性产品描述提出，竞争对手可以在《兰
313 哈姆法案》中指控不正当竞争的声明。法院明确指出，该案件不是优先案件，它是根据另一联邦法规（FDCA）的规定，根据一个联邦法规（《兰哈姆法案》）排除行动的案件。法院认为“这里没有法定文本或确立的解释原则，以支持 FDCA 排除《兰哈姆法案》适用”的论点，例如 POM 公司提出的诉讼。相反，法院认为，“FDCA 和《兰哈姆法案》在联邦法规中对误导性食品和饮料标签进行了相互补充”。国会将 FDCA 的优先权限于州和地方的要求，两个联邦法规共存七十年作为有力的证据，国会不让 FDA 监督是确保真实食品标签的唯一手段。法院还进一步指出，这两个法规互相补充：FDCA 能让 FDA 执行实施规定的详细法令，而《兰哈姆法案》使食品企业竞争对手做 FDA 不能做的，即评估市场活力，并为不公平竞争做法起诉公司、为竞争对手和消费者提供最终保护。法院认为这种“互补”结构更符合国会意图，而不是可口可乐公司宣称 FDCA 排除了《兰哈姆法案》的主张，因为国会希望在食品标签方面实现国家统一。

最高法院的决定所带来的影响将随着时间的推移而变得显著。显然，即使食品企业已经符合 FDA 发布的技术标签规定，它们现在也可能暴露于来自竞争对手的《兰哈姆法案》要求。然而，法院的裁决是否会影响 FDCA 对基于州法律

的私人执行要求的排他性影响仍待考究。因为针对食品工业的消费者集体诉讼几乎完全是根据州法律提出的，所以在最高法院的判决之后，优先原则和一致性原则可能会继续以同样的方式适用。

第九节 食品诽谤法案

一、对媒体报道的回应

消费者群体的不断增长造成了食品系统信息一个有趣现象，就是传播关于某些食品的故事。而这些故事的传播推动了《食品诽谤法案》的出现，也称为《食品诋毁法》或非正式的《素食诽谤法》。自 20 世纪 90 年代开始，共有 13 个州通过了《食品诽谤法案》。

当华盛顿的苹果种植者在对 CBS 广播公司（CBS）的《60 分钟》节目中的一个普通产品诽谤案件中失败时，《食品诽谤法案》首次出现。作为回应，各州通过了该法案。1998 年，在一个广为人知的案例中，电视谈话节目主持人奥普拉·温弗瑞和她的一位客人被卷入了一场诉讼，这次案例通常被称为“阿马里尔得克萨斯牛肉的审判”，围绕得克萨斯州的《食品诽谤法》是否适用于奥普拉节目中关于牛肉和疯牛病的贬低评论。最近，如第一章所述，Beef Products 公司（BPI）起诉美国广播公司（ABC）涉嫌食品诽谤和侵权的干扰。2012 年，ABC 314
在其晚间新闻节目上播出了一段关于 BPI 制造“瘦牛肉泥”（LFTB）的内容。这种广播以及后续报告和社交媒体传播一再将 LFTB 称为“粉红肉渣”，这是由美国农业部员工为加工肉类而产生的术语。由于不利的媒体曝光，对 LFTB 的需求急剧下降，对 BPI 造成了损害，BPI 关闭了三家加工厂，削减了数百个就业机会，并申请了破产。

作为一个整体，13 个州的《食品诽谤法案》允许食品生产者对任何贬低他们产品的人提出诉讼。虽然法规在彼此之间存在很大差异，但作为一个整体，每个法规均包含六个主要元素：（1）以任何方式向公众传播；（2）散布传播者知道是虚假信息；（3）陈述或暗示易腐食品对公众食用不安全；（4）如果不基于合理或可靠的科学研究，事实或数据，则假定信息是假的；（5）贬损提供损害赔偿诉讼的理由；（6）任何行动必须在一两年内完成。许多州的食品诽谤法对民事责任设立了更低的标准，允许受害者得到对所受损失的赔偿，以及不论案件的结果如何被告都要为原告支付律师费。在不同的州这些法律的差异很大，但是普遍允许食品生产者起诉那些对他们的产品贬低的个人或者群体。一些州的法律还对证据设立了不同的标准（跟一般传统诽谤法相比的话），这些标准包括被起诉方承担举证的责任。

二、宪法层面

这些州法律条款引起了一些从宪法层面上的关注，包括美国宪法第一修正案
315 的条款和举证责任的困难方面。在最高法院《纽约时报》和沙利文的案件中，指出了对原告提出诽谤诉讼的要求没有支持。看上去诽谤的原则很可能适用于沙利文案，尽管广告内容存在纰漏，但是沙利文没有足够的证据证明《纽约时报》出于恶意诽谤自己。若想成功，沙利文必须“明白无误地和令人信服地”证明《纽约时报》事先知道广告上的指控是假的，但仍然明知故犯，照登不误；或者证明《纽约时报》严重失职，对于广告上的指控存有严重疑问，但未作任何努力去查核事实真相。以是否有实际恶意的原则来代替严苛的诽谤责任，最高法院的目的是保护一个言论自由、新闻自由的社会，因为“错误在言论新闻自由中是不可避免的”。

州《食品诽谤法案》可能质疑了沙利文案的三个原则。首先，将举证责任转移给被告可能会侵犯沙利文案的原则。其次，州《食品诽谤法案》因为忽视了主观恶意和虚假事实等有关的要求而违反宪法。这些要求限制了那些本来只是想自由地发表任何观点的人，因为怕受到伤害。人们不应该因为言论自由受到起诉，只有在发表某一言论时有实际恶意，才有可能受到起诉。最后，各州《食品诽谤法案》对言论构成诽谤的标准降低可能不符合沙利文案达到实际恶意的要求。尽管存在这些与宪法违背的问题，根据这些州法律的任何一个案件都没有明确这些法规的合法性。涉及奥普拉脱口秀节目的得克萨斯牛肉案件没有触及宪法的问题：法院发现，瘦牛肉泥不是《食品诽谤法案》的一部分，因为它不同于新鲜水果和蔬菜没有在有限的时间内腐烂（即它可以被冻结）。上诉法院认为奥普拉节目中评论在录制节目时并非故意诽谤。美国食狮公司起诉美国广播公司的案件中，有可能会引起在南达科他州法案下出现的宪法问题的关注。也可能用法规来规范政治演讲，将根据最高法院 2010 年在联合公民诉联邦选举委员会案的原则进行更高标准的审查。

第十节 食谱的版权保护

一、保护烹饪创新

食品和餐饮业的发展，高级美食的普及，名人厨师的兴起以及互联网上食品博客的泛滥，都促进了新的、现代的烹饪时代精神。在这方面的食品是关于艺术、文化和社会的变革。这种动态提出了关于烹饪创新作为知识产权受到保护的问题，特别是《联邦版权法》。

二、无版权保护的烹饪食谱 316

美国宪法在国会中赋予“促进科学和有用的艺术的进步，通过为作者和发明者争取有限的时间，获得他们各自的作品和发现的专有权”的权力。《联邦版权法》是为了充分保护作者的著作。1976 年《联邦版权法》规定，版权保护需要创造性工作：(1) 原创；(2) 与思想或程序相反的表达；(3) 非主流工作或设计；(4) 固定在有形的表达媒介中。食谱和烹饪菜肴不包括在法定保护主题的列表中。虽然《联邦版权法》和美国版权局指出，版权不保护“仅仅列出成分或内容”，除非附有“以解释或指示的形式表达的实质性文学表达”或作为较大作品的一部分，例如食谱，这并不完全排除版权保护烹饪菜肴和食谱的可能性。

Melville Nimmer 在他受版权保护的法律著作中，对食谱的版权保护提供了一个更严格的观点。Nimmer 说，“因为食谱的内容清楚地由功能性考虑决定，因此可以说缺乏所需的原创性元素，即使配方中包含的成分的组合可能是不可替换的”，因此食谱应当不具有版权。巡回法院依靠 Nimmer 的结论认为版权并不利于烹饪食谱。在 Publications International 诉 Meredith 公司案件中，第七巡回法院认为，仅列出组分成分的个别食谱不具有版权。在 Barbour 诉 Head 案件中，联邦地区法院指出，“无论在何种程度上，它是有指导意义的，版权登记声明中不表明食谱本身具有版权”。使用版权注册法令所规定的标准，即“伴随着大量文学表达”的食谱具有版权保护的基础。Barbour 坚持，如果被告的议案中认定的相同或相似的 20 个食谱，经法院裁定，至少有几个语句包含的声明可能足以表达超越纯事实的界限，这些声明包括“无用或有用的评论”，这些评论被法院认为满足“实质文学表达”门槛的版权登记，并且也被逐字记录在被告人的食谱中。这两个案例的结果是，没有任何文学附属品的个人烹饪食谱本身就具有版权。

317 如果烹饪被重铸为另一种“表达”，且食谱作为其中已经固定的模式，也许从概念上创造一种似是而非的版权声明是保护食谱版权的方式。否则，对厨艺创作者及其食品艺术的版权保护需要修改版权法，明确将烹饪菜看作为可保护的主体。

参考文献

[1] Elise Golan. Economics of Food Labeling, Econ [J]. Journal of Consumer policy 24, 2001: 117-184.
[2] Government Printing Office. United States Code (USC) [M]. 2006.
[3] George Washington University. The Pure Food and Drugs Act of 1906: the birth of federal food and drug regulation [Z]. 1980.
[4] U. S. Food and Drug Administration. Gould Amendment [Z]. 2013.
[5] Schultz H W. Federal Food, Drug, and Cosmetic Act [J]. Medical Times, 2006, 83 (10): 1042-1050.
[6] FDA. Guidance for Industry: Qualified Health Claims in the Labeling of Conventional Foods and Dietary Supplement [Z]. 2002.
[7] FDA. Regulatory Procedures Manual [Z]. 2010.
[8] Investigations A C. Inspections, Compliance, Enforcement, and Criminal Investigations [J]. Cpg Sec, 2010.
[9] The U. S. federal government enforcement agencies and departments. Code of Federal Regulations (CFR) [Z]. 2014.
[10] Usda S. Nutrition Labeling of Ground or Chopped Meat and Poultry Products and Single-Ingredient Products AGENCY: Food Safety and Inspection [J]. Final Rule. 2001.
[11] U. S. Department of Agric. and U. S. Dep't of Health and Human Services. Dietary Guidelines for Americans [Z]. 2010.
[12] Public laws, 108th Congress, 282 [M]. LexisNexis: CIS, 2003.
[13] FDA. Guidance for Industry: Dear Manufacturer Letter Regarding Front-of-Package Symbols [Z]. 2008.
[14] Rebecca Ruiz. Smart Choices Foods: Dumb As They Look? [J]. Forbes. 2009.
[15] William N. For Your Health, Fruit Loops [N]. N. Y. Times. September 4, 2009.
[16] William N. Food Label Program to Suspend Operations [J]. N. Y. Times. 2009.
[17] Examination of Front-of-Package Nutrition Rating Systems and Symbols: Phase 1 Report [J]. Institute of Medicine. 2010.
[18] Institute of Medicine (US) Committee on Examination of Front-of-Package Nutrition Rating Systems and Symbols [J]. Front-of-Package Nutrition Rating Systems and Symbols: Promoting Healthier Choices. 2010.

[19] Office USGA. Food Labeling: FDA Needs to Reassess Its Approach to Protecting Consumers from False or Misleading Claims [J]. 2011, 17 (5): 480 - 487.

[20] Stauffer J E. Nutrition Labeling and Education Act. [J]. 1995, 265 (18): 2315 - 2315.

[21] FDA. Guidance for Industry: Interim Procedures for Qualified Health Claims in the Labeling of Conventional Human Food and Human Dietary Supplements [Z]. 2003.

[22] Rauer S. When the First Amendment and public health collide: the Court's increasingly strict constitutional scrutiny of health regulations that restrict commercial speech [J]. American Journal of Law & Medicine, 2012, 38 (4): 690.

[23] FDA. Draft Guidance for Industry: Evidence-Based Review System for the Scientific Evaluation of Health Claims [Z]. 2009.

[24] Food & Drug Admin. U. S. Settlement Reached for Qualified Health Claims Relating Selenium to Reduced Risk of Prostate, Colon, Rectal, Bladder, and Thyroid Cancers [Z]. 2013.

[25] Dep't Food & Drug Admin. U. S. Label Claims for Conventional Foods and Dietary Supplements [Z]. 2013.

[26] Derr L E. When food is poison: the history, consequences, and limitations of the Food Allergen Labeling and Consumer Protection Act of 2004 [J]. Food & Drug Law Journal, 2006, 61 (1): 65 - 165.

[27] Roses J. Food allergen law and the Food Allergen Labeling and Consumer Protection Act of 2004: falling short of true protection for food allergy sufferers [J]. Food & Drug Law Journal, 2011, 66 (2): 225 - 242.

[28] Thompson T, Kane R R H M H. Food Allergen Labeling and Consumer Protection Act of 2004 in effect [J]. Journal of the American Dietetic Association, 2006, 106 (11): 1742.

[29] FDA. Guidance for Industry: Questions and Answers Regarding Food Allergens, including the Food Allergen Labeling and Consumer Protection Act of 2004 [Z]. 2006.

[30] FDA. Guidance for Industry: Trans Fatty Acids in Nutrition Labeling, Nutrient Content Claims, Health Claims; Small Entity Compliance Guide [Z]. 2003.

[31] FDA. Food labeling: trans fatty acids in nutrition labeling, nutrient content claims, and health claims. Final rule [J]. Federal Register, 2003, 68 (133): 41433.

[32] FDA. Guidance for Industry Voluntary Labeling Indicating Whether Foods Have or Have Not Been Developed Using Bioengineering [Z]. 2001.

[33] Stephanie S. Many G. M. O. -Free Labels, Little Clarity Over the Rules [N]. NY Times. January 30, 2015.

[34] Ministry of Agriculture. Further Strengthen Supervision and Management of Agro-GMO Safety [Z]. 2014.

[35] Gary L. Poll: Skepticism of Genetically Modified Foods [N]. ABC News. June 19, 2011.

[36] Debra M. Strauss. The International Regulation of Genetically Modified Organisms: Importing Caution into the U. S. [J] Food Supply. 2006.

[37] David G. Victor & C. Ford Runge. Farming the Genetic Frontie [J]. 81 Foreign Aff. 2002.

[38] California Proposition 37. Mandatory Labeling of Genetically Engineered Food [Z]. 2012.

[39] Lisa B. U. S. Food Makers Sue to Stop Vermont's GMO Labeling Law [N]. Reuters. June 12, 2014.
[40] U. S Food & Drug Admin. Animal Cloning and Food Safety [Z]. 2008.
[41] Walker B G. Double Trouble: Competing Federal and State Approaches to Regulating the New Technology of Cloned Animal Foods, and Suggestions for the Future [J]. J. tech. l. & Poly, 2009.
[42] Lytton T D. Kosher: Private Regulation in the Age of Industrial Food [J]. Social Science Electronic Publishing, 2013, 77 (1): 203 - 204.
[43] Timothy D. Lytton. Kosher Certification: A Model of Reliable Food Label Regulation [J]. Fooducate Blog. 2013.
[44] Mazur E M. Kosher Nation: Why More and More of America's Food Answers to a Higher Authority Sue Fishkoff. New York: Schoken Books, 2010 [J]. Journal of American Culture, 2012, 35 (1): 81 - 82.
[45] Fooddrug Administration H. Irradiation in the production, processing and handling of food. Final rule [J]. Federal Register, 2008, 77 (231): 71316 - 71320.
[46] Stephanie S. Group Seeks Special Label for Food: "Natural" [N]. N. Y. Times. December 19, 2013.
[47] Oxford University Press. FTC Proposed Trade Regulation Rule on Food Advertising [J]. Nutrition Reviews, 2010, 33 (1): 30 - 30. .
[48] Food & Drug E-Alert. FSIS Holds Public Meeting on the Definition of the Term "Natural", Covington & Burling [Z]. 2006.
[49] Marian B. New Rules Set for Meat Sold as Grass Fed [N]. N. Y. Times, October 19, 2007.
[50] USDA. Vilsack Announces Implementation of Country of Origin Labeling Law [Z]. 2009.
[51] U. S. Dep't of Agric. Agricultural Marketing Serv. FAQs-COOL Labeling Provisions Final Rule [Z]. 2013.
[52] WTO. Recourse to Article 21. 5 of the DSU by Canada [Z]. 2013.
[53] EC No. 1881 - 2006. Commission regulation of 19 December 2006 setting maximum levels for certain contaminants in foodstuffs [S]. the Commission of European Communites. 2006.
[54] Marsha A. Echols, Food Safety and the WTO: The Interplay of Culture [J]. Science and Technology. 2001.
[55] United States measures concerning the importation. United States-measures concerning the importation, marketing and sale of tuna and tuna products: report of the Panel [J]. E-docs, 2011.
[56] Palmer A. World Trade Organization, European Communities-Measures Affecting Asbestos And Asbestos-Containing Products, Report Of The Appellate Body [J]. Review of European Community & International Environmental Law, 2001, 10 (3): 340 - 344.
[57] Korea measures affecting imports of fresh. Korea: measures affecting imports of fresh, chilled and frozen beef: report of the panel [J]. World Trade Organization, 2000.
[58] F. T. C. Opinion at 9, In re POM Wonderful LLC, No. 9344 [Z]. 2013.
[59] F. T. C. Campbell Mithun, L. L. C. [Z]. 2002.

[60] Andrew S, Ben & Jerry's Sinks Class Cert. In "All Natural" Label suit, Law 360 [J]. 2014.
[61] 3d. Cir. Young v. Johnson & Johnson, 525 F [J]. App'x. 2013: 179.
[62] Rita-Marie Cain Reid. You Say "Lean Finely Textured Beef," I Say "Pink Slime." [J]. Food & D rug L. J. 2014: 625.
[63] Lichtman D. Copyright as a Rule of Evidence [J]. Duke Law Journal, 2003, 52 (4): 683 - 689.
[64] Nimmer M B, Nimmer D. Nimmer on copyright [M]. LEXIS Pub. 2000.
[65] Buccafusco C. On the Legal Consequences of Sauces: Should Thomas Keller's Recipes Be Per Se Copyrightable? [J]. Social Science Electronic Publishing, 2007, 24.
[67] Mary C J. USDA Develops New GMO-Free Certification and Label for Foods [N]. Huffington Post. May 14, 2015.

320 # 第五章　营养成分相关法规

第一节　简　　介

如第四章中的健康声明所述，从20世纪六七十年代开始，随着立法者和政府官员更加了解饮食和健康之间的关系，营养法规的建立变得愈加迅速。这使得食品药品监督管理局（FDA）开始更积极地规范营养和饮食的一个重要部分——膳食补充剂的使用，其使用量自20世纪60年代就开始增长。那个年代的消费者使用膳食补充剂来补充满足其营养需求。这些消费者希望能准确了解膳食补充剂的有效性和正确使用方法，并根据这些选择合适的补充剂。本章介绍了FDA和FTC管理膳食补充剂的独特监管制度，主要侧重于膳食补充剂与常规食品管理的不同之处。

在当今时代，尤其是近年，肥胖率的上升对美国消费者的健康和健康护理成本产生了极大影响，促使政策制定者进一步考虑饮食与健康之间的关系。许多地方和国家一级的法律手段已经被应用于营养问题（尤其是全国肥胖流行病）的处理。在运用这些手段时面临的挑战反映了个人责任与家长式主义之间的紧张关系，并展现了要适应现代食品体系导致的不断变化的社会环境的复杂性。

本章探讨两种反映这些紧张局势和复杂性的市场行为，并涉及许多法律手段的运用：标签标识和面向儿童的市场营销。本章还将概述出于营养目的颁发的各种食品禁令和政府计划，并研究用于解决肥胖症的诉讼工具。最后，本章将讨论关于营养法规的两个案例：盐和糖。

321 ## 第二节　膳食和营养补充剂法规

一、《膳食补充剂健康教育法》（DSHEA）：监管制度

（一）分类所致的紧张局势：食品还是药品？

1906年的《纯净食品和药品法》（PFDA）中没有涉及膳食补充剂。根据

1938 年的《食品、药品和化妆品法》（FDCA），FDA 对“特殊膳食用途的”食品以及这些食品的“维生素、矿物质和其他膳食特性”给予认可。随着那些支持对膳食补充剂的安全和营销进行更多的监管，与那些将监管视为消费者选择的障碍的人之间的关系日渐紧张，人们发现 FDA 对膳食补充剂的监管是有争议的。这种紧张关系引出了一个关键的问题，即膳食补充剂是药品还是食品？在早期膳食补充剂的开发中，产品通常被分类为食品和药品。膳食补充剂分类为药品，意味着其上市前需要获得安全性和有效性的批准。

下面是一个涉及关于 FDA 对膳食补充剂的实质性效力的分类法规争论的例子。1962 年，FDA 颁布了新的法规限制高剂量维生素的销售，但由于消费者的抗议而撤回。在经历了对关于维生素法规的覆盖范围的长期争论之后，FDA 在 1973 年颁布了最终规定，禁止在食品销售时将维生素和矿物质进行非理性组合，并设定营养物的最大和最小效力水平。如果营养素的效力水平超过 FDA 设定的最大阈值，则该产品将被视为未经批准的药品。

这些新法规在美国营养食品协会诉讼 FDA 时遇到挑战。1974 年，第二巡回法院发现 FDA 有限制维生素和矿物质剂量以保护消费者免受治疗效果迷惑的权利，法院还发现一个重要事实，某种营养素若以高剂量出售时，人们不会认为它是未经批准的药品。FDA 需要确定，制造商的目的是希望消费者使用其产品作为药品治疗。法院为回应国家营养食品协会，通过了维生素矿物质修正案（也称为 Proxmire 修正案——以参议员 William Proxmire，D-Wisconsin 命名）。将第 411 节添加到 FDCA 中（现 21U. S. C. §350 中），Proxmire 修正案由国家营养食品协会制定，禁止 FDA 越权将维生素和矿物质作为处方药管理。 322

（二）DSHEA：应对消费者的需求

1994 年颁布的《膳食补充剂健康教育法》（DSHEA）大大改变了膳食补充剂的监管方式。如克林顿总统的签署声明所称，DSHEA 的通过受到有限监管的支持，旨在响应消费者的需求。

经过几年的努力，制造商、营养专家和立法者与基层消费者建立了良好的联盟，并在符合法律法规的膳食补充剂的治疗效果方面达成共识。除此之外，政府一直是他们的盟友。而私人市场已顺应这种发展，制造出了越来越多种类的安全补充剂。但近年来，为了维护消费者的利益和扩大健康食品的供应而设计的监管计划已经被用来改变消费者为提高其营养和饮食目标所做出的选择。或是出于好意，负责保护食品供应和消费者权利的政府机构限制了这些能让人做出健康选择的信息，这些信息对超过1亿人来说意义重大。简单地说，立法修订FDCA，为《膳食补充剂（包括维生素、矿物质和草药）法规》制定了新的标准。

DSHEA直接解决了过度管制带来的问题，并在假定膳食补充剂的安全性和有效性的基础上，主张“联邦政府不应采取任何行动强加不合理的监管障碍，来限制或减缓安全产品和消费者准确信息的流动”和“膳食补充剂在广泛的摄入范围内是安全的，并且补充剂的安全问题是相对罕见的”，以及“保护消费者获得安全膳食补充剂的权利的立法行动对于促进健康是必要的”。而就膳食补充剂的健康和欺诈问题，DSHEA的通过已经触发了扩大规章的呼吁，该法案的签署有利于促进产品的使用。

323 （三）食品子类别

DSHEA为膳食补充剂创造了一个新的、宽泛的定义，并确定膳食补充剂为食品的一个子类别。将膳食补充剂放在食品而非药品的监管框架内，给人以无须检测即为安全的印象，这对食品制造商来说十分有利。若制造商想将膳食补充剂作为药品出售，需要在上市前获得FDA批准，证明其产品是安全和有效的。这种严格的上市前审批程序涉及显著的时间限制，以确保索赔得到“充分和良好控制的调查”的支持。

DSHEA还创立了膳食补充剂部门，即FDA的子部门，它有权调查膳食补充剂和制造商提出的声明。根据DSHEA，膳食补充剂的标签要求变得更为宽松，例如允许在补充剂上说明其结果及功能。DSHEA还提供了膳食补充剂营养支持声明。最后，一旦补充剂得以上市，即证明产品安全的负担就从制造商转移到FDA。

（四）膳食补充剂的定义

1. 广义定义

DSHEA广义地将膳食补充剂定义为：（1）旨在补充饮食的产品；（2）含有以下膳食成分：维生素、矿物质、草本植物或其他植物、氨基酸和其他物质或其成分；（3）为丸剂、胶囊、粉末、片剂或口服液体；（4）在包装正面标明为膳食补充剂。虽然在DSHEA规定下，膳食补充剂不被视为药品，但是该法案授权FDA如果对其做出不适当的声明，则宣布膳食补充剂为药品。如第一章所述，药物在第201（g）条中被定义为“用于诊断、治愈、缓解、治疗或预防人或其他动物疾病的物品”。与所有其他食品一样，膳食补充剂的标签和广告表明了其预期用途。即使 DSHEA 规定了某些类型的膳食补充剂和这种补充剂必须以其他形式出售，但同时也允许膳食补充剂以常规食品形式出售，只要它们不代表常规食品或替代膳食并且被标记为膳食补充剂。

尽管膳食补充剂有不同的监管机制，但如果膳食补充剂被用作常规食品，则 324
FDA 将其视为常规食品。例如，FDA 采取行动反对将 Benecol——一种含有胆固醇降低的甾烷醇酯的黄油状涂抹食品，作为膳食补充剂来销售。虽然包含甾烷醇酯给了该公司一个将其作为膳食补充剂的似是而非的理由，但是 FDA 拒绝了该请求，因为除了声明的甾烷醇酯的健康好处，Benecol 为黄油样味道，并且用途类似于黄油。由于这些常规食品的属性，Benecol 不能被归为膳食补充剂。

2. 例外：食品添加剂

在 Proxmire 修正案之后，FDA 几乎不再使用 FDCA 药品规定调整膳食补充剂，转而使用 FDCA 食品添加剂规定，该规定要求未经批准可添加的，通常认为是公认安全物质（GRAS），或受到食品添加剂法规约束的食品添加剂在上市前需获得批准。FDA 认为，由于膳食补充剂成分可被添加到胶囊或片剂中以生产膳食补充剂，因此可算作食品添加剂。FDA 常利用其权力来规范食品添加剂，宣称是一种更简单的测试膳食补充剂成分是否安全或有何不足的手段。如果 FDA 宣布根据 FDCA 的食品添加剂规定，膳食补充剂是不安全的，那么制造商将有责任证明所使用的补充剂是安全的。由于往往是食品本身所含成分不符合食品添加剂的分类标准，法院经常推翻 FDA 的这一立场。通常认为，必须是能改变食品特性的物质才可被认为是食品添加剂。

当 DSHEA 根据 FDCA 第409节的食品添加剂定义明确豁免补充剂时，这些问题才得以解决，这项豁免影响深远。为避免被 FDCA 的食品添加剂规定视为掺假，膳食补充剂在被用作食品添加剂时无须得到 FDA 的特殊批准。膳食补充剂也无须被 FDA 或食品工业认证为公认安全物质（GRAS）。特别地，由于不在食品添加剂的定义之内，膳食补充剂不必遵守 Delaney 条款，其禁止 FDA 批准“当人或动物摄入会致癌”的食品添加剂。然而，有色素添加剂的膳食补充剂必须仍然符合 Delaney 条款（关于食品添加剂相关法规的更深入讨论，见第四章）。

325 ## （五）安全规范

1. 掺假

DSHEA 为膳食补充剂制定单独的安全标准，其中包括关于哪些类型的掺假是不安全的。政府对所有掺假元素都有举证责任。根据 DSHEA，如果在标签中推荐或建议使用的条件下，或在正常使用条件下，该膳食补充剂会带来显著或不合理的疾病或损伤风险，则被认为是掺假食品。因此，标准是现有的食品标准——即使它存在明显或不合理的疾病或损伤风险——但它也规定了膳食补充剂的安全性是基于其使用条件的，该条件包括产品标签上推荐的使用条件或普通使用条件。此外，如果卫生及公共服务部（DHHS）发现膳食补充剂包含“对公众健康或安全潜在危害”的成分，则将被视为掺假。

根据 DSHEA，制造商和分销商负责确定产品是否安全，为确保其不是虚假或误导性的，所有声明均需证据支持。膳食补充剂上市前不需要 FDA 批准，除非含有法律要求的新的膳食成分，则需上市前提交审查以进行安全检查。在确定其产品在他们的产品销售之前和之后的安全和有效性时，膳食补充剂制造商不必向 FDA 提供他们的证据。一旦产品上市，FDA 必须证明该产品是不安全的，方能限制该产品或将其移除市场。

2. 良好生产规范

如果膳食补充剂是在不符合良好生产规范（GMP）的条件下制备、包装或保存的，则也被视为掺假。GMP 是用于确保质量的严格、详细的程序——它被用于人类消费产品的制造过程，例如膳食补充剂。DSHEA 赋予 FDA 在现有食品 GMP 之后建立 GMPs 特定膳食补充剂的权利。2007 年颁布的最终规定包含详细的质量控制程序以及记录保存要求或补充剂制造过程中的每一步骤。FDA 在最终规定中指出，“GMP 的重点是过程控制，以确保持续实现所需的结果，而非所
326 使用成分的固有安全性”。膳食补充剂的 GMP 适用于所有在美国生产、贴标或有进口和销售膳食补充剂许可的国内外公司。

3. 新膳食补充剂成分：保留条款

对于“新”膳食补充剂成分——在 1994 年 10 月 15 日以后销售的——若补充剂缺乏可以合理保证该成分不存在明显的或不合理的疾病或损伤风险的信息，则产品可以被视为掺假。在 1994 年 10 月 15 日之前使用的膳食补充剂，其基于消费者的使用历史而被假定是安全的，且不需要由 FDA 审查安全性。对于这些

给予特权的膳食补充剂成分，制造商需要保存其在 1994 年 10 月 15 日之前的使用记录。对于未记录的膳食补充剂，若制造商和分销商打算在美国销售含有“新膳食成分”的产品，则必须通知 FDA。除非该成分被认为是食品物质并存在于食品供应中，否则制造商或经销商必须证明“该成分被合理地认为用于膳食补充剂中是安全的”（不存在明显的或不合理的疾病或损伤风险）。新膳食成分的制造商和经销商还必须在产品上市前 75 天通知 FDA，并在提供使用历史或在推荐条件下使用的其他安全证据。

2010 年《食品安全现代化法案》（FSMA）中有一项规定，要求 FDA 在颁布后 180 天内澄清新的膳食成分通知（NDI）的定义。FDA 于 2011 年 7 月提出的 NDI 指南草案，与 DSHEA 不符，制造商对此发起投诉。之后，FDA 于 2012 年 6 月同意修订指南，但未说明修订的具体时间。

作为通知要求的替代方案，制造商可以向 FDA 申请“颁发指令，规定预期使用条件下，新膳食成分将被合理认定为安全的条件”。FDA 必须在申请后 180 天内对其申请进行评估和裁决。一旦启用这种可选的批准，而非发出通知，可能会消除 FDA 对新膳食成分的作用的可能性。

4. 严重不良事件报告

由于膳食补充剂上市前无须安全审查，FDA 必须依赖于不良事件报告系统以查找安全问题。2006 年颁布的《膳食补充剂和非处方药消费者保护法案》要 327
求对膳食补充剂的不良事件报告系统进行几个重要的改变，来替代 FDA 在 1993 年创建的补充剂的自愿不良事件报告系统。制造商、包装商或经销商必须在 15 天内向 FDA 报告膳食补充剂的“严重不良事件”，并要求 FDA 建立和维护一个系统，跟踪与膳食补充剂相关的不良事件。“不良事件”指“与使用不利的膳食补充剂相关的任何健康相关事件”。严重不良事件被定义为死亡、危及生命、住院、持续或严重的残疾，或为预防任何上述结果所需的医疗或外科手术。公众还可以自愿提交不良事件报告。所有膳食补充剂标签都需要列出公司的国内地址和电话号码，以便负责人接收事件报告。虽然该法案不要求公司报告中度或轻度不良事件，如胃肠道不适或头痛，但公司可自愿这样做。此外，保健医生和消费者可以提交严重、中度和轻度不良事件的自愿报告。

除了接收不良事件报告外，FDA 还依赖上市后的监督工作来确保安全，包括审查消费者投诉和对设施进行检查。一旦确定安全问题，FDA 必须在膳食补充剂从市场上移除之前证明其呈现显著或不合理的风险，或以其他方式掺假。

5. 注册

DSHEA 不要求制造商向 FDA 注册或识别他们制造的产品或那些产品的成分。但所有食品设施，包括膳食补充剂的制造商和经销商，必须根据 2002 年《公共卫生安全和生物恐怖主义准备和响应法》（《生物恐怖主义法》）和实施条例，在 2003 年 12 月 12 日前向 FDA 注册。第 3 章描述了《生物恐怖主义法》下的登记要求。换言之，该法案要求在 FDA 进行初步注册，并在信息更改后的 60 天内进行更新。注册信息必须包括设施的名称和地址以及紧急联系人，制造或销售某些类型的产品（例如维生素）的设施由其自行识别。

（六）营销法规

1. 标签

DSHEA 特别授权 FDA 颁布针对膳食补充剂的标签要求。如果不遵守膳食补充剂的标签规定，可能导致产品被 FDCA 误标记。DSHEA 要求膳食补充剂的标签上有实际添加物板块，这不同于常规食品所需的营养成分板块。实际添加物板块的布局和内容的规定在 21 C. F. R. § 101. 36 中有详细说明。FDA 指导建立了膳食补充标签的一般显示（主显示区或 PDP）和放置要求。除了一些显著的例外，常规食品的基本标签要求都适用于膳食补充剂：身份声明、成分说明、营养信息、制造商、包装商或经销商的名称和营业地点以及准确的净含量都需要放置在产品标签上。表 5. 1 为膳食补充剂标签的一个示例。

328 **表 5. 1　膳食补充剂标签**

补　充 分量：1 片		
	每 份 的 量	每日价值/%
维生素 A（作为视黄醇乙酸酯和 50%作为 β-胡萝卜素）	5 000 IU	100
维生素 C（抗坏血酸）	60 mg	100
维生素 D（胆钙化醇）	400 IU	100
维生素 E（dl-α 生育酚乙酸酯）	30 IU	100
硫胺素（硫胺素-硝酸盐）	1. 5 mg	100
核黄素	1. 7 mg	100

续　表

	每 份 的 量	每日价值/%
烟酸（烟酰胺）	20 mg	100
维生素 B_6（盐酸吡哆醇）	2.0 mg	100
叶酸	400 mcg	100
维生素 B_{12}（氰钴胺素）	6 mcg	100
生物素	30 mcg	10
泛酸（泛酸钙）	10 mg	100

其他成分：明胶、乳糖、硬脂酸镁、微晶纤维素、FD & C 黄 6 号、丙二醇、对羟基苯甲酸丙酯和苯甲酸钠。

（资料来源：FDA，“Dietary Supplement Labeling Guide：Chapter IV. Nutrition Labeling” http：//www. fda. gov /Food /GuidanceRegulation /GuidanceDocumentsRegulatoryInformation / DietarySupplements/ucm070597. htm）

常规食品对于膳食补充剂标签的不同之处在于，要求膳食补充剂的命名要体现出术语“膳食补充剂”。“膳食”一词可以用产品中膳食成分的名称代替。大 329
多数膳食成分应按其通用名称列出。草药必须根据商业草药中使用的术语列出。如果补充品包含任何植物材料，则标签必须标识所使用的植物部分。如果植物的拉丁名称不在书中，则标签必须使用拉丁语名称。

成分说明需要列出每种成分的名称和数量。这一要求不同于常规食品，常规食品只需列出具有每日推荐摄入值的营养素。DSHEA 允许列出没有每日推荐摄入值的膳食成分，只要标签在“占每日推荐摄入值百分率”列中用星号表示此成分，即指示“每日推荐摄入值不存在”脚注。该标签只需要识别含量较显著的成分。如果膳食补充剂含有一些成分的专有配方，则标签需要仅列出混合物中所有成分的总量。如果膳食补充剂含有草药或植物性药品，则标签必须标识“成分源自植物的何部分”。

营养信息属于为“补充品标示”。膳食补充剂标签必须列出服用量，这是一次推荐使用的量。此信息必须在营养信息顶部附近注明“服用量”。

一般来说，DSHEA 要求，如果膳食补充剂要符合特定纲要的标准，则必须按实照做。由 FDCA 或联邦法规确定的官方纲要包括《美国药典》（USP）和《食品化学品法典》。另外，产品的身份和质量信息必须在标签上的标注。如果该膳食补充剂不在一个官方纲要范围内，则其必须包含其代表的身份和强度，且必须包含它所代表的质量、纯度和组成规格。

DSHEA 第 5 节对科学期刊文章、书籍和其他用于销售膳食补充剂的出版物提供了标签要求的豁免，前提是这些材料全部转载，不是虚假的或误导性的，不推广特定品牌或制造商，与其他材料一起呈现以创建科学信息的平衡视图，并且与所销售的膳食补充剂分离。DSHEA 还要求，当在企业中使用此类第三方信息时，它不能在补充剂旁边出现，必须与补充剂的标示分离。

330 2. 声明

补充剂不可以被用于疾病声明。换句话说，制造商不得声明该补充剂可用于治愈或治疗疾病。如果要使用该膳食补充剂可用于诊断、治疗、治愈或预防任何疾病的声明，制造商必须在第一次销售该产品前 30 天内将该声明通知 FDA。DSHEA 允许在膳食补充剂标签上做出营养支持声明。此外，类似于食品制造商，膳食补充剂制造商可以做出营养内容声明、结构/功能声明和健康声明。所有声明还必须包括一个明显的免责声明，该产品未经 FDA 评估，也不能“意图诊断、治疗、治愈或预防任何疾病”。此外，制造商对产品的任何声明必须真实，不得误导消费者。

（1）营养支持声明

DSHEA 为允许膳食补充剂标签和包装含有某些常规食品不可用的营养支持陈述做了很大贡献。具体来说，DSHEA 第 6 节允许在膳食补充剂标签上标明营养支持声明，如果声明存在与经典营养缺乏症相关的益处，并且公开了这种疾病在美国的普遍性，则膳食补充剂不被认为是错误的，这种旨在描述影响人体结构或功能的营养素或膳食成分的作用，营养素或膳食成分维持这种结构或功能的记录机制，或营养物或膳食成分的益处。

DSHEA 还要求制造商若要在膳食补充剂的标签加入营养支持声明，则必须给出“证实该声明是真实的且不具误导性的证据”。DSHEA 进一步要求标签包含以下免责声明：“此声明未经 FDA 评估。本产品不用于诊断、治疗、治愈或预防任何疾病。”

（2）营养成分声明

营养成分声明要求能直接或间接地表征膳食补充剂中营养物水平。直接的营养成分声明是关于膳食补充剂中营养物的水平或范围的直接表达。直接的营养成分声明的示范陈述是：“包含 200 卡路里”。间接的营养成分声明表达更为间接，
331
以表明其不存在或以一定量存在的方式描述营养物（例如，“高燕麦麸皮”），

或建议膳食补充剂由于其营养成分有助于维持健康的饮食习惯，包括明示权利要求或关于营养的声明。如果 FDA 首次颁布关于这项声明的规定，NLEA 将允许对常规食品和膳食补充剂进行营养素含量声明。DSHEA 没有改变这个监管框架。DSHEA 之后，FDA 于 1995 年进行了第一个关于膳食补充剂营养素含量声明的行动。同年，FDA 公布了对常规食品和膳食补充剂的某些营养成分声明的提议规定。之后在 1997 年，FDA 颁布了这些规定的最终版本。这些最终规定阐明了可用于描述膳食补充剂中营养成分的几个术语。第一，虽然膳食补充剂可列出没有 RDI 和 DRV 的营养素的营养信息，但规定明确指出“对于常规食品和膳食补充剂，具有 RDI 或 DRV 的那些膳食成分的限定营养素含量声明的使用，仍不可使用例如‘更多’和‘高’的描述方式”。第二，法规允许在膳食补充剂标签上使用以下营养成分术语：①“高”“丰富”或“优良来源”；②“良好来源”“包含”或“提供”；③“更多”“坚固”“丰富”或“添加”。第三，当天发布的一套单独的法规允许膳食补充剂使用术语“高效力”和“抗氧化剂”。

当 FDCA 被 1997 年的《食品和药品管理局现代化法》（FDAMA）修订时，它允许通过其他途径进行常规食品和膳食补充剂的营养成分声明。具体来说，如果基于某些科学家目前发表的权威性声明，FDAMA 允许在没有 FDA 规定的情况下进行营养素含量声明。FDAMA 规定了在这种情况下必须满足的上市前通知程序。如果满足这些通知程序，并且 FDA 不在规定的法定时间框架内行动，则可以进行营养成分声明。

（3）结构/功能声明 332

结构/功能声明描述了预期影响身体结构或功能的营养物或膳食成分的作用。虽然结构/功能声明可以描述产品如何影响身体的器官和系统，但它不能提及任何特定疾病。结构/功能声明的标准示例是“钙建立强壮的骨骼”。结构/功能声明有时也描述了与营养缺乏疾病相关的益处，但是生产者还必须声明（在同一声明中）这种疾病在美国的覆盖程度。

如第四章所述，只要声明是真实的，不具误导性的，并且是关于食品的营养价值，则 FDA 允许对没有通知的常规食品进行结构/功能声明。常规食品的这种结构/功能要求必须涉及“与食品属性相关的对身体结构或功能的非疾病影响以及声明的效果”。DSHEA 扩大了膳食补充剂对食品的结构/功能声明的范围。

结构/功能声明可在没有 FDA 的正式审查或上市前批准（根据通知要求）的情况下就能出现在标签上。但是，根据 FDCA 要求，该声明必须是真实的并且无误导性。制造商负责确保声明的准确性和真实性。

因此，根据DSHEA，如果声明中体现了对营养缺乏症的益处，展现了该病症在美国的流行程度，并描述了影响人体结构或功能的营养素或膳食成分的作用，营养素或膳食成分维持这种结构或功能的记录机制，或营养物或膳食成分的益处，则其为结构/功能声明。

在1996年，FDA发布了DSHEA下的通知和证据程序的建议规定，该规定被用于膳食补充剂结构/功能声明。FDA于1997年颁布了通知和证实的最终规定。该规定表明，必须在上市之前30天内向美国FDA申报该膳食补充剂产品标签上的结构/功能声明。此外，通知必须包括：① 制造商或分销商的名称和地址；② 所提出的声明文案；③ 作为声明主体的膳食成分的名称；④ 声明出现的膳食补充剂名称，包括品牌名称；⑤ 证明制造商或经销商已经证实该声明真实且不具误导性的材料。

333 1998年，FDA承诺确定可以在膳食补充标签上进行的一般类型的结构/功能声明，并试图将这些声明与疾病或健康相关的条件声明区分开——条件声明为"描述营养物与疾病或健康相关状况之间的关系"。FDA于2000年颁布了关于结构/功能声明的最后规定，将一般结构/功能声明（不需要FDA预先批准）与疾病或健康相关条件的声明（需要FDA授权，或根据FDAMA的上市前通知，或者作为新的药品声明处理）区分开来。最终规定定义"疾病或与健康相关的条件与膳食补充剂的声明相结合：疾病或健康相关条件是指对身体器官、部位、结构或系统的损害，使其不能正常发挥作用（例如心血管疾病）或导致此类功能障碍的健康状态（例如高血压）；由必需营养素缺乏引起的疾病（例如败血症、斑疹）不包括在本定义中"。这些规定还缩小了膳食补充剂用途的疾病或健康相关状况的范围："与不造成重大或永久性损害的自然状态或过程相关的常见病症不会被视为疾病。"因此，由于老化引起的脱发将适合膳食补充剂结构/功能声明。最后，最终规定允许膳食补充剂制造商通过在标签上引用疾病的官方名称证实标签声明，只要在整个标签的上、下文中，该引证并不意味着"该产品可用于诊断、治疗、减轻、治愈或预防疾病"。

含有结构/功能声明的膳食补充剂标签必须包括FDA未评估该声明的免责声明，并且该补充剂不用于"诊断、治疗、治愈或预防任何疾病"。尽管结构/功能声明不需要FDA预先批准，但制造商必须对其声明有实质性支持，在产品标签上具有结构/功能声明的情况下，在产品上市前30天内通知FDA，并在补充标签上提供免责声明：必须声明补充剂未经 FDA 评估，且膳食补充剂不适用到“诊断、治疗、治愈或预防任何疾病”。

（4）健康声明

如第四章所述，对未得到证实的健康声明的普遍关注有助于促进颁布《营养标签和教育法》（NLEA），该法案为 FDA 建立了健康声明审批系统，包括提供膳食补充剂健康声明的单独程序。第四章阐述了健康声明表明食品、食品成分或膳食补充剂与降低疾病风险或健康相关条件之间的关系。一个健康声明的例子为，“尽管心脏病有多种影响因素，但低饱和脂肪和胆固醇饮食可能降低这种疾病的风险”。制造商必须在上市前 30 天内向 FDA 申报该健康声明。如果 FDA 拒绝该声明，会发送信件建议制造商做出更改或删除声明，若制造商没有依照意见做出更改，将面临 FDA 的执法行动。 334

DSHEA 没有改变关于膳食补充剂健康声明的 NLEA 框架。1994 年，在 DSHEA 通过之前，FDA 已经发布了膳食补充剂健康声明的最终规定。这些规定表明，膳食补充剂将维持与传统食品相同的健康声明标准。DSHEA 没有为膳食补充剂颁布新的健康声明规定，而是任命了膳食补充剂标签委员会（CDSL），就这些健康声明提出建议。FDA 随后及时完成了关于 CDSL 建议的最终规定制定，否则将取消 1994 年 FDA 关于膳食补充剂健康声明的最终规定。CDSL 于 1999 年发布了最后报告，特别建议“NLEA 对健康声明的批准程序在膳食补充剂和常规食品中应保持不变”。这有效地保留了 FDA 的 1994 年关于健康声明和膳食补充剂的最新规定。因此，膳食补充剂可以通过遵守关于常规食品的健康声明的 NLEA 规定来做出健康声明。

尽管 DSHEA 禁止制造商声明膳食补充剂可用于治疗疾病，但标签可以描述补充剂和疾病预防之间的关系。该描述构成健康要求如：“使用 β-胡萝卜素有助于降低癌症的风险。”虽然制造商不需要对其声明进行验证，但 FDA 必须对标签上的任何健康声明进行审查并授权。

FDA 要求“明显的科学研究”健康声明是正确的。要明确的是，本标准并非来源于 DSHEA，而是由 FDA 根据《行政程序法》（APA）制定的，该法令是由联邦机构与规定制定机构执行国会通过的法律。FDA 已经声明其对健康声明的评估是基于客观因素，最重要的是由制度（政府和非政府）研究证明的科学共识。虽然 FDAMA 为常规食品提供了另一种健康声明授权方式——如果制造商成功向 FDA 通报了基于美国政府或美国国家科学院科学机构的“权威声明”的健康声明，可以授予声明的使用——FDAMA 不包括基于权威性声明的健康声明的膳食补充剂。可根据 NLEA 条款对膳食补充剂提出健康声明，允许在仔细审查科学证据后经 FDA 批准后提出健康声明。FDAMA 提供了一种附加手段，用于列出常规食品标签上的健康声明：基于某些科学机构的权威声明，使用上市前通
335 知系统进行健康声明。然而，FDAMA 没有颁布这个上市前通知系统对膳食补充剂标签的健康声明。

注意到 FDAMA 已为常规食品而不是膳食补充剂创建了额外的健康声明程序，FDA 于 1999 年颁布了相关规定，以平衡膳食补充剂和常规食品治疗的健康声明。FDA 表示，“对于健康声明，常规食品和膳食补充剂应遵守相同的标准和程序，包括由 FDAMA 提供的通知程序”。根据 NLEA 和相关法规，一些健康声明已被批准用于膳食补充剂（以及常规食品）标签，这些范围从钙骨质疏松症声明到叶酸（神经管缺陷）的声明，到植物甾烷（冠心病）的声明。

常规食品和膳食补充剂均可使用合格的健康声明。如第四章所述，为回应 Pearson 的决定，FDA 于 2000 年发布了一份通知，描述了该机构可以对膳食补充剂标签中的合格健康声明强制执行酌情决定的情况。在此通知之后，FDA 在 2002 年发布了临时行业指南，用于制定膳食补充剂的健康声明。该通知进一步规定，这些临时程序也适用于常规食品的合格保健要求。2002 年 12 月，FDA 也开始实施“消费者健康信息促进更好的营养举措，提供更多和更好的关于常规人类食品和人类膳食补充剂的信息”。这项倡议导致 2003 年颁布了关于膳食补充剂和常规食品中健康声明承诺的临时程序。

3. 广告

虽然 FDA 规定了对产品标签的声明（包括在销售点的包装、插入物和信息），但 FTC 对膳食补充剂广告的规定具有主要管辖权。FTC 管理膳食补充剂的责任范围有广播、广告、电视、互联网营销和类似的直接营销材料。联邦贸易委
336 员会的权力来自《联邦贸易委员会法》（FTCA）第 5 节，该法禁止在商业中竞争或影响商业的不公平方法以及不正当或欺骗性的行为而影响商业。FTCA 将“虚假广告”定义为“标签以外的任何具有误导性的广告”。

FTC 要求膳食补充剂声明得到充分证实。FTC 的膳食补充：2001 年出版的“行业广告指南”，概述了有关证实的预期执法工作。FTC 标准基本要求：（1）广告必须是真实的且不会误导；（2）在传播广告之前，广告商必须对所有客观产品声明具有足够的证据。FTC 广告指南将欺骗性广告定义为“包含可能

误导消费者在这种情况下合理行事的错误陈述或遗漏的欺骗性广告”。该指南还规定，FTC 对明示和隐含声明的证实标准是“有有力和可靠的科学证据”，这与 FDA 对营养、结构/功能和健康声明的要求不同。FTC 和 FDA 一直密切合作，保护消费者免受互联网上使用虚假或欺骗性声明销售产品的生产商的欺骗。

如第四章所述，FTC 的政策发生了重大变化，只有在有力和可靠的科学证据支持的情况下才允许声明，并要求有两项控制良好的临床试验证实这些声明。这项政策在 POM Wonderful 诉讼 FTC 中受到质疑，其中 2015 年的联邦贸易委员会认为 FTC 违反了《第一修正案》,《第一修正案》提出了“一揽子”要求，即所有疾病和健康相关的声明要由两个 RCTS 证实。然而，法院指出，FTC 在未来的案例中不一定禁止强加两项 RCT 实证要求。法院很可能会要求进一步权衡对膳食补充剂产品供应商的双 RCT 实证要求的应用。

（七）强制执行

通过颁布 DSHEA，国会通过使膳食补充剂的制度与食品相同，撤销了大部分 FDA 对膳食补充剂的监管权力。在实践中，这意味着 FDA 的参与更加有限，因为它必须证明补充剂是不安全的，然后才能从市场中去除。这与药品法规形成对比，药品法规中规定制造商必须在销售产品之前证明安全性和有效性。然而， 337
FDA 有权以警告信、产品扣押和强制召回的形式强制处理误用和掺假的膳食补充剂。它也可以通过制定规定禁止其成分的应用。

FDA 担负着每个环节的举证责任，即证明膳食补充剂是掺假的或贴错标签。在 FDA 向美国律师提交掺假案例之前，FDA 必须向制造商提供其表示意见的机会。该程序仅适用于膳食补充剂。DSHEA 消除了 FDA 对掺假情况的解释。该标准着重于产品的预期/推荐使用，而不是产品本身。当 FDA 采取执法行动时，它具有证明成分的毒性或在推荐使用下的毒性的责任。因为推荐使用取代了法定定义中的普遍使用，膳食补充剂可能常常以滥用的方式使用——造成严重的健康风险甚至死亡——但如果 FDA 不能证明推荐的用途是不安全的，则允许保留在市场上。

二、功能性食品

因为科学家们一直在加强营养与健康之间的联系，使得食品和药品之间的界限对于FDA来说越来越难以维持。如第一章所述，一种被称为“功能性食品”或“营养保健品”的新兴食品具有膳食补充剂的特性。功能性食品，广泛定义为任何改性食品或食品成分，具有超越其传统的营养成分的健康益处。消费者选择功能性食品，不仅因为它们的香气、味道或营养价值，还因为其特定的饮食益处。例如，酸奶被推广用于减肥计划；番茄制品的番茄红素含量得到提升；提升橙汁含量有助于保持骨密度。

“功能性食品”术语已经存在多年，然而，如第四章所述，美国国会从未修改FDCA来管理功能性食品，而且FDA从未制定过此类产品的唯一法规。由于没有针对功能性食品的具体陈述和法规，所以这些产品遵从与FDA规定的食品、膳食补充剂和其他产品相同的一般要求。这意味着功能性食品可以被调节为“膳食补充剂”，这取决于对产品的声明和产品在市场中的定位。

338 功能性食品，比如膳食补充剂，市场很大的而且可能会继续增长，特别是考虑到年龄高峰代会慢慢变老，人们对医疗保健预防的兴趣越来越高，而且由于科学的进步，饮食与疾病之间将会有新的联系。

三、能量饮料案例

能量饮料对食品和膳食补充剂的规定提出了有趣的问题。“能量饮料”一词在法律或法规中没有定义。FDA将能量饮料解释为“一类液体形式的产品，通常含有咖啡因，或含有其他添加成分”。

通常，能量饮料可以作为常规食品或膳食补充剂销售。制造商可以选择销售能量饮料作为膳食补充剂，以便规避常规食品中的食品添加剂和GRAS物质（例如咖啡因）的标准。制造商也可以选择销售能量饮料作为常规食品，则不需要报告与产品相关的严重不良事件。另外，能量饮料作为一种饮料可以与食品一起购买。

在2010年的一份报告中，GAO建议FDA发布指南，澄清何时应将产品作为膳食补充剂销售，何时应作常规食品销售。FDA同意这项建议，并发布了关于区分液体膳食补充剂和饮料的指南草案。不良事件报告可能将能量饮料与许多疾病相关联，包括心脏病发作和抽搐，甚至死亡。一些国会议员对能量饮料的规定表示关注，特别是那些含有咖啡因的。2012年11月，FDA同意委托一个外部专家小组审查能量饮料的安全性。

四、欺诈问题

如第二章所述，经济性掺假（EMA）是一种食品欺诈的形式，已经困扰食品体系几个世纪了。FDA 将 EMA 定义为“为了提高产品的表观价值或降低其生产成本，即为了经济利益，利用产品欺诈，故意替代或添加某种物质”。EMA 在 339
膳食补充剂的行业中特别令人烦恼，并且已经与公共健康问题相关联。用于调节膳食补充剂的传统法律工具——GMP、标签要求、不良事件报告——在复杂的全球食品系统中没有有效地消除 EMA，这使得膳食补充剂中 EMA 的水平特别难以确定，更不用说强制反对这种掺假形式。2015 年 2 月，纽约州总检察长办公室向主要零售商发出一封信函，要求他们停止掺杂和误食草药补品。测试显示，五分之四的产品中都不含有标签上列出的草药，标记药草的药片通常含有的是廉价的填充剂，如米饭、芦笋和室内植物。膳食补充剂的欺诈问题很可能继续引起政策制定者和执法当局的关注。

五、自我监管

膳食补充剂行业通过制定质量和安全标准以及第三方认证计划来实现自我监管。例如，NSF 国际公司测试和认证了膳食补充剂的质量、污染和标签验证。此外，USP 作为一个非政府组织，制定标准，并验证成分和成品的质量、纯度和效力。USP 还有一个消费者援助认证计划（美国药典膳食补充剂验证计划），用于验证膳食补充剂的含量。USP 进行实验室测试，给出评价，并评估生产实践。如果公司符合他们的标准（膳食补充剂产品包含标签上标明的成分，其含量和强度符合纯度标准，并且该产品符合良好的生产规范），则 USP 盖章批准。

第三节　标 签 标 识

一、美国《营养标签和教育法》（NLEA）忽略之处

NLEA 明确豁免了即食食品供应的餐馆，食品零售商和机构——涵盖广泛的
食品供应商。因此，餐馆不需要提供卡路里内容或关于他们服务的食品的任何其 340
他营养成分。根据 NLEA 条款，只有当餐厅对其食品含量（例如“低盐”或

“轻度”）做出明确声明时，才会使用这个法案。尽管美国国会打算通过 NLEA 向消费者提供基于科学技术的信息，以便他们能够对他们的食品采购做出明智的决定，但国会认为在餐馆需要营养标签是不切实际的。

二、州和地方菜单标签法规

（一）纽约市法规：《第一修正案》

在 NLEA 通过后，州和地方政府颁布法律，与 FDA 规定食品的 NLEA 要求相似，要求披露餐馆供应食品的营养信息。2006 年，纽约市卫生委员会通过了一项法规，要求将热量信息张贴在所有食品服务机构的菜单上，食品服务机构已自愿在菜单以外的地方发布营养信息，例如在餐馆的网站上或宣传单上。该法规的目的是让顾客对食品的营养信息一目了然。在法规生效之前，纽约餐厅协会（NYSRA）以联邦掠夺言论自由为由，向纽约市卫生局提起诉讼，挑战城市的标签规定。联邦地区法院指出，因为该市法规仅限于已经自愿公开其食品热量的餐馆，该市的监管与 NLEA 的运作方式完全相同，因此明显被 NLEA 抢先。由于地方法院裁定该条例已被抢先，因此并未涉及 NYSRA《第一修正案》的论点。当纽约市卫生局修改规定，要求所有在十五个地区的纽约市餐馆在其菜单上显示卡路里内容时，NYSRA 提出了一个新的诉讼来挑战修订的法律。联邦地区法院驳回了诉讼，并维持了纽约市的监管，这是第二巡回法院所确认的一项决定。第二巡回法院认为，经修订的法规并没有被 NLEA 的监管计划所取代。第二巡回法院发现，即使国会从 NLEA 豁免食品服务机构，但它留给州和地方政府权力以要求菜单板上登载营养信息。根据《第一修正案》的声明，第二巡回法院在《第一修正案》审查的四重哈德森测试中发现，成分信息的强制性披露并不是绝对地
341 侵犯了 NYSRA 成员的《第一修正案》权利，因为城市对抗肥胖的目标与这一规定有着密切的关系。

（二）其他城市和州法规

继纽约市之后，其他地方政府也推出了类似的菜单标签规定。2008 年，加利福尼亚成为第一个颁布菜单标签法的州，要求二十多个地区的餐馆在菜单上标出卡路里信息。加利福尼亚州、马萨诸塞州、缅因州、俄勒冈州和新泽西州等都颁布了规定或颁布了关于要求菜单标签的法规。在地方一级，许多县实施了菜单

标签法，包括被国家法律优先抢占的俄勒冈州和加利福尼亚地区。

三、联邦菜单标签法规

（一）《患者保护和平价医疗法》

2010 年 3 月，国会通过了《平价医疗法》（ACA）。这项医疗改革立法包括 4 205 节，修正了 FDCA 的 NLEA 条款。第 4205 节要求餐馆、零售食品机构和自动售货机操作者向消费者提供购买点的营养信息。ACA 将其覆盖范围限制在 20 多个地区的食品服务机构和售货机。

ACA 特别要求 FDA 颁布以下问题的法规：（1）用于确定和公开以不同的味道、品种或组合形式出现的标准菜单项目营养成分的标准，这些标准被列为单个菜单项目；（2）为提供信息以协助消费者维持健康的饮食习惯，而可能披露的任何其他营养物质；（3）不依照法律要求自愿提供营养信息的机构登记规定；（4）营养成分披露要求的形式和方式。FDA 被进一步指示要考虑法规制定中的某些因素，包括配方和制备方法的标准化；成分、分量和菜单项目配方的变化；菜单上的空间；关于人的部分，包括工人培训和人为错误的可能性。ACA 给 FDA 一年时间颁布规定的条例。强制性要求预计在 FDA 最终确定其规定之后 342
生效。

（二）推荐标签要求

2011 年 4 月，FDA 发布了两个关于在连锁餐馆、零售食品店和二十多个地点的自动售货机菜单板上的热量标签的规定。据称，FDA 预计将在 2012 年底前颁布最终规定。随后，FDA 在 2014 年 2 月发布关于菜单标签要求的最终规定中设定了自己的最后期限，该机构尚未完成最后的法规。在 2013 年的一次采访中，FDA 委员 Margaret Hamburg 表示，法规制定变得非常复杂："在消费者和公共卫生方面以及在行业方面有非常强烈的意见，我们非常努力去弄清楚什么是真正有意义的，什么是可实现的。"2014 年 2 月，一个由二十四名国会议员组成的两党组织在给 FDA 的信中表示了担忧，"该规定会损害那些不打算被菜单标签法所覆盖的非餐馆以及那些在食品中具有灵活性和变异性的餐馆"。小组要求 FDA 考虑替代方案，包括让交货操作在线提供信息，将规定限制在食品服务是主要收入来源的地点，减少处罚，让餐馆使用其他方法定制或改变物品尺寸。

拟议的规定提出了两个方案，以便界定该规定涵盖的“餐厅或零售食品店”。两种选择都将“餐厅或零售食品店”定义为提供食品销售的餐馆或餐馆型食品的零售店，其中食品的销售是该场所的主要商业活动。这两项包括作为餐厅或公共场所公开展示的企业，或者零售企业总面积的50%以上用于准备、购买、服务、消费或存储的企业。第一种选择适用于50%的收入来自食品的企业。第二个选择适用于存放“餐厅或餐馆类食品或其成分”的机构。用于诠释餐厅或零售食品店的两种选择通常将电影院、保龄球馆、书店咖啡馆、游乐园、具有内部特许摊位的一般商品店、酒店和诸如火车和飞机的运输工具排除在外——所有向消费者出售餐厅食品的餐馆。第二个选择也将杂货店和便利店排除在外。根据备
343 选方案二的规定，排除这些实体，特别是杂货店和便利店，引起了对国会意图的辩论。

拟议的规定还描述了需要卡路里和营养信息的食品。根据ACA，覆盖的企业需要为“标准菜单项目的食品”提供卡路里和营养信息。ACA明确地从这个类别中排除了自定义订单（以客户要求以特定方式准备的）、每日特价（菜单上不常列出的食品）、临时菜单项（菜单或菜单板上显示的食品每年少于60天）、部分常规市场测试产品（提供的食品少于连续90天以测试消费者接受）和调味品（可用于一般使用，如盐、胡椒和番茄酱，每个客户都可以接触到）。

拟议的FDA规定，进一步规范了需要标记的食品和将被豁免的食品。它提出了餐厅食品和餐厅类食品、标准菜单食品和组合膳食的定义。符合标签要求的餐厅食品是在餐厅或其他食堂供应食品时即时食用的食品——在购买食品处所消耗的或者带走的食品，或在该场所出售或使用的食品。标准菜单食品通常是餐馆提供的或自助服务食品，或用于展示的食品，包括常规地包含在菜单或其他主要作品中的多种食品，或者作为自助餐食品或在展示时常规提供的食品。组合膳食是由多于一个食品项目组成的标准菜单食品。

拟议规定列出三种免税食品：可变菜单项目食品、自助食品和展出的食品。可变菜单项目食品具有不同的气味、种类或组合，并且被列为单个菜单项。自助餐是在沙拉吧、自助餐厅或类似自助设施以及自助饮品供应的餐饮或餐饮类食品。展示食品是在消费者做出选择之前对消费者可见的餐饮或餐饮类食品，消费者在消费之前不需要进一步制备。这些定义也涵盖在餐馆或类似的自助设施中的诸如三明治或膳食的物品。杂货店业则对这一定义不赞同。

其他问题包括如何提供卡路里和营养信息的问题，以及企业实施法规所需的

时间也必须执行规则。

(三) 优先注意事项

ACA 规定，除非 FDCA 另有明文规定，否则它不会优先于任何州或地方法律的规定。第 4205 节修正了 FDCA 第 403（a）条，明确禁止州和地方政府实施与联邦法不同的营养标签要求，考虑到各州和地方要对少于 20 家的连锁店进行规定。第 4205 节这些子部分的累积效应是，允许州和地方政府联邦法律对少于二十个地点的餐馆规定更严格的菜单标签要求。 344

(四) 宪法审查

ACA 可能会经受纽约市卫生局关于菜单标签的诉讼中提出的言论自由和平等保护的宪法问题。第二巡回法院认为，城市打击肥胖的目标与本条例有合理的关系，因此在哈德森调查下，《第一修正案》不受宪法制约，这将说服对其他法庭。然而，针对反对国家和联邦菜单立法的家长式关系和标签要求的有效性，可能继续影响 NLEA 原本不包括的食品标签的法律制定。关于菜单标签有效性的实证分析也可能影响未来的政策。

四、行业自我监管

当首先提出菜单标签时，餐饮业坚决反对将规定作为抵御肥胖的工具。随着各州和市政当局开始采用菜单标签规定，餐饮业开始支持立法，特别是一些优先条款。在 FDA 关于国家菜单标签法的最终规定之前，一些机构推进了自己的菜单营养标签。最值得注意的是，美国最大的快餐公司麦当劳在 2012 年 9 月宣布，它会列出所有餐厅和直通菜单上的卡路里信息。

第四节 关于向儿童营销的法规

一、法律手段覆盖范围

疾病控制中心报告说，肥胖流行病对儿童来说很特别。儿童肥胖率的上升与儿童身体健康并发症的上升密切相关，包括脂肪肝、2 型糖尿病和情绪健康问题。超重儿童也有成年后超重或肥胖的倾向。

345 为了应对儿童的肥胖流行病，公共卫生界的很多重点集中在限制针对儿童的食品营销。用于实施营销限制的法律工具包括广告限制、政府监管和行业自我监管。使用这些工具在政府的公共卫生角色，父母角色和个人责任的概念之间造成了相当大的紧张关系。虽然许多倡导者同意政府应在儿童肥胖方面发挥积极作用，但他们对于这一角色应该是什么有很大分歧。

二、限制以儿童为导向的食品广告

(一) IOM 报告

许多食品营销的注意力集中在电视广告。医学研究所（IOM）在其 2006 年的“儿童和青少年食品营销：威胁或机会”报告中指出，“强有力的证据”表明电视广告会影响两岁至十一岁儿童的饮食要求和喜好。IOM 还发现，至少在短期内食品广告增加了儿童对广告食品的消费。

儿童每天通过多种媒体渠道接触的广告的数量和性质，有助于食品和饮料的销售，以及可能对久坐不动的人群的能量平衡产生不利影响。据估计，平均每个儿童每年在电视上看到四万多个广告，与 20 世纪 70 年代的两万个广告相比数量大幅增加……受这些广告影响的膳食和其他选择可能导致能量失衡和体重增加，导致肥胖……根据儿童的商业回应和产品偏好，很明显，广告达到了预期的效果……大量文献综述报告指出，食品广告促进儿童对父母的食品购买请求，影响儿童的产品和品牌偏好，并影响其消费行为。

监管电视广告的权力由两个政府机构共享：联邦通信委员会（FCC）和联邦
346 贸易委员会（FTC）。根据《通信法》，FCC 有权将广播规范为“公共便利，兴趣或必要需求”。FTC 受 FTCA 管辖，该条款规定“在商业中的竞争或影响商业的不公平方法以及在商业中的不公平或欺骗性行为或做法”是非法的。FTC 监管所有不公平或欺骗性的广告技术。FCC 和 FTC 都可以限制面向儿童的广告。

(二) FCC 监管：限制

关于儿童节目制作中的广告时间，FCC 的监管权力有限。FCC 对于面向儿童的广告内容没有任何监管权。1990 年《儿童电视法》（CTA）既适用于空中商业电视广播机构，也适用于电缆和数字提供商。CTA 对儿童节目中允许的广告长度进行了限制。CTA 明确规定“将儿童电视节目中的广告持续时间限制在周末为10.5分钟/小时，工作日为12分钟/小时”。FCC审查和修改广告长度限制的权力，可能会导致儿童节目制作期间广告时间受到进一步限制。

(三) FTC法规

1. 第5节

如FTCA的第4章第5节所述，在州际商业行为中的不公正或欺骗性的行为是非法的。FTC有权根据本法案向公司提出不公平或欺骗性广告的案件，它还有权颁布规定来解决普遍存在的侵权行为。FTC有能力通过个别行动或通过采用TCA授权的法规制定程序来管理不公平和欺骗性的行为和做法。制定法规在食品营销环境中更为可取，因为它可以达到规范普遍的行为和做法的目的，而不是针对只能导致离散的补救措施的做法的个别行动。

2.《儿童电视广告法》

FTC第一次全面努力规范儿童广告是在20世纪70年代。1977年，“儿童电视行动组”（ACT）和科学和公共利益中心（CSPI）要求制定法规，以规范1977年针对儿童的糖果和含糖食品的电视广告。美国消费者协会和儿童电视委员会于1978年提出请求，要求规范所有面向幼儿的电视广告。当时的倡导是对因高糖食品的消费而引起的龋齿和蛀牙的担忧。儿童肥胖问题在公共卫生 347
层面尚未解决到位；然而，儿童广告宣传的许多论据与现在辩论的问题是相似的。

在其授权下，FTC选择同意这些请愿。FTC工作人员报告说“对儿童来说，糖制品的电视广告因孩子太年轻而不能了解其销售目的，这违反了FTC法案”。工作人员建议：(1) 完全禁止针对八岁以下儿童的广告；(2) 禁止所有与针对十二岁及以下儿童的牙齿健康有关的食品广告；(3) 要求含糖食品的广告包含食品对健康的影响。在这项支持下，FTC开始了一部名为“儿童电视广告法”的法规制定。联邦贸易委员会于1978年发布了“关于制定法规的通知”，提出了在儿童电视时期播出的广告主要规定。

FTC的行动遭到了反对。华盛顿邮报刊登了一篇题为“FTC作为国家保姆”的社论，部分内容如下。

该规范实际上是为了保护儿童免受他们父母的弱点的制约——和保护父母免受孩子哭闹的制约。传统上这是一个家庭教师的角色之一——如果能负担得起。它不是政府的适当角色，政府也有足够的问题，如电视强调暴力和性别，以及地方节目制作的短缺，政府也没有扮演好这样的角色。

对 FTC 行动的反对最终导致国会通过 1980 年 FTC 改进法案，撤销了 FTC 对儿童广告不公平规范的权力。该法案特别撤销了委员会的授权，即“根据委员会的裁定，颁布儿童广告程序规定或在相似的程序中，将构成不正当行为或做法，从而影响商业活动”。由于没有不公平的管辖权作为法规制定的基础，FTC 仅可以基于是否欺骗来限制约束广告。欺骗的广告需要有这些要素：“用一些表述、遗漏或误导消费者的做法，并造成对消费者的损害。”终止 FTC 对儿童广告的不公平管辖权的合理化原因是，没有证据表明 12 岁以下儿童广告的含糖产品会对营养产生不利影响，或者它是造成糖制品对牙齿的不良影响的原因。今天，
348 由于 1980 年的《FTC 改进法案》，FTC 只能根据其在儿童营销法规中的欺骗管辖权进行裁决。

3. 欺骗政策声明：宪法注意事项

从宪法的角度来看，禁止向儿童提供垃圾食品广告是一个模糊的问题。根据 1983 年联邦贸易委员会关于欺骗的政策声明，有三个要素是欺骗：（1）必须有可能会误导消费者的陈述、遗漏或做法；（2）从在这种情况下合理行事的消费者的角度分析；（3）陈述、遗漏或做法必须是实质性的。有指导意义的是，尽管司法审查 FTC 在法规制定中的成分结论是高度重视的，但法律问题需要进行从头审判。因此，如果 FTC 关于儿童食品广告中欺骗的规定受到质疑，则将受到宪法第一修正案的审查。如第四章所示，根据宪法第一修正案，对商业言论的限制根据中央哈德森的四重审查方式进行审查。

尽管有理由认为，政府对保护儿童免受肥胖和欺骗性垃圾食品广告影响有极大的兴趣，但是哈德森中心测试并不那么容易。可以说，电视上这种不成比例的快餐广告是误导性的，由于这些广告直接针对年轻、容易受感染的孩子，完全禁止所有误导性和欺骗性的广告，将是确保这种通信不会不适当地影响儿童的唯一方法。由于政府只管制虚假、误导或其他欺骗性的广告，可能很难找到所有垃圾食品广告都具有欺骗性的数据。然而，事实上，并非所有在电视上传播的垃圾食品广告都是欺骗性的，因此，“一揽子”禁令比选择性的禁止更广泛，但在哈德森中心的案例下是违宪的。即使是试图防止未成年人获得淫秽或色情描述的法律，也被认为是违宪的，因为它将有效地抑制成年人享有宪法权利的言论自由。

三、行业自我监管 349

（一）国家自愿倡议

1. 儿童广告审查单位（CARU）

公共卫生受到儿童的肥胖流行的压力，政府对面向儿童的营销的限制范围有限，使得针对儿童的食品营销已广泛进行自我监管。美国的主要自律性广告机构是广告自律监管委员会［以前称为国家广告审查委员会（NARC）］，其任务是通过自愿自我监管促进国家广告的真实性和准确性，并促进广告商符合规定，以尽量减少政府对广告监管的参与。1974 年，NARC 成立了儿童广告审查单位（CARU），它作为一个自我监管机构，对儿童广告负责。CARU 由从事儿童广告业的成员管理和资助，制定行业标准，以确保针对儿童的广告不会对其目标受众造成欺骗、不公平或不适当行为，并考虑到了儿童的特殊脆弱性。CARU 制定的指南适用于针对 12 岁以下儿童广告的所有媒体，包括印刷、广播、有线电视、视频、销售点、包装和在线广告。某些“核心原则”适用于 CARU 自我监管计划涵盖的所有做法。

CARU 监测和审查针对儿童的广告，发起和接收有关广告做法的投诉，并确定此类做法是否违反了程序标准。当 CARU 发现违规时，它会尝试确保广告商或网站运营商的自愿合作。CARU 对广告业进行自愿调查。CARU 通过新闻宣布所有正式决定。广告商可以向全国广告审查委员会提出正式决定。

2. 2005 年 FTC/DHHS 研讨会

2005 年 7 月，FTC 和 DHHS 联合主办了一个关于儿童食品和饮料营销的自我监管和儿童肥胖问题的公共研讨会。研讨会讨论了食品营销的做法和儿童食品营销的自我监管工作。报告建议扩大和加强 CARU 的作用，使其更加有效。研讨会同时指出，美国国会指示联邦贸易委员会对食品营销进行全面的研究。小组讨论结果及研讨会的意见对 CARU 指南的价值观和自我监管体系的有效性出现了意见分歧。组织的成员认为，该指南效果良好并在保护儿童免受虚假、误导性 350
的或不当的食品广告误导方面做出了卓越贡献。消费者则对该指南表现出较低的热情，并表明自我监管作用不大甚至应被废除。

3. 2006 年的儿童食品和饮料广告倡议

商业改进局委员会于 2006 年 11 月启动了儿童食品和饮料广告倡议

（CFBAI），以向那些向儿童食品和饮料广告的公司提供透明和负责的广告自律机制。CFBAI 是一个依靠自我监管的计划，其目标是“改变针对 12 岁以下儿童的广告信息的混乱现状，以鼓励更健康的饮食选择和健康的生活方式”。参与的公司需要遵循 CFBAI 的五个指导性的“核心原则”：（1）公司只能宣传“更好的产品”，每个公司将开发符合科学或政府标准的独特标准；（2）公司将在互动式赠品中纳入“更好的产品”；（3）公司只能以符合其广告承诺的方式，使用许可的角色、名人和电影进行绑定宣传；（4）公司不能购买或寻求针对 12 岁以下的儿童产品的植入式广告；（5）公司不会在小学内宣传品牌的食品或饮料。参与的公司还各自做出“将进一步促进 12 岁以下儿童的健康饮食选择和健康生活方式”的公众承诺。这些制造商承诺：（1）至少将其一半针对儿童的电视、广播、印刷品和互联网广告用于鼓励更健康的选择和生活方式，并限制在互动游戏中展示其产品；（2）不在小学宣传其食品或饮料产品；（3）不在娱乐内容中植入其食品和饮料产品；（4）减少在广告中使用第三方许可这样的字符。每家公司的承诺仅由 CFBAI 监督执行，如果公司拒绝履行其承诺，CFBAI 可以驱逐该公司并向 FTC 报告。参与的公司仍然可以使用他们自己创造的角色（例如，托尼老虎和麦当劳）进行广告宣传他们所有的产品，而非仅仅是“更加适合的产品”。

此外，CFBAI 没有设立 12 岁及以上的儿童的标准。参与的公司可以自由定义自己的“更好的”产品。2011 年 7 月，CFBAI 宣布参与该计划的公司将要增
351 加遵循一项“统一的营养标准”。“统一营养标准”将食品和饮料分为十个类别：如具有特殊热量、饱和脂肪、钠、糖的限制，于 2013 年 12 月 31 日生效，且参与计划的公司必须遵守。该标准未包括快餐食品及软饮料类别。

4. 2009 年的儿童食品市场工作小组 IWG

2009 年，国会通过《综合拨款法》指示 FTC、疾病控制中心、FDA 和 USDA，成立了儿童食品市场工作小组。工作组需要针对未满十八岁的儿童食品市场标准进行研究并提出发展建议。2011 年 4 月，工作小组发布了面向儿童食品市场营销的一套初步拟议营养原则（PPNP）。PPNP 面向群体涵盖 2~17 岁的儿童并且围绕两个核心营养原则：（1）广告和营销应使得儿童“选择对健康饮食有贡献的食品”；（2）通过广告和营销来最大限度地减少儿童摄入对健康有负面影响的营养素——如钠、饱和脂肪、反式脂肪和额外添加的糖。工作小组还建议应该重点关注最长针对儿童营销的食品集团。

5. 国际商会标准

国际商会（ICC）还为儿童营销制定发布了道德标准准则。ICC 国际广告实务守则特别规定，电视广告应是合法、体面、真实的，不得包含任何可以直接或者间接误导消费者的感觉或视觉暗示，并且需要可以被清晰地辨认为广告。准则的“社会价值”部分还指出，广告不应包括任何直接诱惑儿童说服成年人为他 352
们购买该产品或混淆儿童对某一产品的价值或成本认识的言辞。设定这些规定的目的是为了保护儿童免受其广告的误导。国际商会很少会对违规者采取执法行动。

（二）企业自我监管

除了 FTC 对儿童的食品广告的监管之外，如今大多数的限制都依靠食品公司的自我监管。如糖果制造商玛氏有自己的“营销准则”，并禁止发布针对 12 岁以下儿童的广告或将自动贩卖机放置在小学等行为。由于糖分容易致人上瘾，2012 年 2 月，玛氏公司公布了一份声明，该公司将不再生产任何热量超过 250 卡路里的糖果。随着糖成瘾的现象被证实，食品企业可以通过自我调节做出应对，例如，一些芝加哥和圣安东尼奥的饮料公司开始在自动售货机旁边张贴上相关营养信息。

四、诉讼

大众诉讼营销实践对儿童的正确营养选择产生不利影响，其中将其与消费者保护法下不公平竞争的法律要求联系起来的是儿童电视委员会与 General Foods 公司之间的对抗。儿童电视委员会与其他组织原告以及父母、儿童一起起诉 General Foods 公司及其营销，因为糖类谷物其 38%～50% 均为糖，却被宣传为健康营养的儿童谷物早餐，并被销售给儿童，原告根据加利福尼亚州的《消费者保护法》提出了欺诈营销的控诉。因为几乎一半是糖和化学添加剂，但市场却将其宣传为营养和健康的，五种谷物制品被提出诉讼——AlphaBits 麦片、蜂窝、果味麦片、糖酥和可可麦片。原告根据加利福尼亚州的《消费者保护法》，控诉该宣传违反合理的营养指南，General Foods 公司应对谷物及其营销所造成的任何影响负责。此外，原告特别控诉其不公平竞争、欺诈和违反职责的行为。原告还声 353
明，从事儿童营销的公司违背了对儿童及其父母的责任义务。

这一案例展现出更大的问题，即谁为向儿童销售不健康的产品来负责。原告认为，因为 General Foods 食品公司将其自身定位为饮食和营养信息的可靠来源，当 General Foods 的广告将“糖果早餐”宣传为有营养的早餐时，儿童就被迷惑了。根据投诉中所述观点，食品企业相较于儿童和父母，更具优先。

第五节 食品禁令

一、反式脂肪

（一）各州禁令

严禁食品或其原料中含有危害性大的成分，这或许是有关肥胖最强制化、政治化的法规。本节选取了几个食品禁令作为案例，首先从被禁止添加的反式脂肪说起。2006 年开始，《标签法》要求企业在食品及一些膳食补充剂的营养成分表上列出反式脂肪。CDC 指出，减少摄入食品中的反式脂肪可以预防心脏病和冠心病引起的死亡。医学研究所（IOM）的报告也指出，反式脂肪没有安全摄入限量，并且未知它对人类健康是否存在益处。此外，摄入反式脂肪会引起低密度脂蛋白（LDL）增加，它又被称为有害胆固醇，从而增加患上 CHD 的风险。

纽约是美国第一个严格限制餐馆和类似企业使用反式脂肪的大型城市，它于 2007 年禁止食品供应商（包括餐馆，餐饮商和街头小贩）在市售食品中使用人造反式脂肪。此外，供应商不能使用、提供或储存每份中反式脂肪含量超过 0.5 克的产品。2008 年 7 月，加利福尼亚州颁布反式脂肪禁令，成为第一个禁止餐馆
354 使用反式脂肪的州，该禁令自从 2010 年 1 月 1 日起生效。自此，加利福尼亚州的餐馆被禁止将含反式脂肪的油、起酥油和人造黄油用于涂抹食品或油炸，除了用于制作油炸圈饼。自 2011 年 1 月 1 日起，又禁止了甜甜圈和其他烘焙食品含有反式脂肪。但包装食品不在禁令范围内，可以合法含有反式脂肪。

（二）2015 年 FDA 颁布最终法规

2015 年 6 月，FDA 颁布了最终法规，法规中说明人工反式脂肪不再符合一般安全标准，并限定行业处理剩余反式脂肪的最后期限。在这一法规颁布后，大多数主要的食品企业，包括食品制造商和餐馆连锁店，彻底不再使用反式脂肪了。2013 年 11 月，对反式脂肪的禁令上升到联邦级别，FDA 宣布暂时确定反式

脂肪的主要膳食来源——部分氢化油（PHO）不符合 GRAS，因此，餐饮部门在食品中加入食品添加剂需要事先得到 FDA 的批准。如第四章所述，含有未经批准的食品添加剂的食品可被认定为是掺假的。被认定为 GRAS 的物质，必须由专家一致认为该物质在预期使用条件下是安全的，而 FDA 认为不会再有科学共识支持 PHO 在食品中是安全的。

FDA 于 2015 年 6 月发布的公告中提到，食品制造商将有三年时间从其产品中去除 PHO。并允许公司重新制定没有 PHO 的配方或以特殊理由向 FDA 申请添加 PHO。在合规期内，未经 FDA 批准，不能向食品中添加 PHO。

二、汽水限额管控

（一）2012 年纽约市的限额规定

2012 年 5 月，时任纽约市市长迈克尔·布隆伯格（Michael Bloomberg）提出该限额规定，同年 9 月，纽约市健康局批准通过。该纽约市含糖饮料部分限额规定，禁止受城市卫生部门管辖的食品服务机构销售容量大于 16 盎司的汽水和其他含糖饮料。该规定对“含糖饮料”的定义如下。

不含酒精的碳酸饮料或非碳酸饮料；通过用糖或另一种热量甜味剂产生甜味的饮料；每 8 升液体饮料中热量大于 25 卡路里的饮料；若含牛奶或牛奶替代物，其体积分数不超过 50%的饮料。

因此，除汽水之外，符合定义的其他含糖饮料包括水果饮料、运动饮料、能 355
量饮料、预先加糖黑咖啡和茶以及热巧克力。该规定不适用于酒精饮料、奶昔、水果冰沙、混合咖啡饮料、抹茶饮料、拿铁和 100%的果汁。该规定主要适用于纽约市的餐馆、电影院、食品车、体育场和其他城市管制的食品服务机构。不适用于由纽约市农业和市场部管理和检查的机构，如超市和便利店。

（二）法庭挑战：纽约法院

部分规定计划从 2013 年 3 月起生效。但是，该计划在曼哈顿被纽约州最高法院驳回。纽约州最高法院上诉司第一部分在 2013 年 7 月维持纽约州最高法院的裁决不变。最后，2014 年 6 月，纽约州最高法院——上诉法院同意上诉司的裁决。

该诉讼可看作是一场保姆式州政府和个人自由之间的博弈。然而，如上所述，诉讼更多的是“关于行政机构使用现代监管技术的能力，尝试以更健康的方式塑造消费者行为”。通过 4－2 的投票表决，上诉法院裁定纽约市的健康委员会在制定“部分上限规定”时超过了其“健康”权力，篡夺了立法机关的立法地位，违反了纽约宪法的权力分立制度。上诉法院认为，“城市宪章”将健康委员会的职责限于监管，而不是立法的角色。在激烈的争议中，法官宣读对法规、案例和卫生委员会的历史进行了详尽的审查，并敦促委员会“管理纽约市公共卫生的权力由纽约州立法机构授权，其管制具有国家法律的力量和效力。国家授予的代表团权利应当具有广泛性”。

上诉法院对委员会权力的严格控制严重影响了地方机构和政府监管机构处理
356 肥胖流行病的态度，使得地方机构不太愿意采用具有立法性并超出其委托权限的创新管理方法。

在确立健康委员会的作用是严格监督后，上诉法院继续提出下级法院是否发现，该委员会没有适当行使其监管当局采用部分上限规定的权利。

这个问题是通过 Boreali 诉 Axelrod 案件，在四重检验中提出的概念框架解决的，这在纽约州分离权力案件中是极具开创性的。在 Boreali 提出的概念中，公共卫生委员会（PHC）超越了其在某些机构制定的室内禁止吸烟的法规的权限范围。Boreali 法官在做出裁决时所考虑了四个因素：（1）被质疑的法规是否与其预期达到的目的不相关（例如经济和社会问题）；（2）该法规是否在一个没有立法指导的情况下，为了达到其目的（即一个干净的状态下）创建的；（3）该法规是否解决了立法机构先前讨论、辩论或试图解决的问题（该现象存在是因为立法机构无法就“解决”的目标和方法达成一致意见）；（4）该法规是否需要代表通过该法规的机构行使专门知识或技术能力。这四个因素的作用是通过取代宪法规定的国家立法机关的专属立法权力，来进行关于监管行动是否超过行政机构权威的司法分析。上诉法院在进行 Boreali 分析时强调，对受到挑战的规定是否能够解决困难的社会问题的关注事关决策制定，而这项任务留给立法部门。

在利用四因素确定汽水限额规定的合宪性时，上诉法院发现，根据第一个因素，卫生委员会的立法超出了其监管机构的权责。法院指出，采用诸如干扰消费者日常活动的部分上限规定的机构涉及“个人自主权和经济学的复杂价值判断”，在法院看来，这是一种“政策”，而非“法规”。根据第二个因素，上诉法院发现“由于没有明确的立法阐明实行‘部分上限规定’的含糖饮料消
357 费与健康政策目标的相关性”，因此该法规不被决策允许。关于第三个因素，

上诉法院认为，州立法机构和市议会的不作为，证明委员会通过部分上限规定的行为相当于制定新政策，而非执行立法政策。上诉法院没有考虑第四个因素，因为无论董事会是否行使技术或专业知识，部分法规上限在该因素条件下都无效。

上诉法院的裁决被批评为将联邦行政法律原则引入纽约州宪法法律，最终导致扭曲了行政法的起源。尽管由于纽约宪法法律的独特性，其先例影响十分有限，但这种情况却引起了人们注意，即地方公共卫生机构需要仔细权衡科学技术和技术基础，以推动建立推进营养政策的创造性解决方案。

三、汽水的补充营养援助计划

2010 年 10 月，纽约市和纽约州政府向美国农业部提交了一份为期两年的试点计划申请，根据该计划，营养补充援助计划（SNAP）的福利不能用于购买甜味饮料。纽约政府认为，甜味饮料是导致肥胖症增长的最大原因，因此不应该适用于补贴。根据联邦法律，每个州负责自己管理其 SNAP 计划，该计划可在一级地方运作。尽管州和地方政府在管理 SNAP 时有一定的自由裁量权，但大多数计划是要求为联邦级别的。因此，纽约首先需要向美国农业部申请豁免 SNAP 规定。美国农业部于 2011 年 8 月拒绝了这一请求，并提出了拒绝该提案的理由，其在拒绝信特别指出，拒绝该请求是因为它“支持和促进流行肥胖症，特别是对 SNAP 接受者”。该拒绝信同时指出，美国农业部正在与马萨诸塞州合作进行一个试点项目，研究在购买产品时增加 SNAP 优惠的影响，在该试点项目正在进行时“改变政策这一行为是十分轻率的”。2011 年和 2012 年初，9 个州（包括得克萨斯州、佛罗里达州和加利福尼亚州）提出议案，试图通过 SNAP 优惠限制购买 358
不健康食品，这一议案通常要求州政府向美国农业部申请豁免。

该限制购买汽水的 SNAP 优惠的议案在公共卫生界并非没有争议。国际移民组织关于预防肥胖的报告指出，这个问题很复杂，带有“伦理和社会公正问题”，“限制 SNAP 受益人的食品选择可能被视为对低收入消费者有傲慢和歧视的倾向”。公共卫生倡导者担忧的是，对 SNAP 用户的歧视或导致人们不再实行该计划。

四、餐食中的玩具

2010 年，圣克拉拉县和旧金山市通过了第一个禁止餐馆在提供不满足既定营养要求的儿童餐食时提供免费玩具的地方法令。该条例引起了食品工业和公众的大量关注，并引发了大量批评，公众指责旧金山和圣克拉拉县夺取了父母决定儿童食品的最终权利。该法令是否能在现行的商业条款下实施下来，是一个巨大的挑战，因为玩具禁令对全国餐馆来说都将是一个极大的负担。

五、食品税

在应对肥胖流行病过程中受到广泛关注的法律政策是要对不健康食品，特别是含糖饮料（SSBs）征税。2003 年，世界卫生组织（WHO）建议对不健康的食品征税，以降低“心脏病、糖尿病、肥胖和其他非传染性疾病”产生的不利影响。在有关健康和经济的文献中也出现了几种应对肥胖的策略。2010 年 5 月，白
359 宫的一个儿童肥胖问题工作组建议各州尝试对加糖饮料增税来降低对含糖饮料的消费。这一战略在各州和地方社区实行。最近，纳瓦霍地区对垃圾食品征收 2% 的税，以遏制高发率的肥胖、糖尿病和心脏病的继续产生。

公共卫生官员指出，烟草税的成功施行对实施抵制不健康食品而征收的税有着重要意义。烟草税既减少了吸烟率，又增加了州政府和联邦政府数十亿美元的税收收入。但在评估对不健康食品征税的可行性时，应注意烟草和不健康食品之间的一些关键区别。征收烟草税的最常用的正当理由之一是二手烟的外部污染，这损害了不吸烟的人的健康。显然，在食品方面，并没有“二手脂肪”这样的说法。然而，不良营养选择的外在性——如增加的保健成本，可能与吸烟中发现的消极的外在性一致。另一个区别是，烟草是致瘾的，而不健康食物的致瘾性质仍在研究中。一个有趣的比较表明，相较于烟草，食品是更好的税收候选对象。从长期来看，由于吸烟者较早死亡，其在卫生保健系统方面的花费比不吸烟者低，所以吸烟者比不吸烟者在保健服务方面消费更低。因此，从长远来看，烟草税在降低吸烟及其相关医疗成本的同时，实际上提高了医疗保健成本。相反，肥胖个体则并非如此。虽然肥胖会导致许多慢性疾病，但是肥胖个体的寿命并没有明显缩短，使得他们的整体健康支出并没有明显少于非肥胖个体。

在评估食品垃圾税的可行性时，应该指出，美国对食品和其他产品的消费税十分常见。消费税是“对商品的制造、销售或消费征收的税收”。烟草和酒精是美国居民过早死亡的主要原因，且都需要缴纳联邦消费税。2009 年 5 月，作为卫生保健改革的谈判的一部分，参议院财政委员会提出了对软饮料征收国家消费税
360 的建议。消费税的目标是提高产品的基础价格，如将对糖浆或饮料制造商征收含

糖饮料、添加了热量甜味剂的饮料的消费税。

政府在此之前有对致病产品征税的先例。美国首次用该手段来减少威士忌的消费，该消费税在两年后被宪法批准。时任财政部长亚历山大·汉密尔顿说："由于烈酒价格低廉，其消费量达到了极端，其在健康和道德及社会经济方面的影响都十分消极。如果增加税收会减少其消费量，其益处是多方位的。"最高法院后来确认，政府使用权力征税是合法的，即便该税收是为了遏制某行为专门设立的。消费税是政府的一个重要的收入来源，并且经常被引用于与目的相关的特定基金。例如，将特殊机动车辆和柴油燃料的消费税引入公路信托基金，用于联邦公路项目。公共卫生倡导者认为，含糖饮料的消费税可应用于公共卫生。例如，这些资金可用于资助公共卫生和营养方案或水果和蔬菜补贴。

关于食品垃圾税是否有效，其争论核心是税收是否真的改变了消费者的行为。行为是否改变，可以从经济和公共卫生两个角度观察得到。经济学家倾向于在市场失灵时增收税费，在购买前期抑制经济以补偿内部和外部的市场失灵。相反，公共卫生从人口水平上看待健康问题，并通过解决系统层面（包括社会经济和环境因素）的问题，来寻求解决方案。公共卫生增加税收的主要原因是：制定规范标准（呼吁降低某些食品的过度消费），通过改善营养结构来改善健康，最终减少肥胖人群数目。

人们对向不健康食品征税有着各种担忧。一种观点认为，这种税收是保姆式的，人们应该充分认识到如何自己照顾自己的健康。还有人担心增加税收会干扰个人的选择和自主权。关于增税最多的看法是，这种做法是退步的，且会对穷人 361
造成巨大负担。低收入的人群没有选择健康的能力，他们的生活环境很难允许他们能自主选择健康的生活条件，而税收只会成为他们的负担。

第六节　政府营养计划

一、法律依据：政府有权干预公民健康

美国政府通过联邦计划长期参与调控公共卫生。联邦计划调控公共卫生在判例法中被认为是合法行使权力。在 1905 年的雅各布森诉马萨诸塞州联邦宪法中，最高法院维护了各州执行强制性免疫法的能力。法院认为，当出于"公众安全需

要”时，国家可能侵犯公民的自由。2007年，最高法院再次支持了政府干预马萨诸塞州诉环境保护署的公共卫生问题的这一概念。法院认为，环境保护署有调节二氧化碳和其他温室气体的资格，根据《清洁空气法》，该机构有权为“任何空气污染物”制定排放标准，“任何空气污染物”包括从机动车辆到新型机动车辆发动机，任何能引起或促成危害公众健康或福利的空气污染。最高法院的指示很清楚：当对人民的健康和福祉受到威胁时，政府有权干预。当数百万营养不良和肥胖症患者出现时，政府作为公共卫生的保卫者，有能力和义务实施计划来应对这些健康风险。

二、公共卫生与食品：膳食指南

美国农业部（USDA）在涉及饥饿和肥胖相关慢性疾病的三个基本领域都有营养管理计划：膳食指南、营养计划和学校膳食计划。关于第一个领域，美国农业部营养政策和促进中心（CNPP）具有公共卫生任务，旨在开发和推广将科学研究与消费者的营养需求联系起来的膳食指南。美国农业部营养政策和促进中心是美国农业部的食品、营养和消费者服务的分支机构。

362 美国农业部早在1902年就参与制定饮食指南，该部门通过其农民通报颁布了“食品营养和营养价值原则”。1943年，美国农业部按照美国国家科学院的建议，将每日摄入量建立了国家战时营养指南，在其中阐述了七大食品种类。通过制定膳食指南，美国农业部和卫生及公众服务部DHHS联合出版了“美国膳食指南”，这是DHHS的疾病预防和健康促进办和USDA的营养政策和促进中心两个部门努力的结果。新的膳食指南草案于2015年2月印发。新指南中建议人们多关注食物本身而非其营养，提出胆固醇不再是过度摄入的营养素，强调了营养和可持续性之间的联系，并建议人们采用少食红肉、加工肉的植物性膳食结构，并建议添加的糖的热量不超过每日膳食摄入热量的10%。USDA和DHHS通过“我的餐盘”及其简化版本的前身——“食品金字塔”来扩大该指南的传播范围，并通过各种可复制的图形形式，包括海报、谷物盒上的文字来宣传。

三、授权方案：《农场法案》

《农场法案》是美国农业部管理的多数政府营养计划的立法和筹资平台，每五年由美国国会重新审核。近年来，由于《农场法案》与营养计划之间的复杂关系，《农场法案》已成为公共卫生界的一个重点关注对象。这使得美国农业部的双重任务（促进粮食生产和维护公共卫生）之间的关系愈发紧张。

1977 年印发的《农场法案》是第一个通过营养标签从而完全纳入食品券条款的农场法案。该法案促进了营养利益与农场利益集团之间的联系，该农场利益集团迫切地保护农民以及玉米、大豆和小麦等传统补贴的利益。在 2008 年和 2014 年《农场法案》前的辩论中，公共卫生和社会正义拥护者指出了加工食品的可承受性和实用性与上升的肥胖和饮食相关疾病发生率之间的联系，尤其是在低收入的消费者中。

有人认为，由于玉米补贴导致作为甜味剂的果葡糖浆的价格相对便宜，使得 363
软饮料和糖果的产量增加，价格却没有对应提升。此外，由于补贴的玉米和大豆被喂给牲畜，导致肉类的成本很低，使得人们能负担起高肉类的饮食。公共卫生倡导者为了消除杂货店中最便宜和最方便的加工食品，开始重新讨论确定《农场法案》中激励农业生产对象的优先级。然而，当这些倡导者与主张依赖剩余商品的《农场法案》的紧急喂养计划的反饥饿组织产生分歧时，公共卫生利益相关者之间的战线开始变得模糊。

四、具体的著名计划

（一）补充营养援助计划

由《农场法案》授权和资助的最大的营养援助计划是“营养补充援助计划”（SNAP），之前被称为“食品券计划”。其最初由 1964 年的《食品券法》授权，并由 USDA 的食品与营养局（FNS）管理。美国农业部在 1964 年的法案中明确规定其双重使命：虽然 1964 年的《食品法》中旨在“促进普遍福利……保障国家人口的健康和福祉，提高低收入家庭的营养水平”，其首要目标仍是“促进农业经济发展”。国家机构在州和地方一级根据法规管理该方案，其中包括确定和分配福利。该方案根据家庭规模和家庭收入计算每月福利，并发放给符合要求的低收入家庭。

在 2008 年的《农场法案》中，国会将食品券计划正式更名为“补充营养援助计划”。由于 SNAP 是由州管理，并受联邦法规管辖，因此州和市政府不能在没有美国农业部豁免的情况下制定任何新的限制。例如，2004 年，美国农业部拒绝了明尼苏达州放弃联邦法规，并禁止用食品券优惠购买糖果和汽水的要求。在此之前，SNAP 主要为纸质优惠券的形式，2008 年的《农场法案》确立了电子福利转账（EBT）为其官方形式。EBT可以像借记卡或信用卡一样，通过电子刷卡的方式交换授权产品，如食品或用于种植的种子。为了鼓励农民接受使用EBT，FNS允许一个农民市场保证人在获得许可之后，可以建立一个代表所有农民的集中销售点来接受EBT。授权的食品类型主要包括面包、谷物、水果、蔬菜、肉类、鱼类和乳制品。参与者不能用SNAP优惠购买热食、堂食或非食品，
364 如酒精、烟草制品、维生素、药品、宠物食品、肥皂或家庭用品等。除了正式将优惠方式改为EBT，2008年印发的《农场法案》还做出了一些旨在提高SNAP有效性的改动。这些改动包括授权各州制定申请的新方法，并将营养教育和促进水果和蔬菜消费纳入方案。

2014年《农场法案》的第四章重新授权SNAP为美国最大的粮食和营养援助计划。据估计，2014年的《农场法案》近80%都是关于营养援助。该法案要求授权零售商提供更多种类的食品，并制定了赠款方案以鼓励SNAP受益人能购买更多的水果和蔬菜。2014年的《农场法案》阐明了适合SNAP的资格及其福利规定。还为试点方案和赠款提供了资金，并通过消除通过SNAP的现金非法交换来提高方案的完整性，从而加强SNAP的参与度。

加利福尼亚州政府促进人们参与SNAP的方法是一个典型案例。州政府为目前在加利福尼亚州注册SNAP或Cal Fresh的个人提供"快速通道"。因此，如果个人已在CalFresh中登记，则无须额外程序，该州可以直接使用该信息在Medi-Cal（加利福尼亚的医疗补助计划）中帮其登记。由于CalFresh和Medi-Cal的资格规定和收入水平非常相似，因此CalFresh登记者也有资格获得Medi-Cal（加利福尼亚的医疗补助计划）。根据加利福尼亚州的快速登记计划，卫生保健部会发送信件通知人们有资格获得快速登记，人们只需同意快速登记即可，这展现了国家在管理SNAP优惠过程中的复杂性。

（二）妇女、婴儿和儿童特殊营养方案

1966年印发的《儿童营养法》提出了妇女、婴儿和儿童的特别补充营养方案，旨在帮助低收入的孕妇、产后和母乳喂养中的妇女以及年龄较大的儿童有能力选择更加健康的饮食。与历来具有改善营养和支持农业的双重目的的USDA食品券计划不同，妇女、婴儿和儿童特殊营养方案（WIC）只注重其健康的目的。当美国国会在1975年将该计划定为永久性时，其目的就很明确："提供补充营养
365 的食品来辅助健康……以防止在成长和发育的关键时期发生健康问题。"在大多

数州，WIC 的获益人可在特许零售商处交换特定的营养补给食品。

营养补给食品是“含有怀孕、哺乳和产后妇女、婴儿和儿童的日常饮食中缺乏且维持其健康所必需的营养素的食品”。WIC 的食品主要包括果汁、牛奶、谷物、奶酪、鸡蛋、水果、蔬菜、全麦面包、罐装鱼、豆类和花生酱，对于婴儿的食品，主要包括 WIC 配方的婴儿谷物和水果、蔬菜和肉类。营养补给食品至少每十年进行一次审查及修订，以反映新兴科学、公共卫生问题和文化饮食模式。该计划对营养不良的妇女、婴儿和儿童提供营养补给食品，这是除 SNAP 优惠之外的额外优惠（而非替代）。

与 SNAP 不同，WIC 是一个整体补助项目，而非一个津贴项目。在 FNS 管理下，联邦政府向州政府机构提供 WIC 所需的补助。FNS 给国家机构相当大的自主权来操作该零售系统，并为得到授权的 WIC 供应商建立库存需求。

WIC 项目通过婴儿配方奶粉制造商竞价，选择出价最低的商家为 WIC 配方奶粉供应商。每当有 WIC 资格的消费者使用 WIC 凭证或 EBT 卡购买该奶粉时，制造商会给该消费者一定折扣。截至 2020 年，所有州必须将其系统转换为 EBT 系统。

关于 WIC 的立法详见 1966 年《儿童营养法》。FNS 于联邦一级水平管理该计划。州立机构则通过管理零售商和地方机构实现 WIC 计划管理。

要获得 WIC 福利的资格，申请人收入必须低于或等于美国贫困收入指南的 185%。申请人必须满足居住要求，并由卫生专业人员诊断其患有营养不良。由于符合条件的参与者已达数百万，FNS 建立了 WIC 参与者的优先级标准。第一优先权授予孕妇、母乳喂养的妇女和处于营养不良的婴儿。其余六个重点帮助类别是具有营养相关疾病或膳食中营养不足的幼儿、孕妇和新母亲。在获得基本福利之外，获得认证的妇女婴儿和儿童均有资格参加 WIC 农民市场营养计划（FMNP）。FMNP 向获得认证的申请人提供可用于购买新鲜的本地种植的水果、 366
蔬菜和草本植物的支票或凭证。食品的具体种类因州而异。

（三）其他食品分配计划

以下列出部分其他著名的食品分配计划。

（1）商品补充食品计划（CSFP）

CSFP 类似于 WIC 计划。与 WIC 不同的是，CSFP 直接提供食品而非凭单。此外，与 WIC 不同的是，CSFP 的对象为老年人、妇女、婴儿和儿童。两个计划不能同时参加。

（2）紧急粮食援助计划（TEFAP）

TEFAP 在各州向低收入人群提供额外的食品。国家根据各州的收入和失业水平分配其援助数额。得到援助的州将食品发往本地机构，这些机构通常将食品分发到各个食品银行，食品银行再供往厨房、食品收容所、食品储藏室和其他类似的地点。

（3）印第安人保留地粮食分配方案（FDPIR）

FDPIR 向低收入的美洲土著人提供食品。FDPIR 由 FNS 统一管理，并在本地由印第安部落组织或州立机构管理。认证通过的申请人可在食品列表中选择食品，并会在每个月收到一份有助其膳食营养均衡的食品。FDPIR 和 SNAP 计划不能同时参与。

（4）老年人农场营养计划

该计划选择来自农民市场、路边摊位和社区支持的农业项目的新鲜、营养、本地种植的水果、蔬菜和草药，将其提供给低收入的老年人。低收入老年人指年龄大于等于六十岁，符合一般 WIC 福利要求（即家庭收入不超过美国贫困收入指南的 185%）的人群。

（5）农场到学校计划

USDA 建立这个计划，旨在为孩子提供新鲜的水果和蔬菜。农场到学校的计划由于能改变儿童的饮食习惯，并能在食品营养和种植方面教育儿童，目前已受到越来越多的欢迎。

367 （四）学校膳食计划

美国联邦政府主要通过学校午餐计划缓解儿童肥胖和营养不良问题。其工作重点是美国国学校午餐计划（NSLP），政府通过该计划直接规范学校中数百万儿童的每日营养。NSLP 是一个联邦援助膳食计划，其主要针对公立和非营利性私立学校以及寄宿儿童保育机构。它是根据《国家学校午餐法》设立的，旨在促进“国家儿童的健康和福祉，并促进国内营养农产品的消费”。根据该法，农业部部长有权向学校提供出于农业补贴计划购买的过剩部分的食品，根据其所需的膳食数量为学校分配资金，并为该膳食制定营养指南。

为了应对各种各样的问题，NSLP 和学校膳食计划发展日渐成熟。1966 年，政府通过颁布《儿童营养法》扩大了 NSLP 计划。该法案包括特供牛奶计划，即为学校的儿童专供牛奶提供联邦报销。此外，《儿童营养法》还建立了学校早餐计划，向学校和托儿所的儿童提供有联邦补贴的早餐。1968 年，儿童特殊食品服务方案设立，并进行为期三年的试点。该试点分为两部分，儿童保育和夏季护理，通过向学校提供补助金，为放假时期的儿童提供餐食。1969 年，美国农业部下属的新部门——粮食和营养部成立。该部门主要职责为管理联邦食品计划，包括学校午餐计划。1975 年，儿童特别食品服务计划被分为两部分，分别称为儿童保健食品计划和夏季食品服务计划。之后儿童保健食品计划又被授权延长，并于 1978 年成为永久性计划。该计划每天向育儿中心、日托所、收容所和成人日托中心提供营养餐食和小吃。该计划在 1989 年正式更名为“儿童和成人保健食品计划”（CACFP），以便包含该计划中的成人对象。为了应对日益增长的儿童肥胖率，2010 年美国联邦开始实施《健康无饥饿儿童法案》。该法案是儿童营养资助的部分重新授权的一部分，是美国农业部三十多年来第一次对学校午餐和早餐计划的营养成分进行真正的改革。该法案要求 NSLP 提供的膳食中的热量降低，水果和蔬菜的数量增加，加工产品中钠含量降低。FNS 还开发了其他的学校膳食计划，以便在学校放假时为儿童提供营养食品。例如，NSLP 为学生提供现金补贴，以支付其不在学校时的营养 368
食品费用。另一个学校早餐计划（SBP），运作方式与学校午餐计划一样，但没有商品分配权利。夏季食品服务计划在社区中心（如学校或娱乐设施）向处于“恶劣经济条件”的儿童提供免费膳食。最后，特供牛奶计划向没有参加其他学校膳食服务计划的学校的学生提供牛奶补贴。

法院的仲裁解决了 NSLP 的部分操作问题。在哈德镇教育委员会诉新泽西州教育局诉讼中，来自三个学区的学生要在午休时间将他们的 NSLP 午餐带回家，新泽西州地方法院决定，必须在学校才能吃到 NSLP 的膳食。从字面上理解，条文规定该食品必须在校内提供，并强调补贴午餐的食用地点是总体计划的一个重要部分。哥伦比亚特区的美国法院在 Sargent 诉 Block 案中指出，学校必须至少核实 3%的 3 000 个申请减免午餐的学生是否符合申请资格。

（五）学校中的竞争性食品

NSLP 在学校提供的健康食品和小吃没有弥补学校过去提供的食品所带来的缺陷——竞争性食品，在《儿童法案》中被称为“非项目食品”，之前主要在自助餐厅、小吃店和联邦计划外的自动售货机出售，是学生饮食的重要组成部分。

美国农业部将竞争性食品规定为在学校除了通过学校午餐、学校早餐和课后小吃计划提供的食品以外的食品。除了一项不允许在进餐期间在食品服务区出售汽水或某些糖果（被称为“营养价值极低食物”，FMNV）的规定，目前没有适用于竞争性食品的联邦营养标准。联邦法规将汽水（通常称为碳酸软饮料）、不含水果或果汁的冰、口香糖和某些糖果定义为FMNV（营养价值极低食物）。由于美国农业部限制学校中早晨到午餐时间段中汽水和糖果的销售，国家软饮协会（后称为美国饮料协会）对此提起诉讼。虽然上诉法院宣判维持美国农业部的营养标准，但它改变了美国农业部越权限制儿童垃圾食品销售的时间和地点的局面。自
369 此，为补充法院的决定，1966年修订的《儿童营养法》，允许在公立学校全天出售含糖的软饮料——除了FMNV以外，如小吃和快餐以外。随着联邦监管力度的大幅削弱，州和地方政府开始制定自己的有关学校营养的法律。

五、州的自由裁量权

联邦营养方案使得州和地方社区得以灵活地执行方案，从而最大限度地发挥其影响力并解决饥荒问题。由于饥荒问题迟迟没有完全解决，许多州都为此做出了进一步努力。州的措施主要包括增加公共反饥饿计划间期的合作，并改善现有项目——其覆盖范围和运作方式。州立计划包括食品银行和各种服务膳食计划。

第七节　公共卫生诉讼

一、解决流行肥胖的方案

倡导者很早就开始使用诉讼来抨击重大公共卫生问题。多年来，烟草行业一直未被成功规范，是州检察长和私人律师的诉讼帮助扭转了烟草导致的慢性病越来越多的局面。食品诉讼的倡导者从烟害诉讼并不顺利的历程中得到安慰。尽管早已有研究证明吸烟会导致癌症，但是在20世纪50年代至90年代间，数以百计的针对烟草制造商的诉讼都没有成功，直至近年来，他们将重心放在尼古丁成瘾性及烟草行业蓄意致人成瘾的欺骗性行为，诉讼才取得成功。除私人诉讼外，州诉讼一般由律师进行调解。20世纪90年代后期，四个州单独商定解决方案，方案主要关于吸烟导致的疾病的医疗补助费用，每年需要支付数十亿美元来补偿吸烟导致的疾病的医疗费用，四十六个州和地区通过谈判达成“主和解协议”。

倡导者提议按照烟害诉讼的模式来诉讼食品公司，从而缓解流行肥胖的现状。诉讼可督促生产者承担肥胖和营养不良所需的补贴，而非由消费者自己承担。诉讼同时有助于信息披露。通过这些信息的暴露，研究人员可以更好地理解流行病学的危害。食品公司为避免支付罚金，会开发更加健康的产品。

不赞成用诉讼来解决肥胖问题的相关人事主张以下几个观点。诉讼是复杂、 370
耗时、昂贵、不可预测和不一致的。监管机构在评估科学的联系和因果关系方面比陪审团或法院有更多的经验和专业知识。法院在评估技术信息、实施条例、监测结果和做出调整等方面，不如立法机构和行政机构设备齐全。最后，他们还指出，诉讼产生的政策可能偏向于诉讼当事人的私人或政治利益，而非公共利益，因此相较于政府法规，可能会降低问责制及公众意见的参与度。

公共卫生倡导者已将烟害诉讼的策略应用于对食品工业的诉讼。诉讼涵盖的范围包括其健康风险、误导性广告、针对儿童的欺骗性行为以及提供超出消费者通常理解的危险的食品。肥胖诉讼和烟害诉讼在许多方面都极其相似。例如，肥胖和烟草都“影响群体庞大、企业目标明显、行为传播广泛以及存在制度与行为之间的立法争辩”。

然而，烟草和肥胖之间的差异削弱了烟害和食品诉讼之间的可比性。首先，虽然烟草即使适度使用也存在上瘾和有害等问题，但食品的成瘾性仍待确定。其次，虽然吸烟有害健康，且该害处与烟草直接相关，但肥胖与食品之间并非直接关系，因为“许多人都吃多种类型的食品，包括快餐和其他垃圾食品，但不会变得超重、肥胖甚至不健康”。导致肥胖的原因有很多，包括但不限于缺乏运动、遗传学以及社会和文化环境等因素。此外，虽然非吸烟者会受到二手烟的危害，但是对于食品而言，没有任何有害副作用源于“自己不是食用过量者，仅仅是靠近过食用过量者的人”。

最后，烟草业往往一家独大，因此原告更容易确定被告主体。但食品工业涵
盖许多不同规模的制造商、餐馆和零售商，使原告难以将该伤害的责任归咎于任 371
何一个产品或公司。

二、州检察长

州检察长在法治与公共政策的交界处拥有一定权力。虽然他们的权力随州和宪法授权而有所不同，但其权力相当广泛，通常包括一些联邦和州的法律的执行权；处理或监督刑事起诉的权利；保护消费者，代表公众利益发表正式意见的权

利。因此，州检察长的权力使其有能力对公共卫生做出重要贡献。州检察长是美国烟草诉讼和随后的主张和解协议的主要的发起人和参与者。自烟草诉讼之后，律政司在公共卫生事务中也发挥了重要作用。例如，律政司在全州各地解决了一系列案子，成功地控制污染者的行动，并开始调查食品、饮料、药品和食品公司的误导性行为和欺骗性标签，以使公众远离危险产品所带来的危害。

三、肥胖诉讼

（一）Pelman 诉麦当劳公司

基于侵权法的烟害诉讼模式，如需要适用于肥胖诉讼，其成功需要满足：(1) 被告对原告人负有责任；(2) 被告未尽到责任；(3) 违反了约定；(4) 该违约导致原告遭受损害。Pelman 对麦当劳公司的诉讼对肥胖症来说是具有里程碑意义的案例，也是肥胖症诉讼的先行者。在该案件中，最重要的问题涉及其因果关系和依赖关系，这展现出要证明食品成分的责任仍是困难重重。

2002 年 8 月，两名未成年子女的父母在州立法院对麦当劳公司、纽约麦当劳公司和两家纽约麦当劳快餐店（统称为麦当劳）提起集体诉讼。这项诉讼是代
372 表所有购买和消费麦当劳的纽约未成年人提起的。该诉讼称，麦当劳存在欺骗行为，且其行为违反了国家消费者保护法。原告还指控其存在的疏忽和缺陷，法院驳回了上诉中的数据，但准许其做出修改。法院明确表示其遵循一般原则，保护知道或应该知道这种食品危害性的人远离该食品的要求不在法律范围之内。

之后，原告修正了一项投诉，并提出四项诉讼缘由。前三项针对其欺骗性行为和广告，控诉其违反了两处《纽约总商法》：第 350 条禁止虚假广告和第 349 条禁止“在任何业务、贸易或商业或服务中存在欺骗性的行为或做法”。

地方法院驳回了修正后的投诉，主要因为：第一，原告没有提供充分理由证明食用麦当劳的食品会导致他们的指称的伤害；第二，在关于麦当劳的炸薯条和哈氏布丁广告中的某些指控失实，因此不予通过。地方法院没有通过第二次修改后的投诉，并驳回了带有偏见的投诉。

在上诉时，第二巡回法院撤回了地方法院的判决，恢复了原告的一些控诉。原告没有就其被驳回的有关第 350 条的虚假广告的控诉提出上诉，所以第二巡回法院只考虑了由于地方法院认为没有很好表达因果关系而被驳回的控诉，该控诉是关于第 349 条欺骗性行为或做法的控诉。有关其欺骗性行为如下：第一，麦当

劳各种促销活动的综合效应造成了它是“营养健康的食品和健康生活方式的一部分”的假象；第二，麦当劳未能公开其使用的添加剂及其通过何种生产方式使得产品“远非表面上看起来那么健康”；第三，麦当劳对其所售产品的营养信息存在欺骗性。

第二巡回法院裁定，地方法院在裁定麦当劳的欺骗性行为时由于受限于《联 373
邦民事诉讼规定》第9（b）条规定的特别诉求要求，而做出了错误的决定。根据《联邦民事诉讼规定》第8（a）条的公开要求，第二巡回法院裁定，对关于欺骗性行为或做法的诉求具有较低的请求标准。诸如原告使用的费用、家庭病史以及原告饮食的其他组成部分的信息可通过调查获得，而非地方法院认为原告提出申诉所需的必要条件。因此，联邦第二巡回法院裁定经修改的上诉已获得合适的辩护。

2010年10月，联邦地方法院裁定Pelman不能进行集体诉讼。根据联邦民事诉讼第23（b）(3）条规定：如果集体成员共同的法律问题或事实仅影响集体中的成员，则允许集体认证，原告做出集体诉讼。法院发现诉讼中的个人问题主要集中在三个问题，因此否认认证：(1）个人的某种食品中的营养成分的组成结构和某些健康状况之间的联系，是否与肥胖之间存在偶然因素？(2）每个原告的这种类型的食品的主要来源都是麦当劳吗？(3）每个原告是否都是因为麦当劳对其食物的错误描述才去决定去那里吃饭的？这些问题涉及每个原告的饮食习惯和健康状况，而每个人的情况都各有不同，因此法院认为该案件不能作为集体诉讼。

（二）造成肥胖的原因

要指出导致肥胖的单一因素是十分困难的。目前，科学家没有完全了解导致肥胖的原因，但已经了解到它是一系列因素共同作用的结果。虽然科学家认为有一些特定的基因能直接导致肥胖，但这些因素相互作用产生的作用仍然是未知的。然而，的确存在一些食品会对人体产生伤害。如高热量的产品可导致肥胖，并且肥胖会导致损害性疾病，例如糖尿病。如果由于制造商的故意操作而使产品有成瘾性，而制造商知晓或应该知晓过量食用该食品会对人体产生损害，并且没有警告用户该产品的上瘾性，则消费者可以向制造商就其造成的损害提出索赔。

（三）对豁免权进行立法 374

为了使食品工业免受如烟害诉讼一样的诉讼，2004年至2012年，25个州颁布《共同消费法案》（CAA），又称为《乳酪汉堡法》。

尽管众议院为防止立法和监管职能被民事责任行为所篡夺，批准了被称为《2005年食品消费个人责任法》（H. R. 554）的立法，但仍然没有颁布联邦立法。

CCA的中心思想认为，选择吃什么和吃多少事关个人责任，不应该归罪于食品行业，更不该由食品行业负责解决肥胖危机。大量对肥胖诉讼的媒体报道开始关注个人责任和需要改革侵权以保护企业免受轻率的诉讼。这种肥胖个体所需的个人责任感在许多CAA中都有所体现。例如，科罗拉多州公布了其编纂CCA的理由：（1）肥胖和许多其他不利于健康的状况常常是个人平时长期的不当选择所致的；（2）尽管商业有一定影响，个体仍然对他们的身体健康负最终责任；（3）过度的诉讼限制了理智消费的消费者的广泛选择权。

CAA得到法院通过，并以法定语言的形式分为两类颁布。第一类为16个州的立法，这16个州为长期食用食品引起疾病的索赔提供广泛的豁免权。在这些州的豁免范围包括，由于厂家知道并故意违反有关制造、营销、分销、广告、标签或销售食品的州或联邦法律，从而导致肥胖相关的健康危害，消费者为恢复健康而寻求的索赔。“知晓和故意”表示该行为是为了欺骗或了解该违规是对消费者有害的。第一类CAA代表偏离了旨在针对没有目的要求的索赔的反欺诈法及实践（UDAP）法规。第二类CAA包括9个州，这些州的方法更适合阻拦或保
375 护肥胖相关的侵权索赔的民事责任。这种方法的一个很好的例子是，最先颁布的路易斯安那州的CCA：

由于个人饮用或摄入非酒精饮料导致肥胖或与或肥胖相关的疾病，从而造成的人身伤害或不当死亡，不在赔偿范围内。

与大类的CCA不同，这些基于侵权的CCA不应阻拦个人或州立机构根据禁止不公平或者欺诈行为的州法律（UDAP）而提起的诉讼。

第八节　食品制品的焦点：案例研究

一、食盐

（一）公共卫生问题：医学研究所（IOM）报告

食盐和糖是两种由于过度消费会产生公共卫生问题的食品。本节内容主要是

为了探究与这两种可以引发公共卫生和营养问题的食品相关的一些法律手段。

IOM 称："摄入过量氯化钠（盐）会导致血压升高，从而导致心血管和肾脏疾病。"换句话说，钠过量的饮食会显著提高患心脏病的风险。当今美国人平均消耗的盐量远远超过 2010 年"美国居民饮食指南"推荐的盐量。2010 年，IOM 报告说美国消费者在饮食中获得的大部分钠主要来自生产过程和餐馆中加的盐。IOM 报告建议逐步减少钠的添加，以使消费者能够调整其饮食中的钠含量。IOM 还建议政府进行干预，以降低人均钠摄入量。

（二）FDA 对公民请愿书的回应

美国科学和公共利益中心（CSPI）在 1978 年向 FDA 提出请求，要求撤销钠盐的一般安全状态，由此引发了政府干预。如第四章所述，"一般安全状态指的是一种物质在某一情况下使用是安全的，而不是指物质本身是安全的"。376
因此，一种物质可以在一种食品中是一般安全的，而在另一种食品中是非一般安全的。如《美国联邦法规》第 182 部分第 21 章所述，FDA 已批准盐是一般安全的，其中盐根据其"预期的"使用条件，被称为是"常见食品成分"，可与胡椒、醋、发酵粉和谷氨酸钠一起使用。

鉴于 CSPI 的申请，FDA 在 1982 年发布了一项政策通知，宣布将推迟对盐的一般安全审核，直至其获得钠含量标签（涉及"无钠""低钠"等），并且制造商可以自愿减少其产品中的盐和钠含量。FDA 表示，如果食品中的钠含量没有显著降低，那么其可能考虑采取措施，包括改变盐的一般安全状态。

美国民众对盐消耗的持续关注导致越来越多人开始呼吁改变盐的一般安全状态。2005 年，CSPI 向 FDA 提交了另一份申请，请求撤销盐的一般安全状态。根据该请求，FDA 于 2007 年召开了减少钠摄入的公开听证会。在本次听证会中，FDA 提到在 1982 年的政策中提出的，使用不同类别的盐将产生不同的技术效果和不同的食品类别，以及尽管盐很容易导致高血压，要根据其安全性和产生的影响和类别设定盐的"合理使用"范围是十分困难的。FDA 还提出对盐进行预先审核十分困难，以及如何使用剩余的不满足标准的盐是一个难题。

（三）FDA 提出的规定：每日含量标签

在 2007 年由 FDA 发布的建议制定规定中，要求在营养成分标签和补充成分标签中使用每日百分率值（DV）来标出使用的营养素含量参考值，FDA 要求根据 2005 年“美国居民膳食指南”建议钠的可耐受的摄入量上限（UL），设立钠
377 的 DV 为 2 300 毫克/天，或根据国际移民组织报告所建议，DV 为 1 500 毫克/天。如果 FDA 决定将钠的 DV 设为 1 500 毫克/天，则营养标签上出现的每日百分率值将显著提高。该拟议规定仍待商榷。

（四）美国农业部的规定制定工作

美国农业部（USDA）对盐摄入量的规定制定进行了大量工作。2011 年 7 月，美国农业部发布了一项拟议规定，该规定为不符合规定标准并通过注射、腌制或其他方法加入溶液的生肉和家禽产品建立了通用名称。美国农业部指出，消费者可能不会意识到肉制品中含有这些溶液，也可能不知道这些溶液通常含有盐。规定要求以标签形式公开添加的溶液的质量百分率，以及按质量计最多到最少的顺序标出溶液中成分的常用或通常名称。

2011 年 9 月，FDA 和 FSIS 联合发布通知，征询与钠摄入量相关的意见、数据和证据以及现存和新的降低钠摄入量的方法。

2012 年 1 月，美国农业部的食品和营养服务计划颁布了最终规定，更新了国家学校午餐和早餐计划的膳食模式和营养标准。新标准要求学校从 2014—2015 学年开始，在十年内完成减少膳食中的钠含量的两个中期目标。他们需要在十年内将早餐中的钠含量减少 25%；而对于午餐，需要减少近 53%。

在 2013 年，美国农业部对自动售货机、学校商店和小吃店的竞争性食品制定了最低营养标准的临时要求。从 2014 年 7 月 1 日起，零食和配菜可含有的钠含量不能超过 230 毫克，主菜的钠含量不得超过 480 毫克。2016 年 7 月 1 日，快餐食品/配菜的限量降低到不得超过 200 毫克，而主菜的上限保持不变。

378 二、糖

（一）公共卫生问题：致瘾性研究

长期摄入过量的糖往往会导致许多慢性疾病，如肥胖、糖尿病和心血管疾病。如本文所述，为了降低美国人的糖摄入量，对含糖产品征税，或限制在某些环境（如学校和工作场所）中的糖摄入的呼声由来已久。要建立新的关于糖成瘾的法律极具挑战，因为糖在美国人的生活中有着独特作用，它广泛存在于美国

食品中，在许多方面甚至成为文化标志。

（二）利益相关者倡导

三个不同的利益相关者——公共卫生保健、食品工业和消费者之间的不同利益，在分析用法律手段来调节糖的可行性时极具代表性。由于含糖饮料会导致肥胖流行，即使没有糖成瘾性的结论性证据，公共卫生保健仍要求对美国饮食中的不健康食品进行更严格的管制。食品工业认为，仅对单一食品或成分（例如，糖）进行分离和管制的想法过于简单。该行业称，单一类型的食品并非导致肥胖的主要原因，肥胖是一个需要调节生活方式来解决的复杂问题。食品工业采取一系列措施对监管进行抵制，并在近期抵制 FDA 的关于消费者对营养成分标签变化的反应测试，成分标签的变化包括对添加糖量的声明。消费者的利益更难维护。消费者重视其食品的自由选择权；然而，一旦消费者收到信息，就会担心他们对有效信息的把控能力。如果一旦证明糖会致瘾，则监管方向可能转向应向消费者提供多少信息以及以什么形式提供（即成分标签、警告标签或一些其他传播方式）。

（三）法律手段

调节糖摄入的法律手段多种多样，其中包括标签（披露和警告）、广告限制、税收（特殊消费税，增值税和销售税）、产品禁令或限制、诉讼（尤其是集体诉讼），从而降低农业补贴和糖计划，以及制定教育计划。要分析这些手段的影响，必须考虑以下问题：（1）对含糖食品的广告限制是否违反美国宪法第一修正案；（2）产品的税收或禁令是否会改变消费者行为，或是否会对消费者造成不必要的负担和侵扰；（3）减少农场补贴和糖计划是否能有效减少糖消费；（4）集体诉讼是否能改变糖类产品的生产和销售过程及消费者的消费习惯，从而推进公共卫生目标。 379

（四）果葡糖浆（HFCS）：糖的战争

在对糖的调节历程中，对果葡糖浆的争论可谓十分典型。多年来，进口原糖的高关税使得糖的价格始终居高不下，导致生产商转寻低成本的替代甜味剂，如果葡糖浆。果葡糖浆已被应用于美国市场中的各类食品，例如薯片和软饮料。糖饮料中的糖是添加糖最大的单一用途。还有人建议联邦政府给予农民一定的玉米补贴，以鼓励农民生产尽可能多的玉米，从而使得果葡糖浆能保持相对较低的价格。这个建议在降低成本的同时，增加了果葡糖浆使用频率并增加了其普及度，因此受到质疑。随着肥胖人群的增加以及果葡糖浆在食品市场的逐日渗透，果葡糖浆和肥胖之间的联系越加显现。因此，或许是为满足消费者对含糖的“天然”产品的偏好，许多食品企业都不再将果葡糖浆用于产品生产。

2008 年，玉米行业发起了一个数百万美元的广告，以改变果葡糖浆（特别是玉米糖）等于糖价的形象。2010 年，玉米深加工协会（CRA）向 FDA 提交了一份公民请愿书，请求将“玉米糖”一词作为果葡糖浆的替代或通用名称。请愿书特别要求将果葡糖浆（21 C. F. R. 第 184. 1866 节）的《美国联邦法规》
380 部分修改为“果葡糖浆，也称为玉米糖，一种甜味的营养糖混合物”。请愿书称，玉米糖更能代表果葡糖浆。

2012 年 5 月，FDA 拒绝了 CRA 的请求，称将果葡糖浆的名称更改为玉米糖会使消费者感到困惑。根据 FDA 的《标准命名法》，糖是一种固体，是一种干燥和结晶的食品。相反，将糖浆用于描述水溶液或液体食品。因此，FDA 认为，若用“玉米糖”这个名词则表明果葡糖浆是固体，是一种结晶和干燥的甜味剂，事实上它却是溶液。

CRA 的请愿书还请求 FDA 取消将玉米糖作为葡萄糖的替代名称，并用“葡萄糖”代替所有玉米糖的名称。CRA 认为，果葡糖浆的名称会使消费者感到困惑，“玉米糖浆”的名称能更准确地满足消费者的期望。此外，CRA 声明消费者目前不会将玉米糖与葡萄糖混淆，因为术语“玉米糖”很少被用于食品标签。

在拒绝 CRA 的请愿书时，FDA 发现玉米糖已被用于描述葡萄糖超过三十年，并且在科学文献和公共网站中经常被用作葡萄糖的术语。FDA 系统地考虑了公共文献中该术语的用法，以确定产品名称是否为适当或通用的名称。最终确定，术语“玉米糖”代表有遗传性果糖不耐受或果糖吸收不良的个体可以安全食用的甜味剂。因此，FDA 认为将果葡糖浆的名称改为玉米糖可能对这些个体构成健康问题。尽管 CRA 被 FDA 出于“狭隘的技术理由”拒绝了该请愿，协会仍然坚持这会对绝大多数美国人造成困扰。

（五）《兰哈姆法案》

2011 年 4 月，食用糖生产商及其两个协会作为原告，在加州中央区法院起诉 CRA，指出 CRA 的“果葡糖浆等同于玉米糖，在天然和营养上等同于甘蔗和甜菜糖”的说法是虚假且具有误导性的，并违反了《兰哈姆法案》。该案件的一个有趣之处是，原告指控个人成员应对 CRA 的行为或共同侵权人责任的代理/代理责任的行为负责。原告还声明，CRA 成员应对其类似广告的声明承担责任。CRA 成员于 2012 年 9 月提出反诉讼，声明糖业公司本身存在欺骗消费者的行为，他们进行了十年的“旋转和涂片的阴谋”，意图破坏玉米糖浆的声誉形象。 381

（六）加利福尼亚警示标签

在加利福尼亚州提出的法案要求，在所有每 12 盎司中糖热量大于或等于 75 卡路里的罐头、苏打水和果汁饮料的瓶身上均须贴有警示标签。该标签需注明，“加利福尼亚州安全警示：添加糖的饮料会导致肥胖、糖尿病和蛀牙”。

第九节　食品营养的国际协定

如第二章所述，营养声明受“国际食品贸易 TBT 协定”约束。根据《技术性贸易壁垒协定》，只要贸易限制的目的是合法的，则可同样用于外国和本国货物，而非达到合法目的所必需的范围。因此，根据“贸易技术壁垒协定”，一个国家可以限制营养价值被歪曲的进口食品，该做法是为了防止欺骗性贸易，是合法的。

参考文献

[1] Mccann M A. Dietary supplement labeling: cognitive biases, market manipulation & consumer choice. [J]. American Journal of Law & Medicine, 2005, 31 (2-3): 215-268.
[2] Brownell K D, Kersh R, Ludwig D S, et al. Personal responsibility and obesity: a constructive approach to a controversial issue. [J]. Health Affairs, 2010, 29 (3): 379-387.
[3] Goldberg R L. No Such Thing as a Free Lunch: Paternalism, Poverty, and Food Justice [J]. Stanford Law & Policy Review, 2013, 24.
[4] Office USGA. Dietary Supplements: FDA May Have Opportunities to Expand Its Use of Reported Health Problems to Oversee Products [J]. 2013, 7 (14): 1427.
[5] Heller I R. Functional foods: regulatory and marketing developments. [J]. Food & Drug Law Journal, 2001, 56 (2): 197-225.
[6] Office USGA. Food Safety: Improvements Needed in Overseeing the Safety of Dietary Supplements and “Functional Foods” [J]. Government Accountability Office Reports, 2000.
[7] Drug Administration H. Current good manufacturing practice in manufacturing, packaging,

labeling, or holding operations for dietary supplements. Final rule. [J]. Fed Regist, 2007, 72 (121): 34751 - 34958.

[8] Drozen M S, Ettinger D J, Jijon A D, et al. FDA Food Safety Modernization Act (FSMA) [J]. Center for Food Safety & Applied Nutrition. 2011.

[9] U. S. Dep't of Agric. National School Lunch Program [Z]. 1969.

[10] Office USGA. Dietary Supplements: FDA Should Take Further Actions to Improve Oversight and Consumer Understanding [J]. Government Accountability Office Reports, 2009, 7 (1): 70 - 71.

[11] Medicine NAO. Public Health Security and Bioterrorism Preparedness and Response Act of 2002 [Z]. 2002.

[12] U. S. Dep't of Agric. Food and Nutrition Service: Food Distribution Program on Indian Reservations [Z]. 2009.

[13] Fortin N D. Food regulation: law, science, policy and practice [M]. Social Science Electronic Publishing, 2008.

[14] Safety CFF, Nutrition A. Dietary Supplements-Dietary Supplement Labeling Guide [Z]. 2005.

[15] Listed N. Regulations on statements made for dietary supplements concerning the effect of the product on the structure or function of the body. Food and Drug Administration, HHS. Final rule. [J]. Fed Regist, 2000, 65 (4): 1000 - 1050.

[16] Office USGA. Dietary Supplements: FDA Should Take Further Actions to Improve Oversight and Consumer Understanding [J]. Government Accountability Office Reports, 2009, 7 (1): 70 - 71.

[17] Wheatley V M, Spink J. Defining the Public Health Threat of Dietary Supplement Fraud [J]. Comprehensive Reviews in Food Science & Food Safety, 2013, 12 (6): 599 - 613.

[18] Swichtenberg B. Inside USP New Pharmaceutical Ingredient Verification Program [J]. Pharmaceutical Manufacturing, 2006.

[19] Advocacy C. Center for Science in the Public Interest [J]. Taxing Soft Drinks.

[20] Chite R M. The 2014 Farm Bill (PL 113 - 79): Summary and side-by-side [J]. CRS Report, 2014: 43076.

[21] USDA. Agricultural Act of 2014 [Z]. 2014.

[22] USDA. Child Nutrition Act of 1966 [Z]. 1966.

[23] USDA. Temporary Emergency Food Assistance Act of 1983 [Z]. 2009 (29).

[24] Bolen E, Rosenbaum D, Dean S. Summary of the 2012 Farm Bill Nutrition Title: Includes Bipartisan Improvements to SNAP while Excluding Harsh House Provisions [J]. Center on Budget and Policy Priorities, 2014.

[25] Rutkow L, Vernick J S, Jr H J, et al. Preemption and the obesity epidemic: state and local menu labeling laws and the nutrition labeling and education act. [J]. The Journal of Law, Medicine & Ethics, 2008, 36 (4): 772.

[26] Michael M. Okuji DDS MPH MBA Dental Director, Okuji M M, Okuji D. 6. Patient Protection and Affordable Care Act [M]. Dental Benefits and Practice Management: A Guide

for Successful Practices. John Wiley & Sons, Inc, 2010: 217-219.
[27] Corby edwards A K. Nutrition Labeling of Restaurant Menus [C]. Congressional Research Service, Library of Congress, 2012.
[28] FDA. Food labeling; nutrition labeling of standard menu items in restaurants and similar retail food establishments. Final rule. [J]. Federal Register, 2014, 79 (230): 71155.
[29] FDA. Food labeling; calorie labeling of articles of food in vending machines. Final rule. [J]. Federal Register, 2014, 79 (230): 71259.
[30] FDA. Food labeling; nutrition labeling of standard menu items in restaurants and similar retail food establishments. Final rule. [J]. Federal Register, 2014, 79 (230): 71155.
[31] Black E A. Menu labeling: the unintended consequences to the consumer. [J]. Food & Drug Law Journal, 2014, 69 (4): 531-554.
[32] Daniels S R. The consequences of childhood overweight and obesity. [J]. Future of Children, 2006, 16 (1): 47.
[33] Linn S, Golin J. Beyond Commercials: How Food Marketers Target Children [J]. Loy. l. a. l. rev, 2006.
[34] Reid R M C. Embedded Advertising to Children: A Tactic that Requires a New Regulatory Approach [J]. American Business Law Journal, 2014, 51 (4): 721-777.
[35] Medicine I O. Food Marketing to Children and Youth: Threat or Opportunity? [J]. Journal of Developmental & Behavioral Pediatrics, 2009, 30 (2): 183.
[36] Institute of Medicine (US) Committee on Prevention of Obesity in Children and Youth, Koplan J P, Liverman C T, et al. Preventing Childhood Obesity: Health in the Balance. [J]. Journal of the American Dietetic Association, 2005, 105 (1): 131-138.
[37] J. Howard Beales. Advertising to Kids and the FTC: A Regulatory Retrospective That Advises the Present [J], Geo. mason L. rev, 2003.
[38] Pomeranz J L. Television Food Marketing to Children Revisited: The Federal Trade Commission Has the Constitutional and Statutory Authority to Regulate [J]. The Journal of Law, Medicine & Ethics, 2010, 38 (1): 98-116.
[39] Pollan M. You are what you grow [N]. The New York Times, April 22, 2007.
[40] CAR Unit. Self-Regulatory Program for Children's Advertising [Z]. 2009.
[41] USDA, ERS. Food, Conservation, and Energy Act of 2008 [Z]. 2008.
[42] Emily L. The World Health Organization's global strategy on diet, physical activity, and health: turning strategy into action [J]. Food & Drug LJ, 2005, 60: 569-577.
[43] Kysar D A. Preferences for processes: The process/product distinction and the regulation of consumer choice [J]. Harvard Law Review, 2004: 525-642.
[44] National Research Council, Food and Nutrition Board, Institute of Medicine of the National Academies. Dietary Reference Intakes for Energy Carbohydrate, Fat, Fatty Acids, Cholesterol, and Amino Acids [M]. National Academy Press, 2002/2005.
[45] William H D, Kelley S S. Eliminating the use of partially hydrogenated oil in food production and preparation [J]. JAMA, 2012, 72 (2): 108-144.
[46] US Food and Drug Administration, US Department of Health and Human Services. Tentative

determination regarding partially hydrogenated oils; Request for comments and for scientific data and information [J]. Fed Regist, 2013, 78: 67169.
[47] Yee V. Your Guide to New York's Soda Ban [N]. N. Y. Times, March 11, 2013.
[48] Grynbaum M M. Judge blocks New York City's limits on big sugary drinks [N]. N. Y. Times, March 11, 2013.
[49] Gogolak E C. Appeals Court Rules Against Bloomberg Beverage Restrictions [N]. New York Times, July 30, 2013.
[50] Sarah C. Three Cheers for the Nanny State [N]. N. Y. Times, March 24, 2013.
[51] Karen H. The Michael Bloomberg Nanny State in New York: A Cautionary Tale [J]. Forbes, 2013.
[52] Michael M. Grynbaum. New York City Soda Fight, in Court, Tests Agency's Power [N]. N. Y. Times, June 4, 2014.
[53] Diller P A. Local health agencies, the Bloomberg soda rule, and the ghost of Woodrow Wilson [J]. Fordham Urb. L. J. 2013 (40): 1859-1861.
[54] N. Y. C. Dep't of Health & Mental Hygiene. Removing SNAP Subsidy for Sugar-Sweetened Beverages [Z]. 2010.
[55] Goldberg R L. No Such Thing as a Free Lunch: Paternalism, Poverty, and Food Justice [J]. Stan. L. & Pol'y Rev., 2013, 24: 35-64.
[56] Institute of Medicine of the National Academies. Accelerating Progress in Obesity Prevention: Solving the Weight of the Nation 266 [Z]. 2012.
[57] Brownell K D, Farley T, Willett W C, et al. The public health and economic benefits of taxing sugar-sweetened beverages [J]. New Eng. J. Med, 2009 (361): 1599.
[58] Nigel D. Navajo Nation Sees Tax on Junk Food as a Way to Combat Health Problems [N]. L. A. Times, March 30, 2015.
[59] Chriqui J F, Eidson S S, Bates H, et al. State sales tax rates for soft drinks and snacks sold through grocery stores and vending machines, 2007 [J]. Journal of public health policy, 2008, 29 (2): 226-228.
[60] Kelly D. Brownell, Mark S. Gold. Food and addiction: a comprehensive handbook [M]. Oxford University Press, 2012.
[61] Jeff S. Conceptualizing the "Fat Tax": The Role of Food Taxes in Developed Economies [J]. S. Cal. L. Rev, 2005 (78): 1221-1241.
[62] CCH Tax Law. U. S. Master Excise Tax Guide [Z]. 2012.
[63] Spolar C, Eaton J. As soda tax bubbles up, food lobby mobilizes industry groups spent more than $24 million this year to sway lawmakers [N]. Huffington Post, November 4, 2009.
[64] Tiffin R, Arnoult M. The public health impacts of a fat tax [J]. European Journal of Clinical Nutrition, 2011, 65 (4): 427.
[65] Winstanley C L. A Health Food Tax Credit: Moving Away from the Fat Tax and Its Fault-Based Paradigm [J]. Or. L. Rev., 2007, 86: 1151-1153.
[66] Nicholas C. Paterson Lowers Expectations on Soda Tax, Calling Approval Unlikely [N]. N. Y. Times, February 13, 2009: A17.

[67] Badilas A. Food Taxes: A Palatable Solution to the Obesity Epidemic [J]. Pac. McGeorge Global Bus. & Dev. LJ, 2010, 23: 255-262.

[68] Brad S. Obama's Poor Tax [N]. Wall St. J. April 1, 2009.

[69] Wiley L F. The US Department of Agriculture as a Public Health Agency? A'Health in All Policies' Case Study [J]. Food L. & Pol'y, 2013 (9): 61-70.

[70] Dietary Guidelines Advisory Committee. Scientific report of the 2015 dietary guidelines advisory committee [J]. Washington (DC): USDA and US Department of Health and Human Services, 2015.

第六章　食品体系相关法规

第一节　简　　介

一、食品法对食品系统的适应

（一）对先前食品法律各个阶段的影响

本书中使用的“食品体系”的概念指的是多个体系，包括地方、区域、国家和全球。以下两点充实了本文中所述的食品体系的概念。首先，食品体系包括食品的生产、加工、制备、包装、促销、销售、准备、分销和消费，可简述为“从农场到餐桌”，这意味着需要系统地思考食品的整个周期。其次，“食品体系”不仅列举了现代食品体系的多个阶段，还提出了什么样的食品体系是更可取的。讨论这些规范性问题超出本食品法律论文范围的食品政策；然而，讨论其影响则与食品相关法规密切相关，因为管理食品的新兴法律大多是为了响应不断变化的食品体系而产生的规范和社会观念。

就食品体系存在的问题对食品相关法规进行修改在本书概述的每个部分（食品贸易、食品安全、食品营销和食品营养）中都是显而易见的。例如，食品安全监管中的一个关键问题是，小型企业是否应该被排除在食品安全法律之外以保护他们，许多人认为这是地方食品体系成功的基础。新颁发的《标签法》确定了如何将食品信息（即有机食品、用草饲料喂养的牲畜、散养畜禽类动物、非转基因食品）传达给关注食品来源的消费者。事实上，国家对于基因工程食品的强制性标签倡议的动机不在于食品安全方面的考虑，更多的是考虑消费者喜欢什么样的食品体系。最后，法律正在纠正导致营养不良和肥胖的食品体系。

管理复杂食品体系的法律压力是巨大的。行政法规方面的欠缺引发了食品企业采取诸如私营标准、自治和诉讼等其他法律手段进行管理。当局对一种食品系统的偏好会引起政治局势紧张，影响颁布的法律类型。

（二）独特的食品法律应用

本章将以比上述章节更为结构化的方式讲述与社会变革相适应的独特的食品法律。包括本地食品、可持续性、食品安全、食品主权、城市农业、社会正义和公平在内的这些概念需要结合上下文进行理解。定义这些术语是一个很大的挑战，这些概念在许多方面是大型食品运动中的微型运动，虽然它们的特征不同，但它们具有相同的价值观和目标。这些术语涉及诸如基因工程食品、城市农业、生态可持续性、可持续饮食、食品保障、食品主权、社会公平正义等问题。可以预期，概念之间相当大的重复部分对定义它们造成了很大的困难。然而，本章试图界定每个概念并确定其目标。政策的逻辑依据之间的矛盾和目的远远超出了本章和本书的讨论范围。相反，本章除了定义术语之外，还试图解决与食品体系概念相关的法律问题。 385

（三）消费者在推动食品法律修改方面的作用

如第一章所述，消费者是食品法律在适应现代食品体系社会变革中的一个重要驱动因素。购买力、教育水平、城市化程度和生活方式的提高，加上食品价格相对于其他商品的下降都导致了消费模式发生变化。在过去，价格和视觉方面是主要的购买标准，而现在，食品的内在质量已经成为一个更重要的评判依据。除了食品本身的质量，消费者对食品生产伦理层面的要求越来越高，包括对社会和环境的影响、对工人的待遇、生产者公平的回报、环境影响、动物福利等。这些问题涉及“伦理消费主义”，引发了许多关注，尤其是在美国这样的发达国家。

消费者对食品的兴趣肯定是多方面的。例如，消费者可能希望获得关于有机食品的信息，因为他们认为有机食品更健康或更有营养。消费者也可能出于伦理上的原因购买有机食品。这些多方面的问题往往超出了监管机构管理的范围，因此在法律上造成了空白。为了填补空白，私营标准和其他形式的自我管理以及诉讼已成为重要的法律工具。例如，食品零售商承担更多的管控角色，使用企业标准来保证食品的安全性和期望的品质。零售商（和制造商）也将社会责任标准纳入私人标准。私营标准的主要目标是帮助零售商获取有关食品独特属性的信息。公司通过认证获取这类信息，将私营标准与消费者的需求相匹配。 386

这种对消费者作用的强调并不否定农民在食品体系中的作用，反而反映了消费者的偏好对农民的影响。三个例子说明了这一点：（1）对虐待动物的关注导致消费者拒绝动物产品；（2）对环境的负面影响导致消费者选择他们认为对环境友好的食品；（3）对于农业和大企业的伦理问题导致消费者反对他们认为不道德的食品。只有时间会证明，法律对关于食品社会变化的改变是否会对许多社会变革的支持者所设想的食品体系进行变革。然而，虽然只是渐进地，但法律正在调整的事实是显而易见的。这种发展的“食品体系”法律将继续使食品法成为一个动态的、反应灵敏的学科。

第二节 本地食品

一、食品运动中的核心概念

（一）目标

在食品体系和更广泛的食品运动中的一个关键概念是“本地食品”。这一概念已转化为地方食品模式的发展，包括农民市场、流动食品设施、街头售货、机构食品分配计划和城市农业。这些模式的推动和管理主要是通过食品政策委员会实现的，这些委员会在州或地方层面开展工作。

本地食品运动的目标有很多：（1）向有兴趣食用本地食品的消费者提供新鲜、高质量和有益健康的食品；（2）实现可持续的食品体系；（3）帮助农民维持生计；（4）对本地经济产生积极的影响；（5）纠正市区的社会公正问题，例如食品荒漠等；（6）通过将经销商的收入转移给农民来支持农村地区的发展；（7）通过缩短加工和运输食品供应链的长度来减少环境足迹；（8）以更透明的方法提供食品；（9）减少污染，提高食品安全性；（10）允许消费者亲自与生产食品的农民联系。

（二）本地食品的定义

如第四章所述，在禁止出售假冒品牌食品时，《食品、药品和化妆品法》（FDCA）将其定义为含有“在任何特定情况下是虚假的或误导性的”标签。标
387 签（或附带的书面、印刷或图形材料）上的“特定”可以是该食品是本地食品的指示。FDCA 或任何其他联邦法案（例如，针对家禽的肉类和家禽产品检验法

的《联邦肉类检验法》）或实施标签制度都没有关于“本地的”具体定义。

对于什么是本地食品并没有共识。Merriam-Webster 定义了“位置”或者与位置或空间相关的“本地”。因此，如果与特定区域相关联，则某些食品可以是本地的。但是，这一定义未能解释本地食品的概念是以直接营销为中心的，使得生产者和消费者之间距离的远近对于确定是否为本地食品至关重要。

可以想象，消费者对本地标签的依赖将上升到 FDCA 下的“特定”水平。因此，消费者的感觉大概是确定食品是否被正确地贴上“本地”标签的起点。

应该指出，美国国会至少在两个场合定义过食品中的“本地”的概念。首先，在 2008 年的《食品，节约和能源法》（《2008 年农业法案》）中，国会指示农业部长促进贷款，以支持本地或区域生产的食品。关于这点，《2008 年农业法案》定义了“本地食品”是在 400 英里范围内或在州内生长而加工的食品。最近，如第三章所述，在《食品安全现代化法》（FSMA）中，国会对在本地市场销售的生产商提供了一些食品安全要求。国会将“本地”定义为在州边界内或在 275 英里范围内生产的产品，这比《2008 年农场法案》中的 400 英里要窄得多。

各州通常将本地食品定义为在州内种植的粮食。这并不奇怪，因为法规中对本地食品定义的目的是增强本地经济，从而增强本州经济。鉴于本地食品的商业人气，杂货店、餐馆和农民市场已经发展了属于自己的本地食品定义，这些私人或准私人（在农民市场的情况下）实体通常基于地理距离或州的边界定义本地食品。例如，加利福尼亚州萨克拉门托的 Raley 超级市场将本地产品定义为在其商店的一英里内生长的产品；沃尔玛商店根据食品生长在哪个州定义本地食品。

二、农民市场 388

（一）州和地方法规

农民市场可能是本地食品活动中最明显的组成部分。这些市场增加了美国的市场，为消费者、农民和社区带来益处。消费者可以通过农民市场获得当季的、健康的、负担得起的新鲜本地食品；农民在直接向消费者提供食品时可以获得更大的利润；社区则受益于社区凝聚力的增强、城市的振兴和收入的增加。

州和地方政府在管理农民市场，确定建立农民市场所需的批准和许可，以及农民参与的条件方面发挥了主要作用。在农民市场出售的食品通常不在州际贸易中。如第三章所述，小型农场出售的食品通常免于FSMA管理，在零售层面销售给消费者的食品通常由《国家食品法典》管理。最后，农民市场最经常发生的财产问题由地方政府通过警力进行管理的。州和地方对农民市场的监管可以有所不同并且是多层次的。

（二）定义农民市场

农民市场的定义是对这些市场进行监管的一个重要起点，因为定义有助于确定是否给予市场入驻和获得收益的资格。这些收益可能包括根据食品法规豁免被分类为零售食品设施，或免除对产品的包装和分级要求。例如，加利福尼亚州将认证的农民市场定义为“根据本地法令建立的地点，加利福尼亚农民可以依照本章和本章通过的规定，向公众运输和销售他们生产的加利福尼亚农产品，免除了既定的等级、大小、标签、包装和其他对水果、坚果和蔬菜的要求”。一些州在
389 其农业法规或规章中定义了农民市场。例如，马萨诸塞州农业资源部将农民市场定义为“公共市场，主要目的是将马萨诸塞州农民、社区和购物者连接起来，互惠互利，同时推广和销售农民参与种植的产品”。虽然《示范食品法典》（参见第三章）没有界定农民市场，但一些州在其《食品法典》中界定了农民市场。例如，爱荷华州食品监管局的《食品法典》规定，“农民市场指的是季节性零售新鲜水果和蔬菜的普通小市场”。最后，地方政府也可以使用地区法典和政策定义农民市场，鼓励使用公共用地。例如，波特兰，俄勒冈州的地方法详细定义了农民市场是农民、牧场主和其他农业生产者销售他们自己种植或经过加工的食品、植物、花卉和附加值产品（如果酱和果冻）的一种活动。此外，一些供应商出售可立即在现场食用的食品，一些供应商可能是社区团体、服务机构或其他供应商或组织。农民市场定期在同一地点免费向公众开放。一些市场是季节性的，一些则是全年开放的。

（三）规范农民市场

1. 安全和质量

各州对零售食品安全的监管延伸到农民市场和农民市场的供应商。详细情况因州对农民市场的管理和许可方式及其供应商而有所不同。许多州向供应商颁发许可证，但有些州，如加利福尼亚州，向农民市场本身颁发健康许可证。加利福

尼亚州零售《食品法典》要求市场从本地卫生部门获得许可证。农产品的个人生产者无须获得许可证，但必须从县农业专员处获得生产者认证以进入农民市场。非农业产品的供应商，如现场制备的食品，具备健康许可证也可经营，但必须遵守临时食品设施或食品加工规范中的所有适用规定。通常，各州制定农民市场食品安全法规，然后由本地政府实体执行。哈佛食品法律和政策门户对 10 个州的农民市场监管进行分析，发现 10 个州都管制农民市场，4 个州使用了更严格的地方法律，没有哪个州允许使用宽松的地方法律。

2. 土地使用 390

本地《土地使用法》和市政府政策决定了农民市场的存在位置，甚至是农民市场是否可以存在。农民市场可以建立在私人地产、公共地产或街道上。然而，烦琐的许可程序或模糊的分区规定可能使得农民市场难以建立。理想情况下，社区将允许农民市场使用社区规定的地方，这就使得许可证不再需要，增加了市场的可用土地。另一方面，简化和负担得起的许可程序也可以促进农民市场发展。城市通常采用各种程序来审查不同类型的土地使用。例如在洛杉矶，根据农民市场所在的区域，受到董事会的审查或使用许可证的约束。

如果农民市场不是用于被允许或认可的用途，市场在定位时可能面临困难。即使作为临时使用，也可能不被允许，或者由于许可过程（包括临时使用许可证的申请周期）的高成本，它可能会被禁止。一个证明农民市场使用和高成本的复杂性的例子是加利福尼亚州的圣何塞，农民市场被认为是户外私人地产的特别活动，需要每年花费高达 3 000 美元来获得特别使用许可。

《土地使用法》还增加了低收入消费者进入农民市场的机会。由于《土地使用法》规定了可以使用的条件，地区法规可以接受各种形式的付款，包括营养补充援助计划（SNAP）收益。SNAP 在加利福尼亚州被命名为 CalFresh。在其地区法典中，如洛杉矶定义了农民市场，并规定了他们必须遵守的规定。这些条款明确规定，“除了接受其他形式的付款外，农民市场还应通过 EBT 卡接受 CalFresh 福利”。在其行政管理法规中，旧金山还要求城市内的所有农民市场接受 CalFresh。

公共设施往往对农民市场很有吸引力，一些城市制定政策，鼓励农民市场开设在各种类型的公共设施中。公共设施通常可以为市场提供价格实惠的位置，即有利的设施、人流量和停车场，包括使用大型广场的中转站、政府建筑物的空地和公园。最后，一些农民市场可以申请街道封闭许可证。街道封闭市场的运作成本高昂，需要每周获得许可并缴纳费用才能封闭街道。

（四）农民市场管理的法律问题

1. 责任

农民市场的管理至少面临三类法律风险：责任、遵守规定和预防欺诈。一般
391 来说，保险需要涵盖农民市场上事故的责任和使用市场上销售的产品所造成伤害的责任。2003 年在加利福尼亚州圣莫尼卡市的一个农民市场发生的一次悲剧性的汽车事故，共造成 10 人死亡，以及 2 100 万美元的损失。在科罗拉多州科林斯堡，农民市场生产的产品造成大肠杆菌 O157：H7 的暴发，14 个人感染并引起两例儿童溶血性尿毒症。除了提供充足的保险，市场希望实施促进食品安全和限制责任的规定。这些规定包括可以销售的产品类型，要求供应商提供保险证明，并要求供应商执行“保持无害或赔偿”条款，以使供应商支付由于其自身问题而产生的任何费用。

2. 遵守规定

农民市场的经理应确保市场参与者遵守食品安全的要求，市场本身需要保证所有必要的经营条件（如具备洗手和洗浴设施）以及执行法律，例如限制吸烟。不遵守规定可能会被警告或查办。

3. 欺诈

农民市场也应进行监管减少发生欺诈行为的可能性。近年来，这个问题通常在两种情况下出现。第一，有一些农民谎称产品是由他们自己种植的。第二，一些产品被错误地贴上有机食品的标签。农民市场经理必须进行实地考察，以确保在市场上销售的食品的确如农民声明的那样，由种植在他们自己的土地上的作物加工而成。

地方政府和州还采用了监管的方法来解决农民市场欺诈。加利福尼亚州的认证计划要求农业专员在卖场至少进行一次年度检查，以验证该食品确实是在本地生产或储存。即使有这种规定，农民市场经理也应该意识到，加利福尼亚州的规定允许检验员验证该产品是否在本地生产，但没有允许检验是否在本地成熟。

392 三、流动食品设施

（一）冲突

流动售货是近年来出现的一种做法，已经引起人们的注意，因为它具有改善

食品体系和提高食品新颖性的潜力。几个世纪以来，城市中心充满了街头摊贩；然而，随着推动城市清洁和管理的发展，许多城市禁止或限制在街道和人行道进行街头贩卖的做法。虽然街道贩卖在城市社区重新出现，但城市仍然有监管计划阻止流动售货的复苏。私营企业通常反对附近的街头贩卖，担心街道贩卖因为降低了成本而吸引走他们的客户。

（二）定义流动食品设施

流动食品设施在 2009 年《示范食品法典》中被视为流动食品机构：“在移动、固定、临时或永久设施或场所进行的活动；无论消费是在场地内或场外；无论是否需要收费。”

各州可在自己的《食品法典》中定义流动食品设施。加利福尼亚州的《零售食品法规》将流动式食品设施直接定义为“与零售或分销食品的小卖部或其他永久性食品设施结合使用的任何载具”。有些地方还定义流动式食品设施，以允许并规定流动食品设施开展业务的位置和方式。例如，宾夕法尼亚州的《食品法典》将流动食品设施定义为“任何固定的、可流动的或临时的食品设施，例如支架、车辆、推车、篮子、箱子或类似结构，从中储存、制备、加工、分发或出售，实际位于一个地点或位置不超过 14 天，无论在此期间是否连续运行”。

（三）对于流动食品设施的州和地方法规

1. 健康和食品安全

州《食品法典》规定了获得健康许可证是流动食品设施的要求。对流动式食品设施的要求是基于风险设定的，类似于对其他食品设施的要求，并且对于适应流动环境所需的要求有所不同，这通常包括对载具的清洁频率和存储的要求。

2. 位置

在空间方面，流动售货可以在街道、人行道、私人地产和公共地产上进行。 393
政府对流动售货的方式和允许时间进行管控。在公共空间内如何允许流动售货的问题在历史上一直争议不断。一些城市允许在人行道上流动售货，一些则不允许，如洛杉矶就不允许在人行道上流动售货。其他大多数大城市允许在人行道流动售货，但也规定了流动食品设施的活动范围，城市通常会指定流动售货区或特定地区。例如费城的法典规定了中央商业区的一些特定街道，流动供应商可以在人行道上出售。一些城市还可能限制流动售货不能位于学校或其他食品企业附近的人行道上。城市可以规定流动食品设施能停在哪里进行售卖。一些城市对快餐车没有任何特殊要求，但是他们必须遵守《停车法》。另一些城市限制流动食品设施在任何其他食品设施的特定距离内停车。法律还规定了在公共道路上进行流动售货的时间，以及售货商是否可以原地不动或是要以一定时间间隔流动。例如，在加利福尼亚州的圣何塞，供应商不得停留在一个地方超过十五分钟，并且只能从上午 10:00 到晚上 7:00 营业。

流动式食品设施可以坐落于进行适当规划并被允许使用的私人地产处。流动食品设施的停车场可以作为流动食品设施运营地点。北卡罗来纳州的罗利更改了本地法典以允许多个快餐车在适当的停车场停放在一起，只要地点满足一定的距离要求（即必须离另一个食品设施至少超过 100 英尺①，并且距离任何车道或人行道超过 5 英尺）。

有些城市市政还允许流动供应商使用他们的公共地产；一些城市允许流动供应商在有许可证的情况下在公园售卖；其他城市允许他们在中转站售卖。最后，一些地方还区分食品类型，让他们在不同的地方售卖。纽约市的绿色手推车计划为新鲜农产品的供应商提供更容易获得的许可证。在旧金山，当城市提供在公园进行的流动售货合同时，会考虑食品的类型，包括与健康相关的一些问题。

394 3. 执照

地方政府规定，需要许可证或执照才能经营流动食品设施，并对移动食品设施可以在何处经营进行限制。

一些辖区要求必须有市政许可证才可以进行流动食品售货。此证级别高于本地卫生部门颁发的卫生许可证。例如，纽约市要求所有流动食品供应商许可证发放数量的上限为 3 100，直到引入“绿色手推车计划”（在下一节中介绍）。匹兹堡市还依法要求所有流动供应商获得许可证。其他城市不需要城市颁发的许可证，但仍需要公共卫生许可证。

（四）流动食品设施的新问题

1. 售卖计划

许多管辖区已经更新了流动食品设施的法规，以简化它们并使其更容易解读。其他地方政府第一次制定了允许流动食品设施活动的法规。流动售货领域的

---

① 英尺：长度单位。1 英尺 = 0. 304 8 米。

专家概述了地方一级政府规划流动售货决策的 8 个要点：流动售货地点、豁免权、许可证上限、自动售货区、空间分配、某些商品的限制、运输车或设计展示、费用和税收。辛辛那提在 2011 年创建了一个流动售货计划，允许卡车和推车在中央商务区合法经营。正如许多新计划的情况一样，城市规定了流动售货点以保证控制。2011 年，波士顿开始在指定的公共地产允许快餐车存在。售货商提出经营的地点以待批准。这个计划是独一无二的，因为它还要求所有的售货商在他们的菜单上提供更健康的膳食选项。

2. 经济自由的挑战

限制流动食品设施的本地法律可能受到挑战。在 Castenada 诉讼埃尔帕索市案例中，四个流动食品售货商起诉了埃尔帕索市（得克萨斯州），禁止流动食品设施在餐馆、杂货店和其他食品服务设施内的 1 000 英尺范围内经营。流动食品售货商声明，该法规的唯一目的是保护已建立的企业，允许政府侵犯宪法赋予流动食品售货商所拥有的权利是不合法的。由于诉讼成功，埃尔帕索市同意废除这些规定。

3. 纽约市的绿色手推车计划 395

2008 年 3 月，纽约市实施了城市的“绿色手推车计划”。绿色手推车是在缺乏新鲜农产品的社区里出售新鲜的、未经加工的水果和蔬菜的流动售货车。除了新鲜产品以外的产品，如薯条或糖果，包括以任何方式加工的水果和蔬菜均不能用绿色手推车销售。绿色手推车的经营人员作为计划的参与者应有特别的许可证，并限制他们活动的区域。其他几个城市也纷纷效仿，其中包括费城的“健康推车计划”，该计划对推车的经营进行补贴。堪萨斯城（密苏里州）为城市公园的推车售货商制定了激励措施。满足营养指南的售货商有资格降低售货许可证或特殊流动许可证的要求，允许售货商在持一个许可证在三个地点运营。

4. 流动杂货商

使用流动食品设施销售杂货是许多社区几十年来的典型做法。各组织和市政当局最近开始了通过流动杂货店或生产市场促进更健康的食品项目。新泽西州的新鲜流动计划建立了一个试点计划，创建流动农民市场，这是向缺乏服务的社区运送新鲜农产品的运输车。

（五）政府采购权利

1. 承包

州和地方政府需要购买大量的食品。如第五章所述，这些食品大多进入学校。其中一些则进入自助餐厅和流动售货以及国有餐厅。政府可以利用其合同权力来决定购买食品的类型，一些机构和学校对购买更健康的食品和本地食品越来越感兴趣。纽约市制定了全面的营养标准，适用于在城市内购买的所有食品。此外，洛杉矶市议会启用了“良好食品采购承诺”，这是一项食品采购政策，通过该市的食品采购促进了环境可持续食品的生产、本地采购、公平劳动、动物福利和营养等方面的发展。洛杉矶联合学区也接受了该承诺。

396 2. 采购偏好

地方政府作为市场参与者，经常签订合同以购买更健康的食品。一些政府具有采购偏好，以获得本地的新鲜食品，特别是水果和蔬菜。州或地方政府是否可以通过优先购买本地食品来促进本地粮食系统发展，取决于用于购买食品的资金来源以及对资金使用的限制和采购法律。通常，购买食品的州或地方机构使用竞争流程来寻找能够提供最低价格商品的供应商。政府机构可能对本地种植的食品给予竞争优势。许多有法律要求的州和地方机构优先选择在州内种植或加工的食品。

3. 学校早餐和午餐采购计划

2008 年的《农场法案》修正了《国家学校午餐法》，指示农业部激励执行儿童营养计划的机构，包括参加学校午餐和早餐计划的学校，购买未加工的本地种植和饲养的农产品。2011 年 2 月，美国农业部（USDA）发表声明称，如果采购机构、学校食品机构、儿童保健机构和夏季餐饮服务计划发起人有权选择是否优先选择本地种植的食品，需要明确提出未加工的本地种植和生长的食品地理区域。美国农业部的声明改变了其先前的立场，即各州必须遵守学校午餐的竞争性采购程序，地理偏好是非法的。

4. 本地食品委员会

作为本地食品活动的一部分，各州和城市创建本地食品政策委员会，以便更系统地探索粮食政策问题和机遇。康涅狄格州在 1997 年成为第一个创立食品政策委员会的州。委员会通常是通过一些政府官方行动创建的，例如通过法律，颁发行政命令或公告。食品政策委员会通常包括不同的利益相关者，他们聚在一起来检查本地食品系统的运作情况，并提供改进的想法或建议。利益相关者包括农民、城市和州政府官员、非营利组织、厨师、食品经销商、杂货商、饥饿倡导
397 者、教育者、律师、卫生专业人员和有关公民。食品政策委员会采取各种形式进行管理，实施创新和民主方法，以使委员会能够实现其目标。

第三节　可 持 续 性

一、概念和定义上的挑战

食品可持续性已成为现代食品活动中非常重要的一点。食品可持续性采取了多种形式，也是多方面的。首先，它涉及整个食品供应链，其中包括各种利益相关者，包括生产者、食品部门、政府，当然还包括消费者。此外，这个供应链是全球性的，涵盖不同的文化、社会和法律制度。食品作为生命的源泉和可持续农业有益于人类和地球的属性在伦理层面增加了可持续的复杂性。食品可持续性的多维属性导致了定义的困难。可持续性被广泛地定义为“满足现在的需要，而不损害子孙后代满足自己需求的能力”。这个定义的边界是模糊不清的。

食品可持续性独有的特点是全球食品供应链中采用可持续性标准的食品企业数量。促进私营企业采纳可持续性标准的因素包括：企业对企业社会责任的兴趣、消费者需求以及食品制造过程中所有参与者对可持续的日益重视。私营企业可持续发展的一个典型的广义定义是：“公司在自愿的基础上将社会和环境问题纳入其业务运作以及与利益相关者的活动中。”

尽管定义可持续存在挑战，但是食品可持续性的一贯主题都是在社会和经济 398
背景下与环境管理的关联。在 1990 年《农场法案》中提到可持续性是“植物和动物生产实践的综合系统”：（1）满足人类食品和资源需求；（2）提高环境质量和农业经济依赖的自然资源基础；（3）最有效地利用不可再生资源和农场资源进行整合；（4）保持农场经营的经济可行性；（5）提高农民和整个社会的生活质量。

二、环境计划

（一）历史观点：农场计划

1. USDA 保护行动及计划

可持续食品或农业在 20 世纪 80 年代后期才被人们普遍的接受，农业可持续性的概念——管理食品生产资源基础给予后代使用不是一个新事物。美国农业部 USDA 历来通过保护计划促进农业可持续性，鼓励农业生产者和土地所有者在其土地上遵守保护措施。1935 年印发的《土壤保护法》建立了土壤养护服务，协助生产者规划土壤管理计划，其最终目标是保护土地资源免受侵蚀。一年以后（1936 年），《土壤保护和国内分配法》修订了《土壤保护法》以允许农民自愿参加农业保护计划，向遵循土壤保护措施的生产者提供财政援助。1956 年，成立了大平原保护计划来说服生产者采取保护土地的做法。

2. 环境保护署农业战略

2006 年，环境保护署（EPA）发布了环境保护署农业战略，概述了该机构为子孙后代保护国家食品、水、土地和空气的承诺。该战略希望“与农业部门合作，包括生产、加工和分销，向公众推广和证明表达农田环境管理活动价值的环保方案”。这一农业可持续性工作再次反映在环境保护署的战略计划中，该机构
399 致力于寻找新的农业措施以鼓励清洁和负担得起的生物燃料的使用并监测农药的使用。

（二）《农场法案》拨款的运作及计划

1.《农场法案》拨款的适用性

政府目前还未找到一种有组织的方法来实现粮食可持续性；相反，这个过程还需要相当大的努力。可持续性最明显的方面——保护环境，也不例外。美国农业部通过各种计划管理可持续发展，这些计划使用《农场法案》的拨款来进行农场层面的活动。除了这些美国农业部的行政管理方案外，还有几个旨在促进农业研究的补助金计划，专门用于研究可持续发展方案。

2.《2014 年农场法案》

最近的《农场法案》——《2014 年农场法案》于 2014 年 2 月签署，在 2018 年之前都有效。在 2018 年之后，一些条款将继续有效。美国农业部经济研究局指出：“《2014 年农场法案》下的计划包括解决自然资源问题和有益于农业劳动的土地、林地和草地生产力的保护活动，以及湿地修复和临时或永久土地休整。”政府报告将《2014 年农场法案》描述为旨在精简保护计划和削减开支。在《2014 年农场法案》颁布之前，有 23 个农业保护计划。《2014 年农场法案》将许多保护计划合并为新计划或将其并入现有计划，将美国农业保护计划的数量从 23 个减少到 13 个。下节所介绍的许多大型保护计划，如美国土地休耕保护计划（CRP）、环境质量奖励计划（EQIP）和美国环境保护和管理计划（CSP），已经和一些小型和类似的计划合并，纳入《2014 年农场法案》之下。

以下是美国农业部影响美国农业保护和可持续性的计划的总结概述，以及它们在《2014 年农场法案》第二章中的地位。该总结说明了美国农业部《农场法案》和可持续性工作之间的动态关系。 400

（1）美国土地休耕保护计划（CRP）

CRP 是美国农业部最大的保护计划，由美国农业部农场服务机构（FSA）管理。为了得到每年的拨款，参加该计划的农民同意不在环境敏感的土地中进行农业生产和植物物种以改善环境健康和质量。根据《2014 年农场法案》，CRP 将持续到 2018 年，面积上限将逐年递减。草原保护计划的一部分也被纳入了 CRP 计划中。

（2）美国环境保护和管理计划（CSP）

CSP 由 USDA 的自然资源保护社（NRCS）管理。CSP 通过该计划中规定的注册和管理流程为农民提供实施保护措施的拨款。《2014 年农场法案》提高了 CSP 注册的标准，并减少《2008 年农场法案》规定的年注册土地。

（3）环境质量奖励计划（EQIP）

EQIP 在《2008 年农场法案》中启动，由 NRCS 管理。其目的是“促进农业生产、森林管理和环境质量协调发展”。该计划向为农业生产用地进行保护和环境改善的农民和畜牧生产者提供成本分摊、拨款和技术援助。在《2014 年农场法案》中，EQIP 继续运作，将已废除的野生动物栖息地激励计划的职能和资金纳入其中，将至少 5%的计划资金用于针对有利于野生动物栖息地的活动。

（4）可持续农业研究和教育计划（SARE）

SARE 是一个由联邦政府资助的组织，帮助经济上有利及环境无害的农作物计划。SARE 通过美国州际研究、教育和推广合作局（CSREES），为一些可持续农业计划提供资金。SARE 还整理这些计划的信息和结果，并将其提供给公众。根据《2014 年农场法案》，SARE 获得了更多的拨款。

（5）农业土地权属保护计划（ACEP）

ACEP 提供财政和技术援助，帮助保护农田和湿地。根据《2014 年农场法案》，ACEP 巩固了以前计划［湿地保护区计划、草原储备计划（地役权的部分）和农田保护计划］的职能。2014 年农场法案下 ACEP 计划的拨款明显少于 2008 年。 401

（6）区域保护合作项目（RCPP）

RCPP 是根据《2014 年农场法案》启动的一个新计划。RCPP 旨在协调保护计划，帮助合作伙伴解决区域或流域规模的问题。RCPP 整合了现有几个区域计划的职能。

（7）本地种植业（草地保护）

对于选择在本地草地耕种的生产者而言，《2014 年农场法案》中的土地保护规定减少了农作物保险补贴，并限制了在未开荒的草地上耕种前四年的收益或收入保证。一些限制也将适用于非灾害援助类作物。新规定仅适用于明尼苏达州、爱荷华州、北达科他州、南达科他州、蒙大拿州和内布拉斯加州的本地草地。

《2014 年农场法案》中有争议的条款是将联邦资助的部分农作物保险费列入计划收益清单，如果发现生产者在高度侵蚀的土地上生产农产品而未实施批准的保护计划或资格豁免，或将湿地转变为作物生产，资助会被取消。这个先决条件，称为“守约遵守”，自《1985 年农场法案》以来就存在，以前影响了大多数美国的农业福利计划，但自 1996 年以来已经废除了作物保险。

（三）可持续发展和环境计划的主要机构

（1）农场服务机构（FSA）

FSA 向农业部长和农场以及外国农业服务部门报告。其他几个机构在 1994 年合并创建了 FSA，包括农业稳定和保护局、联邦农作物保险公司（现在是一个独立的风险管理机构）和农民家庭管理局。根据《国家环境政策法》（NEPA）和《国家历史保护法》，FSA 需要考虑其行动对环境和文化的影响。此外，在决定如何实施计划时，FSA 需要考虑各种其他环境法律、法规和行政命令。FSA 通过州和县办事处执行程序，执行和审查符合环保法规的项目。

402 （2）自然资源保护署（NRCS）

NRCS 是负责实施和监督大多数保护可持续农业计划的美国农业部机构。NRCS 还为希望进行保护活动的农民和牧场主提供技术援助。

（3）农村适用技术转让项目（ATTRA）

ATTRA 通过国家技术中心与美国农业部农村合作服务合作协议提供资金，向参与可持续农业的农民和牧场主提供信息和技术援助。

（4）替代农业系统信息中心（AFSIC）

AFSIC 是国家农业图书馆的一个下属机构，专门确定和汇编有关可持续粮食系统和农业做法的资源。

（5）环境市场办公室（OEM）

OEM 成立于《2008 年农场法案》，由美国农业部运行。OEM 被称为生态系统服务与市场局，帮助开发具有生态系统的服务市场。OEM 帮助建立统一的国家标准和市场基础设施，促进基于市场的农业、森林和牧场保护方法。包括碳固存、水质、湿地和生物多样性。《2014 年农场法案》将 OEM 完整地保留了下来。

三、有机食品

（一）价值导向

有机食品购买力的增长反映了消费者对种植和处理食品的方法产生了新兴趣。在美国生产有机食品的做法已经存在了几十年，最初是小规模和本地化的系统。“有机食品”的早期定义是基于工业农业的突破，接近自然的食品。这些概念在民粹主义者温德尔·贝里（Wendell Berry）1982 年的声明中被提到：“正确地说，有机农场不是只使用某些方法和物质，而避免其他的。它是一个模仿自然结构的，具有有机体的完整性、独立性和良性依赖性的农场。”

（二）《有机食品生产法》 403

虽然有机食品生产的特点是像 Wendell Berry 所表达的那样，但对产品的监管却很普通。根据有机食品相关法律规定管理生产的食品被指定为有机食品。有机生产整合了“文化、生物、促进资源循环、促进生态平衡和保护生物多样性的活动”。为促进有机产品，州和私营机构开始在 20 世纪 60 年代和 70 年代授予有机认证；然而，缺乏统一的标准意味着对有机食品定义的不同。有机生产的加速增长加上定义有机的混乱导致其需要统一监管。最后，根据 1990 年的《食品、农业、保护和贸易法》（《1990 年农业法案》）颁布了《有机食品生产法》（OFPA），以制定“生产和处理有机食品的国家统一标准”。第四章概述了 OFPA 基于其认证系统的标签制度。OFPA 有三个明确的目的：（1）“制定某些农产品作为有机产品销售的国家标准”；（2）“向客户保证有机产品符合统一标准”；（3）“促进有机食品加工的新鲜程度和有机食品的州际贸易”。这些措施弥补了标准缺乏统一性的缺陷。

USDA 负责管理 OFPA。美国农业部将此职责委托给农业市场服务局（AMS）机构。OFPA 还要求 USDA 建立各种根据 NOSB 要求以及联邦法律的计划，包括美国有机标准委员会（NOSB），一个由 15 人组成的向国家有机计划

（NOP）提出建议的机构。最后，OFPA 还制定了一个认证程序，根据联邦法规和“符合 USDA 有机要求”，有机生产商需要每五年认证一次。

（三）国家有机标准委员会（NOSB）

OFPA 创建了 NOSB，建议农业部长基于 NOP 制定标准。农业部长有权决定加入哪些法规到 NOP。部长任命 NOSB 的成员，任期五年。NOSB 的成员中必须
404 包括四名农民、两名操作工、一名零售商、一名科学家（具有毒理学、生态学或生物化学专业知识）、三名消费者或公益倡导者、三名环保人士及一名美国农业部认证的认证代理。

NOSB 有六个委员会，涵盖标准、合规、鉴定、认证以及对整个 NOSB 提出建议。这些委员会颁布 NOSB 的官方提案，征求公众意见。NOSB 每年举行两次会议，讨论并对建议进行投票。所有会议均向公众开放。NOSB 整合这些意见，最终提交给 USDA。

（四）国家清单

OFPA 制定国家批准和禁用物质清单。除了明确哪些产品可以和不能用于有机产品，国家清单阐明了有机产品的加工和处理要求。在 1995 年，有机生产者的建议和对有机生产者使用材料的审查成为国家清单的基础。

国家清单分为三个部分：（1）可接受的合成材料；（2）禁止的自然生产材料；（3）可接受的非农业、非合成加工助剂。NOSB 召集各种技术咨询小组，就应列入或禁止列入国家清单的材料提出建议。技术咨询小组收集和评估科学数据，并根据审查标准向理事会提出建议，审查标准包括可持续性因素，如对农业生态系统的影响，在制造、使用和处理期间对环境污染的可能性，以及与可持续农业系统的兼容性。

国家清单的一个独有的特征是它不列出允许使用的天然原料，包含有机行业内公认的可以允许使用的原料。例如，行业期望有机产品仅用天然物质生产。为了避免发生列出每一种种植者可以使用的天然原料的问题，国家清单列出了禁止使用的名单。

（五）国家有机计划（NOP）

1. 规定

NOP 是管理有机食品的监管框架。OFPA 要求 NOP 制定生产、处理和加工

有机产品的国家标准。2000 年 12 月，AMS 于《美国联邦法规》第 705 部分公布了一项制定国家标准的最终规定。

2. 关键定义 405

最终规定要求任何将农产品作为有机产品销售、标签或代表的生产者或处理者必须符合国家标准。“生产者”是从事种植或生产食品或饲料的人。“处理者”是从事农产品销售、加工或包装业务的人，但不包括不处理农产品的零售商。“农产品”是任何用于人类或牲畜食用的农产品或动物产品。

3. 有机系统计划

有机产品的生产者和处理者需要根据认可的认证代理商批准的有机系统计划运行，并根据国家列表使用材料。有机系统计划必须包括详细的种植、处理、材料、程序以及至少五年的记录。计划还必须包括未来改进生产方法和材料的计划。生产者还需每年进行现场检查，以确定使用的方法和材料。有机野生作物的种植者和收割者还需要提交有机系统计划，以表明他们的收获方法不会对环境或作物未来的生产力造成破坏。

4. 认证

NOP 还负责监督强制有机认证计划。认证确保 OFPA 制定的标准和法规得到遵守。所有处理或销售产品的企业或个人必须获得认证。有机生产者认证的重点是使用的方法和材料。在涉及有机生产中使用的方法和材料的认证过程中有三个主要要求：（1）方法和材料必须符合有机标准；（2）必须清楚和连续地记录使用的方法和材料；（3）必须有一种方法来跟踪产品，以验证使用的方法和材料。

某些活动可免除或排除 NOP 的认证要求。这些豁免必须符合其他 NOP 要求（即提交有机系统计划）。免除业务包括：（1）销售有机产品年收入总额为 5 000 美元或以下的企业；（2）处理但不加工有机产品的零售食品；（3）处理有机配料含量低于 70% 的产品的企业；（4）仅在包装产品的标签上标识有机成分的企业。排除业务包括：（1）仅销售在接收产品之前包装或封装在容器中的有机产品并且
保持包装或封装而无任何进一步处理的操作；（2）零售但不加工有机产品的食品 406
企业（如来自先前标记为有机产品的生食和即食食品）。如果操作仅仅有一部分涉及有机食品，生产者也可以申请分割操作。然而，在这种情况下，必须保存单独的记录，必须在材料和方法上分离有机产品和非有机产品。

NOP 委托各种实体（包括私营企业、组织和国家机构）根据 NOP 法规认证农产品的生产者和处理者。认证机构必须是通过美国农业部认证的机构，它们可

以是国有或私有实体，每个认证机构必须具有有机农业和处理技术方面的专业人士。认证机构还必须能够实施认证计划的所有阶段。例如，他们必须雇用足够数量的检查员进行现场检查。

5. 国家标准

NOP 颁布的国家有机标准对有机产品的质量进行了详细和技术性的规定。这些标准涉及用于生产和处理的作物、牲畜和加工农产品的方法、活动和材料。这些要求适用于产品的生产方式，而不是产品本身的可测量属性。因此，OFPA 和 NOP 的要求不涉及食品安全或营养。

下述将列出一些在 NOP 官方网站和其他地方，包括与可持续发展显著相关的一些标准。

（1）进口农产品作为有机产品进行标记和销售，必须证明该产品的生产和处理方式至少等同于美国的要求。

（2）在标记为“有机”的加工产品中，所有农业成分必须是有机生产的，除非这些成分不以有机形式销售。

（3）在有机加工中不允许使用亚硫酸盐、硝酸盐或亚硝酸盐；使用的添加剂重金属或有毒残余物的成分含量必须低于联邦法规标准；也不允许使用非有机生产的非农业成分，除非在国家清单上被指定为可接受的。有机加工中使用的水必须满足《安全饮用水法案》的所有要求。

（4）有机生产方法必须根据它们对环境的长期影响来评价，而不仅仅对它们是合成的还是天然的进行评价。

（5）禁止使用基因工程、电离辐射和污水污泥。

407 （6）有机农场必须与非有机农场之间建立充足的缓冲区或障碍，以防止农药和化肥进入有机农场。如果发生污染，作物不能标记为“有机”出售，并且不能喂养有机牲畜。

（7）有机产品不应含有超过 FDA 要求或 5%EPA 耐药性的农药残留。

（8）处理者必须防止有机产品与非有机产品混合，保护有机产品不与禁用物质接触。

应当指出，食品法典委员会制定有机标签标准，是为了防止消费者混淆，并协助各国制定有机食品的国家标准。

6. 有机饲养动物的规定

许多规定适用于有机饲养的动物。饲养者不能以任何原因使用激素或抗生素以促进动物生长。相反，预防性管理活动是允许的，包括使用疫苗来保持动物健康。饲养者禁止对患病或受伤的动物停止治疗，然而，用受禁药品治疗的动物不能作为有机食品销售。所有有机养殖的动物必须能够进入户外，包括反刍动物。它们可以因为健康、安全、生产，或为了保护土壤及水质而被暂时限制在室内。

7. 强制执行

AMS 负责执行 OFPA。AMS 的合规和执行部负责确保 OFPA 的合规性。该部门处理和调查关于违反 NOP 法规的投诉，进行主动合规和外联活动，并执行有机生产、处理和标签标准。AMS 的合规与分析计划负责：(1) 上诉；(2) 协助国家办事处调查“严重和故意违反”民事或刑事处罚的指控；(3) 执法行动；(4) 向 NOP 报告任何欺诈行为（即伪造有机认证）。如果企业未经认证就将他们的产品作为有机产品销售，将对其进行民事处罚和其他执法行动。故意将产品标记为有机产品可最高可罚款 10 000 美元，最多 5 年无法参与该计划。向农业部长、国家官员或认证代理人做出虚假陈述，将受到联邦法律的处罚，并有可能 5 年内无法参与该计划。认证机构如果错误地或过失地认证有机产品可能失去认证资格，并在 3 年内无法获得认证资格。

(六) 州有机计划 408

批准的有机认证程序在某些情况下可能需要施加附加指南和要求。国家计划需要承担国家农业部有机运作的监管执法责任。各州可以根据该州的情况或必要性增加更多限制性要求；然而，这些做法不能与美国农业部国家法规相违背。各州的官员必须向美国农业部提交一份州有机计划建议书才能制定有机计划。此外，各州不能区别对待只符合联邦指导原则的非本州产品。加利福尼亚州是唯一建立了认证计划的州。

四、食品加工

(一) 废弃物管理

食品加工的可持续性问题主要涉及水和废物的处理。水大量地用于日常食品加工活动中。水不仅作为食品的组分，也用于清洁原料、运输原材料、消毒加工工厂的机械。除了过度用水问题，食品加工的可持续性受到废水再用的危险，加工会产生废水并且导致污染和毒害。一般来说，食品加工的可持续活动是指加工过程或产品技术，包括先进的废水处理措施、水和废水的减排、改进包装、改进传感器、过程控制和食品辐照。

（二）EPA 指南

美国环保署（EPA）已经发布了一套关于环境合规的指南，确定废物是主要的污染源。指南清单为食品加工商提供了关于使用减少或消除在食品加工时产生污染物或废物的原料、过程、活动的指导和技术。

EPA 致力于推广环境管理系统（EMS），这个系统能够使加工商减少对环境的影响，提高运营效率。举个例子，EMS 对肉类加工企业提出了实施指南，该指南向肉类加工者提供了监管清单，提出了如何识别肉类加工中影响环境的因素的建议，以及建立环境管理计划的建议。

409 很多私有标准都将重点放在可持续发展上，特别是对于废弃物的管理。食品加工环境援助中心的建立帮助很大，该中心通过行业与政府合作伙伴关系开发，并得到美国环保署执法办公室的支持。该中心位于普渡大学，向社会提供可持续发展资源，与各类食品加工企业特别针对环境法律法规而联结起来。

五、动物食品规范

（一）动物饲养操作

1. 定义

畜牧业越来越多地采用强调效率的工业模式，并提出了有关环境和动物福利的问题，这个模式通常被称为“动物饲养操作”（AFOs）。EPA 认为 AFOs 是“在有限的情况下保护并饲养动物的农业作业”。EPA 定义 AFOs 通常为“在一小块土地上集中处理动物、饲料、粪便、死亡动物和生产作业，使用饲料替代草来喂养动物”。AFOs 的一个重要分支是集中动物饲养操作（CAFOs）。EPA 将具有下列特点的 CAFOs 定义为 AFOs：（1）在 12 个月内限制动物活动超过 40 天；（2）在不产生植物的地区喂养动物；（3）达到某些阈值。CAFOs 通常是企业所采用的，其利益涵盖从动物饲养、屠宰到包装和分销的整个过程。CAFOs 代表了食品体系从小型家庭农场到大型工厂式农场的演变，这些农场提高了动物食品的生产效率。

2.《清洁水法》

EPA 致力于管理 CAFOs，因为它们每年产生数百万吨的粪便。当管理不当时，粪便会对环境造成巨大风险，包括水污染。CAFOs 引起的水污染的主要原因是氮和磷。

一般来说，针对清洁水问题，EPA 根据《清洁水法》（CWA），规定了排放到公共水道的粪便和废水的数量。大会于 1972 年发布了 CWA，明确修订了《联邦水污染控制法》。CWA 的目标是“恢复和保持国家水域的化学、物理和生物 410
完整性”。EPA 是负责实施和执行 CWA 的机构，该机构与国家环保机构和美国陆军工程兵团合作。CWA 禁止从任何地点排放污染物到水域，除非 EPA 颁发的国家污染物排放清除系统（NPDES）许可证授权排放（或由 EPA 授权的状态）。根据 CWA，EPA 规定了 CAFOs 可排放的最大污染量。《流出物限制指南》规定了具体排放的限制。美国环境保护署在每个许可证中规定了中小企业的污水排放量，CAFOs 未经授权的排放均违反 CWA 的法规，即使是由于不小心造成的意外。

3.《清洁空气法》

尽管对动物农业的关注集中在对水资源的影响，但越来越多的关注集中在空气污染物，例如氨气和硫化氢等气体、颗粒物、挥发性有机化合物、有害空气污染物和气味如何影响空气。这些污染物和化合物对环境和人类健康有很大的影响。大量储存在 CAFOs 的动物粪便分解产生的气体会降低环境空气质量。

CAFOs 通常逃避《清洁空气法》的执行，因为它们没有达到该法案规定的阈值。此外，EPA 的法规没有提供用于测量 CAFOs 排放的明确方法。然而，环保署与农业企业之间在 2005 年 1 月达成了“空气达标协定”。根据该协议，某些动物饲养操作（AFO）收到了一份不会因过去违反 CAA 被环境保护署起诉的保证，以及允许对其设施进行监测，以便农业部门进行空气污染排放研究的协议。EPA 的研究于 2011 年发布。

4. 州法规

因为许多动物饲养作业不需要通过 CWA 获得 NPDES 许可证，各州可以创建自己的用于管理 CAFOs 的程序。例如，在亚利桑那州，如果 CAFOs 排放、打
算排放或曾经排放到美国水域，CAFOs 必须获得亚利桑那州污染物排放消除系 411
统（AZPDES）许可证。AZPDES 许可要求 CAFOs 提交“卸载意向通知书”和营养管理计划（NMP）作为申请的一部分。CAFOs 合规性通过现场检查进行监管。如果违反排放标准，设施将被强制要求符合标准。

许多州已经采取措施来规范 AFOs 的空气污染。明尼苏达污染控制局通过饲养场计划管理空气排放。具有一头或多头动物的饲养场必须向该机构注册并申请

许可证，并提交一份带有粪便管理计划的“环境评估工作表”。

5. CAFOs 诉讼

关于 CAFOs 法规的诉讼通常在美国需要什么样食品系统的大背景下看到。为此，反对 CAFOs 的人认为诉讼是实现可持续发展目标的重要工具。与此同时，食品行业开始进行 CAFOs 诉讼，以免政府监管失灵。纠纷一般都在于具体的实施细则和行政法，而不是更广泛的政策问题。

反对 CAFOs 的诉讼出现在许多情况下。这些诉讼是根据联邦法规，包括 CWA 和《清洁空气法》在内的各种联邦法规提出的。以下是两类对 CAFOs 的诉讼：程序性诉讼（针对 CWA 的 CAFOs 的联邦规定，或 CWA 授权的州计划）和针对具体细节的诉讼。

CAFOs 诉讼中的重要案例是第二巡回法院在 Waterkeeper Alliance，Inc. 诉讼 EPA 案中的裁决。环境和农业团体质疑美国环保署 2003 年发布的 CAFOs 最终规定，第二巡回法院将两起诉讼合并并做出决定。第二巡回法院推翻了这些规定，认为 CWA 给予 EPA 管辖权，仅针对 CAFOs 的实际排放，而不是潜在排放或排放点。根据法院的指导，环保署于 2008 年颁布了新的法规，对 CAFOs 增加了大部分的合规，如果他们已经排放或打算排放到美国水域，那么他们必须申请排放污染物的许可证。

但工业和环境团体迅速回应这些规定。在 2008 年规定发布后不久，环保署发布指导信，帮助解释新规定的范围。这些信件表明了 EPA 的立场，即家禽饲
412 养者必须向 CWA 申请使用家禽饲养室通风扇释放灰尘的许可证。国家猪肉生产者委员会对国家猪肉生产者理事的指导信件提出质疑，并在第五巡回法院提出诉讼，理由是指导文件等同于实质规定，违反“行政程序”的通知和评论要求。第五巡回法院驳回了这项诉求，因为这些信件不构成复审和最终机构行文。法院认为，指导信件仅仅重申了 CWA 禁止在没有 NPDES 许可证的情况下排放污染物，对一方的权利或义务没有影响。因此，指导信重申了 CAFOs 根据 CWA 要求一直要做的事情：获得使用通风扇释放农场粪便和其他垃圾的许可证。

然而，国家猪肉生产者的行业请愿者一致认为，EPA 在 2008 年的规定超过了 EPA 的法定权限。根据水保案例，第五巡回法院认为 EPA 不能要求 CAFOs 根据潜在的排放量获得 NPDES 许可证，因为 CWA 只授权 EPA 管理 CAFOs 排放污染物至水域。法院还认为，EPA 不承认 CAFOs 需要对未能申请 NPDES 许可证承担责任。法院认为，国会明确地提到了 CWA 的责任问题，关于何时 EPA 可以施行责任的法

定清单，不包括不能申请 NPDES 许可证。节水组织和国家猪肉生产者明确表示，如果 EPA 希望更广泛地管理 CAFOs 以防止污染，国会必须修改 CWA。

2011 年 3 月，对于密歇根市农业局与环境农业部的案例，密歇根州上诉法院支持环境质量部维持密歇根州环境质量部规定，如果 CAFOs 有可能排放污染物，则要求 CAFOs 获得 NPDES 许可证。这条规定类似于联邦规定，即第二巡回法院认为环保署没有权力强行要求许可证。密歇根州上诉法院指出，EPA 授予密歇根州管理其自己的 NPDES 计划的权力，并且“可以采用比联邦标准和限制更严格的排放标准和排放限制”。认为授予密歇根州环境质量署（MDEQ）的权力比 CWA 赋予 EPA 的权力更广泛，法院认定水保案例的决定不适用于该案。

2014 年华盛顿州乳品厂案例进一步说明了 CAFOs 诉讼在塑造动物食品系统方面发挥的作用。社区环境恢复协会和食品安全中心根据《资源保护和恢复法案》（RCRA）的公民诉讼条款对华盛顿奶牛场采取了行动。RCRA 通常在土地卫生和工业废物处理的背景下执行，而不是农业操作。然而，原告认为乳品厂以 413
危害健康和环境的方式储存、处理和处置粪便，违反了 RCRA 第 7002（a）条。此外，原告争辩说，乳品厂的粪便处理活动等同于公开倾倒固体废物，这违反了 RCRA 第 4005（a）条。除了追讨其律师费外，CARE 和 CFS 要求命令乳品公司采取若干补救和预防措施。

乳业公司试图使法院将裁决驳回，理由是用作肥料的粪便在过度施用于田地或泄漏到地下水的情况下不会转化为固体废物。在驳斥这一论点中，法院认为国会并没有将作为肥料施用的粪便作为 RCR 下的固体废物进行管理，但认为粪便无意的过度施用或泄漏到地下水绝对不会转化为固体废物这一说法是站不住脚的。案件现在取决于原告是否可以证明乳品厂的粪便储存和应用活动实际上导致粪便径流和沥滤以及泄漏到地下水中。

乳品厂案例可能对美国的家畜、乳制品和家禽业务产生重大影响。粪便是一种有价值的副产品，是动物养殖作业生态和经济可持续性的关键组成部分。动物农业常受 CWA 的监管。然而，将牲畜、乳制品和家禽作业纳入 RCRA 的监管，旨在规范垃圾储存和卫生填埋的法规有可能造成混乱和重复的管理。

（二）《动物治疗法》

1. 哲学基础

食品体系中的一个中心问题是如何在 AFOs 和其他地方对动物进行治疗。这种关注得到更广泛的、不断增加的动物保护运动的支持。如何治疗动物的问题很复杂，并产生了广泛的哲学和伦理问题。动物保护活动家在更广泛的政策背景下重新进行讨论，他们发现了动物福利问题与生产农业中其他弊病之间的联系，例如对化学农药和化肥的过度依赖、环境污染、家庭农场和农村地区的衰落以及不健康的食品。除了注意到动物运动中有两个主要的问题：动物权利和动物福利，本书没有解决这种联系存在与否，也没有解决关于农业动物处理的伦理和哲学辩论。动物权利基于哲学观点，认为动物具有与人类相似或相同的权利。动物福利
414 支持人类使用动物，并寻求改善它们的治疗和福祉。显然，无论辩论的结果如何，动物自 19 世纪以来就具有相同的法律地位——财产。

2.《动物福利法》（AWA）

管理动物治疗的主要联邦法规是 1966 年的《动物福利法》。美国农业部动植物卫生检验局（APHIS）执行 AWA。该法案旨在防止宠物被盗窃出售给研究实验室，并改善用于研究的动物的治疗和健康。从那时起，AWA 已经多次修改。根据 AWA，企业和其他动物必须获得许可或注册，并且必须遵守最低标准的护理。AWA 明确将农场动物排除在监管范围之外。

国会多次立法来解决动物福利问题。例如，在第 110 届大会上，发布了《农场动物反残忍法》（H. R. 6202）对在食品生产中滥用动物的生产者实施处罚。无论是这项法案或其他法案，均未制定关于农场动物的福利条文。

3. 家禽

2005 年，美国农业部食品安全监督服务局（FSIS）发布了关于在屠宰前对待活家禽的通知。本公告提醒家禽企业，根据“生产许可证条例”，他们必须按照“良好商业惯例”对待活家禽，其中包括人道待遇。他们认为尽管没有针对家禽的特殊联邦人道待遇和屠宰法规，但非人道处理的家禽更有可能违反“生产许可证条例”。该公告是为了响应公众和国会对家禽人道待遇的要求，并特别提到，在 1995 年，FSIS 收到动物法律保护基金会的请愿书，要求 FSIS 修改“生产许可证条例”，要求对家禽进行人道屠宰。法院拒绝了请求，理由是没有针对家禽的特殊联邦人道待遇和屠宰法规。

2011 年 7 月，美国蛋生产者和美国人道协会宣布，他们将共同努力，以推动美国统一的全国笼养生产标准。

415 4. 屠马禁令

2007 年，由于对禁止屠马法律诉讼的失败，三大屠马设施中的最后一个关

闭。从 2006 年开始，美国国会每年在立法中采取行动有效地阻止了美国屠马设施的运作，禁止美国农业部使用联邦资金检查正在运输的屠宰马和在屠宰设施中用于人类消费的马。2012 年的综合支出法案不包括任何禁止农业部检查马的条款，这些每年通过禁止拨款的禁令被取消。美国农业部获得了至少五份申请，要求对马屠杀设施进行检查。当其中一个设施向美国农业部提起诉讼以加快美国农业部的 FSIS 决策时，FSIS 同意检查。在这一点上，美国人道协会向美国农业部提起诉讼，但人道协会要求的强制令被美国地方法院驳回，后来被美国上诉法院第十巡回法院驳回，引起了媒体的关注。据推测，为了响应公众的监察，2014 年的综合支出法案将重新禁止美国农业部检查马屠杀设施，以有效防止在美国的马被屠杀。

5. 国家法律：鸡、鱼翅和鹅肝

（1）母鸡和层架式鸡笼

在州一级，防止蓄意虐待动物的法律有时适用于农场动物，但很少有州规定农场处理标准。加利福尼亚州则是个例外，预防农场动物虐待法案的主张 2 禁止农场虐待农场动物，必须让它们能够自由转身、躺下、站起来，四肢充分伸展。虽然适用于所有农场动物，但主张 2 特别针对通常不能在层架式鸡笼中延伸其翅膀的商用母鸡。

考虑到主张 2 在经济上损害了加利福尼亚州农民，特别是没有这些规定的州
生产的鸡蛋在加利福尼亚州销售会获得优势，州立法机关在 2010 年 7 月通过加 416
利福尼亚州法案 A. B. 1437，要求在加利福尼亚州销售的所有带壳（全）鸡蛋都来自无笼母鸡。虽然主张 2 仅适用于加利福尼亚州产的蛋鸡，A. B. 1437 法案适用于所有在加利福尼亚州出售的带壳的蛋。有趣的是，这种看似保护动物的做法也包括了保护人类健康："立法机关的目的是保护加州消费者免受暴露于显著压力的母鸡，可能暴露于疾病病原体，包括沙门氏菌的蛋的健康、安全和福利影响。"其他州还通过立法或投票采取行动，禁止妊娠箱、牛箱和层架式鸡笼。

根据美国宪法和加利福尼亚宪法，加利福尼亚州的主张 2 违宪的诉讼被驳回。2014 年 2 月，密苏里州律师在加利福尼亚州的美国地方法院提起诉讼，挑战 2010 年加利福尼亚州鸡蛋法，理由是加利福尼亚州法律违反了最高条款，以及美国宪法的商业条款，即"禁止州颁布保护本国公民免受来自其他州公民的竞争的立法"或"对州边界以外的行为进行管制"或"对州际贸易施加不当的负担"。密苏里州总检察长认为，加利福尼亚州的法律要求把鸡养在比密苏里州农

民目前使用的更大的笼子中，这实际上相当于对州外农民征税。

（2）鱼翅

动物福利问题近年来出现在州的层面，涉及动物福利和饮食文化之间的冲突。第一个问题涉及通过“割鳍弃鲨”获得的鱼翅，捕获鲨鱼，除去鱼翅，并将仍然存活的鲨鱼倾倒入水中导致死亡。鱼翅汤是一种中国美食，在重要的文化活动中食用。加利福尼亚州禁止在州内销售、持有和分配鱼翅。加利福尼亚州一个社区协会、中国社区协会和亚裔美国人为政治进步寻求禁止禁令，声明法律是违宪的，并且违反了联邦法律。加州地方法院批准州政府关于驳回这一案件的请求，认为该法律在某种程度上是宪法性的，因为它是中立的。法院还发现，该法
417 律没有违反商业条款，也没有被《联邦 Magnuson-Stevens 法案》所约束，该法案管辖美国联邦水域的海洋石油。其他州已经跟随加利福尼亚州的脚步，禁止鱼翅销售。

（3）鹅肝

另一个动物福利问题，为了将鹅肝扩大到超过正常大小而强迫喂养鹅导致了尚待建立的商业条款的挑战。动物倡导者说，强制喂养的方法是不人道的，而一些餐馆认为鹅肝是一种文化表达。

2004 年，加利福尼亚州颁布了《S. B. 1520 法案》，禁止在加利福尼亚州生产和销售鹅肝。法律不禁止拥有或消费鹅肝，将其作为礼物或从加利福尼亚州外部进口。虽然该法于 2004 年颁布，但于 2012 年 7 月才生效。2012 年 7 月，洛杉矶的美国地方法院驳回了请愿者要求的临时禁令：立即暂停鹅肝的禁令。第九巡回法院维持原判，认为它没有违反美国宪法的正当程序条款或商业条款。

在第九巡回法院裁决之后，鹅肝制造商提出了诉讼，认为联邦家禽标准优先于州的禁令。地方法院于 2015 年 1 月裁定，联邦家禽标准优先于州的禁令。法院注意到，联邦家禽标准明确禁止各州强制管理“过度干扰家禽产品自由流通”的附加产品，并发现加利福尼亚州禁令“规定了除联邦法律和法规之外的要求”。因此，法院禁止加利福尼亚州律政司执行美国农业部批准的鹅肝制品的法律。法院驳回了律政司的论点：认为《SB 1520 法案》通过调节鹅肝生产过程以禁止鸟类的非人道待遇，而不是最终鹅肝产品的成分。法院在很大程度上借鉴了美国最高法院在国家肉类协会诉讼哈里斯案中的判决，该判决认为 FMIA 优先于
418 加利福尼亚州的法律，规定非流行性猪的治疗和销售。时任加州检察长卡马拉哈里斯在 2015 年 2 月宣布她将挑战地方法院，推翻州的禁令。

6. 私营标准：肉类人道标准

据推测，响应动物福利活动者和消费者的需求，食品企业已经制定了肉类的人道标准。例如，Chipotle 通过其完整的食品计划声明，他们只购买散养食草的并且不使用抗生素的猪。现在有许多第三方认证计划为消费者提供人道产品的标签信息。

7. 国际贸易

可以说，美国执行人道对待动物最显著的影响是对《关税及贸易总协定》（GATT）中美国国际条约承诺下国际贸易的潜在影响（关于 GATT 和食品贸易的总体概述，见第二章）。例如，目前还不清楚在全国范围内禁止生产和进口笼子中产的蛋是否违反了世贸组织的规定。第四章中引用的金枪鱼-海豚案例说明了世贸组织如何认为两种商品——用围网捕获的金枪鱼（导致海豚死亡率高）和使用旨在降低海豚死亡率的网捕获的金枪鱼是同一种产品，它们不能基于被捕获的方式来区分。因此，可以说，根据 GATT，美国在确定一种产品是否“像”另一种产品时，不能考虑它们的生产方式，因为生产方法不改变最终产品。需要说明的是，由层架式鸡笼母鸡生产的鸡蛋和由无笼子母鸡生产的鸡蛋所采用的极其不同的生产方法，使得它们不应被视为“相似”产品。例如，如果在牧场喂养（而不是层架式鸡笼中喂养）的母鸡产生更健康的鸡蛋，并且消费者区别对待层架式鸡笼和无笼鸡蛋，那么世贸组织可能会明确地区别两种产品。

8.《反告密法案》

在对待用作食品的动物的活动中，有争议的一点是《反告密法案》的通过。一系列卧底视频暴露了全国各地农场对动物的虐待行为。例如，2011 年隐藏的摄像头秘密拍摄的视频显示，得克萨斯农场的员工们用镐头撞击牛头，受到了虐待动物的刑事指控。在加利福尼亚州，2008 年的视频显示工人用叉车推牛，迫使它们站起来接受检查，并拍摄到用高压水枪喷洒它们的鼻子。加利福尼亚州的 419
视频不仅使他们收到了虐待动物的刑事指控，还导致回收了 1.43 亿磅牛肉。

为了应对这些事件，各州通过了《反告密法案》，限制对农业活动的记录。最近在爱荷华州和犹他州通过的立法就是一个很好的例子。《农业生产欺诈法》于 2012 年在爱荷华州通过，规定以虚假借口申请工作是一种犯罪，包括以披露虐待动物或其他问题为目的。犹他州名为《农业经营干扰法》的法规规定：如果该人未经农业经营的所有者或其所有者代理人的同意，使用记录装置有意地记录农业经营的图像或声音；以虚假借口进入农业经营；为了记录农业经营的图像或声音申请在农场就业，则其犯有农业经营干扰罪。

《反告密法案》的反对者声明这是违宪的。包括限制内容和限制录音的《反告密法案》可能更容易受到质疑。有意逃避这些问题的《反告密法案》将更难以根据美国宪法第一修正案质疑。例如，爱荷华州和犹他州法案的早期版本包括禁止非人持有和操作的留在办公场所的记录设备，然而，后来修改了条款，消除对非法记录的广泛禁止。最近犹他州联邦地区法院于 2014 年驳回了一项取消该州《反告密法案》的动议。

9. 非法妨害和农场的权利

《农场法》旨在保护较小的农场免受郊区蔓延，保护农民免受妨害，AFOs 和 CAFOs 根据这一法案保护他们的业务免受由于发出噪声和气味而需要赔偿。对农场的法律不会帮助任何组织发展或扩张成为滋扰的非法劳工组织，因为大多数针对《农场法》规定的滋扰诉讼的保护措施仅适用于在该地区提出滋扰之前就存在的农业经营。然而，一些《农场权利法》包含保护农场地区而不是个别农场经营的条款。这些法律可能被认定违宪。1995 年，科苏特郡监管委员会创建了一个 960 英亩[①]的“农业区”，使该地区的农场免受大多数令人讨厌的滋扰
420 诉讼。爱荷华最高法院认为，该法律创建了地役权，违宪占领地产。法院将防止滋扰的权利等同于防止物理侵害财产的权利，认为该法律的产生是为了使农场免受滋扰诉讼。

爱荷华州的鲍曼法不同于大多数州的《农场法》，它们赋予农业经营几乎绝对的权利来造成滋扰，无论邻居是否“感觉受到滋扰”还是默许其造成滋扰。由于爱荷华州法律提供了特殊的滋扰保护，法院区分了其他州的《农场法》，并认为这些法律不构成非法收入。例如，明尼苏达州联邦地区法院区别鲍曼法，区别于爱荷华州的《农场权利法》具有立即生效的妨害诉讼豁免权，明尼苏达州的土地所有者可保持至少两年提出诉讼的权利，这意味着没有产生地役权，邻近的土地所有者也没有被剥夺财产权。

（三）食品浪费

近年来美国食品的浪费引起了可持续发展倡导者的注意。美国农业部经济研究局 1997 年的一份报告指出，如果美国回收 1997 年浪费的可食用食品的四分之

---

① 英亩：面积单位。1 英亩 = 4 046.86 平方米。

一，就可以养活 2 000 万美国人。它们的数据指出，零售业每年浪费 54 亿磅食品，消费者和餐饮服务浪费 910 亿磅食品，这些数据可能已经过时了。该研究还认为，超市、餐馆和家庭中 32%的新鲜蔬菜都被浪费了。此外，该研究还指出，这些“损失估计”可能由于其依据，如已发表研究结果的局限而被低估。最后，报告指出，USDA 无法量化在农场或在农场和零售之间的损失，但是推测这种损失对许多商品来说是显著的。最近的一项研究估计，美国有 29%的食品被浪费。

1996 年联邦条例《艾默生草案》规定，如果捐赠食品以后造成伤害，只要符合某些要求，捐赠者就不用对此伤害负责。捐助者只要对重大过失行为或故意不当行为负有责任。必须满足的要求是：(1) 捐赠的食品必须是“明显有益的食 421
品”或“明显适合的杂货产品”；(2) 捐赠者必须诚实地捐赠物品；(3) 必须捐赠给非营利组织；(4) 非营利组织必须将捐赠的物品分发给有需要的个人。该法案不能够取代州和地方卫生法规：该法案明确规定“本法案中的任何内容不得被解释为取代州或地方卫生法规”。

关于该法，司法部表示，“我们认为该法的立法历史、明确目的及其颁布的背景表明，国会打算建立一个统一的国家法律以取代那些混乱的法规——那些责任保护比联邦法律更少的州的法规”。到目前为止，没有任何州对这种优先权解释提出异议，并且值得怀疑的是，各州是否会因为其所得到的好处而修改《艾默生法案》。这样看来，各州可以自由地增加责任保护金或扩大涵盖的活动和人员。

(四) 水产养殖

1. 新兴的可持续发展

消费者感兴趣的一个新兴食品生产领域是水产养殖的发展，它显示出了可持续食品系统的机遇和挑战。水产养殖发展的吸引力有以下几点。首先，水产养殖部分受到全球食品系统的驱动。美国消费者所消费的海鲜 91%是进口的。其他国家正在发展监管系统和投资水产养殖生产，因为它们带来了经济机会。其次，水产养殖与营养相关，水产品与其他肉类相比具有更高的蛋白质，对健康具有相当大的益处。最后，水产养殖被视为经济发展的工具，特别是在城市地区。在另一个方面，对水产养殖的关注主要涉及其对周围环境的影响。

作为食品生产的新兴领域，“水产养殖”的定义引起了人们的注意。1980 年《国家水产养殖法》(NAA) 将“水产养殖”定义为“在受控或选定环境中的水生物种的繁殖和饲养，包括但不限于海洋牧场（除了那些违法私人养殖太平洋鲑

422 鱼的牧场）”。一些特别关注水产养殖发展的州也定义水产养殖。在加利福尼亚州，《渔业和狩猎法》将水产养殖定义为“海洋、咸水和淡水中水生植物和动物的繁殖、种植、养护和收获的农业形式”。该法典明确排除在封闭系统中的个人、宠物行业、出于爱好的目的不用于人类食用或饵料目的的观赏性海洋或淡水植物和动物物种的养殖。加利福尼亚《公共资源法》规定水产养殖为“水生生物的养殖，包括但不限于鱼类、贝类、软体动物、甲壳类动物、海带和藻类”。佛罗里达水产养殖政策法案将水产养殖简单定位为“水生生物的养殖”。

2. 水产养殖监管组织

美国国会通过了NAA来促进私营水产养殖发展，并帮助协调联邦机构与水产养殖计划。

美国农业部、商务部和内政部制定了国家水产养殖发展计划，以确定水生物种，并对公共和私营部门就研究和开发、技术援助、推广和教育服务以及培训等问题提出建议。该法由水产养殖联合小组委员会于1983年发布，该计划涵盖了若干发展领域，包括设施设计、水质量管理、废物使用、经济食品的营养和发展、生活史、疾病控制、加工和销售、生产管理和质量控制。然而，NAA不会对水产养殖的发展和管理进行监管和监督。

除了NAA，没有直接涉及水产养殖的联邦法规。某些联邦法案，例如《联邦水污染控制法》《食品、药品和化妆品法》《动物药品可用性法》和《马格努森-斯蒂文斯渔业保护法》，没有明显解决水产养殖问题，而是提供了法规框架来管理食品安全、兽药、HACCP计划、沿海地区管理和与水产养殖有关的其他活动。

因此，主要的食品监管机构——美国食品药品监督管理局（FDA）、美国农业部和环保署规范了水产养殖业：FDA规定食品安全和药品批准；美国农业部通过APHIS机构规范保护水生动物健康；EPA规定废水允许。涉及水产养殖的其
423 他重要的联邦机构包括商务部国家海洋和大气管理局（NOAA）水产养殖办公室。NOAA进行科学研究，以促进创新可持续的水产养殖方法，与其他管理水产养殖的机构建立联系，以及围绕与水产养殖有关的问题开展活动和教育。2011年6月，NOAA和商务部发布了国家水产养殖政策，建立了一个框架，以施行水产养殖的可持续方法。这些举措包括：（1）增加贝类养殖和恢复的“国家贝类倡议”；（2）“墨西哥湾水产养殖渔业管理计划”；（3）“技术转让倡议”，以促进伙伴关系，开始私营投资并在沿海社区创造就业机会，所有这些都是为了促进水产

养殖的可持续活动。美国农业部动植物卫生检验局（APHIS）制定了解决植物和动物水产养殖问题的计划，包括疾病预防、虫害预防和野生动植物损害管理。APHIS 还参与管理水产养殖产品的进口和出口。

美国作为缔约方的若干国际安排和协定与水产养殖的管理有关。例如，1982 年在联合国会议上通过的《联合国海洋法公约》（UNCLOS）确定了海上领土边界，帮助建立沿海国家的渔业经济区和经济权利。虽然一些国家没有加入公约，但事实上《联合国海洋法公约》是世界海洋的一套准则。联合国还根据《联合国海洋法公约》和其他国际法律制定了《渔业行为守则》。

水产养殖的监管在州一级最为强力，特别是在与墨西哥湾（佛罗里达州、路易斯安那州、亚拉巴马州）和加利福尼亚州接壤的州。事实上，各州通常执行联邦和州的水产养殖法规。预计水产养殖将得到国内和国际监管机构的更多关注，因为它将继续增长和发展。现在，联邦、州的法律或联邦和州法律的混合体规定了水产养殖的各个组成部分。

（1）规划和许可

建立水产养殖企业的基础是获得使用土地和水的许可，主要由州政府管理。
要求根据各地区的规定不同而不同。水产养殖设施的所有者需要向州政府登记。 424
还需要公开养殖的位置和物种，对设施和养殖方法进行描述。如果对本地野生动物有害，不会颁发许可证，一些活动可能被取消。例如，在佛罗里达州，养殖者不得使用挖泥船或除了手钳以外的任何方式从天然或人工状态的珊瑚礁获得牡蛎。许可可能会考虑到某些环境因素，如在加利福尼亚州，只有当加利福尼亚渔业和狩猎委员会确定租赁符合公共利益时，才可以出租水域。

（2）水

污水排放和水质监控在州和联邦层面进行管理。EPA 是管理这个问题的主要联邦机构，水利部是加利福尼亚州负责管理这一问题的主要机构。《清洁水法》（CWA）管理将污染物排放到可航行水域（包括设施的建造或运营）的活动，并要求企业必须获得国家颁发的许可证，证明污染物排放符合特定的联邦标准。国家在收到这种许可的申请时必须发布公告，并在必要时举行听证会。加利福尼亚州水资源控制委员会负责监测和执行加利福尼亚州的 EPA 法规，颁发 NPDES 许可证。NPDES 授权 EPA 管理将污染物排放到美国的“可航行水域”（即跨越州界的河流、湖泊和溪流）。EPA 还施行了一个沿海水质监测计划，测量和收集国家沿海生态系统质量的数据。CWA 协调该计划与其他联邦机构，这些机构也负有类似的任务，以便收集数据。向沿海水产养殖设施提供排放污染物许可证的州，如加利福尼亚州，必须按照计划提交数据。

（3）进口

联邦和州政府都规范了鱼类的进口。进口鱼类在进口之前必须向 FDA 提交通知。进口商必须提供书面证明以证明产品根据 FDA 规定进行加工。在加利福尼亚州，不提交样品以供检查就进口活鱼、新鲜或咸水动物或水生植物是违法的。在加利福尼亚州，渔业和狩猎委员会有权监管鱼和水产养殖产品的进口、销售和持有，以保护本地野生动物。在进口活的水生植物或动物之前，必
425 须得到委员会的书面批准。委员会可以检查每个持有许可证的水产养殖设施。委员会还可以要求进口商接受兽医检查，证明动物健康和没有传染性疾病的迹象。

（4）疾病控制

FDA、APHIS 以及鱼和野生动物局（FWS）一起负责可能影响鱼、其他动物或人类健康的鱼类相关疾病和害虫的调节、研究和控制。各州还承担疾病控制的责任。例如，在加利福尼亚州，渔业和狩猎委员会检查所有汽车、批发场所、仓库、船舶或任何保存或存储鱼的区域，以检查和确定这些鱼是否感染、患病或被寄生。如果发现任何疾病或寄生虫，委员会可以建立检疫区，并列出需检疫的水生植物和动物。

（5）药品

FDA 管理药品的使用和水产养殖活动中饲料添加剂的使用。当鱼遭受疾病时（由于细菌、真菌、寄生虫、病毒或较差的水质），FDA 的兽医中心（CVM）负责与其他政府机构，如水产养殖组织和卫生专业人员合作，推广适当使用合法药品。美国《国家环境政策法》（NEPA）适用于当 CVM 决定使用特定药品治疗鱼病时，NEPA 要求 CVM 在批准药品使用前考虑药品对环境的影响。药品生产者需要进行研究和环境评估，以证明它们的药品对环境无害。CVM 还鼓励研究开发安全有效的药品。

（6）动物饲料

CDFA 负责在加利福尼亚州管理和制造商业动物饲料。商业饲料包括用作饲料或与饲料混合的所有物质，但不包括用于家庭宠物食品。

（7）农药

CDFA 确定在加利福尼亚州被认为安全使用的农药化学品的上限值，并可以

检查和抽取任何产品的样品。如果不符合标准，CDFA负责人必须通知州卫生局负责人。

（8）安全 426

如第三章所述，所有海鲜加工者必须符合FDA鱼类和渔产品的HACCP要求。FDA的HACCP侧重于与鱼的类型和加工过程相关的食品安全危害。如果不遵守HACCP，FDA有权采取监管行动。联邦HACCP计划规定必须列出可能会发生的与鱼的类型和加工过程相关的食品安全危害，并确定每种类型的鱼类必须控制的条件。在制定计划时，生产者应考虑由于天然毒素、微生物污染、化学污染、农药和药品残留而可能发生的危害。

（9）有机

目前，还没有美国政府批准的有机海鲜。事实上一些海产品根据私人认证公司设定的标准或根据欧洲标准被标记为有机。但根据美国农业部的有机标准，加利福尼亚州不允许任何海产品作为有机食品销售；它是唯一通过这个法律的州。有机水产养殖的拟议规定准备在2013年初征求公众意见，但迄今尚未公布。在公共评议阶段，生产和使用鱼粉饲料可能是主要问题之一。

六、转基因作物诉讼

（一）可持续发展挑战

如第三章和第四章提到的，转基因食品（GE或GMO食品）经常引起食品运动成员的强烈反对。食品安全中心是为了挑战有害的食品生产技术和促进可持续替代品而设立的小组，将利用转基因生物描述为“21世纪最大和最棘手的环境挑战之一”。批评这种观点的人普遍认为转基因食品是“奇怪的”产品，建立在没有科学基础的社会结构中。第三章介绍了公共利益与环境团体联盟质疑FDA对转基因食品“公认安全物质”（GRAS）假设的失败。然后，转基因食品反对者试图利用诉讼工具建立一个食品体系——在评估是否批准转基因食品时需要考虑社会价值观。

（二）批准的挑战 427

转基因食品的一个挑战是获得使用转基因食品的批准。这些挑战的问题是美国农业部动植物卫生检验局（APHIS）是否未遵守《国家环境政策法》

(NEPA)，根据该法案，机构必须为“明显影响人类环境质量的联邦行动”提供环境影响报告书（EIS）。这个挑战的早期例子是由食品安全中心针对 APHIS 向 ProdiGene、孟山都、H. A. R. C 和 Garst Seed 公司发放许可证以对夏威夷农作物进行露天试验以制造医抗生素的诉讼。第九巡回法院同意原告，APHIS 未能系统地确定许可证对濒危物种的影响，强调了“夏威夷存在众多受威胁和濒危物种”。根据 NEPA 的要求，法院还同意一些环境评估，如 EIS 或 EA，并驳回了 APHIS 的抗议，该项目自动被纳入 NEPA 的监管范畴。然而，法院拒绝原告的主张，NEPA 要求 APHIS 评估许可证作为允许基因工程植物进入环境的更广泛计划一部分的影响。法院还认为，根据《行政程序法》（APA），APHIS 对原告请愿的不作为不可审理，因为 APHIS 不颁布附加条例或创建公共数据库的决定在 APA 的规定下不是单独的机构行为。最后，计划在案件裁决之时已经开始进行。因此，法院只能根据原告的要求发出宣告性的要求，而不是禁令性的要求。一名法律学者得出结论，尽管在这个案例的结果十分复杂，因为 NEPA 允许提出比适用的联邦法规（CWA、CAA 和 CERCLA）更广泛的价值观，“这种情况也可能增强了可持续食品运动的目标，通过在评议过程中表达和考虑这些价值观，创造一种能够尊重精神和文化福祉的食品系统”。

在孟山都诉讼盖尔森种子农场的案例中，美国最高法院发现了 APHIS 发布的全国性的禁止部分解除抗草甘膦苜蓿管制的命令，因为部分解除管制可能会在随后的 NEPA 诉讼中受到挑战而且缩小转基因苜蓿的种植不会造成不可挽回的损害。然而，已经注意到，孟山都诉讼盖尔森种子农场的案例“最终推进了可持续食品运动提出的一些价值观”。一位学者引用食品安全中心诉讼 Johanns 的案例来评价孟山都：

“考虑到参与有机市场的相关因素，作为其长期分析的一部分，最高法院重
428 视消费者的选择和表达，以及对于生产者和消费者来说的食品系统的经济可持续性发展——包括有机产品。整个诉讼也有助于获得关于生产食品的系统的知识。通过上诉，APHIS 必须对转基因苜蓿的环境影响进行更彻底的分析，当事人被强制进行研究，告知公众某种特定类型食品生产系统（GMO 苜蓿）对环境的影响。”

未来可能更宽泛地起草 NEPA，不规定具体数值标准，允许以更大的社会价值竞争来确定可持续食品。

七、可持续性和膳食指南

DHHS 和 USDA 于 2015 年 2 月联合发布的膳食指南包括了可持续性标准膳食。指南将可持续性与营养联系在一起。指南将可持续性膳食定义为“一种饮食模式，促进健康和福祉，为当前人口提供安全的粮食，同时为后代保留人类和自然资源”。指南明确食品和饮料对环境的影响包括从农场到餐盘到废物处理，因此需要膳食指导来涵盖更广泛的可持续性问题。美国农场局联合会迅速否定了以“远远超越了组织的能力和明确定义可持续的任务”来“解决可持续发展问题”的建议。营养与可持续性之间关系的法律意义仍有待观察。

八、私营可持续发展标准

（一）《合同法》

大多数全球食品供应链中的可持续发展是由食品企业发布的私营标准。如本书前面所述，私营标准通常通过合同施加给供应商。合同条款通常比法规的要求更高。实际上，这些合同不包括具有平等谈判权的当事方。对处于弱势的食品链上游的企业来说，在包含私营标准的可持续性或环境义务的合同中缺乏讨价还价的能力。结果导致，下游企业，特别是零售商和国家连锁餐饮店能够将他们想要的可持续性条件强加于供应商。

这些私营标准合同通常涉及在美国或其他国家的全球食品供应链中的股东。 429
跨境交易中的一个重要问题是使用哪种法律。美国《统一商法典》（UCC）是美国国内交易的主要商业法，所有 50 个州都使用该法。对于涉及美国公司的国际交易，《联合国国际货物销售合同公约》（CISG）正在逐渐取代 UCC。

（二）宣传和公众审查

食品企业在由多个利益相关者组成的食品供应链中广泛使用私营可持续性标准，对于施行和所宣传不一样的可持续活动的食品企业而言，可能存在风险。卡斯基诉讼耐克的案例就说明了这种宣传风险，其中加利福尼亚州最高法院处理了耐克宣传的国外劳工状况的陈述和广告。加利福尼亚州最高法院认为，基于美国宪法第一修正法案，耐克的声明不是受保护的政治言论，而是具有促进和保护产品销售的经济动机的商业言论。耐克案例导致的结果是，至少在加利福尼亚州，食品企业在社会责任声明中做出的事实陈述可以解释为商业言论。

（三）贸易意义

对国际食品行业私营标准所产生的国际贸易影响的关注是独一无二的，全球食品供应链中的食品监管可能产生意想不到的复杂结果，例如小生产者如何应对为满足私营标准的升级和认证投资。

为了应对日益严格的私营标准的趋势，发展中国家已转向世界贸易组织（世贸组织），探讨是否可根据《跨国国际法》进行贸易，即《实施卫生和植物检疫措施协定》和《技术性贸易壁垒协定》（TBT 协定）（关于 SPS 协定和 TBT 协定的解释，参见第二章）。可能会对美国使用私营标准（包括可持续性标准）产生影响。2005 年 6 月，圣文森特和格林纳丁斯在牙买加、秘鲁、厄瓜多尔和阿根廷支持下，在卫生和植物检疫委员会会议上提出了关于欧洲零售商协会 GAP 计划（现改名为“全球 GAP”），管理在英国超级市场的香蕉贸易。
430 有些人质疑欧洲零售商协会 GAP 的“良好农业规范”标准，该标准超过了适用于欧盟的公共标准。欧盟委员会认为欧洲零售商协会 GAP 是一个私人实体，不受 SPS 协议约束。

世贸组织尚未确定卫生和植物检疫措施协定与贸易技术壁垒协议和私营标准之间的法律关系。如果特定的私营标准，例如环境标准，属于《技术性贸易壁垒协定》标准的定义范围，则适用第 4 条。根据第 4 条，成员国向世贸组织要求采取“合理措施”，以确保非政府机构接受和遵守“良好做法守则”的 TBT 协定规定，包括不歧视、透明度和其他义务。欧盟委员会认为欧洲零售商协会是一个私营实体，不受 SPS 和 TBT 协议约束。因此，TBT 协定对私营标准的适用与否取决于在食品供应中强加标准的私营企业是否可以根据第 4 条视为非政府机构。TBT 协定和 SPS 协定或任何其他国际法律均未界定“非政府机构”一词。TBT 协定附件 1 和《SPS 协定》第 13 条支持将非政府机构定义为由成员国委派的执行技术规定机构。换句话说，非政府机构和政府有一种关系，使非政府机构能够执行某些任务，包括执行 TBT 协定和 SPS 协定，这些规定通常不适用于私营食品企业。虽然发展中国家向世贸组织提出申诉，以质疑私营标准的合法性，特别是可持续性规定的合法性，但是，申诉是否能成功是令人怀疑的。

第四节 城市农业

一、定义

城市农业在过去十年中已经成为粮食系统中必需的一个组成部分。城市农业有多种潜在定义。社区粮食安全联盟（CFSC）下属的城市农业委员会将“城市农业”定义为“采用在城市内及城市周围发展集约化种植业和畜牧业来种植、加工和分配食品和其他产品”。市政府用一种有助于确定城市农业将在该管辖区内形成的方式来界定城市农业（如果有的话）。例如，一些城市将社区花园定义为细分的地块，个人可以种植粮食供自已食用，另一些城市则允许在社区花园内进行现场销售。另一个案例表明，一些城市在《市区划分法》中使用的术语 431
“商品蔬菜园”一词，在洛杉矶市则用来描述在住宅物业外部种植的用于出售的食品。

要理解美国城市农业的法律和政策环境，需要先理解托马斯·杰斐逊的著作和近年来的当代的一些对美国独特的平均地权传统的解释的言论。尽管平均地权论早已为农村人口所接受，且美国的农业政策倾向于大型工业化农业，仍有越来越多的政策倡导者提出了城市农业的优点并促进其发展。

除了平均地权论的概念以及城市农业与本章阐述的食品系统概念（本地食品、可持续性、食品主权和食品正义）之间的协同作用外，城市农业利益的另一个主要驱动因素是肥胖流行病。使人们能得到更多负担得起的新鲜农产品是地方政府寻求改善营养和降低肥胖率的中心战略。

尽管人们对城市农业的热情越来越高，主导 20 世纪的模式或是城市法律及规划仍然对城市农业造成了障碍。粮食运输促进了法律工具的执行，逐渐消除障碍并发展城市农业，其目的是对一般的粮食系统进行改善。

二、城市农业和土地使用

（一）框架：州及本地政府法规

要讨论城市农业的法律框架，可以集中在土地使用和责任上进行。土地使用法对城市农业的发展来说是不可或缺的。规范土地使用的权力是由州的警察权力赋予的，来保护公众的健康、安全和福利。Berman 诉 Parke 的最高法院对警察权力范围之广泛提供了有利的解释：“公共福利的概念是广泛和包容的。它所代表的价值观包括精神价值、物质价值、美学价值以及货币价值。确保社区的美观、健康、宽敞、清洁、平衡，以及仔细巡逻都是立法机关应做的。”

除了夏威夷以外，几乎所有州的地方政府都被授权由其州政府管理其土地使用。土地使用法涵盖各种主题，适用于在土地上进行的许多活动。这使地方政府能很大程度控制地方问题。例如，城市家禽饲养逐渐在全国都变成了一个引人注
432 目的问题。对中西部州的法律分析发现，这些州的法律都对城市鸡饲养问题保持沉默，将决策权交给了地方政府。通常，地方政府在其负责的《市区划分法》中处理城市鸡的问题。

地方政府通常为州政府的土地利用规划提供框架。例如，在加利福尼亚州，地方政府需要制定包括七个强制性要素的总体规划。总体规划对地方政府具有约束力，《土地利用规划法》若分区规定，则必须符合总体规划。然而，地方政府仍然对其政策内容有着相当大的控制权。地方政府通过制定总体计划，确立长期目标和未来土地使用方向、《土地使用规范法规》，对土地和土地使用类型进行分类。城市农业是在多个区域允许的一种土地使用类型，但是很少有司法管辖区全面地解决多种形式的问题。由于这个问题引起了更多的关注，这一点正在慢慢变化。许多大中城市已经对《土地使用规范法规》进行了重大改革，以鼓励城市农业的发展。例如，旧金山、西雅图和芝加哥已更新其《市区划分法》，允许了许多城市农业活动。其他司法管辖区正在跟进，一些已经有了全面的法律，许多其他司法管辖区也作了小调整，使得城市内能够种植更多粮食。

（二）土地使用工具

《土地使用规范法规》使政府能够控制土地的允许用途，以实现一系列目标。《土地使用规范法规》通常提出区域划分的方式，“政府将社区（如城市或县）分为不同区域，每个区域有不同的《土地使用规范法规》的监管机制”。“简单地说，分区决定了什么可以建立，什么不能建立，什么活动可以和不能发生在整个社区的土地上。”

地方政府对土地使用类型（包括社区花园和城市农场）下了定义，并指定哪些类型的区域（住宅、工业、商业等）有些公民有权利使用或是有许可使用。允许公民有权利使用意味着土地所有者不需要获得许可或特别许可，就能以这种

特定方式使用土地。

《土地使用规范法规》还可以明令或暗示禁止在特定区域的地块上实施某些活动。例如，许多城市禁止在住宅区饲养蜜蜂或山羊，不论这些动物和动物产品是为自己食用还是零售销售。地方政府在居民区允许饲养产蛋鸡的情况越来越普遍，许多城市在过去几年中都对法律进行了修改。 433

另一个例子是家庭花园，已成为越来越受关注的焦点。许多城市要求居民区地面必须有适本地被植物。在分区规范有这种要求的城市中，分区执行官员常与有花园的家庭发生冲突，官员们坚持产食品的植物和高设花台不属于地被植物范畴。一些城市甚至强行拆除了前院花园。如果其他分区没有规定专门允许花园的存在，居民几乎没有追索权。

一些城市不承认或禁止某些类型的城市农业。社区花园通常属于这个范畴，它们既不属于公认的用途，也不属于被禁止的。这可以有两种解决方式：(1) 在它们创建初始就进行阻止，因为建立不合适使用的工程可能既漫长且昂贵；(2) 如果邻居反对的话，社区花园容易失去其功能。

这些例子突出了土地使用规划和城市农业融入现代城市的根本问题。许多原始土地使用法律把重点放在将住宅与工业、农业分离以保护公众的健康，并使城市更符合城市或郊区的美学。通过观察可以发现，城市农业旨在减少上述保证居民健康的住宅与农业、工业的分离，这引起了社区身份认同的关键问题，特别是那些寻求保持传统住宅审美的社区。

通过管理土地使用来管理城市农业可以通过解决两个问题来进行：(1) 可以进行什么类型的城市农业活动？(2) 城市农业活动在哪里进行？这些问题不涉及与城市农业相关的《土地使用规范法规》中所涉及的所有潜在议题，而是阐述了中心问题。

1. 允许的城市农业活动类型

《土地使用规范法规》通常规定了什么类型的城市农业活动可以在地块上进行。它们可以定义活动的形式（即典型的社区花园分割地块或更典型的农场集体生长空间）及活动的内容（即蔬菜、果园、牲畜、蜜蜂）以及目的（即个人食用或零售）和强度（地块或生长区域的大小）。有些类型的城市农业活动，如商业城市农业和住宅区饲养的牲畜，通常在用途方面很少有争议。但社区花园则引发了较多的争论。

采用分区法规使得城市农业活动更广泛的城市例子包括旧金山。在这种情况

下，这些城市采取了一种独特的方法，只创建两个类别，社区农业和大规模城市
434 农业，主要是基于要使用的地段的大小。“社区农业”定义为“用于生产、收获、销售或捐赠的食品或园艺作物的用途少于一英亩……包括但不限于家庭、厨房和屋顶花园。有资格作为社区农业使用的农场包括但不限于社区花园、社区支持的农场、市场花园和私人农场”。“大规模城市农业”定义为“用于生产要收获、销售或捐赠的食品或园艺作物的土地，包括两种情况：（1）一英亩或更大的地块；（2）不能满足居民区农业的物理标准和操作标准的较小地块”。

另一个例子是在西雅图，其在2010年对其法规进行了重大修改，允许多种形式城市农业的进行。西雅图的法律特别全面，将各种活动定义分为五种城市农业用途：畜牧业、水产养殖、社区花园、园艺和城市农场。

最后一个例子是洛杉矶，洛杉矶未在其法规中定义城市农业或社区花园。但定义了商品蔬菜园，如“浆果、花卉、水果、草本植物、蘑菇、坚果、观赏植物、幼苗或蔬菜的种植，用于就地出售或就地分发”。随着市政府和农村居民在农民市场出售产品引发的农村市场发展纷争，造成了种植各种产品的变化。在这种改变之前，只有蔬菜可以在商品蔬菜园中种植。如果法律没有改变，居民将需要获得使用许可证，继续在农民市场外售卖花盆，这可能既昂贵又耗时。洛杉矶的法规现在允许农业（场内和场外销售）和商品蔬菜园的存在，两个用途的主要区别是是否有现场销售的补贴。

《市区划分法》还可以就若干主题制定城市农业规定，包括农场建筑（围栏房、冷框架、温室）、围栏、工具储存和堆肥。分区实施这些要求的方式会影响城市农业在社区中的扩散程度。在芝加哥对其《市区划分法》的修改中，社区花园是居民在住宅区中可使用的权利，允许建造满足适用建筑要求的棚屋、温室和围栏房。在新泽西州，“国家统一建筑规范”使满足特定要求的钢筋屋在许可证上有豁免权。在缺乏绿色空间的城市，屋顶对于食品生产很有吸引力。纽约市最近更改了其分区法规，允许绿色屋顶的存在。

435 2. 关于城市农业活动发生的法规

除了讨论在城市农业的范围内允许的活动类型之外，《市区划分法》还定义了这些活动可以发生的地方。旨在增加城市内粮食生长机会的《市区划分法》的变化通常适用于农业区以外的区域，因为农业区通过定义允许种植植物或保留牲畜用于商业目的销售。

例如，西雅图的分区法规定了五个城市农业活动可能发生的地方。所有区域

都允许社区花园存在，而水产养殖和园艺只允许在商业和工业区进行。城市农场面积达 4 000 平方英尺，在没有许可证的住宅区允许作为附件使用。在商业和工业区允许城市农场作主要用途。城市农场只能作住宅区的辅助用途，城市确保住宅区保持其主要作为人们居住地，而不是大规模农业用地。居民不会发现自己住在城市农场隔壁，这块地方没有一户住家。畜牧业的指导方针最具体，在住宅区，除非通过有关饲养动物和家禽的具体规定，否则不允许饲养动物和家禽。

旧金山基于花园大小进行分类的两种方法导致在所有区域中，花园农业（花园小于 1 英亩）都允许存在，并允许在商业、工业和商业生产/分销/维修区（不是住宅区）中存在大规模城市农业（花园大于 1 英亩）。大规模城市农业可能存在于有条件使用授权的其他区域。

洛杉矶的商品蔬菜园调节制度允许在农业区进行农业活动，在所有区域，包括住宅区，都可以将商品蔬菜园作为附件使用。最后，一些城市选择为城市农业创造特定区域，而不允许其他类型区域的城市农业。克利夫兰、查塔努加和波士顿都有特定的城市农业区。创建指定的城市农业区在特定条件下可以促进城市农业的集约化，解决土地使用权问题。例如，如果是以土地租赁的名义进行非营利性经营，这些社区花园和城市农场将面临土地使用权模糊的问题。如果这个地块上很适合发展农业，城市农业可以保护花园或农场。这种原理可以对以下情况进行解释：一个地块包含一个长期建立的花园，这个花园用于一个重要的社会或文化功能；一种农业用途可以帮助供应食品到杂货店；本地块有助于实现开放空间目标；或者在不应当开发的环境敏感区域中使用时。如果一个城市想要保护花园免受未来变化的影响，那么城市花园的名称就会成为未来发展的障碍。

可以在一个城市何处发生农业活动的问题涉及《土地使用规范法规》提出 436
的一些根本问题。在试图平衡关于农业在城市中作用的竞争观点时，市政当局根据所采取的观点制定了可能被视为过于限制性或不够限制性的规章。例如，市政当局可以防止社区花园位于工业区域，制定限制从住宅区中的城市农场进行销售时间的规定，并且禁止城市农场使用非家用设计的机械化设备。

（三）政府用地的许可

为了促进城市农业发展，除了简单地允许私人财产用于农业和花园之外，国家以各种方式提供公共土地。纽约州通过明确的有效立法，促进了全州范围内使用公共土地用于社区花园。加利福尼亚州、马萨诸塞州和田纳西州已授权将公共土地用于社区花园，并为花园提供支持和协调。加利福尼亚州允许学区销售在校园里种植的农产品，只要遵循联邦、州和地方的健康和安全要求。

市政府还以各种方式授权和协调城市财产用于社区花园的发展。西雅图的邻里系统运行了一个 P - Patch 花园计划，管理 76 个公共花园场地。P - Patches 经营的场地由社区、公园和交通等各种机构和部门管辖。该市通过各种决议和法令授权和支持该计划。一些花园是市场花园，允许居民卖他们种植的农产品。德梅因在 2004 年通过了立法，允许租赁城市财产和社区花园的权利，并使公园和娱乐场所的负责人对个人和实体执行社区花园租赁服务。哥伦布（俄亥俄州）土地重建办公室运行土地银行社区花园计划，保存适合社区花园的财产清单。

除了社区花园外，许多城市还致力于为城市农业提供空置、废弃或税收抵扣的房产。经历过人口减少的城市留下了遗弃财产的问题。这些房产维护成本高、税收少，并对社区产生了负面的财务影响。在费城，由空地造成的损失，社区团
437 体已经努力使用《宾夕法尼亚州被遗弃和破坏财产保护法》来控制社区花园和城市农场的财产。密尔沃基是高度成功的城市农场所在地，拥有近 4 000 家空置物业，已经发展了自家种植社区，利用空置的物业创造增长和销售健康食品的社区。最后，底特律拥有巨大的遗弃物业库存，多年来一直处于城市农业的前沿。2012 年 12 月，底特律市议会批准向 Hantz Woodlands 农场出售 140 英亩的公共土地，每批 300 美元。这是同类最大的城市土地收购之一，并在城市范围内建立了一个非常大的城市农场。城市农业项目和以低于市场价格销售如此大量的土地是社区一些反对城市农业项目的食品正义倡导者争议的来源。

政府对城市农业的支持促进了社区花园和城市农场的土地保有权，这是他们（1）生产力的一个关键问题，因为它需要大量的时间来恢复城市土壤以提高生产力；（2）一种成功，因为将资源投入短期项目可能不会吸引参与者和社区成员的投资。由于社区花园和农场的土地所有权而产生了一些冲突，在规划城市农业时，地方政府必须考虑土地权属问题。例如，在洛杉矶，允许一些城市中的农民在 1992 年暴乱之后在南洛杉矶使用一块土地。这个地段是从一个杰出的领域行动的所有者处获得的。多年后，城市将很多土地卖回给了原来的所有者，然后他们在 2006 年的高调抗议中驱逐了农民。农民继续寻求解决他们与城市的冲突，直到 2011 年他们参与城市围绕一个公园规划的原始公园的土地决策。纽约市还向开发商出售社区花园土地。城市出售社区花园地块，为住房铺路，引发了城市与倡导者之间的冲突。相关会议结束时，纽约市市长和纽约州总检察长于 2002

年达成协议，保护现有的500个社区花园。

三、责任 438

（一）城市农业与食品安全

1. 环境污染

由于城市农业变得越来越普遍，城市中广泛的铅污染以及其他金属（如铜和汞）的污染日益受到关注。环境污染是影响消费者健康的潜在风险，因为一些植物可以吸收污染物，污染物可能会沉积在植物的可食用部分上。

没有关于土壤作为生长介质的标准，这意味着在联邦层面没有对用于生长食品的土壤中的环境污染物（如铅）的规定。EPA设定了铅浓度对健康有害的阈值，但没有要求如何对铅污染地区进行补救措施。

在没有联邦法规的情况下，地方政府尽最大努力确保公众健康。西雅图已经知道塔科马冶炼公司的铅和砷污染，建议城市农业的潜在参与者对土壤进行免费测试，但不作要求。当城市允许将其中的土地用于社区花园时，他们可能要求进行测试或补救。例如，密尔沃基要求种植食品的花园里使用苗床。分区法规变化的前沿是要求对土壤进行测试和修复。2013年通过的巴尔的摩分区法规的变更要求任何城市农业用途，包括种植用于人类食用的植物，必须采取措施进行测试，如有必要，按照规划部门采用的指南进行补救。

土壤测试是一个需要解决的复杂问题，地方政府采取的多种方法都证明了这一点。随着更多证据的出现，将可能出现最佳监管实践，为促进城市农业提供最佳方法，同时保护公众的健康。美国环保署于2011年颁布了《安全园艺实践临时指南》，以解决在使用潜在污染的城市土地农业方面的差距。

2. 致病菌

在城市农业或农村地区生产的食品对于引起人体疾病的病原体污染有许多相同风险源，如沙门氏菌或大肠杆菌。城市农业面临着一些潜在的病原体污染的问题，因为城市农场和社区花园可能处于比商业农场更不受控制的环境中。城市农业区域可能有更多的人，包括行人、家畜和野生动物。如果消费者因食用农民生产的产品而生病，农民可能面临民事责任，因此应采取某些步骤减轻责任风险， 439
例如使用良好的农业做法和获得产品责任保险。

小规模种植者，无论是为自己食用还是销售种植食品，都可能因为缺乏知识、培训和资源无法实施合理的照顾，而且至关重要的是，城市农业的参与者可获得教育资源。例如，后院家禽的兴起使得没有受过农业培训的人可能不具有足够的关于沙门氏菌及其传播的知识，以至于不能安全地饲养家禽。认识到这一潜在问题，疾病控制中心为后院家禽创建了一个教育网站，提供预防沙门氏菌的教育。

如第三章所述，由于 FSMA 的规模小，收入有限，FSMA 豁免了大多数城市农民和社区花园。《示范食品法典》豁免了任何“只提供整个未切割的新鲜水果和蔬菜”的产品摊位，因此许多州也免除了农场的《食品法典》。有些州，如加利福尼亚州，不豁免新鲜农产品，要求农民在市场上销售农产品，生产符合法律规定标准的农产品。

（二）前提责任

前提责任通常被定义为“土地所有者或土地租赁者对场所条件或活动的侵权责任”。一般而言，任何对于房舍的责任索赔，都是由于疏忽产生的。因此，索赔人必须证明土地所有人对索赔人负有谨慎的责任，未能采取合理的谨慎措施，而且由于未负到责任，导致索赔人受伤。许多城市农业活动都有可能由于场所责任引起侵权索赔，包括在城市农场经营农场或拥有用作社区花园的土地。

市政当局可以限制对从事城市农业的个人或团体使用和维护土地的责任，要求土地使用者（通常是租赁人）参加保险同时还要赔偿土地所有者。田纳西州法律要求“任何允许使用花园土地的人应当保护并保证对田纳西州没有任何有害影响……对由于使用空置公共土地或由于使用空置公共土地而产生的诉讼和任何责任进行索赔”。同样的，从事城市农业的土地所有者对进入其所有地的人尤其是为了开展业务的人（如在农场的客户）负有照顾责任，并应积极管理潜在风险，尽可能改善风险环境，否则警告他们存在的潜在危害。由于无法预见所有伤害，因此，对城市农业从业人员而言，购买涵盖场所责任的保险可能获得最大利益，特别是如果他们将在物业上进行业务交易时。

440 四、损害

调节和减少滋扰是地方警察的典型权利之一。“滋扰”是一种法律术语，意味着干扰财产的使用或享受的条件、活动或情况（例如噪声或恶臭）。地产所有者有权安静享受他们的地产，附近物业若是妨碍这项权利，地产所有者或市政府有权禁止。马萨诸塞州的萨默维尔允许在城市范围内养蜜蜂，但具体声明，如果被认为是滋扰，将不允许将蜜蜂视作财产保留。城市农场和社区花园不仅必须遵守旨在防止存在滋扰条件的分区规定，例如在地产线堆肥的要求之外，还要照顾养殖场和花园，不会造成滋扰，且符合区划规定的具体规定。

《农场权利法》可为城市生产者提供一些保护。这些法律保护现有农场免受寻求遏制农业活动的邻居业主的诉讼。所有国家都存在某种形式的权利法。随着城市地区开始扩大，现有农场受到来自新邻居的诉讼，声明农业活动是一种滋扰。为了保护现有农场免受这些诉讼的影响，各州通过了《农场法》。在其最基本的形式中，一项权利法的法律规定，任何农业作业都不会被认为是由于其所在地区的情况改变而造成的滋扰，只要该作业不以疏忽或非法方式进行并且在它开始时不是一种骚扰。

五、政府激励与辅助工程

（一）土地激励

1. 税收激励

除了创造城市农业在社区合法存在的必要条件外，一些管辖区还可能为城市农业提供激励。这些激励可以采取各种形式。税收激励是加强土地获取的重要工 441
具。税收抵免或减税评估有效地降低了地产所有者所欠地产税的金额，鼓励地产所有者使用地产用于城市农业。这种激励可以激励企业通过降低项目区的税率或应税价值在恶化的区域内发展城市农业。马里兰州 2010 年通过的“城市农业税收抵免”允许一些县和巴尔的摩市对城市农业所使用的不动产实行税收抵免。目前有关于城市农业税收激励的各种各样的想法，例如，联邦税收激励包括免除耕种地役和慈善捐款扣除。

2. 其他金融激励

获得租赁或收购公共财产的优惠条件也可被视为促进城市农业的奖励。许多城市将非常廉价的租赁扩展到由私人组织管理的社区花园。另一些城市则设立了土地银行，以便有效地收购和出售被遗弃和税收抵扣的房产，这些房产可以以实惠的价格出售给城市农业项目。

例如，泽西市（新泽西州）采用地段条例和计划允许城市土地被非营利组织和社区团体租用于社区园艺，1美元/年。2006年的州立法规定，印第安纳州的地方市政当局有权创建土地储备，以便更好地控制其管辖范围内的空置和废弃物业，从而创造了一个将土地转让给本地群体进行社区园艺和城市农业计划的机会。

当城市制定创造性激励以促进在公有土地上的农业活动时，官员需要认识到可能会有违反国家宪法规定，应防止公款送礼的可能。这些类型的规定确保政府资源不能用于惠及私人利益，除非公共资金主要为政府的行动服务。

（二）农业辅助项目

大多数美国农业部的计划支持农村地区的农业发展，本节提供了美国农业部和其他联邦计划的样本，可以支持城市中心内和附近的有经验的和初始的农民。

（1）农民和牧场主发展计划（BFRDP）

BFRDP向组织提供有竞争力的资助，以向农村和城市地区的初始农民和农
442 场主提供教育、培训、外展和指导。例如，2010年，BFRDP拨款资助了纽约市城市农业学院的创业，该学校作为纽约市和东北部的农业培训资源。

（2）合作推广系统（CES）

CES是一个全国性的教育网络，在授权大学设有办事处，还有一个由地方或地区办事处组成的网络，专门向农业生产者，包括城市地区的农民提供信息。

（3）保护技术援助计划（CTAP）

CTAP位于美国农业部的自然资源保护服务中心，提供基于科学的援助，帮助人们在城市或农村地区自愿保护，维护和改善自然资源。

（4）农场服务机构（FSA）

USDA的农场服务机构提供商品、信贷、保护、灾害和紧急援助计划，供城市和农村农民使用。城市生产者可以获得FSA贷款计划。

（5）可持续农业研究和教育项目（SARE）

SARE向城市和农村农业推进可持续创新。例如，SARE支持城市农业学家威尔·艾伦，麦克阿瑟天才奖的获得者，在贫困地区的密尔沃基城市地块进行低成本、高价值的生产。

（6）特色作物地块项目

该项目向各国提供资金，用于提高特种作物如水果、蔬菜、坚果和苗木作物的竞争力。各州通过美国农业部提供的资金支持城市项目，包括开发社区花园和

促进城市农业教育。例如，2010 年，加利福尼亚州食品和农业部（CDFA）与一家企业合作，在靠近市中心的半英亩地块开发一个位于加利福尼亚州伍德兰的社区花园，以便为 30~60 名园丁为其家庭种植水果和蔬菜提供机会。

（7）特色农作物研究计划 443

该计划运用科学的工具进行开发和传播，以满足特定作物及其地区的需求。例如，2009 年授予俄亥俄州立大学的资助计划，旨在促进和加强贫困城市地区特种作物，特别是新鲜蔬菜和水果的生产、营销和利用。

第五节 食品保障

一、定义

食品保障是与持续获得食品有关的一个条件。对食品保障的关切在整个历史上都存在。在中国古代和古埃及，在饥荒时期开仓放粮时，显然需要食品保障。然而，在现代全球粮食系统中，在 1974 年联合国世界粮食会议上，“食品保障”一词在广泛的框架内被确定为一个正式概念。当时，食品保障被理解为在国家一级适用，当有足够的食品“维持食品消费的稳定扩大，抵消生产和价格的波动”时，一个国家的食品是有保障的。1996 年世界粮食首脑会议通过将食品保障定义为“所有人在任何时候都能获得足够、安全、营养的食品来维持健康和积极的生活”，将食品保障的重点从国家改变为个人。

与世界粮食首脑会议定义略有不同，美国农业部将食品无保障定义为“营养充足和安全的食品有限或不确定，或以可接受的方式获得可接受食品的能力有限或不确定”。2006 年，通过其经济研究服务机构（ERS）介绍了食品保障的数量，并开发了一种新的语言来描述食品无保障的严重程度。USDA 根据美国农业部应国家学院国家统计委员会的要求召集的专家小组的建议做出了这些改变。ERS 还向社会科学学者提供数据访问和技术支持，以促进他们对食品保障的研究。ERS 调查基于四个类别：高食品保障、边际食品保障、低食品保障和非常低的食品保障，来衡量美国的食品保障程度。DHHS 和 USDA 于 2015 年 2 月联合发布的新的膳食指南将“食品保障”定义为现有的“当所有人现在和将来都能获得足够、安全和营养的食品以维持健康和积极的生活”。

444 二、宪法层面的食品权

(一)整体认知

全球范围通常都认为,“食品权”的宪法概念与食品保障完全一致。与发展目标相反,食品权“扎根于法治,因此具有可执行性的潜在维度”。食品权在1948年联合国大会通过的《世界人权宣言》(UDHR)第25条中首次得到承认。该权利于1966年在“经济,社会,文化权利国际公约”第11条(《经济、社会、文化权利国际公约》)于1976年生效。截至2012年,《经济、社会、文化权利国际公约》已得到160个国家批准,其中没有一个国家对第11条有保留。本条规定了以下保证充足食品的相关权利。

本公约缔约国承认人人有权为其本人及其家人提供适当的生活水准,包括适足的食品、衣着和住房,以及不断改善生活条件。缔约国将采取适当步骤确保这项权利的实现,同时认识到基于自由同意的国际合作的重要性。

联合国经济、社会和文化权利委员会对成为缔约国的国家监督和执行《经济,社会,文化权利国际公约》,对食品权提供了更广泛的解释。

当每位男性、妇女和儿童单独或与他人共同生活时,在任何时候都能拥有足够的食品或采购手段,才能实现充足食品权。因此,不应以狭义或限制性意义来解释充足食品权,使其等同于最低限度的卡路里、蛋白质和其他特定营养素。充足食品权必须逐步实现。然而,各州有一个核心义务,即使在自然灾害或其他灾害时,也要采取必要行动减轻饥荒。

各国在国内立法中采取了不同的方法来实现食品权,尽管并非所有批准的国家都实施了这项权利。一些国家创造了宪法来定义食品权,有些国家通过了立法并创造了食品权,在某些情况下,“经济、社会、文化权利委员会”具有直接约
445 束力的国家立法。粮农组织制定了帮助各国实施食品权的准则,并正在努力在国家一级落实食品权。它通过宣传、评估弱势群体,促进执行立法,协助粮食计划和政策以及监测发展来做到这一点。

同时还通过推动联合国食品权问题特别报告员的职位,来推动食品权的知名度。特别报告员是人权理事会任命的一名独立专家,负责审查国家局势或具体人权主题并提出报告。特别报告员向联合国人权理事会和大会提交年度报告。

（二）美国对食品权的抵制

虽然美国是《世界人权宣言》的签署国并签署了《公民权利和政治权利国际公约》，但它仍然坚决反对批准《经济、社会、文化权利国际公约》和保障食品权的基本责任。例如，1996 年，美国解释世界粮食首脑会议的文件精神，表现了对安全和营养食品权的理解，只是“政府不应干涉其公民获得有效机会或能力得到安全和营养的食品”。美国法律不承认食品权，最高法院从未承认“明确的食用某些食品的权利”或对抗所有的权利。FDA 通过一个诉讼案件明确回应“没有选择你的食品的基本权利或对其签订合同获取食品的自由权”。

这种拒绝食品权概念作为一项宪法主张，符合美国接受消极人权而非积极人权的宪法框架。除了少数例外，联邦法院一贯解释美国宪法只保护消极权利（政府必须避免做的行为，即规范言论自由）。

（三）地区食品中心：实际的食品保障路线

地方粮食系统的发展已经超越了城市边界，进入了它们存在的食品棚。这一级别的粮食系统组织被称为食品中心，已成为讨论食品保障的组成部分。美国农业部将地区食品中心定义为“积极管理主要来自地方和区域生产者处来源确定得 446
到产品聚集、分销和营销的企业或组织，以加强其满足批发、零售和机构需求的能力”。

美国农业部的区域食品中心资源指南将食品中心的结构分为几个法律组织类别：非营利组织，其中许多是生产者自有的，可能作为合作社发挥作用；合作社；及公众举办的食品中心。食品中心的法律结构可以影响中心的运作和功能，特别是在资本投资、风险管理和责任承担方面。非营利性中心比营利性中心更适合资助计划和捐款。然而，私人持有的食品中心更有利于获得贷款、循环信贷和投资。公共持有的食品中心具有利用成员股权的优势，但是很难证明有资格获得赠款和贷款计划。

这些食品中心可能在食品系统中发挥多种作用，每种食品中心都会带来一定程度的法律风险。例如，食品中心涉及许多不同交易的合同，包括分销、服务和融资。食品中心可以试图通过使生产者保留产品所有权，直到产品被装载到卡车中用于递送给终端消费者来限制来自中心本身的合同风险（或产品责任索赔）。中心的另一个选择是通过购买保险来承担部分或全部责任风险，以涵盖在其主持下进行的合同交易。从事食品加工、包装、保存或制造的食品中心需要符合适用的州和本地食品安全要求以及商业厨房的其他要求。如果食品中心足够大，它也可能需要符合 FSMA 的要求。

第六节 食品主权

一、定义：食品系统的替换视角

食品主权已成为不同于食品保障的食品系统的另一种视角。多年来，食品主权的定义在很大程度上部分演变为其反应性特征，越来越多的利益相关者贡献了新的和不同的价值观和目标。La Via Campesina 1996 年第一次在世界粮食首脑会议上创造了“食品主权”一词。La Via Campesina 是一个由超过 148 个组织组成的联盟，倡导以家庭农场为基础的可持续农业。它成立于 1993 年，由来自不同国家的农民组织组成，总部设在印度尼西亚雅加达。当 La Via Campesina 首次介
447 绍食品主权的概念时，首脑会议和世界贸易组织谈判的讨论侧重于食品保障。这一概念被提出为“构建关于食品和农业问题的替代范例”，并从此成为现代全球食品系统的替代框架。

食品主权实质上认为，每个国家和人民都必须有权力和能力来制定自己的食品和农业政策。换句话说，食品主权中的“主权”是社区内的“人民”，其选择权可以通过在更高治理层面采取的政策来支持。食品保障界定了一个目标，却没有自动建议一个具体的方案来实现它，而食品主权是一个更精确的政策提案，支持者挑战政治的活动或其他未能采取适当的政策。

虽然世界各地出现了许多形式的食品主权，但总共有六项原则，因为 2007 年马里 Sélingué 食品主权论坛的参与者制定了《尼日利尼宣言》。

（1）关注到人们的食品，食品主权是围绕着充足、健康和有文化的食品政策的权利。以食品为重点，食品主权将足够、健康和文化上适当的食品权利作为食品政策的中心，并拒绝这样的主张，即食品只是国际农业企业的一种商品或组成部分。

（2）食品提供者的价值，食品主权重视并尊重食品提供者的权利，拒绝那些低估了食品主权、威胁他们的生计并消除食品供给者的政策、行动和方案。

（3）使食品系统本地化，食品主权使食品提供者和消费者更加接近食品问题

决策中心，保护消费者避免受劣质和不健康食品以及受转基因生物影响的食品，拒绝依赖和促进不可持续和不公平的国际贸易的治理结构、协议和做法，拒绝赋予偏远和不负责任的公司权力。

（4）对本地进行控制，食品主权控制领土、土地、牧场、水、种子、牲畜和鱼类种群；并通过法律、商业合同和知识产权制度拒绝自然资源的私有化。

（5）培养知识和技能，食品主权建立在保护、开发和管理本地化食品生产和收获系统的技能和本地知识的基础上，拒绝如基因工程等破坏、威胁或污染这些的技术。

（6）与自然的关系，食品主权使用多样化农业生态生产和收获方法，使生态系统功能最大化，提高恢复力和适应性，特别是面对气候变化时。并拒绝能源密集型工业化方法、破坏环境及促进全球变暖的工业。

这些广泛的原则强调了食品主权运动的使命，即将支持全球食品系统的市场意识形态化。然而，食品主权的概念也用于实现实际目的，例如将其原则应用于 448
城市社区，以便支持对土地和资源的控制，以支持区域食品棚和 CSA（社区支持的农业）作为补充营养援助计划 SNAP 受益和对穷人和失业者的食品补贴的建立支持。

二、本地法令及优先权挑战

食品主权作为一个指定的运动，在美国以地方法令的形式出现，这种法令普遍被称为“食品主权法令”。特别是，缅因州成为地方食品和社区自治食品主权法令的避雷针。2011 年 3 月，缅因州塞吉威克成为第一个通过这项法令的城镇。根据缅因州宪法的主权规定条款，法令表达了以下内容。

“我们塞吉威克人有权生产、加工、销售、购买和消费本地食品，从而促进自力更生，保护家庭农场和本地食品传统。我们认识到，通过提高我们社区的经济、环境和社会财富，个人、家庭和非公司实体的家庭农场、可持续农业实践和食品加工可以为我们的农村生活方式提供稳定性……我们认为联邦和州法规阻碍了本地食品食生产，构成了对我们公民选择食品权的篡夺。”

这些食品主权类型的法令已经传播到其他州和社区，包括马萨诸塞州、佛蒙特州、加利福尼亚州和缅因州几个城镇，取得了不同程度的成功。这些条例通常是为了回应繁多的政府规例而做出的。缅因州法令的重点是对于农场家禽养殖和生奶的生产规定。

食品主权条例的基本法律主旨是免除本地生产者的许可证和检查要求。这些法令还涉及本地社区自治的权利。基本前提是地方政府有权塑造和发展自己的食品系统。然而，社区自治条例必须与州和国家两级的既定问题相协调。问题是市政府是否有权通过一项法令，根据具体的州和联邦法律豁免食品生产、加工或分销交易。这种评估在很大程度上取决于食品主权条例是否允许州际或州内的食品交易。例如，豁免生产者遵守规范肉类屠宰或原料奶生产的国家法律的法令显示国家法律优先问题，而不是联邦法律优先问题。

449 缅因州于2013年11月向缅因州农业部提起诉讼，反对缅因州农业部对于在没有许可证的情况下销售未经高温消毒的牛奶的强制性救济和民事处罚要求，这个问题已经在测试中。高等法院裁定对州政府做出简易判决，认为“地方食品法”允许未经许可的牛奶销售将使该法令隐含地被优先，因为这显然会挫败现有州法。法院认为，“一个市政当局只能增加规约的要求”，并且在没有明确授权的情况下不得放松规约的要求。法院的决定被提起上诉，2014年5月在缅因最高法院举行了听证会。缅因最高法院的决定可能会影响缅因州和全国的粮食主权运动，很可能会出现食品主权条例规避国家的监管食品安全制度。为了推翻高等法院的判决，缅因最高法院可能需要发现，监管制度的目的不仅是实现卫生和安全，还要促进地方农业实践和经济的可持续性，正如地方法令所表明的那样。

三、《家庭制造食品法》

（一）家庭食品经营的豁免

虽然典型《食品法典》不允许个人家庭制造的食品用于零售（即不是在许可商业厨房中制造的食品），但是许多州已经选择为基于家庭的食品经营创建豁免。大多数州现在有一些豁免法规，允许在家从事食品经营从事零售销售。这些豁免通常被称为《家庭制造食品法》。如第三章所述，许多州采用了《家庭制造食品法》，而且由于本地食品系统的利益不断发展，这也是州与州之间的重要利益之一。亚利桑那州、阿肯色州、佛罗里达州、伊利诺伊州、得克萨斯州、华盛顿州和加利福尼亚州都在2011年和2012年通过了《家庭制造食品法》。该法律被视为提供本地就业，促进本地食品系统和鼓励创业的一种方式。

（二）家庭食品操作定义

食品药品官员协会（AFDO）是一个长期的组织，为食品安全问题提供了广泛的投入，最近已经收集了关于家庭自制食品法律的指导，提供关于家庭自制食品法律的最佳实践的信息。AFDO 将家庭食品经营者定义为“只在主要住宅的家庭厨房里生产食品，直接向消费者出售的人。家庭食品经营不得作为 450
食品服务机构、零售食品商店或批发食品制造商运作”。代表性的国家性定义是伊利诺伊州将家庭食品经营定义为“生产或包装无潜在危险，在主要住宅的厨房内加工，由业主或家庭成员直接出售，存放在制造食品的场所内的食品”。

（三）家庭食品操作规范

1. 销售范围

家庭自制食品由 AFDO 定义为“非潜在危险的烘焙食品、果酱、果冻和在住家食品生产中生产的其他非潜在危险食品”。各州规定了各种典型的非潜在危险食品，包括烘焙食品、果酱、果冻、枫糖浆和干草本混合物。如果满足严格的标准，一些州甚至允许进行酸洗或罐装。

各个州对家庭食品业务是否仅限于在农民市场或事件中直接向消费者销售，或者家庭食品业务是否也可以通过杂货店、餐馆和其他零售渠道销售他们的食品规定各不相同。

加利福尼亚州的家庭自制食品经营者可以直接向消费者出售，或通过餐馆以及其他零售店间接出售，但须遵守注册和许可要求。相比之下，阿肯色州的家庭食品经营者只能从制造食品的地方、农民市场、县市场，直接向消费者出售他们的产品。

2. 卫生要求及检查

各州可规定生产食品的卫生条件。AFDO 建议“每次使用前，对用于制备、包装或处理任何家庭制造食品的所有食品接触表面、设备和器具进行冲洗和消毒”。AFDO 还建议“所有食品制备区域、食品和设备储存区无啮齿动物和昆虫存在”，并规定了某些个人卫生习惯。

各州可以要求或不要求对在家进行食品操作的许可证和检查。例如，得克萨斯州不需要对家庭食品作业进行任何许可或检查，而华盛顿则相反，需要家庭食 451

品经营者每年获得许可。

3. 标签要求

各州家庭制造食品法律制度通常规定了具体的标签要求。例如，马里兰州要求写明产品的名称；家庭食品作坊的名称和地址；降序排列的产品成分以及每种成分的重量、产品的净重或净体积；过敏原信息（按照《联邦标签法》）；营养声明符合联邦规定的营养信息以及声明（以 10 号或更大的字体打印）：“由不受马里兰州食品安全法规约束的家庭食品作坊制定。”

4. 收入要求

各州可以对家庭食品生产者的收入设定上限。例如，佛罗里达的年销售额定为 15 000 美元。加利福尼亚州的《家庭制造食品法》每年都在增加收入上限，从 2013 年的 35 000 美元，2014 年的 45 000 美元，到 2015 年的最高达到 50 000 美元。这可能是为了确保家庭食品经营规模小，不会引起广泛的食源性疾病暴发，以及其他原因。

5. 轨迹

可以注意到关于家庭食品操作的两个总体趋势。首先是关于家庭食品经营的法律要求缺乏共识，包括是否需要许可和检查，以及在哪里应允许家庭食品经营销售其食品。其次，各州在使用其权力来监管州内食品安全方面显然变得更加感兴趣和更加坚定，如家庭自制食品。

第七节　食品公正、平等和伦理

一、广义定义

考虑到食品运动是精英的活动，活动家们依据“食品公正”进行演说，侧重于低收入或其他边缘化群体在享受更广泛的食品运动的利益时面临的食品公正
452 障碍运动已经成为对食品系统不平等的反应。食品公正学者 Robert Gottlieb 和 Anupama 对食品公正进行了描述，具体如下。

对食品公正的解释复杂而精细，但是其概念简化为：食品系统中所有人的公正，无论是生产者、农民加工者、工人、消费者还是社会组织。与食品公正相融合也是对支持食品种植方式和地点系统的尊重……拥护食品公正的团体在议程、选区和重点方面各不相同，但都共同致力于我们最初提供的定义：实现公平和公

正地对待食品系统影响，以及采用不同的、更公正和可持续的方式来种植、生产、获取和食用食品。

食品司法运动大量借鉴了环境司法运动中经验，这些经验阐述了环境运动的失败的原因，食品司法运动则考虑到不成比例地受环境危害损害的低收入和少数族裔社区的困境。食品司法运动由于缺乏统一的观点而受到批评，与环境司法运动不同，法律学者的法律学术研究很少。

食品公正改变了食品系统的观点和语言。这种语言包括“权利”“公平”“赋权”和“文化适当性”，而不是说“肥胖”的食品系统。食品公正讲述的目的是朝着更广泛的食品运动，改变食品系统的目标，同时“调整食品运动的重新定位……优先考虑解决不公平的需要”。

食品公正概念提供了纠正食品获取问题的智力和伦理基础。食品获取与食品安全运动具有共同价值。食品公正，如食品保障和食品主权，宣称食品权是促进其戒律的工具。食品公正涵盖食品法的所有方面，从食品安全到营养计划、农场工人权利、社区支持农业（CSA）、环境问题，再到本地食品、城市农业及食品获取，但是与公平的视角和棱镜关系太大了。食品委员会通常是解决食品公正问题和不平等问题的机构。

二、第八次修正案与食品 453

一个关于食品正义的概念与法律如何相交的例子是食品在监狱中的角色。监狱食品可能涉及第八修正案禁止的以食品作为残酷和不寻常的惩罚方式。另一个极端是，监狱工作人员为了预防死亡而迫使饥饿的囚犯吃饭是残忍还是不寻常的惩罚。监狱囚犯寻求维护其第八修正案关于残忍和非常惩罚权利的法律工具是诉讼。最高法院在判决中指出，剥夺囚犯有“人类正常的需要，比如食品”，这将是对第八次修正案的侵犯。对于监狱囚犯以这样的申诉理由，他们必须表明：（1）他们遭受了严重的剥夺；（2）监狱官员表现出对囚犯的需要的主观“故意冷漠”。换句话说，官员必须了解忽视囚犯健康的过度风险。

参考文献

[1] Project E S G, Biermann F, Betsill M M, et al. Earth System Governance: People, Places, and the Planet [J]. Environmental Policy Collection, 2009, 10 (4): 277-298.

[2] Warren B W. Food and social movements [J]. The Oxford handbook of food history, 2012.

[3] Liu P. Private Standards in International Trade: Issues and Opportunities [M]. Private standards in international trade: issues, opportunities and long-term prospects. 2009: 205-235.
[4] Rosie M. Lots of Chatter, Anger over Stanford Organic Food Study [N]. L. A. Times, September 12, 2012.
[5] Nina P. Organic and Then Some [N]. N. Y. Times, November 23, 2005.
[6] Hand M S, Martinez S. Just what does local mean? [J]. Choices, 2010, 25 (1).
[7] Merriam webster I. Merriam-Webster's collegiate dictionary [M]. Merriam-Webster, 2004.
[8] Hinrichs C C, Bell M, Anderson C. Embeddedness and local food systems: notes on two types of direct agricultural market [J]. Journal of Rural Studies, 2000, 16 (3): 295-303.
[9] Bureau of Environmental Health. Food Protection Program: Policies, Procedures, and Guidelines, Mass [Z]. 2013.
[10] Nathan R, Emily B L. Pennsylvania's Chapter 57 and its Effects on Farmers' Markets [J]. Harvard Food L. & Policy Clinic 10. 2012.
[11] Public Health Law & Policy. Establishing Land Use Protections for Farmers' Markets, Pub [Z]. 2009.
[12] Richard W, Martha G. Case Is Closed on Deadly Day at Market [N]. L. A. Times, May 22, 2008.
[13] Joel G, Matt G. False Claims. Lies, Caught on Tape at Farmers' Markets [J]. NBCLA, 2010.
[14] Wiseman S R. Fraud in the Market [J]. Social Science Electronic Publishing, 2014.
[15] Morales A, Kettles G. Zoning for Public Markets and Street Vendors [J]. Zoning Practice, 2009, 2: 1-8.
[16] Sumathi R. Prices for Food-Cart Permits Skyrocket [N]. Wall St. J, March 9, 2011.
[17] Keeping Current: UCC Food Truck Regulations Drive Controversy [J]. Business Law Today, 2012: 1-2.
[18] Hamilton N D. Putting a Face on Our Food: How State and Local Food Policies can Promote the New Agriculture [J]. Drake J. agric. 1, 2002.
[19] U. S. Dep't of Agriculture. Sustainable Agriculture: Definitions and Terms [Z]. 2007.
[20] Roberts M T, Leibovitch E H. Comparison of EU and US law on sustainable food processing [J]. Rsc Green Chemistry, 2011: 11-92.
[21] U. S. Environmental Protection Agency. National Strategy for Agriculture [Z]. 2006.
[22] U. S. Environmental Protection Agency. 2009 - 2014 Strategic Plan Change Document [Z]. 2008.
[23] U. S. Dep't of Agric, Economic Research Serv. Agricultural Act of 2014: Highlights and Implications [Z]. 2014.
[24] Chite R M. The 2014 Farm Bill: A Comparison of the Senate-Passed Bill and House-Passed (H. R. 2642, H. R. 3102) Bills with Current Law [C]. Congressional Research Service Reports. Library of Congress. Congressional Research Service. 2013.
[25] Berry W. The gift of good land: further essays, cultural and agricultural [J]. Gift of Good Land Further Essays Cultural & Agricultural, 2009.

[26] U. S. Dep't of Agric., Agricultural Marketing Serv. Accreditation Policies and Procedures [Z]. 2000.
[27] Copeland C. Air Quality Issues and Animal Agriculture: EPA's Air Compliance Agreement [C]. Congressional Research Service Reports. Library of Congress. Congressional Research Service. 2011.
[28] Tai S. The Rise of U. S. Food Sustainability Litigation [J]. Social Science Electronic Publishing, 2011, 85 (4): 1069 - 1135.
[29] Frasch P D. Finding our Voice: Challenges and Opportunities for the Animal Law Community [J]. Animal L, 2007.
[30] Waldau P. Animal rights: what everyone needs to know [J]. Teaching Ethics, 2011, 12 (2): 201 - 205.
[31] Cowan T. The Animal Welfare Act: Background and Selected Legislation [C]. Congressional Research Service Reports. Library of Congress. Congressional Research Service. 2006.
[32] Office USGA. Horse Welfare: Action Needed to Address Unintended Consequences from Cessation of Domestic Slaughter [J]. Gao Reports, 2011 (3).
[33] Stephanie Strom. U. S. D. A. May Approve Horse Slaughtering [N]. N. Y. Times, March 1, 2013.
[34] Dan F. Omnibus Spending Bill Defunds U. S. D. A. Horse Slaughter Inspection [N]. Food Safety News, January 17, 2014.
[35] Anderson J L. Protection for the Powerless: Political Economy History Lessons for the Animal Welfare Movement [M]. Social Science Electronic Publishing, 2011.
[36] Jesse M. Cuomo Signs Law Banning Shark Fin Sales [N]. N. Y. Times, July 27, 2013.
[37] David P. California Attorney General to Appeal Reversal of Foie Gras Ban [N]. L. A. Times, February 4, 2015.
[38] Susanna K. Chipotle: Why Hundreds of Restaurants Don't Have Pork on the Menu [N]. ABC News, January 14, 2005.
[39] Stevenson P. The World Trade Organisation Rules: A Legal Analysis Of Their Adverse Impact on Animal Welfare [J]. Animal L, 2002.
[40] Mercy For Animals Announces Felony Animal Cruelty Warrants Issued [J]. Beef Exclusive Insight, 2011.
[41] Andrew M. Vows to Improve Animal Welfare [N]. N. Y. Times, February 29, 2008.
[42] Dan F. Five States Now Have "Ag-Gag" Laws on the Books [N]. Food Safety News, March 26, 2012.
[43] Linday W. Judge Refuses to Throw out Challenge to Utah's "Ag-Gag" Law [N]. Huffington Post, August 8, 2014.
[44] Buzby J C, Hyman J. Total and per capita value of food loss in the United States [J]. Food Policy, 2012, 37 (5): 561 - 570.
[45] Morenoff D L. Lost food and liability: the Good Samaritan food donation law story [J]. 2002, 57 (1): 107 - 132.
[46] Wheeler G. A Feasible Alternative: The Legal Implications of Aquaculture in the United States

And The Promise Of Sustainable Urban Aquaculture Systems [J]. Golden Gate University Environmental Law Journal, 2013.

[47] Food & Agric. Org. Corporate Document Repository. Code of Conduct for Responsible Fisheries [Z]. 2014.

[48] Roberts M T, Sarris A, Morrison J. The compatibility of private standards with multilateral trade rules: legal issues at stake. [J]. 2009.

[49] Cleveland, Ohio. Zoning Cod [Z]. 2007.

[50] Kansas City, Mo. Zoning and Development Code [Z]. 2009.

[51] Pollans M, Roberts M. Setting the Table for Urban Agriculture [J]. Urban Lawyer, 2014, 46 (2): 199 - 225.

[52] Iowa Policy Research Organization. State and Municipal Urban Chicken Legislation [Z]. 2009.

[53] Salsich P W, Tryniecki T J. Land use regulation: a legal analysis & practical application of land use law [M]. Real Property, Probate and Trust Law, American Bar Association, 2004.

[54] Public Health Law & Policy. Establishing Land Use Protections for Community Gardens [Z]. 2010.

[55] Lopez S. Abuzz about beekeeping in Los Angeles [N]. L. A. Times, July 14, 2012.

[56] Salkin P, Lavine A. Regional Foodsheds: Are Our Local Zoning and Land Use Regulations Healthy? [J]. Social Science Electronic Publishing, 2011.

[57] Steven K. The Battlefront in the Front Yard [N]. N. Y. Times, December 19, 2012.

[58] Seattle Department of Planning & Development. Urban Agriculture [Z]. 2010.

[59] Katherine S. Urban Farms: Where "Vegetable" Is a Murky Term [N], LA Weekly, November 4, 2009.

[60] Heather W, Amy A. Seeding the City: Land Use Policies to Promote Urban Agriculture [Z]. 2011.

[61] Nina Mukherji & Alfonso Morales. Zoning for Urban Agriculture [Z]. 2010.

[62] Des M I. Ordinance No. 14, 314 [Z]. 2004.

[63] Leslie M. Vast Land Deal Divides Detroit [N]. N. Y. Times, December 10, 2012.

[64] Choo K. PLOWING OVER: Can urban farming save Detroit and other declining cities? Will the law allow it? [J]. ABA Journal, 2011, 97 (8): 42 - 70..

[65] Cindy C. Anti-Development Protesters Are Arrested at Farm Site in Los Angeles [N]. N. Y. Times, June 14, 2006.

[66] Kate L. South Central Farmers Object to L. A. 's Change in Park Plans [N]. L. A. Times, August 4, 2011.

[67] Jennifer S. Ending a Long Battle, New York Lets Housing and Gardens Grow [N]. N. Y. Times, September 19, 2002.

[68] City of Milwaukee. 2012 Season Garden Plot License [Z]. 2012.

[69] Centner T J. Governments and Unconstitutional Takings: When do Right-to-Farm Laws Go Too Far? [J]. B. C. Envtl. Aff. L. Rev, 2006.

[70] Peters K A. Creating a Sustainable Urban Agriculture Revolution [J]. J. envtl. l. &

Litig, 2010.

[71] Heidi S. The FDA Says You Have No Right to Health or Freedom of Food [N]. Reader Supported News, June 1, 2010.

[72] Frank B. Cross, The Error of Positive Rights [J]. UCLAL, 2001: 857.

[73] Barham J, Tropp D, Enterline K, et al. Regional Food Hub Resource Guide [J]. Research Reports, 2012.

[74] Martíneztorres M E. La Vía Campesina: the birth and evolution of a transnational social movement. [J]. The Journal of Peasant Studies, 2010, 37 (1): 149-175.

[75] Condra A. Food Sovereignty in the United States: Supporting Local and Regional Food Systems [J]. Journal of Food Law & Policy, 2012: 281-323.

[76] Nina W. T, Food Entrepreneurs and Food Safety Regulation [J]. 7 J. Food L. & Pol'y 35: 2011.

[77] Goldberg R L. No Such Thing as a Free Lunch: Paternalism, Poverty, and Food Justice [J]. Stanford Law & Policy Review, 2013 (24).

[78] Meals K. Nurturing the Seeds of Food Justice: Unearthing the Impact of Institutionalized Racism on Access to Healthy Food in Urban African-American Communities [J]. Scholar, 2012.

[79] Purifoy D M. Food Policy Councils: Integrating Food Justice and Environmental Justice [C]. Duke Environmental Law & Policy Forum. Duke University, School of Law, 2014: 375, 392-397.

[80] Paige St. John & Anthony York, Prisoners on Hunger Strike Could Be Force-Fed under Order [N]. L. A. Times, August 19, 2013.

[81] Schlanger M. Inmate Litigation [M]. Harvard Law Review. 2003: 1557-1558.

内容提要

abstract

本书详细系统地介绍了美国联邦食品法律法规框架。全书共分为六章，第一章综合介绍了食品法、食品法律的定义及其形式，使读者对相关法律有一个初步的了解；第二章涉及食品贸易监管，介绍了监管经济利益驱动型掺假及食品贸易相关内容；第三章为食品安全监管，详细叙述了联邦政府及地方政府对食品安全的监管工具、国际食品安全、“打假”计划等；第四章主要介绍食品营销法规，解释了对于食品标签的相关规定、对于食品广告的监管等，还详细介绍了《食品诽谤法案》，第五章为营养成分相关法规，讲述了膳食补充剂的相关法律法规、向儿童销售食品需要遵守的法律法规等；第六章是食品系统规范，告诉了读者什么是本地食品，如何保证可持续性，同时对城市农业、食品主权等都作了详细介绍。

本书适合政府食品安全管理部门的工作人员、食品专业或法律等相关专业的高校师生以及食品相关企业的管理人员阅读，也可供普通消费者了解日常膳食生活中的食品安全基本常识时作为参考。